신춘문예 2020

태양의 하녀, 꽃

샘터문학 시선 8009

아홉 번째 Convergence 감성 시집

눈부신 빛깔로 터져 오르지는 못하면서
바람과 모래의 긴 목마름을 살고
저마다 성대는 없으면서
온 몸을 가시 찔리운 채 밤을 지새웠다
무엇하러 금세기에 태어나서 빈 잔만 들고 있는가

(이근배 시인, 잔盞 중 일부 인용)

산수유 꽃말은 영원불멸 영생무한
노란 꽃 지고나면 불꽃 사리 남기건만
덧없는 우리네 삶은 무얼 찾아 지는가

(손해일 시인, 산수유 수유 간에-3 중 일부 인용)

그랬다, 행복은 멀리 있는 것이 아니라
바로 내 안에 있었다. 문제는 마음가짐이었다
가족들 건강하고 집안 화목한 데다
주위 사람들이 속속 성공하는 것만 해도
얼마나 큰 행복인가, 생각을 고쳐먹자
자학이 자중자애로 바뀌었다.

(이광복 소설가, 불행과 행복 중 일부 인용)

우리가 버리지 못했던 보잘 것 없는 눈 높음과 영욕까지도
이제는 스스럼 없이 버리고
내 마음의 모두를 더욱 아리고 슬픈 사람에게
줄 수 있는 날들이 짧아진 것을 아파해야 합니다.

(도종환 시인, 접시꽃 당신 중 일부 인용)

님께

년 월 일

드립니다.

샘문 : 1. 샘터문학의 준말
2. 왕의 연못이라는 뜻
(출전 : 라이프 성경 사전)

도서출판 샘문

샘문 시선 8009

아홉 번째 Convergence 감성 시집

c o n t e n t s

제 8회 샘터문학상 초대석 시조

제 8회 샘터문학상 초대석 수필

제 8회 샘터문학상 신춘문예 특별기획

제 8회 샘터문학상 「본상」 수상작

[대상]

[최우수상]

[우수상]

[특별작품상]

신춘문예 특집 문학칼럼

제 8회 신인문학상 수상작 (신춘문예)

〈시부문〉

〈동시부문〉

〈시조부문〉

춘 문예 2020

샘문 시선 8009

아홉 번째 Convergence 감성 시집

태양의 하녀, 꽃

문단을 대표하는 127명 시인, 작가들의 주옥같은 시, 시조, 동시, 수필, 소설

이근배 손해일 이광복 도종환 김소엽
이진호 지은경 이정록 강정화 서창원
심종숙 서병진 신재미 한상현 오연복
배문석 염동규 안승기 오호현 이종식

도서출판 샘문

발간사

– 신춘문예, 샘터문학상 및 컨버전스 감성시집 출간을 축하하며

샘터문학 회장 이정록

시의 세계는 안의 기적과 밖의 기적이 함께 어울려 내외內外 상통을 이룰 때 <아프락사스> 즉, 새로운 세계로의 "열림"이 오는 것이며, 시는 결국 "만남"이며 그 떨림과 열림 속에서 비롯된 <과정적 창조>라 할 수 있습니다.

그러나 우리는 기존 패러다임에서 조금만 벗어나도 불안해 합니다. 이번에 코로나19 사태로 인한 새로운 역병으로 인한 죽음에 대한 두려움과 고통으로 사고의 틀과 행동반경에 제약, 경제적 고통 등으로 인하여 고등동물이고 만물의 영장이라는 자부심이, 정체성이 무너져 내렸습니다. 눈에 보이지도 않는 미물微物 하나도 이기지 못하고 그들에게 대책없이 생生을 바쳐야 하는 숙주에 불과하다는 낙담과 자책이 우리 인류의 정신을 피폐화 시키고 있습니다. 이러한 관념과 사고와 두려움의 틀을 깨지 못해 벽 밖의 세상은 늘 위태위태 합니다. 그래서 우리 문학인들의 사명이 큽니다. 정신적 지주로서의 노력을 아끼지 말아야겠습니다. 우리는 실상 손바닥만한 크기로 만족을 느껴도 실상 살아가는데 아무 문제는 없습니다. 그러나 창작을 하면서부터 문제가 생깁니다. 인식과 사고와 관습이 벽 안에서 따라가지 못하기 때문입니다. 더 큰 우주를 꿈꾸는 것이 문학이라 생각합니다. 더 넓은 시공에서 충돌적인 요소를 두려워하지 않는다면 큰 그림의 문학이 싹을 틔울 것입니다.

제 1회 샘터문학상을 제정하고 어느덧 벌써 8회 째에 접어 들었습니다. 긴 산고끝에 문학계 최초의 공동시집, 계간지, 월간지를 융합한 컨버전스 감성시집을 해산하여 표준화하기까지 여러 시행착오를 거치고 많은 투자를 하였습니다. 10년 여에 걸쳐 축적된 노하우는 샘물이 송송송 솟아나는 샘터처럼 문학의 원천이 창조되는 스타일을 구축하면서 소셜미디어에 터를 잡은 샘터문학사는 Sns 문학의 선두 주자로서 작가와 독자 합쳐 70,000명 회원 시대에 초석을 탄탄하게 다지는 문학 단체로 입지를 확고히 하였고 원했든, 원하지 안했든, 이제는 문단의 중심에 우뚝 서므로서 명실공히 온라인, 오프라인을 아우르는 문학 단체로서 큰 성장을 이루었습니다. 갖은 난관에 부딪혀 힘들어 할 때도 서로의 소통과 격려로 이겨냈다고 자부합니다. 항상 담론이 들끓었고, 좋은 쪽이든, 나쁜 쪽이든, 자신과 다른 차이를 못마땅하게 생각한 항변도 시기도 감수해야 했습니다. 그런 시행착오가 비온 뒤의 땅을 더 다지는 계기가 되었겠지요.

샘터문학은 회를 거듭할 수록 만만함보다 긴장감이 앞섭니다. 이번 문학상 공모에는 코로나19바이러스, 라는 초유의 역병이 발생하여 전세계를 두려움과 공포로 몰아넣고 모든 경제를 마비시키고 인류를 죽음으로 내모는 사태가 지속되고 있는데도, 어느 누구도 예상하지 못한 열정으로 무려 127명, 490편의 주옥 같은 작품이 응모 되었고 25분의 저명한 선생님들께서 옥고(초대시, 초대석시, 특집시)를 주셨습니다. 이는 무엇이겠습니까? 두려움에서 벗어나고 이러한 역병을 이겨내려는 지상 최고의 지성智聖인 문우님들의 정신적 투쟁의 결과이고 문인들에게 부여된 지상명령을 수행한 결과이고 승리인 것입니다. 이번 행사를 치루고 나면 독자와 고뇌하는 회원들님들이 늘어나면서 긍정적이고 활기찬 행복지수를 높이는 문학사로 입지를 굳히리라 생각합니다. 독특한 다양성과 동질 의식으로 서로의 아픔을 챙겨주고 기쁠 때 같이 웃는 자생적 동료애는 우리의 관대한, 배려적인, 측은지심의 사랑이기도 합니다.

벌써 2020년 중반인 6월이 찾아왔습니다. 샘물이 어김없이 세상 속으로 흐르고 스며 들어가야 한다는, 두렵고도 행복한 소명의식으로 완성도를 높이겠습니다. 문학지라는 소비재가 생산되어 수없이 쏟아져 나오는 공간을 속을 헤집고 다니며 새로운 길을 내고, 생존전략에서 경쟁보다는 경쟁력을 키워나가겠습니다. 새로운 시도와 미래전략으로 문학계가 직면한 위태롭고 침체된 틈을 찾고 수리하고 혁신하고 창조해 나가겠습니다. "산소를 불어넣고 햇살을 쪼이고 달빛을 축이며 별밭 별들을 캐내어 새로 발굴한 플랫폼 행성에 샛별들을 모종하겠습니다. 비를 불러오고 바람을 불러와 생육시키고 건강한 아름다운 별꽃으로 피우겠습니다. 노벨꽃도 피워내겠습니다"라고 천명한 약속을 지키고 꼭 이루어내겠습니다. 얼굴을 마주하고 시심을 나누고, 옆구리가 찔리는 날카로운 비평도 챙기겠습니다. 싸늘한 조롱도, 어림없을 수 있는 문학적 가치에 접속하겠습니다.

이번 샘터문학상과 컨버전스 감성시집 공모에 응모해 주신 시인, 작가선생님들과 귀중한 옥고를 주신 초대 시인님, 초대 작가선생님들께 감사의 말씀 올리며 임직원 여러분들께도 깊은 감사의 말씀 올립니다. 그리고 심사위원 선생님들께도 감사의 말씀 올리며 편집위원님들 편집고문님들께도 깊은 감사의 말씀 드립니다.

끝으로 이번 문학상 수상의 영광을 안으신 시인님, 작가님들께도 가슴 속으로부터 우러나오는 축하의 말씀 올립니다. 대단히 감사합니다.

2020. 05. 30

(사) 샘터문학 회장 이정록 拜上

문학사 소개

– 샘터문학에 대하여

2020년 5월 컨버전스 감성시집 9호를 발간하며 회를 거듭할수록 수준 높은 글들이 응모되고, 덕망있고 기량을 갖춘 시인 및 작가들이 출품을 합니다. 또한 독자층이 기하급수적으로 확장되면서 문학사의 위상이 높아짐을 피부로 느끼며 뿌듯함과 동시에 어깨가 무거워짐을 느낍니다. 시인, 작가들이 마음껏 창작을 하여 발표하고 장르에 맞는 좋은 글들을 마음껏 찾아 읽을 수 있는, 맑은 샘터문학을 만들어야 한다는 사명감 때문에 모든 임직원들이 불철주야 고뇌합니다. 늘 고여있지 않고 늘 맑은 영수渶水가 넘치는 샘터문학은 이런 곳이라 겸손한 자세로 여러분들께 소개합니다.

<첫 번째> 저희 샘터문학은 100% 문인으로 구성되어 있습니다. 타 업종 종사자로 구성되어 있는 단체들 하고는 차별화 됩니다.

<두 번째> 회원이 한국 문단에서 제일 많습니다. 약 7만명에 도달하고 있습니다. 인재 풀이 깊고 넓어 자원이 풍부합니다.

<세 번째> 초고효율, 초내실화로 SNS상에서 터를 잡아 “디지털 노마드”로 압축, 팽창, 성장하였습니다. 욕심 부리지 않고 열심히 초석을 쌓았습니다. 항상 낮은 자세로 겸손하게 진실한 마음으로 대하고 약속을 지키고 서비스 하였습니다. 앞으로도 변함없는 신뢰로 지속적인 노력을 경주하겠습니다.

<네 번째> 기존의 문예지, 간행지를 혁파하여 융합하였습니다. 월간, 계간, 반간, 동인지, 단행본, 잡지 등을 융합하고 아마추어부터 중견, 프로까지 한 권의 문예지에 모셨습니다. 그 결과물이 상표 등록까지 마친 “컨버전스 감성시집” 입니다. 혁신하고 융합하여 표준화한 것입니다. 앞으로도 문단의 새로운 역사를 여러분들과 함께 써내려가겠습니다.

<다섯 번째> 우리 문학사엔 인재가 많습니다. 석사, 박사, 교수, 교사 등 전문가들이 약 25%에 이릅니다. 대학교수님도 등단을 하시고 문학박사님도 당 문학사에서 등단을 하십니다. 저희 문학사에서는 등단 전 특별한 절차가 있습니다. 약 10일~30일 정도 기량 테스트 후 지도를 받습니다. 응모자 분들 경우도 마찬가지로 일정부분 지도를 받습니다. 그 후 응모 원고접수 여부를 판단하여 거절하거나 또는 접수를 받습니다. 2~3회 탈락은 일반화 되어 있습니다.

<여섯 번째> 당 문학사에는 시창작을 지도하는 문예대학 내에 "시창작학과"를 운영 중입니다. "교육부 공식교육기관" 인가를 받은 샘터문학평생교육원 (온라인 원격)과 샘문평생교육원 (오프라인)입니다. 현재 7기 수강 중에 있습니다. 그리고 시낭송학과, 시조창작학과, 멀티스피치학과, 가곡학과를 개강하였습니다.

앞으로도 미래 동량들을 위한 모든 문인, 예술인들을 위한 국가산업을 위한 교육대학이 되겠습니다. 또한 샘터문학은 신한대학교, 한국열린사이버 대학과 공식적인 산업협동협약을 체결 하였습니다. 이는 당 문학사와 문예대학의 수준 높은 문인과 낭송가들의 활동영역을 넓히고 많은 인재들을 배출할 수 있는 토대를 구축한 것입니다.

<일곱 번째> 유통구조의 혁신을 이루어 나가고 있습니다. 오프라인으로 교보, 영풍 등 그리고 온라인 서점으로서 알라딘, 예스24, 인터파크 등, 그리고 오픈마켓으로 옥션, 쿠팡, 위메프 등 총 13개 업체와 계약, 입점 등 제휴하고 있습니다.

<여덟 번째> 샘터문학 <글로벌 홈페이지>를 구축하여 <디지털 노마드>로서 모든 SNS와 연동기능, 모바일 연동기능, <샘터문학신문>과 연동기능, <샘터문예대학 (평생교육원)>과 <샘터쇼핑몰> 연동기능, 카드결재기능, 계좌결재기능, 핸드폰 결재기능, 문학콘텐츠 (시, 수필, 소설, 등) 구독시 유료화 기능, 출판기능, 문학상 및 신인문학상 연결기능을 갖고 있습니다. 국내 최초입니다.

"샘터 포에트리 코드"를 가동하겠습니다. 어느 업체나, 어느 문인이나, 어느 장르나 일정 심사를 통과하면 입점이 가능하고 그 오픈마켓 안에서 인문학 상품 및 모든 상품들의 판매가 가능합니다.

<아홉 번째> 저희 문학사는 "샘터문학신문(SAEMTEO NEWS)"을 정부로 부터 공식 인가받아 창간하였습니다. <송송송 솟아나는 샘물, 뉴스의 마중물>, <독자들의 알권리 충족, 문화적 시사적 욕구충족을 위한 보도>라는 케치프레이즈를 걸고 뉴스를 보도하고 있습니다. 한국 최고의 뉴스지로 발돋움 하겠습니다.

<열 번째> 이번에 한국문단 최초로 <민간자격증> 발급기관으로 등록되었습니다. <법률 제 14397호> <자격기본법 제 17조> 및 <자격기본법 시행령 제 23조>에 따라 <공인자격증>과 <등록자격증>을 발급하는 <민간자격증 발급기관>입니다.

당 교육기관인 샘터문학평생교육원에서 초급과정 (기본반), 중급과정, 고급과정, 지도자과정 (심화, 특화 과정)을 거쳐 교육하고 국가 주무부처 (교육부, 문화체육관광부) 관리감독과 심의 하에 <검정시험>을 당 교육기관에서 출제하고 관리감독하여 표준화된 자격명에 의한 2급, 1급 자격증이 발급되어 집니다.

지금까지는 한국 문단 및 예술계 전체가 표준화 되지 못한, 인가받지 못한, 관리 감독 받지 못한, 무허가 지도 및 자격증 발급 등으로 저질 교육과 불법자격으로 인해 몸살을 앓아왔던 것을 일소하는 계기가 되고 전환점이 될 것입니다.

<열한 번째> 저희 문학사는 경쟁 보다는 경쟁력을 키우겠습니다. 미디어그룹으로서 면모 및 시스템을 갖추고 창간, 발간, 개강, 창업, 교육, 시험, 발급 함으로서 전 세계적으로 <컨버전스화>하고 <플랫폼화>하고 <허브>를 구축해 나가겠습니다.

<열두 번째> 한국 문단과 예술계에 질적 향상을 꾀함으로서 고대, 근대, 현대를 거쳐 수천 년의 역사를 가진 우리 <한민족 문화콘텐츠>를 <한류화>함으로서 <인류의 정신적 의식함양>에 이바지하고 이를 구현하기 위해 열정적인 노를 저어 잘 순항하여 <신세계>라는 항구에 <노벨상>이라는 항구에 꼭 도달하겠습니다.

<열세 번째> 인문학을 제 4차산업화 하겠습니다. 미래의 먹거리 산업으로 인문학 경제 산업으로 초석을 공고히 다지고자 하는 의지와 선견력을 가지고 선재적, 선도적, 선구자적, 출입전략으로, 수행전략으로, 구현전략으로 자본수지적으로 열악한 문단 및 예술계를 4차산업화 전략으로 경쟁력을 높이겠습니다.

<열네 번째> 샘터문학은 도서출판 [샘문]에서 회원 여러분들의 컨버전스 감성시집 뿐만 아니라 개인시집, 시화집 수필집 소설집 등 개인 저서를 만들어 드립니다. 전문 편집자와 일러스트 내지 표지 디자이너와 활발한 활동 중인 시인과 젊은 감각의 디자이너들이 상근하며 원고 교열 교정 및 퇴고, 감수까지 완성도 높은 저서 출간을 위해 노력하고 있으며, 동시에 유통까지 핫라인으로 운영되어 저자님들을 지원해 드리고 있습니다.

감사합니다.

2020년 5월 30일

샘터문학 회장 이정록 拜上

산수유 수유간에 3

손 해 일

초록봄 기지개 켠 구례 산동 산수유골
섬진강 골골마다 마실 나온 꽃잎들이
봄볕에 몸을 말리며 노릇노릇 익는다

초록은 동색인데 노랑도 동색인가
노랑나비 노랑멧새 나붓나붓 어울린 봄
가녀린 떨잠 족두리 파르르르 떨린다

산수유 꽃말은 영원불멸 영생 무한
노란꽃 지고나면 불꽃 사리 남기건만
덧없는 우리네 삶은 무얼 찾아 지는가

노오란 꽃잎 천지 혼불 그려 눈 감으니
사레들린 꽃샘 바람 세월의 미늘처럼
산수유 눈 깜짝할 새 하릴없이 지는 이승

손 해 일

서울대, 홍익대 대학원 국문과 졸업 (1991 문학박사)
1978년 <시문학>등단, 시집<떴다방 까치집> 등, 평론집 <심리학으로 푸는 한국현대시> 등
대학문학상, 홍익문학상, 시문학상, 서초문학상, 소월문학상 등
(전)농협대 교수, 홍익대 강사, 농민신문 편집국장, 시문학회 회장, 서초문협 회장 등
(현) 국제PEN한국본부 이사장, 한국현대시협 평의원 (제23대 이사장), 한국문협 이사, 서울대 총동창회 이사 등

잔盞

이 근 배

풀이 되었으면 싶었다
한 해에 한 번쯤이라도 가슴에
꽃을 달고 싶었다
새가 되었으면 싶었다
봄, 여름, 가을, 겨울을
목청껏 울고 싶었다
눈부신 빛깔로 터져 오르지는 못하면서
바람과 모래의 긴 목마름을 살고
저마다 성대는 없으면서
온몸을 가시 찔리운 채 밤을 지새웠다
무엇하러 금세기에 태어나서
빈 잔만 들고 있는가
노래를 잃은 시대의 노래를 위하여
모여서 서성대는가
잠시 만났다 헤어지는 것일 뿐
가슴에 남은 슬픔의 뿌리 보이지 않는다

이 근 배

1940 충남 당진 출생
서라벌예술대학 문예창작과에서 김동리, 서정주의 창작지도를 받음.
1961~1964년 각 일간지 신춘문예 시와 시조 당선
경향신문 신춘문예 시조 <묘비명>
서울신문 신춘문예 시조 <벽>
조선일보 신춘문예 시조 <압록강>
동아일보 신춘문예 시조 <보신각종>
조선일보 신춘문예 동시 <달맞이꽃>
한국일보 신춘문예 시 <북위선>
<시집>
[사랑을 연주하는 꽃나무] [노래여 노래여] [사람들이 새가 되고 싶은 까닭을 안다] [종소리는 끝없이 새벽을 깨운다] [추사를 훔치다]
<시조집>
[동해바닷속의 돌거북이 하는 말] [달은 해를 물고]
<장편서사시집>
[한강]
<기행문집>
[시가 있는 국토기행]
<활판시선집>
[사랑 앞에서는 돌도 운다] 등.
<수상>
문공부 신인예술상 시 부문 수석상, 문공부 신인예술상 시조부문 수석상, 문공부 신인예술상 문학부 특상, 가람문학상, 중앙시조대상, 한국문학작가상, 육당문학상, 월하문학상, 편운문학상, 현대불교문학상, 시와시학작품상, 유심작품상, 고산시조문학상, 한국시인협회상, 이설주문학상, 정지용문학상, 한국시조대상, 심훈문학대상, 만해대상, 은관문화훈장 수훈
<역임>
한국시인협회 회장, 한국시조시인협회 회장, 한국문인협회부이사장, 현대시조포럼회장, 한국시 백년대회 집행위원장, 세계민족시대회집행위원장, 심훈상록수기념사업회 공동대표, 지용회 회장, 대한민국예술원부회장, 간행물윤리위원장 등
<현재>
대한민국예술원 회장, 중앙대 초빙교수, 한국대표명시선100 편집주간, 네이비문인클럽 회장, 공초숭모회 회장

제 8회 샘터문학상

초대수필

살며 생각하며

— 불행과 행복

이 광 복 (소설가 · 한국문인협회 이사장)

불우한 시절이 있었다. 일찍이 문학에 뜻을 두고 정진했다. 하지만 우선 당장 먹고살 길이 막막했다. 농토가 없었다. 논밭이 있었더라면 농사일을 할 수 있었을 텐데 우리 집에는 송곳 꽂을 땅조차 없었다. 일자리가 마땅치 않았다. 고등학교를 졸업했는데도 호적나이가 만 16세밖에 안 되는지라 공무원 취업 등 공민권을 행사할 수가 없었다. 취직시험에 응시하려 해도 연령미달이었다. 적수공권으로 집을 나섰다. 눈물이 앞을 가렸다. 무작정 서울행 완행열차를 탔다. 1970년 6월 5일이었다.

각오는 비장했다. 목표도 분명했다. 작가가 되어 성공하기 전에는 고향에 돌아가지 않으리라 작정했다. 완행열차는 하루 종일 철길을 따라 느릿느릿 굼벵이 걸음으로 이동하면서 역마다 꼬박꼬박 서는 것은 물론이고 어떤 구간에서는 특급열차를 먼저 보내느라 가장자리 선로線路로 대피하기도 했다. 어둑어둑 땅거미가 내릴 무렵 낯선 영등포에 첫발을 디뎠다. 역전 일대에는 폭우가 쏟아지고 있었다. 빗줄기가 굵어 앞이 보이지 않았다. 번개가 번쩍 눈앞을 베고 지나가면 천둥이 우르르 꽝꽝 지축을 흔들었다. 방향을 분간할 수가 없었다. 영등포의 밤은 현란했다. 여기저기 울긋불긋한 네온사인이 번쩍거리고 있었다.

일단 살아남기 위해 '먹여주고 재워주는' 집에 들어가 잡역을 시작했다. 여러 차례 죽을 고비를 만났다. 중노동에 골병이 들었다. 그보다 더 무서운 것은 실의와 자학이었다. 어린 시절 고향의 어른들은 나를 가리켜 '신동神童'이라 했고, 특히 학교에 들어간 뒤로는 선생님들까지 '수재'니 '천재'니 극찬을 아끼지 않았다. 그렇건만 객지에 나와 이토록 밑바닥을 박박 기며 중노동과 사투死鬪를 벌이게 되다니 너무나 기가 막혔다. 자존심이 상했다. 피눈물이 흘렀다. 어떤 때는 죽어버리고 싶은 충동에 사로잡혔다. 그 험난한 고역을 감당하기가 너무 버거웠다. 인생을 비관하지 않을 수 없었다. 그나마 다행이라면 필자에게는 실낱같은 한 가닥 희망이 있었다. 문학에의 꿈이었다. 만약 그 꿈이 아니었던들 극단적인 선택을 했을지도 모른다. 그 무시무시한 실의와 좌절 속에서도 줄곧 명작을 읽고 나름대로 열심히 습작을 하는 가운데 가까스로 최악의 위기를 극복할 수 있었다.

서울은 냉정했고, 자본주의는 가혹했다. 빈털터리가 자립하기란 여간 어려운 것이 아니었다. 약 2년 동안 살인적인 육체노동에 시달리다가 호적나이로 만 18세가 되었을 때 어느 잡지사 기자로 신분을 바꾸어 정신노동자가 되었다. 그 당시 잡지사 기자는 배고픈 직업이었다. 하지만 원고지에 기사를 써서 밥벌이를 하게 되었다는 사실만으로도 종래보다는 좀 진일보進一步한 셈이었다. 특히 작가와 원고지는 불가분의 관계에 있다. 작가 지망생이 직장에서 매일 원고지에 글을 쓸 수 있다는 것은 절호의 기회였다. 필자는 습작을 더욱 가속화했고, 1973년 문화공보부 문예작품 현상모집 장막희곡 입선을 시작으로 1974년 제10회 『신동아』 논픽션 현상공모 당선, 1976년 『현대문학』 소설 초회初回 추천, 1977년 『현대문학』 소설 추천 완료, 1979년 『월간 독서』 장편소설 현상모집에 당선했다. 이렇듯 필자는 20대의 젊은 나이에 각종 문학 관련 공모를 석권하면서 고향을 떠나올 때의 꿈을 이루었다.

한편, 이 과정에서 결혼과 함께 아이들을 낳아 길렀다. 연로하신 양가養家·생가生家의 부모님들이 잇따라 세상을 떠나셨다. 생활은 평탄치 않았다. 들쭉날쭉 기복이 심했다. 20대에서 40대에 이르는 동안 가장으로서 가족의 생존을 위한 몸부림 속에 허우적거렸다. 그동안 집을 장만했고, 끊임없이 원고 청탁이 들어와 작품도 열심히 썼다. 1987년 첫 번째 대통령표창을 비롯하여 1994년 제20회 한국소설문학상 등 굵직굵직한 상도 꽤 많이 받았다. 하지만 일일이 형언할 수 없는 이런저런 고난들이 꼬리를 물고 따라왔다. 무척 힘들었다. 내 사전에는 애당초 '불행'이란 단어만 넘쳐날 뿐 '행복'이란 단어는 존재하지 않았다. 실지로 필자는 그때 얼굴 한 번 펴고 산 적이 없었다. 오죽하면 그 무렵의 내 사진에서는 웃음을 찾아볼 수가 없다.

그러다가 45세 때 신의 축복인 듯 놀라운 '기적'이 일어났다. 내면의 변화였다. 어느 한 순간 내 삶이 무척 행복하게 느껴졌다. 나는 분명 행복의 중심에서 있었다. 세상이 아름답게 보였다. 불행을 뛰어넘어 행복으로 치닫는 일생일대의 변곡점이었다. 1995년이었다. 모든 일이 막힘없이 술술 풀렸다. 그해 연말 두 번째 대통령표창과 제14회 조연현문학상을 받았다. 그랬다. 행복은 멀리 있는 것이 아니라 바로 내 안에 있었다. 문제는 마음가짐이었다. 가족들 건강하고 집안 화목한데다 주위 사람들이 속속 성공하는 것만 해도 얼마나 큰 행복인가. 생각을 고쳐먹자 자학이 자중자애로 바뀌었다. 필자는 마침내 저 쓰라린 불행을 떨치고 일어나 한바탕 인생역전의 장쾌한 드라마를 연출하면서 진정한 행복을 '내 것'으로 만들었다. 어디 그뿐인가. 필자는 최근 '행복 전도사'를 자처하며 여러 사람에게 행복의 가치와 의미를 널리 전파하는 가운데 더 큰 행복을 예감하고 있다. 이제 내 사전에서는 '불행'이 사라지고 그 자리에 '행복'이 넘쳐난다.

이 광 복

충남 부여 출생
1973년 문화공보부 문예창작 현상모집 장막희곡 입선
1974년 『신동아』 논픽션 현상모집 당선
1976년 『현대문학』 소설 초회 추천
1977년 『현대문학』 소설 추천 완료
1979년 『월간독서』 장편소설 현상모집 당선

[주요경력]

한국문인협회 『월간문학』 기자, 편집국장, 이사(제19~23대), 소설분과회장(제24대) 역임. 한국문인협회 부이사장(제25대~제26대, 상임이사 겸임) 역임. 한국문인협회 평생교육원 교수 역임. 국제PEN한국본부 사무처장, 문화정책위원장, 이사(제28대~제34대) 역임. 한국소설가협회 부이사장 역임. 한국문학진흥 및 국립한국문학관건립공동준비위원장 역임. 문화체육관광부 문학진흥정책위원회 위원 역임. 국립국어원 말다듬기위원회 위원 역임. 한국예술문화단체총연합회 부회장 역임. 현재 한국문인협회 이사장(제27대). 『월간문학』, 『한국문학인』 발행인 겸 편집인. 국제PEN한국본부 자문위원. 한국문예학술저작권협회 이사. 국립한국문학관 이사. 대한민국 명예해군

[주요작품]

- 소설집 『화려한 밀실』, 『사육제』, 『겨울여행』, 『먼 길』, 『동행』, 『만물박사(전3권)』
- 장편소설 『풍랑의 도시』, 『목신의 마을』, 『폭설』, 『열망』, 『술래잡기』, 『겨울무지개』, 『바람잡기』, 『송주임』, 『이혼시대(전3권)』, 『삼국지(전8권)』, 『한 권으로 읽는 삼국지』, 『사랑과 운명』, 『불멸의 혼-계백』, 『구름잡기』, 『안개의 계절』, 『황금의 후예』
- 콩트집 『풍선 속의 여자』, 『슈퍼맨』
- 전래동화 『에밀레종』
- 교양서적 『태평양을 마당처럼』, 『세계는 없다』, 『끝나지 않은 항일투쟁』, 『금강경에서 배우는 성공비결 108가지』, 『천수경에서 배우는 성공비결 108가지』, 『문학과 행복』
- 시나리오 『시련과 영광』, 『아, 대한민국』 외 다수

[수상]

대통령표창(1987). 제7회 동포문학상. 제2회 시와시론문학상. 제20회 한국소설문학상. 제14회 조연현문학상. 대통령표창(1995). 제1회 문학저널 창작문학상. 제19회 한국예총예술문화상 공로상(문인부문). 노동부장관 표창. 제28회 PEN문학상. 제14회 들소리문학상 대상. 부여 100년을 빛낸 인물(문화예술부문). 제30회 한국예총예술문화상대상. 제3회 익재문학상. 제9회 정과정문학상. 제3회 한국지역방송연합(KBNS) 대상. 문화체육관광부장관 표창

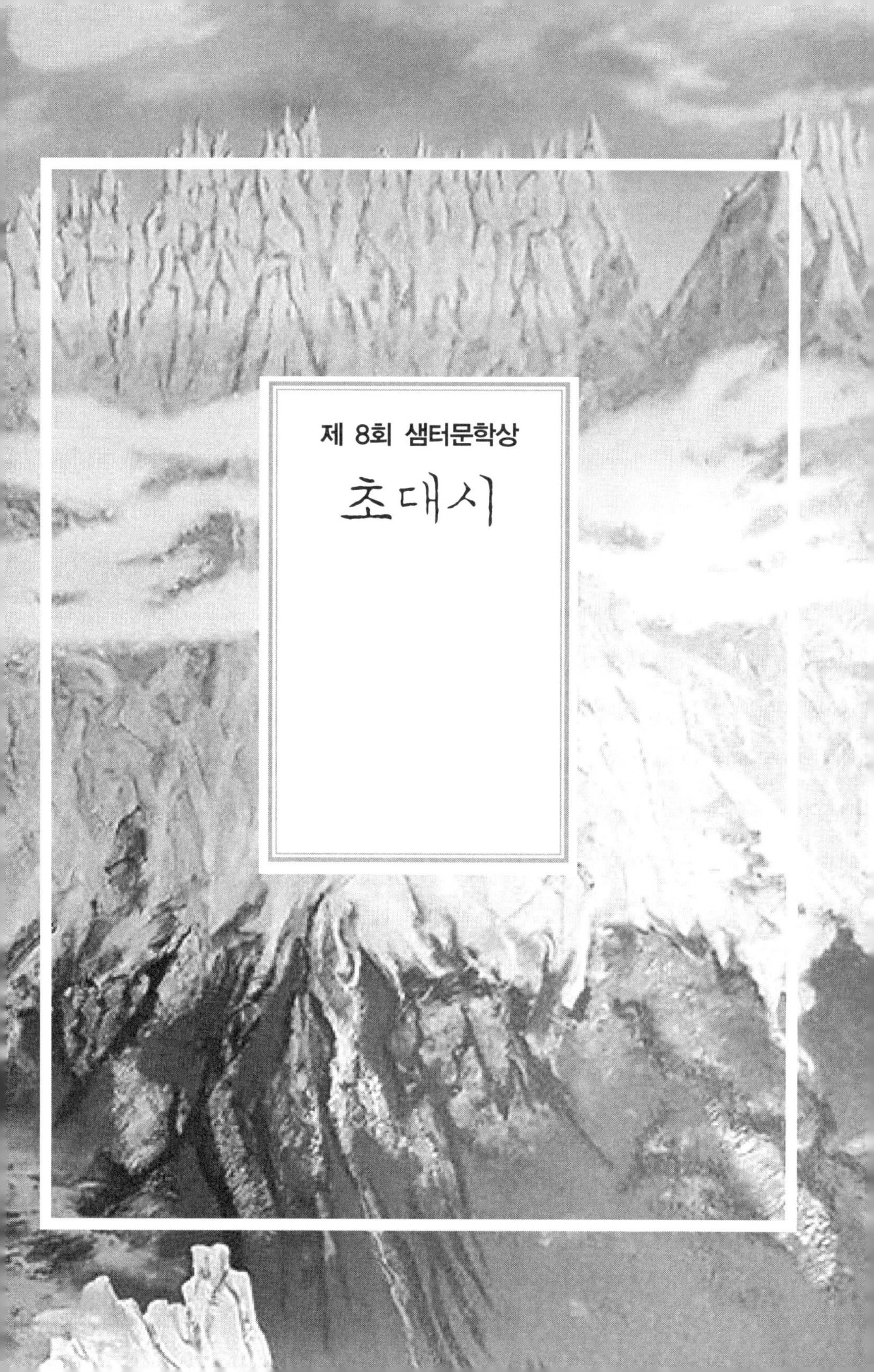

제 8회 샘터문학상

초대시

살다가 보면

이 근 배

살다가 보면
넘어지지 않을 곳에서
넘어질 때가 있다

사랑을 말하지 않을 곳에서
사랑을 말할 때가 있다

눈물을 보이지 않을 곳에서
눈물을 보일 때가 있다

살다가 보면
사랑하는 사람을
사랑하지 않기 위해서
떠나보낼 때가 있다

떠나보내지 않을 것을
떠나보내고
어둠 속에 갇혀
짐승스런 시간을
살 때가 있다

살다가 보면

이 근 배

1940 충남 당진 출생
서라벌예술대학 문예창작과에서 김동리, 서정주의 창작지도를 받음.
1961~1964년 각 일간지 신춘문예
시와 시조 당선
경향신문 신춘문예 시조 <묘비명>
서울신문 신춘문예 시조 <벽>
조선일보 신춘문예 시조 <압록강>
동아일보 신춘문예 시조 <보신각종>
조선일보 신춘문예 동시 <달맞이꽃>
한국일보 신춘문예 시 <북위선>
<시집>
[사랑을 연주하는 꽃나무] [노래여 노래여] [사람들이 새가 되고 싶은 까닭을 안다] [종소리는 끝없이 새벽을 깨운다] [추사를 훔치다]
<시조집>
[동해바닷속의 돌거북이 하는 말] [달은 해를 물고]
<장편서사시집>
[한강]
<기행문집>
[시가 있는 국토기행]
<활판시선집>
[사랑 앞에서는 돌도 운다] 등
<수상>
문공부 신인예술상 시 부문 수석상, 문공부 신인예술상 시조부문 수석상, 문공부 신인예술상 문학부 특상, 가람문학상, 중앙시조대상, 한국문학작가상, 육당문학상, 월하문학상, 편운문학상, 현대불교문학상, 시와시학작품상, 유심작품상, 고산시조문학상, 한국시인협회상, 이설주문학상, 정지용문학상, 한국시조대상, 심훈문학대상 만해대상. 은관문화훈장 수훈
<역임>
한국시인협회 회장, 한국시조시인협회 회장, 한국문인협회부이사장, 현대시조포럼회장, 한국시 백년대회 집행위원장, 세계민족시대회집행위원장, 심훈상록수기념사업회 공동대표, 지용회 회장, 대한민국예술원부회장, 간행물윤리위원장 등
<현재>
대한민국예술원 회장, 중앙대 초빙교수, 한국대표명시선100 편집주간, 네이비문인클럽 회장, 공초숭모회 회장

새싹 II 외 1편

이 진 호

햇님이
햇볕을 한아름 안고 와서
화단에 내려 놓았다

-- 얘들아, 아직도 자고 있니
-- 어서들 일어나 봐
햇살이 나직나직 불러 낸다

-- 아이, 따사로워라
-- 그래그래, 너무너무 훈훈해
-- 진작 와 주지 그랬니

새싹들이 눈 비비며
쏘옥
쏙 ……
다투며 얼굴을 내민다

꽃씨를 묻고

이 진 호

땅속에 꽃씨 묻고
귀 기울이면 들리는 소리
아! 귀여운 아우성
내가 먼저 싹 틀 거야
아냐 내가 먼저 나갈 거야

땅속에 꽃씨 묻고
코를 대보면 향긋한 내음
아! 날아 나오는 맛과 향기
코를 찌르는 꽃가루 냄새
입가에 달콤한 꿀맛 같은 거

땅속에 꽃씨 묻고
귀 기울이면 들리는 소리
아! 벌 나비들 날개치는 소리
윙윙 벌들의 꿀 빠는 소리
팔랑팔랑 나비들의 꽃가루 받는 소리

이 진 호

아호 : 천등
시인, 문학박사, 작곡가, 작사가
<수상>
'65 '충청일보'신춘문예 당선(시)
'79 제11회 한국아동문학 작가상
'00 제13회 대한민국동요 대상
'01 제5회 세계 계관시인 대상
'11 제15회 한국민족문학대상
'16 제2회 한국현대문학 창작대상
(100주년 기념문학상)
<경력>
천등문학 회장
(사) 샘터문학 고문
(사) 샘터문인협회 고문
(사) 샘터문예대학 석좌교수
<저서>
詩集: 꽃잔치 ('72) Spring Breeze, Flower Breeze ('02) 외 6권 상제
童話集: 금빛 날개를 단 아기코끼리 ('87) 외 6권 상제
<작곡, 작사>
좋아졌네 (새마을찬가)
이럴땐 어쩌나 (건전가요)
멋진사나이(군가) 외 동요 400곡
초,중,고교 교가 176개교

나의 DNA는 대한민국 외 2편

-- 독도 예찬

김 소 엽

태어난 지 오래되었건만
신라 지증왕 십삼 년에 족보에 올리고
우리나라 사랑받는 자식으로
당당히 자리 지켜온
막내둥이 독도야

동쪽 끝 모국과 멀리 떨어져 있어도
나 전혀 외롭지 않네
재갈매기 노랫소리, 파도 소리 위로 삼고
해동성국 우리나라 지키며
동해의 수장으로 살아온
지난 천오백 년 세월

대한의 핏줄을 이어받은 나는
엄연한 대한의 자손인 것을
누가 감히 나를 탐하여
역사를 고쳐 쓰려 하는가
나의 DNA는 대한민국이다

죽어서도 나라를 지키는 등대 되어서
역사 위에 길이길이
밝은 빛 비추리니
독도여 영원하라

봄이 왔다고?

— 7세 신원영의 죽음을 애도하며

김 소 엽

겨울이 지나면 봄이 온다고
그래서 어둠 속에서도 씨앗은 숨을 고르며
칼바람 불어도 나무는 살갗이 터져나가도
참고 기다리는 것이라고
어른들은 말하지

폭포도 얼어붙고
강물도 흐르기를 멈추어
생명이 더 이상 흐르지 않아도
한 줄기 햇살의 애무가
그 모든 냉기를 녹여
다시금 제 갈 길을 가게 한다고
사람들은 말하지

사랑이여, 이 무서운 어둠에서
한 줄기 햇살로 비쳐다오
화장실에서 락스를 뒤집어쓰고
매 맞고 죽은 일곱 살 어린 아이야
12도 영하의 콘크리트 바닥엔
한 줌 햇살도 없었더냐

아직도 꽁꽁 언 땅 밑에서
너의 푸른 울음소리가
봄의 싹을 애달프게 눈 틔우는가
부끄러운 봄날
눈멀고 귀먹은 어른들에게
봄이 왔다고?

풀잎의 노래
— 시체꽃

김 소 엽

아프리카 어느 사막지대에
바짝 말라비틀어진
풀포기 하나가
바람에 굴러다니고 있다

누가 보아도 시체가 된
풀포기 하나
수수년을 기다리고 기다리며
바람에 몸을 맡기고
사막의 이곳저곳을 떠돌아도
이스라엘이 미디안 광야를
사십 년을 헤맨 끝에
가나안에 이르렀듯이
끝까지 포기하지 않고
하나님의 섭리에
자기를 송두리 채 내어 맡긴
마른 풀잎이여

드디어 그 염원이 이루어져
바람은 고맙게도 그를 팔 년 만에
오아시스에 데려다 놓았다

반나절 만에 소생한 그는
하루 만에 잎을 자라게 하고
단 며칠 만에 꽃 피우고 열매 맺어

바람에게 자손을 퍼트리고 나서야
안심하고 영면에 이르나니

이름하여 시체꽃
누가 그를 죽은 꽃이라 하던가

김 소 엽

대전 삼성초교, 대전여중, <대전사범대학교>를 거쳐 <이화여자대학교 문리대 영문학>과 및 <연세대학교 연합신학대학원>을 나와서 <미국 Mid West 대학에서 문학박사 학위>를 받았다.
보성여고 교사를 거쳐 육군사관학교 상담관, <호서대학교 교수>를 거쳐 현재는 <대전대학교 석좌교수>, <한국기독교 문화예술 총연합회> 회장직을 수행하고 있고 (사) 샘터문학 고문이다.
1978년 <한국문학>에 <밤>, <방황> 등의 작품이 <서정주 박재삼의 심사>로 <신인상에 당선>되어 <등단>했다.
[저서] <그대는 별로 뜨고>를 비롯한 20여권에 시집과영문시집 <At The Well> 외 2권을 상제하였고 수필집 <사랑 하나 별이 되어> 외 1권을 상제
[수상 경력]
윤동주 문학상 본상 수상
한국기독교 문화대상 수상
들소리문학상 수상
제 1회 순복음문학상 본상 수상
제 46회 한국문학상 수상
제 17회 이화문학상 수상
제 47대 대학민국 신사임당상 수상
2018년 한국을빛낸인물 대상 수상

지하철은 드레그를 끄다 켜다 하며 외 1편

강 정 화

지하로 가는 계단부터
줄지어 밝혀놓은 전등 아래
역마다 벌떼처럼 모인 군상
딱히 출발역도 종착역도 없이
서울 시내를 돌고 도는 순환 2호선
어디서 꽃을 꺾고 나무는 왜 심는지
밤인지 낮인지 분간하기 어려워
물어도 모르는 대답으로 환승길 놓치며
잠시 한강만 빠끔히 보여주고는
지나온 역에서 다음역 사이엔
누가 타고 내리는지 묻지도 않고
드레그로 지우듯 달리는 지하철
신호음 울리며 까맣게 지워놓고
도착역마다 넘치는 아우성 쏟아놓고
지우며 태우고 달리다
내리고 달리다 지우고 달리다가
한강철교만 보여주고는
출발점에서 낮에도 밤처럼 지우다
밤에도 낮처럼 달리다 지우고
지워지지 않은 종착역에 닿네

아 그래 날씨 탓인 게야

강 정 화

그날이었구나
봄을 유별나게 맞이하는 걸 보니
계절감각이 민감해졌나
예전보다 예민하다니
어제께만 하여도 오슬오슬 추웠는데
이상도 하지
두 볼이 왜 이리 화끈거리는지
가슴이 답답한 건지
설레이는 건지
예전에 느끼지 못한 봄맞이인 걸
두어군데 전화도 걸어 보고
싱숭생숭 왠일인지 거울도 들여다보고
꽃놀이 가자는 전화 속 목소리에 취하여
유난히 바쁜 하루 보내고
마감뉴스를 보다가
그럼 그렇지 어쩌자고 날씨가
기상대 생기고 사월 날씨 치고
백 년 만에 처음이래
그럼 그렇지
춘몽은 개꿈인겨 부끄럽게시리

강 정 화

시인, 문학박사, 문학평론가
1984년 월간『시문학』데뷔
부산경상대학교 겸임교수
동명대학교 겸임교수
제27대 한국문인협회 시분과 회장
(사) 샘터문학 고문
(사) 샘터문인협회 고문
<저서>
시집『우물에 관한 명상』외 13권
산문집『새벽을 열면서』외 1권
<공저>
사랑, 그 이름으로 아름다웠다
아리아, 자작나무 숲 시가 흐르다
사립문에 걸친 달 그림자
시詩, 별을 보며 점을 치다
우리집 어처구니는 시인
고장난 수레바퀴
<컨버전스 시집/샘터문학>

코로나바이러스 블루 1 외 1편

지 은 경

2019년 12월, 중국 우한市에서 발생한 '신종코로나'의
거대한 날갯짓이 폭풍을 일으켜 지구를 강타한지 3개월
높은 치사율과 전파력은 아직 끝나지 않았다

우한에서 입국한 최초의 신천지 교회 신도들이
확진자로 확인되면서 교주는 살인혐의로 고발됐다

마스크를 하고 주먹으로 인사하는 외계인의 모습
상대방을 보균자로 의심하며 공포에 떠는 눈동자들

왕관모양의 바이러스가 왕이 되어 인류에게 명령한다
꼼짝마라, 돌아다니면 죽는다, 가만히 집에 있거라
모임이 차단되고 일상의 자유가 박탈되었다

여행이나 공연은 물론 전국 학교에 내려진 휴교령
대중교통제한, 집회금지, 사회적 거리두기,
온라인강의, 화상회의, 재택근무 등에 적응하는 사람들
소비자들이 집에서 나오지 않아 경제도 흔들린다

살아남아야 한다는 일념에 귀 기울이는 뉴스
생년월일제로 줄을 서서 사야하는 마스크 배급제도

한번 감염되면 회복하기 힘든 비가역성의 역병은
대통령, 스타, 부자 등 모든 사람에게 공평하다

코로나 앞에서 무력한 세계 최강국 미국
세상은 이렇게 멈출 수도 있다

노래여 노래여

지 은 경

'죽지 말고 잘 살아야한다'
강가에 나와 강물을 들여다보며
방생한 내 분신의 이름을 불러본다
하늘 한 번 쳐다보며
훨훨 날아가 잘 살아야 할 텐데…
지금 어디에서 무얼 하고 있을까
궁금하고 걱정이 되어
날개 달아준 네 이름 불러본다

시집갈 때, 어머니
내 두 손을 꼭 잡고 하신 말씀
'가서 잘 살아야한다'
살아보지도 않고 눈물만 흘리던 난
지금 눈물 같은 시를 쓰고 있다
내 분신, 내 시詩들아!
어디에 있던 죽지 말고 꼭 살아서
누군가의 눈물을 닦아주는
노래가 되어야 한다

지 은 경
덕성여대에서 철학을 전공하고, 중앙대학교에서 예술학 석사학위를 받았으며, 명지대학교 대학원에서 '최승자 시 연구'로 문학박사학위를 받았다. 문학상 수상에는 황진이문학상대상·국제펜명인대상·자유시인협회상·국회사무총장상 외 다수이며, 시집 『오랜 침묵』 등 13권, 평론집 『의식의 흐름과 그 모순의 해법』, 칼럼집 『알고 계십니까』, 『우리들의 자화상』, 기행에세이 『인도, 그 명상의 땅』 등 다수. 한국신문예문학회·아태문인협회 명예이사장, 한국현대시인협회 24·25대 부이사장, 국제펜·한국문인협회·한국여성문학인회·한국비평가협회·한국통일문학 이사, ≪월간신문예≫ 발행인 겸 총회장

청자 외 1편

이 정 록

저것이 정녕
흙의 태아를 지닌 꽃이란 말이냐?
청산青山의 푸른빛을 다 빼앗았구나

저것이 정녕
대지의 자궁이 해산한 꽃이란 말이냐?
하늘의 푸른빛을 다 모셨구나

저것이 정녕
푸른빛이 빚은 청학青鶴이란 말이냐?
푸른빛 머금은 시혼詩魂이 날아오르는구나

청운靑雲을 타고 승천한 시객의 넋魂
천상에 올라
칠현금七絃琴을 타는구나

시詩, 치유학 개론

이 정 록

그는 삼십칠 년 동안 사업을 하고
삼십 년을 시인으로 글을 쓰면서
몸과 관계위주의 치료보다는 시문학을 이용한
정신적 치유가 훨씬 효과적이라는 것을 알게 되었다

우리는 부모가 할 일을 잘했든 못했든
일단 어린시절이 지나면 부모가 우리에게 줄 수 있는
욕구 충족을 위한 티켓의 유효기간은 만료되고
외로움은 시작된다
특히 말이 안통하는 사람이 부모고 가족이라면
외로움은 끝을 알 수 없는
우물처럼 깊어지고 심오해진다
혼자 있을 때 외로울 것 같지만 실상은 그렇지가 않다
말이 안통하는 사람과 같이 있을 때 가장 외롭다

그리고 자신을 잘 아는 사람들에게서 더 상처를 받는다
모르는 사람들에게는 이해관계가 없는 사람들에게는 상처를 받지 않는다
부모가 자식을 어떻게 생각하든 그건 부모 생각이다
"내 마음은 내 것이고 나는 나의 행복과 미적 가치를 애절한 사랑을 추구할 것이다"라고 외친다
그는 그의 부모를 사랑하지만 좋아하지는 않는다
좋아하지는 않아도 사랑할 수는 있다

그에게 사랑을 많이 주지 않았던 부모를
많이 사랑할 수 있다니
그는 자신이 너무 자랑스럽다고 외친다

-- 사랑과 인정 갈구
-- 미움
-- 실망
-- 상처
-- 다시 사랑과 인정 갈구
이 굴레의 고리를 끊으려면 어떻게해야 할까?
우린 인정 받으려고 더 잘 하기도 한다
하지만 그걸 바랄수록 더 외로워진다
사랑과 인정을 갈구하고 실망하고 미워하는 일을
죽을 때까지 반복하면서 자신을 괴롭힌다

그는 감히 말한다
어렸을 때 사랑받지 못한 사람들이 나이들어서도 부모에게 집착한다
어린 시절에 받지 못한 사랑을 불혹의 나이가 넘어가면서
늙은 부모에게 받으려고 애쓴다
단절과 고립감이 얼마나 사람을 아프게 하는지
그는 몸소 느꼈기 때문이다

-- 세상 = 무서운 곳
-- 타인 = 나를 해칠 수 있는 공격자
　　　　나에게 피해를 줄 수 있는 가해자
-- 아버지는 "소인배들을 경계해라"
-- 어머니는 "네 뒤통수에다 대고 저놈 독한 놈,

저놈 독한 놈, 소리 들으면 살아라"

이런 공식을 머릿속에 주입 받으면서 자랐던 것이다
약하고 의존적인 모습을 보일 때마다
아버지에게 혼이 났고
어른들인 아버지들이 어머니들이 하는 일들을
배우고 똑 같이 해야 했으며
열여섯 살 때부터는 사회에 나가 세상을 배워야 했다

유년시절 내내 그는 응석을 부리거나
아이답게 어리광을 부릴 기회가 없었다
학교 시험 볼 때가 되면
전날 밤에 달달달 외워야 했고
학교 대표로 미술대회에 멀리 광주로 서울로 가야되는데
집안 일이 우선이여서 참여하지를 못했다
그림을 잘 그려 천재란 소리를 듣기도 했지만
그는 모든 꿈을 포기해야 했다
어린 그는 자신의 모습을 볼 때마다 울음을 터뜨렸고
울 때마다 아버지에게 대초리를 맞았다

그의 아버지는 겨우 다섯 살짜리 자식을
오일 장날 이리 저리 데리고 다니며
참빗 경매장, 어물전, 죽물전 등을
데리고 다니면서 말한다
"저 사람이 경매인이고
여기는 생선들 파는 어물전이고
저기는 대나무 상품을 파는 죽물전이야

그리고 저 사람은 사람들을 속이는 야바위꾼이다
잘 봐둬라
세상은 이런 곳이다"

그는 어렸을 때부터 귀에 못이 박히도록
들은 말이 있다
"세상은 위험한 곳이다
그러니까 네가 스스로 방어해야 돼"

무려 삼십칠 년 동안
수많은 사람들을 고용창출하여 교육을 시키고
삼십 년 동안을 시를 쓰며 신인들을 지도하고
동량들을 키우고 후학을 배출하였다
또한 "Sns노마드파" 라는 학파를 창학하여
한국문단을 이끌며, 시 치유 상담으로
일정부문 성과를 거둔 그는
많은 사람들로 부터 이 질문을 받는다
바로 이 질문이다
"선생님은 왜 시인이 되셨어요?"

그렇다면 그 잘나가던 사업이나 계속할 것이지
왜 많은 인문학 중에서 어려운 시문학을 선택하고
처절히 토해내는 시인이 되었을까?
자신을 치유하고 싶어서였을까?
암튼 모를 일이다
꿈속에서나 확고히 풀려야하는 숙제이고
득도 후에라야 더 깊은 답을 알 일이다

이 정 록

<필명 : 샘터>, <아호: 승목, 지율>, <시인, 수필가, 소설가, 문학평론가, 칼럼니스트, 문인화작가>, <시, 시조, 수필, 소설, 평론 (등단)>
서울대 생활과학대학 패션학 전공, 숭실대 중소기업대학원 경영학 전공
고려대학교 평교원 시창작학 수료
(사) 샘터문학평생교육원 원장, (사) 샘문평생교육원 원장, (사) 샘터문학 회장, (사) 샘터문인협회 회장, (사) 한국문인협회 회원, (사) 한국현대시인협회 이사, (주) 아르테미스 골프 회장
<언론>
샘터문학신문 발행인, 회장
<수상>
한국문학상 수상, 샘터문학상 수상, 한국스토리문학상 수상, 동양화 국제대전 수상/일본,도쿄미술관/2회>, 대한민국소비자평가 우수대상 수상(대한민국소비자평가원 - 인물, 협단체 부문)
<표창>
국민대표 33인 선정 등
<등재>
국가상훈인물대사전 등재(국가상훈편찬위원회/현대사의 주역)
<시화전>
세종대 광개토대왕홀 등 17회
<낭송회>
시힐링 디너콘서트 등 13회
<전시회>
한국화 국내전/2017~2019 - 예술의 전당 3회
동양화 국제전/2017~2019 - 일본,도쿄미술관 3회
<저서/시집>
산책로에서 만난 사랑, 내가 꽃을 사랑하는 이유, 양눈박이 울프, 천국, 소스코드
<공저>
사랑, 그 이름으로 아름다웠다 외 32편

천정골 가는 길 외 1편

서 창 원

돌 길
계룡산 천정골 산길
연분홍 술패랭이꽃
파랑새 울음 먹고 피었다

꽃 꽃 매단 개망초꽃
꽃대로 휘어잡은 산길
아득히 하늘 위에 떠 있다

개울물에 씻긴 천정골
다릅나무 잎 내
숲 속에 감춘 종요로운 굴피나무

하늘빛도 나무 끝에 매달린 꽃이네
산 속 목화구름도 하늘 꽃이네

석간수 약수 한 모금 뜨니
물로 산이 흐르고
산이 푸른 나무로 흐른다

천정골 가는 길
산이 깊어 꽃도 새도 외롭다

이삭

서 창 원

들꽃이 들판을 찬란하게 물들이듯이
그리움도 내 슬픔의 이삭입니다
가을은 여백을 채우고 비웁니다
당신이 그랬듯이 그리움을 물들이고 지웁니다

가을은 아틀리에 캔버스,
붓을 들고 내 평화의 초상을 그립니다
내 벌판은 하늘과 땅의 중간 쯤입니다
그리움은 당신과 내가 그려낸 벌판입니다
벌판은 허망하지만 기다려지는 곳이기도 합니다

벌판 끝에는 하늘도 있고
벌판 가운데는 바람도 있습니다
바람은 비틀비틀 억새에 취하기도 합니다
몰래 달아나기도 합니다

가을은 장 프랑슈아 밀레의 여백을 만들고 있습니다
허리 굽혀 나는 공허를 줍고 있습니다
당신이 떨어뜨린 작은 연민의 이삭을 줍고 있습니다
혹
당신이 오길 기다리며...

서 창 원

고려대학교 국어국문학과
건국대학교 행정대학원 도시계획학과
일본 나고야 UN지역센터 지역계획과정 수료
고려대학교 평생교육원 시창작과정 수료
국가상훈인물대전 문화예술부문 등재
한국스토리문인협회 초대회장
(사) 샘터문예대학 총재 (현)
(사) 샘터문학 고문
(사) 샘터문인협회 고문
(사) 샘터문학신문 칼럼니스트
계간 <스토리문학> 등단
한국문인협회 회원
국제펜한국본부 회원
<공저>
『길 끝에서 만난 사람들』 외 10권
"사랑, 그 이름으로 아름다웠다" 외 4권
(컨버전스 시집/샘터문학)
<저서>
『국토와 정책』(1998), 『땅의혁명』(2007 주집필)
<시화집> 『존재의 이유』
<시집> 『당신의 이야기』, 『공가에 피는 꽃』, 『허공에 집짓기』, 『엄니 정말 미안해요』
<가곡집> 나 애인이 생겼어요

불멸의 새가 될지 몰라 외 1편

신재미

홍등 밝힌 식탁에 낙지가 올랐다.
토막토막 잘라 놓았는데도
꿈틀거리는 몸뚱이

어설피 먹다 목에 달라붙으면
황천길 직행이라는 너스레에
참기름 갑옷 입힌 살점
잘근잘근 씹는다

죽어가는 소도 살린다는 속담
헛말이 아니듯
사내들은 너나 할 것 없이
창자에 도착도 안했을 낙지를 두고
힘자랑이다

세상사 모든 일이 이렇게 빠른 효과를 본다면
죽을 사람이 어디 있을까
말처럼 산다면 우리의 입은 영원히 죽지 않을 게다
두 번째 접시, 마지막 한 점을 두고 실랑이 중인 야릇한 중생들의 입씨름
무안갯벌을 뒹군다
자정을 향해 달리는 시계바늘은 아랑곳없이

세인世人들이여

신 재 미

춘삼 월 막바지에 수령 350년
백양사 고불매古佛梅 꽃잔치 열었다
눈부신 백매도 아니요
가슴 아련한 청매도 아니요
담홍색 화사한 꽃등
바람에 살랑살랑 춤을 춘다

세상살이에 지친 이들이여
나무아래 깃들어 보세
도량에 들고 나는 이들 묵묵히 바라보며 향기로 전하는 설법
눈. 코. 입. 귀 원래의 기능을 알게 하리니
꽃구경 나서기 조심스러운 봄
살펴 오시게

화사한 봄빛이 여기 있나니
춘설 속에서도 상큼한 향기 선비의 고결함을 상징하듯
인고의 표상 흠모하는 동토의 열매
세계대공항속에서도 희망을 안겨 줄 고불매
친견 할 기회이니
봄 편지 받거든 속히 달려오시게

* 소재지 : 장성 백양사 고불매(古佛梅·천연기념물 제486호)

신 재 미

2004년 문학공간 등단
(사) 국제PEN한국본부 이사
(사) 한국문인협회 회원
(사) 샘터문학 부회장
(사) 샘터문인협회 부회장
강서지부 부회장
옛정시인회 2대회장
작가와문학 편집위원
한국통일문인협회 사무국장
짚신문학 부회장&사무국장
계간문예 중앙위원
저서 : 『춘당지의 봄』
수상 : 세종문학상 외 다수

파 3 외 1편

심 종 숙

나는 봄비 되어 내리네
그의 마음에 내리네
보드라운 흙 가슴 깊이
나는 묻히려네
나는 그의 사랑으로
싹을 틔우려네
흰 뿌리 깊이 내리려네
그의 손길로
푸르른 잎을 키우려네
그 속에 매운 눈물을 가두어 두고
찬 서리에 누렇게 시들어 마를지라도
모질게 사랑을 말하리
언 땅 뿌리에 가득 인내를 물고
삼동을 지나
봄비 나려오면
내게도 새 님이 오시겠지
송송 썰어 눈시울 적시고
구수한 장국에 술술 풀리고 풀리면
어느덧 대궁이 끝에도
둥글게 맺히는 꽃에는
저리도 까맣게 태운 속을
봄볕에 널어놓는
장 담그는 삼월 삼짓날
잉잉대는 벌들에
봄은 무르익고
뒤켵의 너는
홀로 높고 높구나

오월의 하늘

심 종 숙

오월의 하늘에
치친 몸을 담근다
하늘은 욕조
어디선가 시의 뮤즈들은
하얀 발을 첨벙인다
손에 비파 들고 수금 타는
천상의 케루빔과 세라핌
나는 뮤즈들과 천사들의 오르내림을 바라본다
하늘의 욕조에 피어오르는 하얀구름 한 떼 떠간다
내 몸도 두둥실 떠간다
빛나는 태양의 맨발이
길게 드리우는 하늘 바다 저 밑
어미 고래 새끼고래에게 젖 먹이며 물을 가른다
정오의 햇살이 끌어오는 하늘의 빛줄기가 닿으면
뮤즈들의 뿔나팔 소리 울려퍼진다
오월의 하늘이여
생명을 부르는 오월의 하늘이여
일에 지친 이들의 몸을 위무해다오
더럽혀진 몸 다시 태어나게 하라

심 종 숙

교수, 시인, 수필가,
문학박사, 문학평론가,
1968년 경북 청송 출생
2012년 <동방문학> 문학 시부문 등단 2013년 <동방문학> 평론 부문 등단
2005년 한국외국어대대학원 비교문학과 박사과정 졸업(문학박사)
한국외국어대학교 일본어과 석사
카톨릭대학 일어일문학과 졸업
[현재]
한국외국어대학교 외래교수
미네르바교양대학 교수
일본연구소 초빙연구원
샘터창작문예대학 시창작학과 지도교수
(사)샘터문학 주간
(사)샘터문인협회 자문위원
샘터문학상 심사위원
[저서]
--미야자와 겐지와 한용운의 시 비교연구
<주체의 분열과 소멸, 복권을 중심으로>
--2016년: 니르바나와 케노시스에 이르는 길
--2013년: 바람의 마타사부로/은하철도의 밤,
번역 출간
--1998년 <바람의 교향악> 번역 출간
--2007년 <만해학연구>에 『미야자와 겐지와 한용운문학의 個』와 全體』
--타고르사상의 수용과 근대 주체의 종말 게재
--1960년대 시문학의 지형
<한국외국어대학 출판부>
[공저]
--사랑, 그 이름으로 아름다웠다
--아리아, 자작나무 숲 시가 흐르다 외 다수
<컨버전스 시집/샘터문학>

제 8회 샘터문학상

초대시조

기러기 길 외 1편

서병진

동구 밖 기러기는 철 따라 친구 찾아
꿈속에 나 찾아와 어제와 오늘의 길
내일의 길은 어깨로 보이는 저 기러기

인생길 굽이굽이 돌아도 그 자리에
지난 일 생각지도 않고서 모르는 일
하지만 기러기 길을 찾아가는 인생길

당항포 치맛바람

서 병 진

당항포
푸른 바다
월이의 치맛바람

너울춤 파도 폭에
붓으로 휘두른다

그녀의
강한 용맹이
나라정신 이었다

서 병 진

교육부·교육청 장학사 및 감사관, 고등학교 교감·교장 역임
1975년 칠오동우 외 3편 데뷔, 한국문예·한국시사랑문학회장, 국제PEN한국본부 이사, 한국현대시인협회 지도위원, 각 문학단체 고문
국민훈장, 한국문학대상, 한국문학공로대상, 한국문학명인대상, 한국시명인대상 외 40회 수상
수필집 : 『가산으로 가는 길』
칼럼집 : 『세상 이야기』
시조집 : 『너른지 메아리』
시집 : 『이파리 없는 나무도 숨은 쉰다』, 『장곡산 메아리』 등 10권

신춘문예

특별초대석 시

(명작초대석)

접시꽃 당신

도 종 환

옥수수 잎에 빗방울이 나립니다
오늘도 또 하루를 살았습니다
낙엽이 지고 찬 바람이 불 때 까지
우리에게 남아있는 날들은
참으로 짧습니다
아침이면 머리맡에 흔적없이 빠진
머리칼이 쌓이듯
생명은 당신의 몸을 우수수
빠져 갑니다

씨앗들은 열매로 크기엔
아직 많은 날을 기다려야 하고
당신과 내가 갈아엎어야 할
저 많은 묵정밭은 그대로 남았는데
논두렁을 덮는 망촛대와 잡풀가에
넋을 놓고 한참을 앉았다 일어섭니다

마음놓고 큰 약 한 번 써보기를 주저하며
남루한 살림의 한 구석을 같이 꾸려오는 동안
당신은 벌레 한 마리 함부로 죽일줄 모르고
약한 얼굴 한 번 짓지 않으며 살려 했습니다

그러나 당신과 내가 함께 받아들여야 할
남은 하루하루의 하늘은
끝없이 밀려오는 가득한 먹장구름입니다

처음엔 접시꽃 같은 당신을 생각하며
무너지는 담벼락을 껴안은 듯
주체할 수 없는 신열로 떨려 왔습니다

그러나 이것이 우리에게 최선의 삶을
살아온 날처럼 부끄럼없이 살아가야 한다는
마지막 말씀으로 받아들여야 함을 압니다

우리가 버리지 못했던
보잘것없는 눈 높음과 영욕까지도
이제는 스스럼없이 버리고
내 마음의 모두를 더욱 아리고 슬픈 사람에게
줄 수 있는 날들이 짧아진 것을 아파해야 합니다

남은 날은 참으로 짧지만
남겨진 하루하루를 마지막 날인듯 살 수 있는 길은
우리가 곪고 썩은 상처의 가운데에
있는 힘을 다해 맞서는 길입니다

보다 큰 아픔을 껴안고 죽어가는 사람들이
우리 주위엔 언제나 많은 듯
나 하나 육신의 절망과 질병으로 쓰러져야 하는 것이
가슴 아픈 일임을 생각해야 합니다

콩댐한 장판같이 바래어가는 노랑꽃 핀 얼굴보며
이것이 차마 입에 떠올리 수 있는 말은 아니지만
마지막 성한 몸뚱어리 어느 곳 있다면
그것조차 끼워넣어야 살아갈 수 있는 사람에게
뿌듯이 주고 갑시다
기꺼이 살의 어느 부분도 떼어주고 가는 삶을
나도 살다가 가고 싶습니다

옥수수 잎을 때리는 빗소리가 내립니다
이제 또 한 번의 저무는 밤을 어둠 속에서 지우지만
이 어둠이 다하고
새로운 새벽이 오는 순간까지
나는 당신의 손을 잡고
당신 곁에 영원히 있습니다

도 종 환

시인, 국회의원
문화체육관광부 장관 역임
1955년 청주 출생
≪저서≫
『접시꽃당신』, 『부드러운 직선』, 『슬픔의 뿌리』, 『해인으로 가는 길』, 『세시에서 다섯시 사이』, 『흔들리며피는 꽃』, 『사월바다』 등의 시집과 『사람은 누구나 꽃이다』, 『그대 언제 이 숲에 오시렵니까』, 『꽃은 젖어도 향기는 젖지 않는다』, 『너 없이 어찌 내게 향기 있으랴』 등의 산문집을 펴냈다.
≪수상≫
<신동엽 창작상> <정지용문학상>
<윤동주상> <백석문학상> <공초문학상> <신석정 문학상> <박용철 문학상> 등을 수상하였다.

제조된 Rna 바이러스 외 2편

이 정 록

코로나19 바이러스 종은
자연적이지 않다
자연스러웁다면 전 인류에 이토록 참혹한 악영향을 미치지 않을 것이다
성격에 따라 풍토에 따라
지정학적 위치에 따라
나라마다 온도가 다르기 때문이다
자연스럽다는 것은
자연의 이치에 따라 법칙에 따라
순종한다는 것이다

이번 바이러스가 자연스러운 종이면
발생지 우환과 같은
환경과 온도를 가진 나라나 지역에만
영향이 미쳐야하리라
자연적이였다면 추운곳에서는
득세得勢하지만
더운곳에서는 소멸消滅되어야하리라

이 종은 자연스럽지가 않다
이 종은 제조되었으며 완전히 인공적이다
이는 박쥐와는 완전히 무관하다
인종들의 허구다
박쥐들 원성怨聲이 들린다

인종들이 동종, 인종들을 죽이려
적대적 인종들을 말살시키려
인공적으로 제조해 놓고
가증스럽게도 자신들에게 역병바가지
덮어 씌운다고...!

이 종들도 적자생존適者生存을 추구하기에
성향에 따라 성질에 따라 환경에 따라 살아남아야 하기에
숙주인 인종을 표본채집하여 침투한 후
먹이 삼아 생존하고
유전적 Rna 종으로 번식을 하며
인종들이 살아남기 위해 방어적 술법을 부리면
유리한 개체 종이어야 적자생존 하기에
인종보다 더 변화무쌍한 술법으로
변이에 변이를 지속한다

인조人造된 바이러스 나노종은
드디어 마수의 깃발을 폐肺라는 숲에 꽂는다
그들을 제조할 때, 들숨 날숨하던
그 생사여탈生死餘奪의 공간에
비수의 깃발을 꽂고

흰 가수의假壽衣 허리끈
질끈 동여맨 인류는
파스퇴르 항체 소환하느라
실험관 증폭 가동중이고
양적완화 중이다

구겨진 자화상

이 정 록

소중한 사람이란
그대를 늘 생각해주고
이해해주는 사람일 것이다

큰 후회란
정말 소중하고 귀한 것을
잃어버리고 난 뒤에야
비로소 하는 것이다

손 안에 있을 때는
그것의 귀함을 알 수가 없고
사라지고 나서야
있었으면 좋을텐데 하는...

지금까지 우리는
무엇인가 소중한 것들을 잃고 난 뒤에야
아쉬움을 느껴본 일이 없을까?

그때 꾹 눌러 참고 노력했으면 하는
후회를 해본 적이 없었나?

우리들은 늘 그랬다

한줄금 햇살이 닿는 곳에 있을 때는
느끼지 못하다가
따스한 기운 사라지고 나면
서늘함을 느낀다

소중함을 잃고 나서 하는 후회,
그 후회의 미래는 어떤 모습일까?
자화상의 미래는...

봄비 내리는 풍경

이 정 록

낙화에 설움인가
희희낙낙이던 매화, 시절이 다했는지
주르르 눈물이고
물오른 버들가지 빗소리에
머리채를 헹군다

남산에 자욱한 숲 안개
잘박잘박 질퍽이며 재걸음이다
봄 물 축여 몸 푼 대지 발끝마다
연두빛 새순이 돋는다

하얀 꽃비가 내린다
거미줄에 대롱거리는 꽃잎,
선잠 깬 거미는
겅중겅중 내닫는다

봄비가 새벽을 연다
코로나19, 흔적없이 씻어가버리면
얼마나 좋을까!
봄비 내리는 소리는 언제 들어도
평화로운 곡조다

울긋불긋한 산빛과
옥구슬 구르는 소리에
눈과 귀는 맑아오고
시원하며 고요하다

이 정 록

<필명 : 샘터>, <아호: 승목, 지율>, <시인, 수필가, 소설가, 문학평론가, 칼럼니스트, 문인화작가>, <시, 시조, 수필, 소설, 평론 (등단)>
서울대 생활과학대학 패션학 전공, 숭실대 중소기업대학원 경영학 전공
고려대학교 평교원 시창작학 수료
(사) 샘터문학평생교육원 원장, (사) 샘문평생교육원 원장, (사) 샘터문학 회장, (사) 샘터문인협회 회장, (사) 한국문인협회 회원, (사) 한국현대시인협회 이사, (주) 아르테미스 골프 회장
<언론>
샘터문학신문 발행인, 회장
<수상>
한국문학상 수상, 샘터문학상 수상, 한국스토리문학상 수상, 동양화 국제대전 수상/일본,도쿄미술관/2회>, 대한민국소비자평가 우수대상 수상(대한민국소비자평가원 - 인물, 협단체 부문)
<표창>
국민대표 33인 선정 등
<등재>
국가상훈인물대사전 등재(국가상훈편찬위원회/현대사의 주역)
<시화전>
세종대 광개토대왕홀 등 17회
<낭송회>
시힐링 디너콘서트 등 13회
<전시회>
한국화 국내전/2017~2019 - 예술의 전당, 3회
동양화 국제전/2017~2019 - 일본,도쿄미술관, 3회
<저서/시집>
산책로에서 만난 사랑, 내가 꽃을 사랑하는 이유, 양눈박이 울프, 천국, 소스코드
<공저>
사랑, 그 이름으로 아름다웠다 외 32편

제 8회 샘터문학상

초대석
시

삶의 비망록 외 2편

한 상 현

밤새 바람은
시누이 표정으로 왔다가
얌전한 새색시 얼굴로 눈을 뜬다
슬픔을 견디기 위해 나무는 잎을 떨구고
겨울비가 가락국수처럼 내리면
청개구리는 심장만 빼고 다 얼어 버린다
뼛속 깊은 에너지까지 소모하면서
심장으로 견뎌내야만 한다
그렇게 죽은듯이 잠을 자다 봄이면 깨어난다

생명이 가득한 숲에서
홀로 죽어 가는 소나무는
그리움이 증발된 저녁
절름거리는 가슴이 메말라 버렸기 때문이다
시인은 죽어도 시는 끝나는 것이 아니다
삶의 황량한 여백을 채우고 싶어
봉인된 퍼즐을 하나씩 풀어가고 있는 것이다

무지개 뜨고 노을이 떠도
윤회의 비밀은 사그러 들지 않는 것처럼
영혼으로 흩어지는 담배 연기 같은

진관사

한 상 현

진관사 비탈길
바위틈 더부살이 구절초
작은꽃 몽오리 톡 터트리더니
하늘을 한 모금 머금었구나

삼천폭포에
목 타는 갈증 축이고
시간이 멎어버린 부왕동 귀부
시루봉에 걸터 앉은 낮달의 아미타불

어스름 그림자 밟아
개똥지빠귀 한 마리 슬피 울며
하늘을 물고 허공으로 날아간다
엎드려 묵상 중이던 소나무의 오후
부처님 말씀을 암송하고 있다

백운을 감싸도는
침묵에 부는 바람아
작두날 서슬퍼런 무녀의 한 인수봉아
구비구비 애닳아지는
어제를 기억하는 네가 울고 있구나

사막에서의 자유

한 상 현

눈부시게 푸른 하늘
한 때는 바다였고 밀림이였고
찬란한 고대 문명이였던 물음표들이
어둠을 밝히는 별빛속에서 침묵이 되었다
시작과 끝은 어디까지인지

세상과 소통이 단절된 사막에서
고독한 오후와의 만남은
잊고 살아온 자아와의 교감이였다
뱁새 둥지에 다리 걸치고 걸어온
뻐꾸기 같은 삶의 이정표
무엇을 새기고 무엇을 남겨 두고자
계획 속에 살아왔는지
핸드폰도 터지지 않는 곳에서
비로소 나는 나를 바라보고 있다
사막은 아무것도 하지 않아도 되는
자유라는 선물을 주었다

마른 입술 적시는 비움의 철학을

한 상 현

계간 스토리문학 등단 (시부분)
고려대 평생교육원 시창작과 수료
샘터문예대학 시창작학과 수료
문학신문 시창작과 수료
시와 수상문학 수료
자랑스런 대한민국 시민대상 수상
청소년 지도자 대상 수상
시와창작 금상 수상
샘터문학상 대상 수상 (본상)
시와창작 부회장
(사) 샘터문학 부회장
(사) 샘터문인협회 운영위원
(사) 샘터문학신문 회원
스토리문학 이사
<공저>
사랑, 그 이름으로 아름다웠다
시, 별을 보며 점을 치다
우리집 어처구니는 시인
고장난 레바퀴 외 다수
(컨버전스 시집/샘터문학>

파가니니 현 위의 달 외 1편

배 문 석

달이 목청을 높인다
아름다운 선율을 따라 크게 더 크게
허공을 가르고
은은했던 밤을 지나
사박사박 거닐었던 은파의 외출,
파가니니는 긴 울림을 켠다
목덜미로 기어오른 초승달은 이른 쪽으로 숨어들고
현란한 현 위로는 낮달이 지나간다
마음에 담았던 오랜 그림들이 한 줄씩 감았다 풀기를 몇 번
박꽃에 안긴 숨소리도 거칠었다 풀려간다
헐떡거리며 쫒던 허상의 풀림들도 에프 홀 쪽으로 기울고
가늘게 쪼개진 햇살 위에서
더러는 양지에 쪼그리고 앉은 고양이 눈에서
날카롭게 초점을 모아
파가니니가 켠 활의 끌림을 가슴에 내려받는다
신세계 속으로 바이올린 지판을 당겨서
달이 사라진 그믐 속에서도
그 오묘한 신기의 선율을 밝히며
하늘을 향해 너울져 오르고 있다

공깃돌

배 문 석

허공에 말을 던진다
흩어지는 말꼬리에 매달려
수근대는 잡다한 토설들이 손등에 올라탄다
한 눈금만 넘어 서면 섬뜩한 절벽
가슴을 쓸고 부처를 되뇌면
눈썹에 걸리는 전설이 잡힐 듯 아스라하다
때로는 얽힌 매듭을 풀 듯
동 나기를 견주며 주고받는 허튼 공깃돌 놀이도
나딩구는 말들로 하루는 혀를 꼬부리는데
끼리끼리 모였다 가로채는 기교로
토설의 행간은 입맛대로 굴러서 사바로 흘러가고
잡히는 대로 거둔 토씨들이 주머니에 굴러다닌다
가볍게 살지 말라
허투루 살지 말라
공깃돌 같은 말들로 어지럽히지 말라
경구 같은 말들은
시속을 외면 한 채 귓속을 후비고 있다

배 문 석

시인, 자연 생태연구가, 칼럼니스트
(사) 국제PEN한국본부 이사, (사) 한국문인협회영등포지부 명예회장, 한국문학신문 편집위원, 계간문예작가회 상임이사, 한국현대문학작가연대 상임이사, (사) 남촌문화예술포럼 부이사장, 월간국보문학 자문위원, (사) 한국통일문학회 이사, 선진문학예술협회 고문, 시와 늪 심사위원, 담쟁이문학 고문, (사)한국문예술학술저작권협회 징계위원, 한국창작문학 지도위원회 상임위원, 대한민국문화예술인사편찬위원회 이사장, 영등포예술인총연합회 수석부이사장, 한국문협서울지회역대지부회장협의회 이사, 문학과학통섭포럼 상임대표,(사) 샘터문학 자문위원, 마마세계저울박물관 이사장, 강촌예술공간 관장, (사)한국문협 한국문학관건립위원장 국제PEN한국본부 '2016 세계한글작가대회' 집행위원회 부위원장 역임
저서: 시집 『詩가 된 물고기 世上』 『나비, 시를 꿈꾸다』 『황조롱이 날개위에 올라』 『바람 위의 집』 『그 물감에 얼비치는 낮 설음』
칼럼선집: 『인간의 사회적 통섭 조건』 『침묵, 그 깊은 혀의 반란』
공저: 『겨울나무로 서자』 『하늘을 날으는 물고기』 외 다수
수상: 제1회 경북일보문학대전, 제8회 해양문학상(해양수산부 해양재단), 국보문학 대상. 계간문예작가상 수상

이월하지 마라 외 1편

오 연 복

이월의 마지막 날
거리는 그믐이 지났는데
조금치를 한다
코로나19로 꼬박 한 달
밤낮없이 몸서리 앓았던 이월
우한 발 바이러스는
일월 스무날부터 우리 땅에 확진의 도장을 찍어대더니
열한 번의 낙관을 이월로 이월한다
이월의 태엽은 나날이 가쁘게 돌고
공교롭게도 19일,
운명의 그날 새벽에 청도에서 첫 사망자가 나오더니
확진환자 수가 폭발적인 가속도를 더한다
일월의 낙관을 이월시키지 않았어야 했건만
너무 성급히 낙관했던 탓일까
그토록 손을 씻어대고 마스크로 접근거리를 멀리 했는데,
대폭발을 일으킨 신천지가
이만희 우상화의 견강부회와 떳떳하지 못한 포섭으로
코로나19 바이러스를 우매한 추종자의 옷섶에 잠복시킨 채
달구벌을 야멸차게 달구고
영남에 검은 혓바닥을 날름거린다
코로나19 바이러스보다 더 사악한 신천지 바이러스는
온 나라에 유령처럼 출몰해대며

혹한도 비켜간 이월을 혹독히 매질한다
날 밝으면 눈덩이로 불어나는 낙관의 수를
천형처럼 써 내린 이월의 월력에는
총 검사자 94,055 · 사망 17 · 확진 3,150 · 완치 28이라는 숫자가
불도장을 찍는다

바이러스야, 바이러스야
해거리 하는 29일과 잃어버린 30일, 31일로도
억울한 이월이란다
너희도 염치 좀 차려서
감감한 이월 30일, 31일에 깊이깊이 매복하고
부디 이월로부터는 이월하지 말거라

완곡점

오 연 복

세월도
산굽이를 에두를 때 있느니
사람인들
세월 길에 굽어갈 일 없던가
빗줄기 드셀 때는
우산조차 손바닥이고
햇살 이글거리면
절로 눈꺼풀 감기는 것을

오 연 복

아호 : 여곡(麗谷), 청안채(靑安砦)
시인, 작사가, 기자, 칼럼니스트
(사)한국현대시인협회 이사, (사) 샘터문학 부회장, 샘터문예대학 조교수, STN 취재본부장, 한국신문예문학회 부회장, 한국스토리문인협회 이사, 천등문학회 이사, 가곡동인
<수상> : 대한민국 인물대상 수상 (2014), 샘터문학상[본상] 대상 수상 (2018), 전북의 별 표창 (제8회), 중앙일보 전국독서감상문대회 최우수상 (제5회) 등 다수
<시집> : <세상에서 가장 긴 시>
<공저> : <사립문에 걸친 달그림자> <내 마음의 오만가지 상> <청록빛 사랑 속으로> <95Cm X 60Cm 스크린> <사랑, 그 이름으로 아름다웠다> 외 다수
<가곡작시> : <물푸레나무 타령> <변산반도 마실길> <김밥> <시인의 아내> <첫눈> <사랑의 사계절> <세월정거장> <부다페스트 아리랑> 외 다수

귀로歸路의 창 외 1편

류 시 호

하루의 지친 마음 차창에 젖어오면
문풍지에 갸웃하는
차가운 바람에 실어 보내고
코끝에 맴도는 낙엽은
고향집 향해 날려 보내자

동구 밖 돌아서며 하얗 우옵시던 얼굴
기적소리에 착잡함을 달래던
눈물로 얼룩진 기억들
공장 기계 소리의 가쁜 생활 속에
도회지의 밤이 내리면
까만 공간 속 그리움이 남는다

시골집 석류 빨갛게 익고
텃밭 푸성귀에 밤이 스미면
서울로 떠난 자식 생각에
긴 – 동지야를 밤새운
당신의 마음을 새기며
엷은 봉투 속
가득히 채운 기억을 띄어도
돌아갈 수 없는 귀로歸路의 창窓

봄 향기 소리에

류시호

밤새 봄비 내린 후
계곡물 넘치는 소리는
삶의 많은 걸 깨닫게 한다
봄 향기 소리에
시치미 떼고 등 기대면
행복한 기운을 느낄 수 있다
가슴을 헤집고 바람이 다가와도
봄이 오는 소리에
무궁무진한 생명력 느끼고
주름진 얼굴 이랑에는
아지랑이 속삭이는 소리 보이며
함박꽃 웃음과 봄 향기 소리 들린다

햇살 푸른 날
꽃샘추위에 떨고 있노라면
삶의 많은 걸 깨닫게 한다
봄 향기 소리에 조금만 여유를 갖는다면
행복한 기운을 느낄 수 있다
긴 겨울 가고
봄이 오는 소리에
무궁무진한 생명력 느끼고
주름진 얼굴 이랑에는

긍정적인 생각에 행복이 보이며
함박꽃 웃음과 봄 향기 소리 들린다

류 시 호

시인, 수필가
현 한국문학예술인협회 대표
현 글쓰기와 한국사 마을학교 교장
현 성북혁신교육 추진단장
현 중부매일신문(2008년~현재)고정필진
현 대구일보, 현대문학신문 필진
현 뉴스시선집중 논설위원
교육공무원 퇴임 (교사)
전 문화체육관광부 K-TV 국민기자
전 글짓기논술웅변학원 원장
한국예술인복지재단 창작지원금(2회)수혜
(사) 샘터문학 자문위원
재능봉사 서울특별시의회 의장 표창
서울지하철 안전문 시 선정
수상 – '제7회 서울사랑 이야기 공모전' 수상 (서울특별시장) 외 7건
<저서>
(수필집) 인생이란 승합차
(시와 수필집) 신 중년의 힘
(수필집) 사랑과 꿈을 향한 도전 외 시집, 산문집, 칼럼집 다수

시인의 고향 외 2편

염 동 규

꽃잎 날리는 봄날의 서정이
긴 능수버들 사이로 산제비 흘리고
굽이진 찔레꽃 매화꽃 하얀 나비와 술래를 돌면
작은 고깃배 둥굴게 바다로 여울지는
은빛 마을을 그리는 여기는
시인이 사는 시향의 고향 입니다

여름엔 먼 전설을 따라
아이들 파란 바다로 티없이 물장구 치고
작은 돛배들 행렬이
숭고한 삶의 여정을 이루고
별 밤엔 긴 옥수수 잎새로 반딧불 휘굽어
계절의 풍경을 만드는 이곳은
모정의 시인이 시어를 다듬는
시인의 마을 입니다

오세요 이리로 오세요
여기는 춘향이가 수줍어 단풍이 짙은
계절의 채색으로 가을을 그리고
아버지 아들이 황금빛 들판을 지나는 이곳은
들국화 꽃들이 노란 향기로 일어선
시인의 심향心鄕입니다

오세요 이리로 오세오
아직은 설익은 계절의 겨울이
작은 눈꽃을 만들어 철없듯 산야로 뿌리고
담 없는 마당엔 느티나무 낙엽 돌아 눕는곳
더불어 시인이 웃는 여기는
눈 덮힌 시인의 나라 입니다
아무런 이유도 없이 그저 그냥
여기로 어서 오세요

촌부의 지조

염동규

현자를 만나고파 명산에 올라보니
고승은 간 곳 없고 풍광은 그림 같네

봉황은 높이 날고 성질이 지랄 같아
오동이 아니라면 앉지를 아니하네

초야에 묻혀 오두막에 살지라도
한 사람의 필부지조는 생명이요

삼류작가 책을 품고 살면서 외롭다 아니하고
봉황처럼 살라 하네

나의 꿈은 아득히 멀어졌다 해도
구궁에 추앙하듯 기도하는 심정으로

화조풍월에 자연을 벗 삼고
나를 위해 술은 탐하지도 아니하며

제주는 없으나 눈과 귀가 맑아서
비록 명사는 아니라도 나 어떠리오

무명시인 책을 품고 살라 하네
비록 촌부이나 명예가 지조이고
목숨 같다 하리요

초야에 심산深山 하니

염 동 규

가슴에 추억 하나 진한 향기를 담고
무명無名해도 심산深山서 소박 하리오

개울소리 벗을 삼아 나 그렇게 살리라
겸손하게 낮은 자세로 살아 가리니

물처럼 바람처럼 욕심없이 살아 가리라
앞산 까투리 울면 뒷산 장끼 화답하듯

심산유곡深山幽谷 청산靑山에서
초야에 무명 옷 한 벌이면 또 어떻소

얼기설기 이어붙힌 판잣집인들 어떠리오
마음 수양하며 웃으며 살아 가리니

갈곳 없는 바람이 나를 찾아오면
대문 활짝 열고 쉬어 가게 하리라

마음이 부자라야 행복하지 않겠소
조그만 텃밭에 흙 묻은 호미자루 들고서

지는 노을 바라보며 쓸쓸하면 어떠리요
노을처럼 물들이며 초연히 살다 가리라

아침 산책길 이슬에 마음을 씻어내고

해가 뜨면 사라지는 이슬처럼

하나씩 하나씩 비우며 살아 가리라
곱게 물든 노을로 이슬 씻어 낸 마음으로

조용히 조용히 죽은듯이 살면서
좋아하는 글 쓰며 유명하지 않아도 좋소

무명의 시인으로 들꽃처럼 살다가도 좋으리
가을엔 사그락대는 낙엽소리 들으며

난로불 주전자에 김이 모락모락 피어날 때
한 잔의 커피로 지난날 추억하며 살리니

염 동 규

아호 : 벽송
경북대학교 국문학과 졸업
현대자동차 울산노조 사무국장
샘터문학상 본상, 대상 수상
(사) 샘터문학 이사, (사) 샘터문인협회 운영이사, (사) 샘터문학신문 이사
문학애 신인상 수상 (시,등단), 문학애작가협회 회원
노무현대통령 표창, 감사패, 공로패, 대한민국 국회 표창,강원도지사 표창
<저서>
제 1집 광부들의 보석
제 2집 소중한 그리움
제 3집 세월의 그리움
제 4집 달빛 사랑과 그리움
<공저>
초록이 머무는 시의 향기
강물이 흐르고
사랑, 그 이름으로 아름다웠다
청록빛 사랑 속으로
아리아 자작나무 숲 시가 흐르다
사립문에 걸린 달 그림자
시詩, 별을 보며 점을 치다
우리집 어처구니는 시인
고장난 수레바퀴
<컨버전스 시집/샘터문학>

지붕 찢겨진 포장마차 외 2편

오 호 현

이천십구 년도 삼백육십오 일째의
태양 빛 받으며
끝 주일을 맞이한다
드디어 이천이십 년 새해가 밝아 온다
우리 인생에 또 한 획을 긋는다

찬바람 치는 겨울날
거리에 나뒹구는 낙엽과 어울리는
지붕 찢겨진 포장마차 쓸쓸하다

곱쌀맞은 "경자년"

집에서 쐐주 한 모금에 씁쓸함 털어내니
희망찬 열정 가슴에 돌고돌아
훈훈한 정감으로 남는다

사랑과 우정은 푸르른 하늘과
새 희망을 노래하고 기쁨으로 꽃피고
모두 힘을 내어 크게 한 번 웃자

즐겁게 이천이십 년 특급 인생열차에
건강, 행복, 사랑, 감사, 배려 보따리 가득싣고 희망차게 신나게 달려 보자

백석의 팔조

오 호 현

한 해를 보내며
백석의 하이얀 복지, 팔조가
날개를 활짝펴
해명산을 맘껏 나른다

팔조들은 서로가
앞서거니 뒷서거니
못내 성산을 찾아 보문에 앉았다

팔조는 육해공 천지에 힘을 얻고 기를 받아
희망의 이천이십 년을 약속하며
아쉬움을 뒤로 하고 바다 바람 타고
대명에 잠시 머문다

고기를 낚아 팔조 품에 안고
풍금 소리와 함께 백석에 오니
팔조 막내 현쮸가 우리를 반긴다

마음속 가시

오호현

용서 받기를 원하면서도
용서 못하고 괴로워 한다

미움과 분노는 가시와 같다
손에 박힌 가시는
눈에 보여 뽑을 수 있지만
마음에 박힌 가시는
보이지 않아 뽑지 못해 고통이다

내 영혼을 갉아먹는
고통의 가시를 뽑고
마음 속 증오의 가시를
계속해서 뽑아내야 한다

오래사는 비결은 맘 편함이고
남의 허물을 잊고 용서하는 것이다
남의 잘못과 죄를 용서 못한다면
마음의 상처는
가시에 찔린 아픔보다 더 클 것이다

마음속에 박힌 고통의 아픈 가시

그것을 제거하는 것이 곧 용서와 베풂이고
희망과 보람의 기쁨을 찾는 묘약이다

오 호 현 (吳昊鉉)

아호: 인송(人松)
전남 함평군 출신, 경기도 고양시 일산 거주
고려대학교 교육대학원 이수
(사) 샘터문학 부회장, (사) 샘터문인협회 운영이사, 샘터뉴스 취재본부 기자
양심문학 신인문학상 수상 (시부문), 샘터문학상 대상 수상 (본상)
(사) 샘터문예대학 강사 (교육부인가), 사계속시와사진이야기그룹 회원, 한국문인그룹 회원, 송설문학 회원, 백제문단 회원, 고양시 백석 바르게살기 위원장, 고양시 백석복지협의회 위원장, 고려대학교 교우회 상임이사, 희망코리아 (주) 대표이사
<공저>
사랑, 그이름으로 아름다웠다
청록빛 사랑 속으로
사립문에 걸친 달 그림자
아리아, 자작나무 숲 시가 흐르다
시詩, 별을 보며 점을 치다
우리집 어처구니는 시인
고장난 수레바퀴
<컨버전스 시집/샘터문학>

희망을 찾아 외 1편

이 동 춘

절망의 바다 망망한 바다
코로나라는 검푸른 파도 앞에서
폭풍의 바다 한 복판에 둥둥 떠있는
가련한 난파선

바람 따라 파도 따라
선체를 맡긴 채
흐르는대로 표류하는 무력한 배
이대로 끝인가 절망하고 있는
배에 탄 군상들!

아 다행이도
그 배에는 노련한 선장 있었으니
그가 키를 잡는다
절망의 바다 파도를 헤치고
거친 풍랑과 사투를 벌이며 나아간다

외롭고 무력한 그들 앞에
저 멀리 실낱같이 가늘게 보이는 빛 하나
그러나 절망 중 희망을 품기에 충분한
등대가 있는 저 먼 곳을 향하여

우리 연약하고 무력할 때에
절망의 순간에 희망은 언제나 있었음을
깨우치기 위하여
다만 너와 나 그리고 우리는
그를 잠시 잊었고 보지 못했을 뿐이라고

절망을 극복하고
노련한 선장을 믿으라고
희망이란 이름을 찾으라고
코로나를 헤치고 등대를 향하여
지혜자는 마침내 우리를 인도할 것이다

사월의 비

이 동 춘

그대의 눈물이
꽃비되어 흩날리고 있다
하늘과 땅 사이에 너울너울
춤추듯 미끄러지며 낙화한다
너의 눈물 스침에 문득 내 인생은?

저물녘 지는 해
황혼의 아름다운 자태
제 몸 불살라
하늘과 지면을 붉게 물들였듯

활짝 피어 고운 자태 뽐내다
꽃비 되어 마지막 춤을 추던 너
너를 떠나보내는 벗
나무의 신음!

시간을 놓고 싶지 않은
서러운 탄식의 숨결들, 회한
우리의 마지막 생
불타는 석양을 조명해 본다

정녕 아름다웠다 기억될 수 있기를,

창밖은 마지막 꽃비가 흩날리고
우리의 황혼도 화려한 불꽃놀이중이다

이 동 춘
경기 수원 출생
서울기독대학교 졸업
침례신학대학교 졸업
미PACRIM기독대학원 졸업
건양대학교 보건복지대학원 교수 (외래)
한국융합예술치료교육학회 상임이사
(사)한국방송장비산업진흥협회 대외협력이사
(사) 샘터문학 학술분과 이사
(사) 샘터문학 편집위원
(사) 샘터문학신문 회원
한국문인그룹 회원
사계속시와사진이야기그룹 회원
백제문단 회원
송설문학 회원
<수상>
문학저널 신인상 수상 (시,등단)
샘터문학상 최우수상 수상
별빛문학 이계절의상 수상
<공저>
문학의 숲 길 산책 사랑
사랑, 그 이름으로 아름다웠다
청록빛 사랑 속으로
아리아, 자작나무 숲 시가 흐르다
사립문에 걸친 달 그림자
시詩, 별을 보며 점을 치다
우리집 어처구니는 시인
고장난 수레바퀴
<컨버전스 시집/샘터문학>

짝사랑 동백연가 외 1편

— 冬柏戀歌

조 기 홍

어둠을 걷어낸 햇살 가득찬
아름다운 해변 풍경이
당신의 마음을 쏙 빼앗아 간 아침
나는 고독이 넘실대는 바다에 홀로 서서
그대 붉은 자태에 빠져들었나니

칠 색의 향기가 포물선을 그리는
몽환적 포말속으로 사라지는
무지개 찬란한 빛살과 마주앉은 그대를
애잔한 눈빛으로 바라보오

설풍 들이치는 동백섬 자락 벼랑끝
외로움에 몸부림치는
붉은 그리움의 눈물 흘리는 여인이여

누군가 그리다가 기다림에 지쳐
붉은 꽃대 올리고 피눈물 찍어내는 여인이여
나는 그런 그대를 사랑하오

가을 애상

조 기 홍

그리움이 묻어나는 계절
텅 빈 가슴을 연민으로 보듬어 보려는데

보랏빛 천일홍 사이로 금빛 햇살 쏟아지고
산 너머 양치기 양떼구름
푸른 초원에 양떼들 몰아오고

갈잎 쏟아지는 산사 풍경 소리 들리고
구참久參도 마음의 빗을 열고

삶의 표현 숨기지 못하고 뻗어가는 담쟁이
하늘가의 숨겨둔 회한悔恨,
구름 지우개로 하얗게 지울 수 있을까?

긴 세월 호반을 지켜온 한 많은 여정
고요하게 바스라지는 윤슬처럼
일렁이는 조각배처럼
무념無念 무상無想에 젖어
이 고독한 가을을 맞으리

조 기 홍

그레이스플로라 부사장
샘터문학신문 편집본부장
내외신문 상임고문
(사) 한국문인협회 회원
(사) 국제펜한국본부 회원
(사) 샘터문학 부회장
(사) 샘터문인협회 회원
별빛문학 부회장, 홍보위원장
다선문학 부회장
<수상>
샘터문학상 우수상 수상
샘터문학상 특별상 수상
별빛문학 문학상 최우수상
희망의시인세상 문학상 우수상
천등문학상 시낭송대회 최우수상 수상
<표창>
서울시의회 의장표창,
경기도의회 의장표창,
국회의원 표창
<저서>
꿈의 향연 (전자시집)
<공저>
사랑, 그 이름으로 아름다웠다
청록빛 사랑 속으로
사랍문에 걸친 달 그림자
아리아, 자작나무 숲 시가 흐르다
시詩, 별을 보며 점을 치다
우리집 어처구니는 시인
고장난 수레바퀴
<컨버전스 시집/샘터문학>
푸른시 100선 등 다수

뜻하지 않은 새로운 일상 외 1편

이 기 호

봄철 산들바람에 휘날리는 야생화들
청솔나무 아래 개나리와 민들레, 제비꽃
청록 숲속 길가에서 반가이 맞아주며
산들 길에서도 어여삐 아름다움을 빛내고
맨얼굴 붉히는 진달래와 산철쭉이
반가이 그 존재감을 뽐낸다

지척에서 하늘하늘 살포시 웃어 주는
산들 숲속 꽃들의 아기자기 예쁜 얼굴
오롯이 아름다움을 드러내며
봄바람에 현란한 손짓으로
겨우내 못다한 속 깊고 한없는
이야기보따리를 건넨다

만발한 들판위 유채꽃들과 벚꽃이
봄 풍광을 소소하게 그리고서
칼칼한 새들 웃음소리가 반가워
봄나들이 약속과 만남을
일상의 저편에서 봄 야생화가 웃듯이
볼 빠알간 미소로 마주하길 약속한다

한적한 들창가의 찬란한 희망소식을
전해오던 희망의 새싹들은
얘기치 않은 봄비에 젖어들고
스쳐 지나가는 살가운 봄바람마저
온 세상을 차가운 외로움으로

우리들 세상의 고리를 뒤틀리게 한다

화사한 봄볕 맞아 고고한 미술전과
아리아의 회상곡 연주를 들어보려는 약속들
한적한 산들의 꽃들의 향연을 뒤로하고
뜻하지 않은 봄비 방울이 가슴 저미게 파고들어
카페 들창가 슬픈 음악소리로 변하고
온 몸을 외로움으로 적신다

그리운 친구들조차 만남을 이루지 못하게
우리의 화사로운 일상의 캔버스마저도
바이러스라는 거친 붓칠로 덧칠당하며
목 쉰 봄새들의 지저귐조차
왜 이렇게 슬픈 곡조로 들리는지
까닭 모를 슬픔이 비의 노래로 들린다

다가올 반가운 친구들마저
디스토피아의 두려움에
추억의 회상곡은 슬픈 봄비처럼 흐르고
홀로 거니는 사색의 오솔길도
비바람 속에 떨어지는 낙엽처럼
벚꽃도 마음을 저미게 하면서
아련히 기억 저편으로 몰아낸다

울고 웃던 추억을 저편에서 뒤로하고
초인적 면역이라는 새로운 동아줄을 잡고
뜻하지 않은 새로운 일상을 맞으면서
소소한 화폭에 그릴
장미꽃 새 봄소식을 초대하면서
미래의 융화되고 승화된 유토피아로
터치, 덧칠하여
희망의 밝은 약속을 표구해본다

쪽빛 바다 푸른 동해

이 기 호

백두대간 산줄기 강물이
굽이굽이 휘몰아쳐
오십천과 전천으로 돌바위에 부딪치다가
쉬엄쉬엄 강바닥에 누어 쉬다가
다시 천만 년의 푸른 쪽빛
동해 바다를 만난다

따사로운 바닷가의 화창한 봄날
저멀리 손짓으로 반겨주는
새 구름이 병풍처럼 드리워진 푸른 바닷가,
출렁이며 구비치는 푸른 파도는
섬 바위틈에서 새하얀 이를 드러내고
반갑게 웃으며 맞아준다

푸른 바다 속 조개들은
보석 같은 영롱한 쪽빛을 난반사하며
눈웃음으로 손짓하고
산호초 섬 바위 속을 넘나드는
현란한 물고기들은 재빠른 물질을 자랑한다

검푸른 쪽빛 바다 동해는
촘촘이 뿌리내린 섬 바위틈에서

촛대바위 칼바람 사이로
청춘의 숨 토해 내는
가녀린 여인의 숨결처럼 다가와
세월속의 속정을 그리워하며
살갑게 품속으로 들어온다

늘 푸른 동해 바다는 생의 외경인가!
함초롬히 선녀처럼 다가와 가슴을 보듬고
은빛 갈매기의 곧추세운 활기찬 날개짓에
어머니 품속 같은 동해는
짙푸른 신선함을 포근히 얼싸안고
쪽빛 바다 멀리 선계仙界 우주를 담듯이
동트는 동해는
형형색색의 수묵담채화 그려낸다

이 기 호

아호 : 청심
강원도 횡성군 거주
송호대학교 교수 (사무처장)
행정사 (행정자치부장관)
강원대 대학원 행정학 박사
삼척시 남양동장, 관광정책과장, 기업투자지원과장,
지방서기관 / 명예퇴임 (2014.06.30)
송호대 기획실장 / 사회복지학과 교수
녹조근정훈장, 모범공무원포장, 국무총리표창
학교법인 송호학원 법인이사
(사) 샘터문학 자문위원
(사) 샘터문인협회 회원
(사) 샘터문학신문 기자
사계속시와사진이야기그룹 회원
한국문인그룹 회원
백제문단 회원
송설문학 회원

발길 외 1편

이 세 송

도량 쓸고
사립문 열어두니

하얀 깃털 나부끼는 향 구름
선禪 얘기 나누자 하고

홀로 가부좌하고
사물 만나려 하니

한물 가득 든 잎새
바람 등에 올라

반평생 어깨 걸친
장삼자락 날리고는

맑고 고요한
빛 한 움큼 쥐고

산빛 변함없는
묵은 암자 떠나는구나!

외로운 떠돌이

이세송

어둠 서서히 물러가려 하니
촉촉이 내려와
풀잎 인연 맺는 작은 이슬

서서히 밝아오는 새벽
먼 길 나서는 누군가의 목마름 달래주는
너의 그렁한 수정 빛

짧은 삶 애처로워
사립문 열고 다가가 앉아

욕망 가득 한 고단한 인생
너의 찬연한 맑은 심상深狀 속에
머물러 보려 하느니

찰나에 볕 속으로 사라지는 너의 시절,
순리에 거부치 못하는 후회 앞에서
나는 외로운 떠돌이 되었나니

이 세 송

대구광역시 출생
경북의과대학병원 불교법당 지도법사 역임
연꽃봉사단후원회 회장 역임
한국불교교화복지선도회 이사장 역임
태고종 대구경북 교구 법성사 주지(현)
샘터문학상 본상 우수상 수상
(사) 샘터문학 신인문학상 수상 (수필,등단)
(사) 샘터문학 자문위원
(사) 샘터문인협회 운영위원
문학세계 신인문학상 수상 (시,등단)
국회의장 표창
대구문인협회 회원
문학세계문인회 회원
<저서/시집>
마음의 기다림
상념의 숲길
감로수 한 잔
<시화전>
날갯짓마다 사랑 (사진,시집)
<공저>
하늘비 산방
사랑, 그 이름으로 아름다웠다
아리아, 자작나무 숲 시가 흐르다
시詩, 별을 보며 점을 치다
우리집 어처구니는 시인
고장난 수레바퀴
<컨버전스 시집/샘터문학>

벽을 넘어서 외 2편

박 길 동

서울 한복판 광화문사거리 동서로
차 벽이 설치되고
좌 우로 도로변에도 차 벽이 설치되었네
부분 부분 곳곳에는 제복을 입은 경찰관들이
장벽을 보강하여 벽을 넘지 못하네

차 벽 넘어 저쪽은 광화문광장
이쪽은 시청앞 광장
저 쪽은 촛불의 아우성
이쪽은 태극기물결 아우성
자유로이 넘을 수 없는 벽,
가슴저리고 마음이 아파오네

정치가 무엇이고 대권이 무엇이냐
탄핵은 무엇이며 하야는 또 무엇인가
남과 북이 적대관계로 대치 하고 있는 비무장지대도 아닌데
차 벽에 가로막혀 이쪽 저쪽 자유로운 왕래가 통제되어
마음의 벽까지 설치해 놓았네
지상명령처럼...

아 – 아 – 벌나비 되어
저 높은 차 벽을 넘어서

어디든 자유로이 날아 다니며 어여쁜 꽃,
미운 꽃, 사뿐이 앉아 속삭이고
진한 향기의 꿀을 따서 저장하고
청와대, 국회의사당, 헌법재판소 꽃밭에 앉아
탄핵의 소추, 각하, 인용, 기각의 꿀도
골고루 맛 좀 보세
그 중 제일 좋은 꿀을 따서
광화문광장에 뿌리고
서울시청 앞 광장에 뿌리어
촛불과 태극기물결이 한데 어우러져
덩실덩실 춤추며
제일 맛 좋은 꿀, 화합의 꿀을 주어야 겠네
하여 담장을 허물고 저 높은 차 벽을 허물어
한마당 축제의 장이 되어야겠네

불신과 증오의 마음의 벽을 허물고
차 벽을 허물어
하나가된 저 넓은 광장에서
희망의 촛불 밝히고
사랑의 태극기를 휘날리고
그 화합의 물결 하나되어
축제의 한마당이 되도록 하자
대한민국 만세 우리 조국 만만세 부르자

존재들에게 묻는다

박 길 동

청천 하늘에 별이 많기에
무엇을 내 님에게 보내 올까
묻고 싶은 마음이었다
한결같이 입 다물고 있으라는 듯
눈빛만 반짝였다

고기잡이 내려가는 바다이기에
임에게 보내올 것 있을 성 싶어
바다에게 물었다
그러나 입 다물고 있으라는 듯
바다는 고요하였다

눈물이라면 흘려 보낼 수 있으련만,
노래라면 불러드릴 수 있으련만,
한 평의 하늘을 덮고
가슴 쥐어 짜며
어이살란 말인고?

엄마 손은 약손

박 길 동

"엄마 머리 아파"
"어디 보자 엄마가 머리 한 번 만져 볼까"

엄마는 손으로 이마를 이리저리 매 만지며
"아이고, 열이 조금 있네
해열제 조금 먹자
자, 입에 털어 넣고 물 마셔"
잠시 후 아이는
"엄마 나 머리 안 아파 다 나았다"
"그래 괜찮지
엄마 손은 약손이야"

"엄마 배아파"
"어디보자
엄마가 배 문질러 줄게"
아래 위로 이리 저리 반복해서 문질러 준다
"이제 괜찮지?
배 잘 덮고 따뜻하게 자야 해
괜찮을 거야 엄마 손은 약손이거든"

애는 사랑을 받고 싶어서
아프지 않은 배를 아프다고 할 때도 있다

앞 마당에서 뛰어 놀다가
넘어져 무릎이 조금 까졌다
입을 삐죽삐죽 거리며
"엄마, 다쳤어 아파"

"어디, 엄마가 보자"
묻은 흙을 툭툭 털어 내며
엄마는 호 호 입으로 불어준다
"괜찮아질 거야"

다시 뛰어 놀다가 이번에는 팔꿈치가 까졌다
다시 엄마 찾아 와
"엄마 팔꿈치 다쳤어 아파"
"그래 엄마가 낫게 해줄게"
묻은 흙을 털어 내고
입으로 호호 불어 달랜다
"빨간 약, 아까징기를 바르면
괜찮을 거야"

얼마 후 아이는 생긋 웃으며
"엄마 이젠 괜찮아요 나았는가 봐요"
"그렇지 엄마 손은 약손, 만병통치 약이야"

박 길 동

아호 ; 석 영 (石英)
詩人. 수필가
육군대학 연대장 역임
샘터문학상 최우수상 수상, (사) 샘터문학 부회장, 샘터문학상 신인상 수상 (시,등단), 샘터문학상 신인상 수상 (수필,등단), 샘터문학협회 회원, 샘터문예대학 수료 (시창작), 사계속시와사진이야기그룹 회원, 한국문인 그룹 회원, 송설문학 그룹회원, 백제문단 회원
<공저>
사랑, 그이름으로 아름다웠다
청록 빛 사랑속으로
아리아 자작나무 숲 詩가 흐르다
사립문에 걸친 달 그림자
시詩, 별을 보고 점을 치다
우리집 어처구니는 시인
고장난 수레바퀴
<컨버전스 시집 / 샘터문학>

머슴, 핸드폰 외 2편

고 금 석

띠띠띠
주인이 하명하자 열심히 불러댄다
상대가 받을 때까지 지른다

띠띠띠
주인님이 사랑하는 님한테
신호를 보낸다
드디어 향기로운 목소리
“여보셔요”

띠띠띠
여인의 반가운 목소리
향기로운 목소리

띠띠띠
띠띠띠
주인님은 즐거운 마음으로
하루종일 웃음꽃 피었다

띠띠띠
띠띠띠 띠띠띠
주인님은 어제도 오늘도
사랑하는 님의 안부를 묻는다

신축현장

고 금 석

충무로 명동호텔 신축현장
은행나무 가로수가
위태롭다

땅 속을 헤집는
중장비 코끼리의 울음소리
착암기의 요란한 괴성소리
분진 속에서 땀 흘리는 근로자들

개미처럼 분주한 덤프트럭은
수천 년 땅속에 묻혀있던 어둠을 싣고
또 다른 매립지로 이감 중이다

과거의 어둠이 떠난자리
철골과 시멘트로 된 호텔
남산 아래 서울 구경을 하고
수백 명이 꿀잠을 잘 공간을
꿈과 희망과 미래를 신축 중이다

세월이 부르는 정

고 금 석

샘 깊은 그 곳에서
졸음에 겨워 개나리 꽃 피고
아카시아 향기 날리면
흙담 넘어로 검게 그을린 혜자 부르던
그 때의 세월이 있었습니다
소쩍새 멀리 울고
소먹이 풀을 먹이기도 했고
고향 낮은 산골에서 연기가 날 때
뿌연 노을에 아궁이 지피며
흩어진 별을 헤던 그 곳으로
세월은 정을 품어줍니다

아직은 젊다 하는데
별이 뜨면 이 시간도 지날텐데
사랑이 넘치던 그때를 그리워 해도
지워져 가는 서글픈 지금인가요
짊어진 삶의 무게 앞에
풍파의 서러움이 앞선다 하여도
이제 돌아와 설핏한 노을에
별 하나 또렷하게 내리고
허튼 마음없이 주고받은 정이라며
부둥켜 안고 살았습니다
한강을 건너는 기차가 덜컹거리면

문득 당신이 생각납니다

그 때를 기억하며 노을이 별 부르고
세월이 모아둔 정이라면
이제 하나밖에 없는 당신이 있습니다
다시 돌아 갈 수 없는 미련을 접지 못하여도
모든 것을 다한 세월의 반백 년이
아침 이슬처럼 반짝이는
그 세월의 자취는
꽃보다 더 아름다운 당신입니다
하나 밖에 없는 영혼이 노을에 빛나고
세월속 흐르는 정은 당신의 사랑입니다

고 금 석

(사) 한국문인협회 회원, (사) 샘터문인협회 회원, (사) 샘터문학 문화행사 이사
서라벌문예 작품상 등단 (詩부분)
서라벌문인협회 회장, 백제문학문인협회 회원, 한국시산책문인협회 회원, 서울로미래로예술협회 부회장
샘터문학상 우수상 수상 (본상), 윤봉길문학상 우수상 수상, 대한민국예능인올스타상 수상, 시가흐르는서울 시화특별상 수상, 문학산책 문학현상공모 특별상 수상
<저서>
우주의 새싹
세월이 부르는 정
<공저>
사랑, 그 이름으로 아름다웠다
청록빛 사랑 속으로
사립문에 걸친 달 그림자
아리아, 자작나무 숲 시가 흐르다
시詩, 별을 보며 점을 치다
우리집 어처구니는 시인
고장난 수레바퀴
<컨버전스 시집/샘터문학>

사랑은 죽어도 이별일 수는 없구나 외 1편

장주우

빗물은 뚝뚝 흐르는 눈물 달래고
꽃잎은 훨훨 나비같이
연인들 청혼의 길
아리디 아린 하얀 이별로 덮네

차마, 그 향기 밟고 가지 못하겠네
예뻐서 못 보내고 아껴둔
징글맞게 사랑스러운
내 운명의 길잡이들

그런다고 잡지도 못하네
웃음이 메아리로 돌아오면
청홍색 단풍 한 눈 팔아 두 손 잡고
멀리멀리 행복찾아 달아날까 봐

사랑은 죽어도 이별일 수는 없구나
가는 널 붙잡고
동행이 우르르 따르니
기쁨이 톡톡 꿀물이 뚝뚝

멈춰라 소슬바람 외로움 다 걷히게
불어라 꽃샘바람 옹알이 새 삶 낳아
인생이 꽃처럼 피게

사랑은 죽어도
이별일 수는 없구나

그대가 한 편의 시다

장주우

보석의 선율 담아
잔잔한 가락 타며
춤추는 호수처럼 선명한
주름 꽃 이마로 피었다네

그대는
미소 짓는 눈들 앞에서
창피하다 흔적 덮지만

나 보기에는 이마에 새겨진
굵은 표장標章이
백발의 사랑으로 함께 핀
일편단심의 훈장

초라하다 우는
당신의 회한悔恨 앞에서
참사랑 낚고 살았다 말하는
시골뜨기는 행복하다네

사공이 잔잔히 펼친 물 위로
글 한 수 적는다네
어부가 노래 한 곡

그물로 담아 뿌린다네

여보야가 좋아라고
이사람 하는 말이
인생의 주인공은
당신 하나였었다, 라고

한편의 마음
일곱 줄 음색에 걸쳐
무지개 꽃으로 피고
금빛 그네 타는
뱃머리로 앉는다네

장 주 우
건설사 대표 (경영)
샘터문학상 신인상 수상 (시,등단)
샘터문학상 최우수상 수상 (본상)
(사) 샘터문학 자문위원, (사) 샘터문인협회 운영위원
(사) 샘터문예대학 수료 (시창작)
사계속시와사진이야기그룹 회원, 한국문인그룹 회원, 송설문학 회원, 백제문단 회원
<저서/시집>
내 안의 당신이 불꽃을 피워요
<공저>
사랑, 그 이름으로 아름다웠다
청록빛 사랑 속으로
아리아, 자작나무 숲 시가 흐르다
사립문에 걸친 달 그림자
시詩, 별을보며 점을치다
우리집 어처구니는 시인
고장난 수레바퀴
<컨버전스 시집/샘터문학>

막걸리 한 잔 있으면 딱이지 싶은 날 외 2편

김춘자

갓 캐온 냉이에
밀가루 옷을 입혀
옥수수 기름에 입수시켰다

참기름 조금
다진 마늘
고춧가루 조금
조선간장 적당히 넣고
볶은 참깨 널펏 갈아만든
달래 양념장

바삭바삭 튀겨낸
냉이 튀김
살짝 찍어 먹는다

봄의 향기가
냉이 튀김보다
달래 간장이 앞서와 있다
막걸리 한 잔 먹으면
딱이지 싶은 날

바람의 고향은 어디일까

김 춘 자

손녀 둘이 양 날개에
한 명씩 잠 들어 있다
개학 이주일 더 연기
앞서 일주일 연기 된 개학이
이주일 더 연기 하기로
결정이 되었단다
부모는 출근해야 하는
상황이니 난감하다
궁여지책으로
외가와 친가에서
보듬기로 하였다
바람의 고향은 어디일까
부모사랑을 고파하지는
않을까 걱정되어
하얗게 날밤을 새운다

술 먹은 약초

김춘자

소나무 위에 있는
곱슬머리 송라와
바위속에 뿌리 내리고 산
먹도라지가
이십 년 숨어 산 이야기를
속살거릴 때
산삼이 허세를 부린다

"속세와 떨어진 깊은 산속에서
약성을 품었다가
사경을 헤메는 사람에게
생명을 불어 넣었다오"

너스레를 떠는 사이
하수오가 끼어든다

"거 내말 좀 들어보소
칠십 대 주인장 나를 가까이 하더니만
오대 독자를 생산 했다지 뭐요"

옆에 있던 더덕이 향기로 다가와
고추장 양념으로 옷을 입고

참나무 숯불에 불맛 더해
서민 술상에 오른다

머리병을 치료하는
천마주가
건배사를 한다

김 춘 자

청주시 흥덕구 거주
(주) 코맙 공동대표 (현)
(사) 샘터문학 자문위원
(사) 샘터문인협회 이사
(사) 샘터문학신문 회원
(사) 샘터창작문예대학 수료(시창작)
샘터문학상 본상 우수상 수상
샘터문학상 신인상 수상 (시,등단)
한국산문 신인상 수상 (수필,등단)
여성문인협회 양성평등 대상 수상 외 다수
한국문인그룹 회원
<저서>
산문집: 그것은 사랑이었네 외 2편
시집: 오 월이 오기까지
<공저>
아리아, 자작나무 숲 시가 흐르다
사립문에 걸친 달 그림자
우리집 어처구니는 시인
<컨버전스 시집/샘터문학>
<푸른솔문학/한국산문> 외 다수

무심천에 벚꽃이 피면 외 1편

강 성 범

무심천에 벚꽃이 흐드러지니
강가에 내려가 하늘을 본다
떠있는 뚝방길 하얀 구름 사이로
흔들리지 않는 거리를 두고
꽃은 마치 동안거冬安居 마치고
선문禪門밖 나서는
스님들의 긴 행렬인듯 눈이 부시다

강물은 무심히 흘러가는 것 같지만
오직 사랑 하나로 버틴 세월 앞에
큰 바위가 길을 막고 있으면
굽이쳐 돌아갈 줄 안다
욕심부리지 않고
분수에 맞게 묵묵히 흐른다

저 봄꽃을 볼 때 나는
마음을 꽃보다 아래로 눈을 맞추리
마음이 꽃 위에 있으면
저 꽃이 예쁘지 않으리니

벚꽃에 달빛 드리운 밤
강물 하얗고 마음도 은빛이니
무심천 벚꽃이 지면
그냥 살포시 내려 놓으리
애타게 붙잡았던 마음들

엄마의 눈물

강 성 범

아가야 그만 울고 애미 말 좀 들어 보거라
암만 빨아도 나오지 않는
마른 젖꼭지 물고 늘어져 보채도
멀건 물만 나오지 뭐가 나오던
이미 학교 갈 나이 지났는디
여덟 살이나 묶은 자식놈을
글씨 막내라고 이쁘게 봐준께
언제꺼정 이 애미 젖가슴만 더듬고 있을것이여

밤이면 밤마다
낮이면 아따 낯짝이라도 감출 것이제
말 많은 동네 아낙들 눈치 보는 것도
하루 이틀이거니와
눈 벌건 백주 대낮에
이 애미 그나마저 절벽같은 젖가슴
드러내놓는 짓도 이제는 창피할 노릇이고

칠 년 대한 가믄 날
허기져 굽어 있는 애호박 등줄기 흐르는 눈물이
동지 섣달 긴긴 밤 저무는 그믐달보다
더 애닲기야 허겄느냐

작년 이맘 때부터 읍내 사방공사 현장에
품 팔러나간 느그 아브지
사흘 걸러 집에 오는 게 다반사고

이제 너도 이만큼 컷으니 알랑가 모르것다만
색종이 오려 붙이듯
낮과 밤이 쉽게 오고 갔으면 얼마나 좋겄냐

밤하늘 별은 총총히 떠있고
밤꽃 향기는 왜그리 남의 애간장 녹임시롱
거시기 했는지 그땐 야녹하기만 하더라

생각해보니 모두가 다 부질없는 것
바늘로 허벅지 콕콕 꼬집었던
녹슬어 있는 세월의 흔적 오간데 없고
이제와 나지막히 불러보아도
텅 빈 뒷산 노을 빛 허허로움에 잠들어 있는 술주정뱅이에게
내가 술잔 올리는,
아 -- 요런 것이 인생이구나

강 성 범

서울예술대학 연극학과 졸업, 한국방송통신대학 국문학 졸업
서울시 강남교육청 <서울여중/신수중/오금고/가락고/아현산업정보학교>역임, 성균관儒道회 서울시지부 부회장 (현)
샘터문학상 본상 우수상 수상, 샘터문학상 신인상 수상(시,등단), (사) 샘터문학 공로상 수상
(사) 샘터문학 편집이사, (사) 샘터문인협회 회원, (사) 샘터문학신문 회원, 사계속시와사진이야기그룹 회원, 한국문인그룹 회원, 백제문단 회원, 송설문학 회원
대한민국 옥조근정훈장 포상
<공저>
사랑, 그 이름으로 아름다웠다
창록빛 사랑 속으로
아리아, 자작나무 숲 시가 흐르다
사랍문에 걸친 달 그림자
<컨버전스 시집/샘터문학>

싹이 움트는 소리

이 강 철

나즉하고 그윽하게 스며번지는 소리
내 가슴속에 스며드는
그 소리 어떠한 소리일까

봄을 재촉하는 은실같은
봄비의 소리일까
겨우내 잠자던 자연이
움트는 소리일까

잿빛 구름의 하늘은
푸르른 하늘을 연출 하려한다
내려 쪼이는 햇볕은
어스름한 무덤을
사랑으로 껴안으려한다

잠자던 영혼들이
침묵을 깨트리는 숨소리가
나즉하게 스며 번진다
숱한 슬픈 사연들은
뒷걸음질을 시작한다

그리고 산은 푸른 하늘에

달빛은 바다에 입 맞추려한다

아스라이 멀어 질듯한
방랑의 순간 순간들
사랑의 꽃을 피우지 못하리라
생각했던 그 순간들

만물이 기지개를 펴는 요즈음
나에게도 사랑의 싹이 움트려 하는 것일까
무척이나 무척이나 기다렸네라
이 순간을

이 강 철

시인, 시낭송가
한국시낭송선교회 회장
경찰문화포럼 자문위원
한강문학회 고문
전) 숙명여대.명지대.총신대
(평생교육원 시낭송과정) 명예교수
1983년 싹이 움트는 소리 외 시 4편 발표하며
시창문학으로 문학 활동 시작
시낭송은 1977~
2013년 예술의전당 오페라 하우스 시낭송 출연
2014년 자랑스런 한국인 시낭송 대상 수상
2015년 제1회 대한민국 시낭송 대상 수상
2018년 대한민국 기독예술 시낭송 대상 수상
2019년 한국을 빛낸사람들 시낭송 대상 수상
2019년 한중문화교류 초청 공연 (중국 청도)

꽃 멀미

노 금 선

짧은 환상의 빛으로 다가와
황급히 떠나가는 저 영혼
찰나의 청춘
서럽도록 아름다운 청춘이 있었다

안개인 듯 구름인 듯
환생인 듯 피고 지는 꽃차례에
내 마음 늘 울렁이고

그대 꽃 입술 바라보면
어느새 말갛게 씻겨 내리는
마음결이 보인다

사랑하는 이여
천만 년 살기 보다는
한순간을 살아도
황홀하게 피었다 가고 싶구나

꽃 다 진 등결에 걸터앉아
아직도 나는
꽃 멀미에 취해 운다

노 금 선

시인, 문학박사, 시낭송가
중앙대학교 문예창작과 졸업
한남대학교 대학원 석사
한남대학교 박사과정 이수
한국문인협회 대전지회 부회장
한남문인회 발전위원장
사회복지법인 선아복지재단 이사장
실버랜드 원장 (노인전문 요양원)
(전) 대전 KBS 아나운서
(전) 대전 MBC 아나운서
대전문인협회 문학상
<저서/시집>
꽃멀미 (2012)
그대 얼굴이 봄을 닮아서 (2015)
그래도 사랑 (2018)
꽃이 걸어오자 산이 붉어진다 (2020)

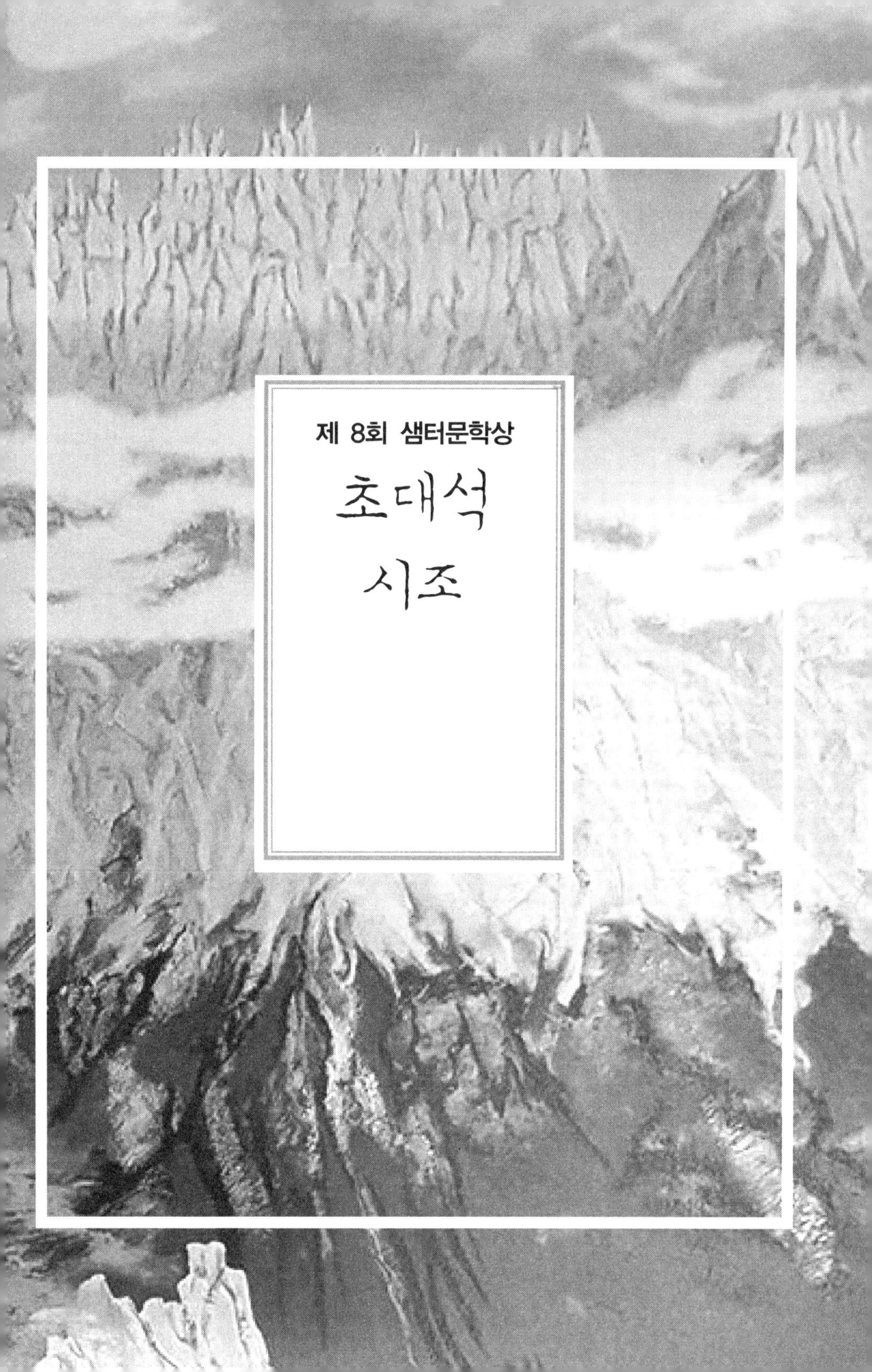

제 8회 샘터문학상

초대석

시조

나무의 한恨 외 1편

서 진 송

어릴 땐 귀염둥이
"어서 빨리 자라거라"

어느덧 자란 뒤엔
"좋은 결실 맺어줘라"

참 결실 맺을 적에는
"고맙다, 정말 고마워"

비바람 눈보라에 시들고 멍든 뒤에
알알이 영근 결실 좋다고 말해놓고
이제사 늙고 병든 몸 제거하라 말하네

좋을 땐 칭찬하고 늙으니 쓸모없다
켜켜이 쌓인 세월 그 누가 비껴가랴
천 년을 살 것 같더니 일백 년도 못사네

필요할 땐 좋아라 하고 열매 맺지 못한 뒤엔
땔감되어 베어지는 恨 많은 이내 신세
사람아, 안심을 마라 버려짐은 똑 같네

영산홍 연정

서 진 송

사랑이라 하오리까
연정戀情이라 하오리까
가슴팍 저미는 아픔
고통이라 하오리까
토라진 바람 등살에
눈물 짓는 뼈시림

꿈이라 하오리까
희망希望이라 하오리까
꿈속처럼 오시더니
희망 한 줌 남겨 두고
말없이 가시렵니까
무정도 한 님이여

구름이 웃더이다
바람이 울더이다
고운 님 오시는 길
그리도 반기더니
님께서 가신다 하니
헛 한숨만 토하네

서 진 송

서울특별시 거주
(사) 한국문인협회 회원
강북문협 부회장
짚신문학 회원
(사) 샘터문학 자문위원
(사) 샘터문인협회 회원
(사) 샘터문학신문 회원
신문예 회원
대구영남시조학회 낙강 부회장
대구문예세상 회원
서울시 의장상 (문학대상)
행정안전부위원장상 (문학대상)
<저서/시조집>
진달래꽃 외 4권 출간

개밥바라기 별 - 금성

송 영 기

날저믄 초저녁에 마당 안에 들어서자
서쪽의 검은산 위 지붕넘어 푸른하늘
커다란 개밥바라기 초롱초롱 나를 맞네

어릴 때 초가집의 정지에서 어머니가
설거지 막 마치고 물 묻은 손 그대로
자싯물 수채에 버리며 바라봤던 엄마의 별

송 영 기
아호 : 도운, 유산
와이케이 쉬핑 (주) 대표이사
글로벌뉴스통신 문화부 기자
(사) 샘터문학 부회장
(사) 샘터문인협회 운영위원
<저서>
시조집 : 중천 높이 걸린 저달
<푸른사상사, 2018>

달빛과 속삭이는 외 1편

김 기 웅

하늘은 나를 보며 달님을 보라네요
빛으로 내려오는 나무를 바라보니
그대에 얼굴을 닮은 장미꽃이 폈어요

달빛과 속삭이는 별들을 보았어요
사랑의 방법들을 손으로 표현하자
그대는 내게 다가와 눈빛으로 말했죠

그대를 원하다고 귀에다 전했어요
포옹을 말했더니 가슴을 내어주고
사랑을 하고싶다니 키스부터 하네요

집으로 가는 길은

김 기 웅

집으로 가는 길은 행복한 곳이지요
가족의 이야기에 웃음이 피어나고
밥상에 사랑이 담긴 그대 모습인지요

가족이 모여사는 집이라 행복해요
기쁨도 함께 하고 슬픔도 받아주니
그대에 이야기 속에 사랑꽃이 피네요

여보라 불러주는 아내가 최고지요
사랑을 듬뿍담은 마음을 보고싶어
오늘도 집으로 가는 발걸음이 바빠요

김 기 웅
샘터문학상 특별작품상 수상 (본상)
한국문단 시조부분 시인 문학상
한국문단 남양주 별내문학제 시조부분 차상
한국문단 낭만시인 공모전 차상
한국문단 회장 역임
한국문단 문학치료사 시조강사
(사)녹색문단 회원
별빛문학 회원
(사) 샘터문학 자문위원
(사) 샘터문인협회 회원
(사) 샘터문학신문 회원

두물머리 외 2편

— 이산가족의 눈물

허 기 원

안개꽃 피어나는 아름다운 여울목에
남북의 슬픈 눈물 애환서린 두물머리
세월아 내 설움 아니 외로운 학 눈물을

여우비 운무 속에 쌍무지개 곱게 폈네
그리운 부모 형제 나도 우네 강도 우네
어이해 님은 못오고 깨진 박만 왔느냐

북한강에 배 띄워라 남한강에 맷목 천 리
양수리 느티나무 나룻터가 두물머리
물결이 포개져 우네 내 형제여 동포여

한세상 사노라면 기쁜 일도 있으련만
보고픈 내 핏줄아 뼈를 깍는 이름이여
슬프다 하늘이시여 눈물 조차 말랐네

꽃구름 우리 님아 저 하늘아 내 사랑아
사변이 육십구년 아픈 상처 잊었는가
덜 아문 슬픈 사연아 내 육신을 찢어라

사랑의 밀어謐語

허 기 원

얼굴에 밝은 웃음 마음에 태양이네
실없이 웃는다고 뭇사람 핀잔줘도
모든이 행복한 마음 하나님이 준 보물

손길은 부드럽게 부지런 떠내그려
봉사는 힘 들어도 성실함 보이려는
겸손한 귀한 사람을 모든 이가 만들지

마음에 꿈을 품고 묵묵히 일하는 이
실패가 있더라도 또 다시 도전하며
주위에 여봐란 듯이 웃음 주는 억척인

가슴에 사랑씨가 마음에 크는 사람
지금은 외로워도 언제나 웃고 있지
모든 이 아름다운 정 신뢰하여 주니까

작은 것 만족하고 욕심을 멀리하고
부족한 것 있어도 남 재산 탐 안내면
세상이 모두가 내 것 기쁨 속에 산다네

양보는 미덕이요 베풂은 공덕이라
언제나 필요하네 살겨운 내 뼈라도
선인의 고마운 마음 천지신명 웃는다

괴롭고 힘들어도 고통을 이긴 영혼
그것이 명약이지 걱정은 필요 없어
존경과 사랑받게 될 아름다운 인간애愛

코스모스 연가
— 슬픈 인생

허 기 원

무지개 꿈을 찾아 하늘 길 열었다네
고향가는 비단 꽃길 꽃순희 걸어갈 때
연분홍 저고리 섶에 코스모스 꽂았네

기찻길옆 꽃길 따라 그 길은 변함없고
꽃순희 나 버리고 자기혼자 꽃길 갔네
이 내몸 바람이 되어 사랑찾아 가고파

환희담배 연기 속에 꽃순희 그리워라
도라지꽃 언덕에 짝을 찾던 외비둘기
보고파 그때 그리워 어데있니 순희야

들녘에 오곡백과 구월 볕에 무르익고
가녀린 연분홍 꽃 순희 얼굴 웃는 모습
약속한 하늘이시여 내 청춘을 돌려줘

가을 하늘 높다해도 내 사랑에 비할까
논두렁 검정콩위 쌍 메뚜기 알을 품네
막걸리 한 사발 안에 내 인생이 흐른다

태초에 조물주는 몸 마음 다 만들고

무엇이 안타까워 예쁜 정 떼어놨나
낳을 땐 다르더라도 같이 웃게 해야지

왔다가 가는 것이 천추에 원수더라
어차피 갈 바에는 안와도 됐을 일을
가녀린 눈물꽃 잡고 내가 운다 서러워

허 기 원

아호: 우암, 설봉
(사) 샘터문학 관리이사
(사) 샘터문인협회 운영위원
(사) 샘터문학신문 기자
(사) 한국문인협회 회원
(사) 우리시진흥회 회원
한국신춘문예회 관리이사
사계속시와사진이야기그룹 회원
한국문인그룹 회원
송설문학 회원
백제문단 회원
<수상>
샘터문학상 최우수상 수상 (본상)
한국신춘문예 신인상 수상 (시조,등단)
대한민국통일예술제 시조대상 수상
동백문학회 백일장 대상 수상
<저서>
월하관매 (시조시집)
<공저>
사랑, 그 이름으로 아름다웠다
청록빛 사랑 속으로
사립문억 걸친 달 그림자
아리아, 자작나무 숲 시가 흐르다
시詩, 별을 보면 점을 치다
우리집 어처구니는 시인
고장난 수레바퀴
<컨버전스 시집/샘터문학>

홍매 외 2편

김 동 철

봄바람 타고서
그윽한 향기 맑은데

봉오리 터진 붉은 꽃
기뻐 좋아 반기며

얄밉도록 곱게 피어
마음을 휘저으니

어찌하여 사랑스런 마음
일어나지 않겠는가?

홍매紅梅

和風散入暗香淸　화풍산입암향청
綻蕾紅花喜樂迎　탄뢰홍화희락영
含笑可憎心攪撫　함소가증심교무
如何不起愛之情　여하불기애지정

상사화相思花

김 동 철

잎 있어 꽃이 없고
꽃 있어 잎 없으니
아쉬워 보고파도
이루지 못한 인연因緣
서로가 만날 수 없어
애타도록 서럽다

서너 달 온힘 다해
꽃대 위해 받친 헌신獻身
꽃눈이 완성 되어
잎사귀는 사라지니
뒤늦게 깨우친 사랑
사무치게 그립다

탑돌이 백 일 동안
수발 스님 사모한 정情
한 마디 말 못하고
상사병에 숨 거두니
이듬해 여인 무덤가
한恨이 맺혀 핀다네

서리꽃霜花

김 동 철

긴 밤을 지새우는 옥녀의 한恨이런가
싸늘한 별빛 속에 하늘 끝 차가움이
임 그려 사무친 원망怨望 스며들어 시리다

밤마다 연출되는 욕망의 허기 속에
메마른 초목들은 하얗게 머리 세니
가슴속 해묵은 상처傷處 베어내듯 아리다

은가루 분신 뿌려 영원을 맹세하듯
미움도 사랑되길 잠시라도 소망하니
눈꽃 핀 서러운 사연事緣 애타도록 심란타

아침 해 떠오르니 은빛자태 뽐내지만
떠날 때 아는지라 이슬 되어 흘린 눈물
재회를 기약하면서 안녕安寧이라 말하네

김 동 철

필명: 미서湄抒
한국방송통신대 행정학과 졸업
샘터문학상 우수상 수상 (본상), 독도문학상 수상 (신춘문예), (사) 샘터문예대학 시조창작학과 강사, (사) 샘터문학 자문위원, (사) 샘터문인협회 회원, (사) 샘터문학신문 회원, 한국문학작가회 신인상 (시부문), 한국다선문인협회 신인상 (시조부문), 사계속시와사진이야기그룹 회원, 한국다선문인협회 운영위원, 한국문인그룹 회원, 송설문학 회원, 백제문단 회원
<저서>
꽃잎은 나비처럼 (한시집)
<공저>
사랑, 그 이름으로 아름다웠다, 아리아, 자작나무 숲 시가 흐르다
사립문에 걸친 달 그림자, 우리집 어처구니는 시인
고장난 수레바퀴 외 다수 <컨버전스 시집/샘터문학>

철쭉이 별꽃 되어 외 1편

전 위 영

철쭉이 별꽃 되어 많이도 피었구나
밤에는 자지않고 하늘의 별을 보고
낮에는 사람을 보며 꽃별 되어 반기네

이슬에 젖은 꽃이 낙화로 꽃별 되니
못다 핀 향기마저 품고서 살다 보면
사람의 발자취 따라 철쭉꽃이 반기네

별꽃이 한데 모여 큰 별을 만들더니
지나는 행인에게 향기를 나눠주고
벌나비 불러모아서 인심 한 번 쏜다네

사랑의 계절 따라 수시로 변하더니
자연을 사랑하는 친구가 한자리에
가을을 맞이하면서 서로 우정 나누네

그리움 한 아름에

전 위 영

그리움 한아름에 사랑도 같이 안고
정다운 오솔길을 나홀로 걸어가면
산새도 반가운건지 노래 불러 인사해

한 줌의 흰 구름이 저 멀리 피어오면
사랑도 그리움도 다 같이 피어올라
그 옛날 그 사랑 찾아 생각나는 길이네

발걸음 사뿐사뿐 사랑을 찾아가면
길고도 짧은 인생 돌아본 그리움아
발걸음 조용 조용히 옮기면서 생각나

사랑이 보석처럼 빛나는 그리움아
가슴에 맺힌 한이 흰 구름 피어올라
끝없이 피어오르는 보석 같은 사랑아

전 위 영

아호: 은송
(사) 한국문인협회 회원, (사) 샘터문학 자문위원, (사) 샘터문인협회 운영위원, (사) 샘터문학신문 회원, (사) 한국시조협회 회원, (사) 기독교작가협회 회원, (사) 녹색문단 회원, 사계속시와사진이야기그룹 회원, 한국문인그룹회원, 백제문단 회원, 송설문학 회원, 바람머문자리문학 회원, 한국문인협회 홍성지부 회원
<공저>
아리아, 자작나무숲 시가 흐르다
사립문에 걸친 달 그림자
시詩, 별을 보며 점을 치다
우리집 어처구니는 시인
고장난 수레바퀴
<컨버전스 시집/샘터문학>

제 8회 샘터문학상

초대석 수필

노년을 즐기며 살자

김 영 홍

나이는 숫자일뿐이라고 생각한다. 나이들어 육신은 여기저기 망가져 가는데 마음만은 유년시절과 다를바가 없다는 현실이다. 나는 고희란 나이 칠십을 넘기며 사 남매의 어머니란 내 숙제를 모두 맞추고 나서야 내가 못했던 공부도 시작하고 여행도하였다. 마음속으로만 몇 백 번이고 써보던 이야기들을 글로 써보겠다며 겁도 없이 글방 문을 두드렸다.

동아리모임에서 제일 연장자란 이름으로 회장님이란 명칭도 받으며 즐거운 나의 노년기에 글쓰기 공부를 시작하며 수업시간을 기다리는 즐거움으로 시간을 보내며 가슴에 차곡차곡 싸둔 이야기 보따리를 땀방울처럼 쏟아내어 마음 한편으론 시원해지기도 하였다. 글로 완성한 내 책속에는 내가 살아온 삶의 흔적들이 알알이 담겨지며 나의 생이 봄도 여름도 지나 가을 단풍잎으로 한 입 두 잎 떨구며 겨울의 문턱으로 간다는 것을 현실로 실감하면서 더 안절부절하며 이제 나도 가야할 차비를 해야지 하면서 마지막 입고 갈 수의옷까지 챙겨야했다.

이런 계절이 몇 해씩 해가 바뀌어가면서 해 맑던 내 얼굴에는 주름살만 세월의 흐름처럼 늘어간다. 이렇듯 나이가 들고 주름살이 늘어가며 나의 자신감을 앗아가려한다. 그런데 글이라는 이놈이 명약처럼 나에게 용기의 명약으로 기운을 주었나보다. 수필집 뾰족구두 와 손누비 두권과 시집 노을을 출간하고 내가 살아온 자서전 길 위의 인문학을 함께 쓰면서 문우님들과 합작으로 <내 인생 꽃피우고 열매 맺기란> 자서전 책을 역으며 내 노년에 자식꽃들의 열매가되면서 나의 노년을 보람된 삶으로 보내면서 노을이란 내 시집 속에 고운 노을빛처럼 즐거운 노년을 보내며 살고 있다.

허둥대던 그날처럼 이런날도 있었다. 어쩔까나 하필 오늘이 수필 동아리 공부하는 날이다. 어쩔까 청춘대학 수업하고 겹쳐서 어쩌지 하고 걱정을 하다 수필 선생님께 사정이야기를 하고 조퇴를 하였다. 죄송스럽다. 이래서 안되는데 하면서도 어쩔 수 없는 사정으로 회장이란 명분도 감추고 이탈을 하였다. 선생님께도 죄송하고 문우님들에게도 미안하였다.

이럴땐 몸이 둘이라면 하는생각이 들었다. 대신해 줄 일도 아니고 어쩌나 육체적인 일이라면 대신할 사람이라도 보내려는데 글이란 나의 심상으로 써야하기에 어쩔 수가 없었다. 오늘 일처럼 이런 말을 글로 써서 풀어주고 행복은 글로써 함께 나누고 좋은 글을 쓰려 하니 마음이 하라는 대로 움직일 수밖에 없다. 오늘 맑은 고을 청춘 대학에서는 교수님 강의가 재미나서 흥미를 느끼며 열중하였다. 교수님 강의는 대화를 하듯이 충청도 사투리로 편하게 강의를 하셔서 귀에 쏙쏙 들어오는 강의를 하신다.

충북대학 김홍은교수님께서도 세종시에서 자서전 수업을 할 때도 교수님 하시는 수업에 우리 청솔동아리 선생님들은 열심히 들어 한 학기 수업에도 내 인생 꽃 피우고 열매 맺기란 책을 엮어내며 우리 동아리들 길에 인문학 함께 쓰기란 정신으로 자부심을 갖는다. 노년. 청년. 남 여 가리지 않으며 끈끈한 애정과 열정으로 배우며 우리 공동작품으로 쓰인 글속에는 서로의 아픔과 애절함으로 희로애락이 담겨진 책이 참 소중하였다.

한 소절 한 소절 내가 담아낸 책들이 자식들처럼 참 소중하였다. 수필이나 자서전이나 시나 그때 그때마다의 심상이 담겨져있는 글들은 세월로 말을 했다. 지난 세월이 새롭기도하고 부끄럽기 도하였다. 서투른 글을 푸른 솔, 여름호 가을호에도 실리고, 충주 무예세계를 잇다, 공모에도 실으며, 오송도 서관 보람줄을 걸다에도, 한국산문에도, 내 글을 실으면서 나는 이런 노년생활이 참 행복했다.

나 혼자 쓴 내 책 보다도 동아리 공동체로 모여 쓴 글이 더 재미나고 즐거웠다. 보람도 있었다. 이제는 나의 노년의 소망이라면 이제부터는 여행지마다 사진을 잘 찍어서 나의 행적을 일기장으로 만들어 보고싶다. 그래서 사진에 글을 실어 차곡차곡 모아가는 중이다.

우리 샘터문학 이정록회장님. 교수님들과 문우님들의 좋은 지도편달에 나의 노년기의 삶은 붉은 노을 꽃 속으로 예쁘게 지고 싶습니다. 좋은 지도편달에 감사드립니다. 우리 샘터문학의 발전이 날로 번창하기를 기원합니다.

김 영 홍

아호: 연화당 蓮花堂
충청북도 청주시 거주
(사) 샘터문학 신인문학상 수상 (시, 등단)
한국산문 신인문학상 수상 (수필, 등단)
MBC 라디오 <싱글벙글 쇼> 공모 장원
효동문학상 공모전 우수상
(사) 샘터문학 자문위원
(사) 샘터문인협회 고문
사계속시와사진이야기그룹 회원
한국문인그룹 회원
백제문단 회원
송설문학 회원
<저서>
수필집 : 뾰쪽 구두, 손누비
시 집 : 노을
<공저>
아리아, 자작나무 숲 시가 흐르다
사립문에 걸친 달 그림자
시詩, 별을 보며 점을 치다
우리집 어처구니는 시인
고장난 수레바퀴
<컨버전스 시집/샘터문학>

제 8회 샘터문학상

신춘문예 특별기획

시詩의 자연적 발현과 존재 인식

샘터문예대학 총장 서 창 원

<목차>

....

1. 자연의 발현

시는 나와 자연의 접촉에서 이루어지는 접촉 매개이다. 내가 시를 처음으로 대한 것은 중학교 운동장서 조회하는 데 맑은 하늘 위에 낮달이 떠 있는 것을 목격하게 되었다. 그리고 운동장의 정원 나무에서는 나뭇잎이 뚝뚝 떨어지고 있었다. 나는 이 오묘한 현상으로 끌려들어 가며 낮달과 낙엽이 나와의 삼각관계 이루며 정서적으로 마음을 출렁이게 하는 어떤 파장을 느끼게 되었다. 이 형이상학적인 파계의 운율과 파문 그리고 내게 전해오는 심성의 울렁거림을 느끼며 어떤 곳으로부터 전해오는 오묘한 소리와 느낌을 감지하는데 귀를 대고 듣기 시작하였다.

이 자연과 나와 마음의 묘한 파장은 내 심장을 통해서 마음과 영혼의 어떤 악기를 연주하듯이 울렁거리게 하였다. 나는 이 엄숙한 순간을 기록하며 무엇인가 나에게 전해오는 메시지를 노트에 기록하였다. 자연의 운치와 내가 충동을 받았던 순간의 열정이 무엇인가를 찾아가기 시작하였다. 거기에는 인간을 즐겁게 하는 어떤 행복이 담겨 있는지도 모른다.

나는 그 예감을 통해서 캐내는 것이 혹시 시라는 단축한 정서의 메시지가 아닐까 하는 막연한 생각을 하게 되었다. 충동질하는 것이 멈추지 않고, 하늘과 낮달과 낙엽과 나와의 거리제로의 환경에서 이루어지고 있는 현상에 대해서 나는 지우려 해도 더 선명하게 떠오르며 야릇한 생각에 사로잡혔다. 더 선명하게 다가오는 이 물리적이며 서정과 평화로운 형이상학적인 관련성은 무엇인가에 대해 새로운 세계로 빠져들게 되었다.

2. 이성의 충동

두 번째는 중학교 3학년 때 등굣길에서 화원 집 옆을 지나는데 갖가지 꽃이 활짝 피어 있었다. 봄을 알리는 이 화려한 꽃빛이 저 멀리서부터 나를 부르는 게 아닌가. 꽃이 나의 눈을 뺏는다. 내 의식과는 전혀 다른 내 행동은 타자에 의해서 아름다움에 끌린다. 길을 따라서 반대쪽에서 여학생이 나와 반대로 가며 내 옆을 스친다. 내 옆을 그녀가 지나가는 데 꽃과 여학생의 미소와 어여쁨과, 또렷한 눈동자, 어떤 표현이 안 되는 이성적인 아름다움이 나에게 의식화된다. 나는 이 무의식으로부터 의식의 새로운 세계로 끌려든다. 도대체 내가 행동하는 자연적인 현상과 무의식의 행동으로 인한 이성적인 새로운 것, 아직도 잘 모르는 그 이성의 파장이 마음을 울렁거리게 한다. 꽃과 사람과 나와의 3자 관계로 나는 운명체적 현상을 이루며 어떤 에너지가 나를 중심으로 형성되고 있다. 이는 이성의 눈을 뜨고 사물을 보게 하는 개안 현상이 아닌가 한다. 그런데 등교를 해서 나는 책상에 앉아 있는데도 계속 꽃과 그녀와 내가 일치하는 어떤 화려한 봄 잔치 같은 향연에 몽환적인 느낌으로 나를 계속 끌어들인다. 나는 그로부터 마음에서 출렁이는 새로운 변화 현상에 고민하기 시작한다. 나를 정서적으로 끄적거리게 하는 것이 바로 내 주변에서 일어나는 모티

브의 단면이라는 것을 알게 된다.

3. 존재에 대한 물음

"cogito, ergo sum" 나는 생각한다. 그러므로 나는 존재한다. 데카르트가 방법적 회의 끝에 도달한 철학의 출발점이 되는 라틴어 명제이다. 내가 어항 앞을 지나게 되었다. 어항에는 아름다운 물고기와 형형색색의 작은 붕어들이 멋을 자랑하며 유영하고 있다. 나를 보며 어항 아래로 숨는다. 그리고 안온을 찾으며 다시 부상하며 꼬리를 치며 유영한다. 그리고 나는 또 다른 것을 발견한다. 어항은 모두 투명한데 물고기들은 장벽을 인지하고 밖으로 탈출하지 않는다. 어항은 물고기의 우주이다. 갇혀 있음은 자연현상이고 당연한 것으로 물고기는 인식하고 있을까. 갇혀 있다는 것은 운명이다. 나는 운명에 대해서 한 번 더 깊은 생각에 잠긴다.

나도 운명이라는 어항과 같은 지구 안에 갇혀 있다. 다만 내 앞은 유리창 밖으로 열려 있다. 어항처럼 밖이 투명하다. 그리고 멀리 앞을 내다보지만, 더 먼 앞을 볼 수 없다. 이 엄연하고 엄숙한 숙명의 현상이라는 것에 머물며 나를 존재하게 할 뿐이다. 어항 속의 물고기들처럼 나도 제한된 공간적 우주 안에 있다. 이 존재적 물음에 나는 의문을 제기하며 고민에 빠진다. 나는 계속 질의하며 그 답을 구하고 또 구하며 무엇인가 인간에게 부여된 것 그리고 인간이 살아가는 모습과 결사, 그리고 자유, 그리고 도시 문명을 일으키는 힘의 원천, 인간은 수없이 전쟁하며 살육하고 영웅을 만들고 하는 난장을 한다.

엔트로피 현상으로 다스리는 이 거품과 같은 인간들의 자유적 문명은 과연 어떤 것인가. 역사에 순응하며 역사에 거역하며 인간은 살고 노예도 살고 평민도 살고 지배자도 살고 인간은 수없이 종을 번식하며 이 지구를 점유하고 산다. 이 인간만의 지구가 아닌데도 인간은 지구를 독점한다. 지구는 이제 병들어 가고 썩고 냄새나며 지구의 온도는 점차 올라가고 빙하기에서 이제는 빙하가 점점 녹는다. 몇 억 년 후에는 지구의 온도가 5~8도 올라간다. 곧 지구는 자멸한다. 인간은 이렇게 열도로 뜨거워진 지구에서는 살 수 없다. 어떤 동식물도 이 지구에서는 생존할 수 없어질 것이다. 지구의 멸망은 눈에 보인다. 어항의 물고기들의 수명과 같다. 그리고 어항의 물을 갈아 주지 않으면 물은 썩는 것과 같아 물고기들은 어항에 살 수 없다.

4. 부재의 인식

지구는 110억 년 전에 생성되었으며 태양은 50억 년의 빛을 지구에 보내주었으며 50억 년 후는 빛을 끈다. 지구는 암흑으로 변한다. 별이 되어 우주상에 반짝이는 점이 된다. 그런데 인간에게는 50억 년이란 거의 무한이다. 지구 나이로 인간의 생명을 계산하면 인간이 100년을 산다 해도 이는 태양의 나이로 0.00000000001초에 불과하다. 반짝하는 순간이며 찰나의 1억분의 1도 안된다. 이렇게 인간은 존재가 아니라 빛 내림이 있었을 뿐이다.

인간은 겨우 250만 년 전에 그 몸체를 들어내며 싸피엔즈의 형태를 보였다. 4개 문명의 큰 파도를 넘어왔다. 태양의 나이로는 몇 초일까? 1차산업의 농경문화시대는 인간의 단순노동에 의한 단작 농업사회이며, 2차산업의 공업화시대는 기계에 노동력을 의존하여 대량생산 소비하는 사회로 진화한다. 3차산업의 정보문명시대는 정보에 노동력을 의존하는 동질화 즉시화 균등화 사회의 실현한다. 4차 산업의 첨단문명시대는 의료는 물론 인간은 로봇의 두뇌를 이용하여 우리 생체리듬과 생명의 근원적인 유전인자를 해석하는 인공뇌의 실현으로 인간 원체의 해부가 가능하게 되었다.

모노폴리 소사이어티 즉 농경문화권이 1차산업을 중심으로 해서 수만 년 동안 우리 땅 문명을 지배했다. 그러나 약 300년 전에 우리는 기계에 노동력을 의지하는 공업화 사회로 진입한다. 이는 농촌의 해체를 초래하며 도시화가 진전되어 농촌인구의 대량 도시로의 이동이 시작된다. 이를 도시화라 한다. 현재 중요 국가의 도시화는 거의 80% 이상을 보인다.

정보문명사회로의 진입은 인간을 평등 평화 동질이라는 정보의 새로운 문명을 누리는 것이다. 모든 통제권이 국가에서 개인에게로 이전한다. 정보의 공유가 아닌 정보의 개인화가 이루어진다. 모든 정보는 개인으로부터 일어나고 개인으로부터 생산된다. 즉 모든 수단은 개인으로부터 그리고 개인을 위해서 존재하는 정보의 원천적인 생태 구조로 바꾼다. 이러한 형상은 남녀평등권의 강화를 비롯하여 노동의 신성화 등 새로운 체계에 맞는 질서를 확립해간다.

내가 시를 쓰는 4개의 원천적인 구조는 바로 위에서 언급한 바와 같이 시대적 또는 환경적 또는 주거 적인 모습의 대변혁이 일어난 것이다. 우리 역사에 있어서 그 파동은 엄청나게 짧고 큰 변혁을 초래한 것이다. 이제는 우리 인간의 두뇌를 대체하려는 AI 시대로 진입한다. 인간이 오히려 로봇이 되고 만든 물체가 이 세상을 기계적으로 지배하게 되는 것이다. 과연 이러한 환경에서는 어떻게 시가 쓰일 것인가?

이제까지는 우리는 그저 정신적인 면에서 시를 쓰고 문학을 만들어 왔다. 만들어 낸 것들은 아직 완성되지 못하였다. 그러나 또 만들어지는 것은 완성이 아닌 미완이다. 이 세상도 완성품이 아닌 미완의 물품과 같다. 그러면 이 환경에서 우리 인간이 추구하는 것은 우선 미완의 환경을 전제해야 할 것이다. 모든 것은 논리보다. 우선은 현재가치를 만들어내는 것이 중요하다. 현재가치란 무엇인가. 급박한 사회적 변화와 인간 생활수단들이 과학화한다. 이 과학과 문학의 충동은 불가피하다. 시가 이제 과학을 해체해버릴지 모른다.

5. 말의 알레고리(allegory)

〈꽃의 우주〉

꽃이 피면 꽃만 있는 것이 아니라 봄이 오고, 잎도 있고, 줄기도 있고, 뿌리도 있고, 가지도 있고, 땅도 있고 햇볕도 있고, 보는 사람도 있고, 바람도 있고, 하늘도 꽃 위에 있고, 개울도 꽃 옆에 흐르고, 꽃 그림자도 있는 것이다. 이러한 총화적인 것을 하나로 함축한 것이 꽃이라는 것이다. 이러한 꽃을 둘러싼 것의 총화를 꽃의 이미지라 한다. 어떤 사물이나 물체 또는 형상은 모두 이같이 그를 둘러 쌓은 자기의 우주를 지니고 있다.

〈주검의 발견〉

인간의 주검에 대한 발견은 수많은 새로운 현실을 발견할 수 있게 함으로써 이를 통해서 종교, 예술, 철학, 기술, 문명을 발전할 수 있게 하였다. 인간이 삶과 주검을 놓고 죽어간다는 것은 모두 잊은 채 삶의 존재적인 것과 삶의 있음에 대해서만 시간을 허용함으로 인간의 삶을 주검의 목표로 삼지 않는다. 다만 주검이 옆 사람과 친구 가족 중에서 홀연히 나타나서 알려 줄 때 비로소 나도 그 주검에 이를 것이라는 자각을 하게 된다. 그러나 주검이 공포를 주지 않고 내가 어떻게 수용할 것인가를 위해서 노력한다. 이 노력이 곧 예술이며 문화이다. 삶은 이처럼 주검을 자기의 발전의 발판으로 생각하고 문명을 만들어 가는 것이다.

〈"아리랑"의 역술〉

'아'의 감탄사와 그 속의 아픔, 아! 하고 소리치는 무념의 탄식이 또 한 아! 이다. "아리"라는 아리고 쓰리다, 마음이 아프다. 무언지 모르지만 아릿하고 쓰릿하다는 통사적 의미이다. 인간은 급격히 어떤 경황을 당했을 때 소리치는 것이 아! 이다. '아리'라는 사무치게 그리운 뜻으로 현대어로 표기하자면 마음이 아리다는 의미가 있다고 볼 수 있다. 그리고 여기에서 '고개'란 고운 님과 가슴 아픈 이별을 하여 님을 사무치게 그리워한다는 가슴 시린 사연의 뜻도 담겨 있다. "아리랑" 뜻은 무엇일까? 아리랑은 고개이면서도 우리 민족의 한을 함축하여 내는 소리이다. 이 아리랑이란 고개를 넘어갈 때 어려움이 있지만, 고개를 오르면서 "아리랑"이라는 글자를 연속해서 부르면 힘이 덜 드는 것 같은 음률적의 도움을 받게 된다. 우리는 이 아리랑을 통해서 자신의 슬픔을 소거하는 소리로 마음을 위로하는 것이다

〈언어의 의미와 뜻〉

○ '쪽'의 말

땀이 쪽 솟다

물기를 쪽 빼다

종이를 쪽 찢다

소름이 쪽 끼치다

줄을 쪽 긋다

쪽 팔린다(얼굴)

쪽 못쓴다(몸)

삼동이 쪽빠지다(북한말 잘남)

→편(저편 이편, 저쪽 이쪽)

→방면(방향)

→몸(쪽빠짐)

→얼굴(쪽팔림)

→단면(페이지)

→측(남측 북측)

→잘남(쪽빠짐)

→셈수(마늘쪽)

→녘(방향)

○ '아내'의 말

부인(아내)

마누라

아내(안에 있는 사람)

집사람(집에 있는 사람 아내)

여보(여기 보아요 가까이)

그이(그대 또는 그)

옆사람(늘 옆에 같이 있는 사람)
댁(그이의 안사람)
안사람(집안일을 맡아 하는 아내)
처 1(妻)
규실(閨室)
처실(妻室),
내권(內眷)
가속(家屬)(낮춘말)
권속(眷屬)(낮춘말)
와이프 1(wife)

○ '새'의 뜻
사이(길이, 여기와 저기)
어느새(초월, 지나침, 순간)
틈(이거와 저거의)
간격(틈이 생긴 길이)
거리(저기와 여기의)
멀리(벌어진 거리, 지나친 거리)
그리움이 있는 거리(당신과 나)
당신과 나 그 사이(새)
벌어진 틈(새)
어느(새),
순간(새)
날아가는(새)
지나는(사이의 새)

〈시격詩格과 새디즘(sadism)〉

시격詩格이란 봄(see), 봄(spring)은 둘 다 말은 '봄'이지만 내용은 전혀 다른 뜻을 가진 것이다. 이처럼 시어는 서로 같지만, 전혀 다른 뜻의 언어를 찾아내는 것이 시를 창작하는 기초적인 자세이다. 시를 이미화하기 위해서는 이처럼 말의 충돌을 잘 이용해야 한다. 말과 말, 언어와 언어 간에 일어나는 충돌 현상을 내적 이미지로 승화시켜, 시는 높은 차원의 시격詩格을 갖추는 것이다. 사람에게 품격이 있듯이 시도 시격詩格이 존재하는 것이다.

예를 들어 김소월의 시 진달래꽃에서 보면, 진달래꽃은 헌신적인 사랑의 표상으로 등장시킨다. 즉 진달래꽃은 시적 자아의 아름답고 강렬한 사랑의 표상이며 원망과 슬픔의 상징이기도 하다. 꽃을 밟을 때마다 자신이 가학자(加虐者, sadist)가 된다. 상대를 가학하는 행위가 고도로 상대를 붙잡아 두려는 의도가 깔린 것이다.

〈시 뼈〉

아름 따다 가실 길에 뿌리우리다
사뿐히 즈려 밟고 가시옵소서
죽어도 아니 눈물 흘리우리다

이 시는 아름다운 진달래꽃을 딴다. 따는 것은 가학이다. 꽃을 보는 것이 아니라 손으로 꽃 목을 비틀어 딴다. 이는 행위를 하기 위한 소재로 필요하다. 님이 가시는 길에 뿌린다. 그리고 더 가학한다. 나를 또는 다른 사람을, 님을 더 가학토록 권유한다. 꽃을 발로 밟고 가라는 명령을 내린다. "즈려 밟으라는" 통한의 시령詩令을 내린다.

이처럼 '즈려' 즉 '즈르'라는 말은 생각하기에는 많은 뉘앙스를 내포하는 시어이며, 이 시어가 함축하고 있는 행동의 뉘앙스는 위에서 언급한 바와 같이 많은 내용을 담고 있는 개념이기도 하다. 이처럼 '즈려'라는 언어를 생산해 내는 것은 이 시의 높은 품격이 된다. "즈려" 안에 화자가 하고 싶은 모든 이야기와 감정을 함축해 넣음으로써 시의 완성도를 최고로 확장한 것이다.

서 창 원

고려대학교 국어국문학과
건국대학교 행정대학원 도시계획학과
일본 나고야 UN지역센터 지역계획과정 수료
고려대학교 평생교육원 시창작과정 수료
국가상훈인물대전 문화예술부문 등재
한국스토리문인협회 초대회장
(사) 샘터문예대학 총재 (현)
(사) 샘터문학 고문
(사) 샘터문인협회 고문
(사) 샘터문학신문 칼럼니스트
계간<스토리문학> 등단
한국문인협회 회원
국제펜한국본부 회원
<공저>
『길 끝에서 만난 사람들』 외 10권
"사랑, 그 이름으로 아름다웠다" 외 4권
(컨버전스 시집/샘터문학)
<저서>
『국토와 정책』(1998), 『땅의혁명』(2007 주집필)
<시화집> 『존재의 이유』
<시집> 『당신의 이야기』, 『공가에 피는 꽃』, 『허공에 집짓기』, 『엄니 정말 미안해요』
<가곡집> 나 애인이 생겼어요

제 8회 신춘문예 샘터문학상

본상 수상작

신춘문예 샘터문학상 대상 수상작

태양의 하녀, 꽃 외 4편

허 대 성

그녀는 모두의 애인이기도 했다
모두를 사랑의 열병에 빠뜨린
그녀는 광대이기도 했다

매력은 무엇이었을까?
그녀는 많은 남자를 가지고 놀았다
왕과 선비와 철학자까지
그녀의 손뼉에 남자들은 달려들었다
남자들은 왜 쩔쩔매는 것일까?
그녀는 고작 햇살 아래 갓 피어난
무희이기도 했다

한 가지 권력도 가진 것 없이
그녀는 청춘부터 황혼까지 오랫동안
세상 남자들의 환심을 끌었다
그녀가 진정으로 몸을 허락한 건
바람뿐이였다
더러운 년이라고 욕하는 종자들은
다 저주받아 죽어갔다
그녀는 마녀이기도 했다

사랑의 행태는 다 자유롭다

그녀에게 빼앗긴 건 모두 죄악이였다
그녀는 늙지 않고 죽지 않는
불로불사不老不死의 신녀神女였다
청초하고 우아한 모습으로 위장한
에로스의 하녀이기도 했다

그녀의 사랑은 비극을 기초로 한다
행복은 늘 모자라게 죽어갔다
사랑은 허구이지만 망각도 자유였다
사랑은 가물거리기만하지 뼈대가 없는
몽환적 현상일 뿐이였다

그녀의 사랑은 무방비한 것 같지만
거미줄처럼 날줄 씨줄을 촘촘히 방사해 그물을 치고
정교한 억압과 요요한 속박으로
남자의 마음을 운용하였다

그녀가 해산한 남자의 후예들은
본능의 굴레에 묶여
그녀에게 저항할 수 없으며
그저 나비의 꿈을 안고
향기를 품고 살아갈 뿐이였다
그녀는 사랑이었다

해바라기의 눈물

허 대 성

한 때 차디찬 노을빛
꽃 한 송이 가슴에 질 무렵
그립고 슬픈 이별도
남겨진 아픈 상처도
그 먼 길 다시 뒤돌아보면
그대가 서 있던 그 길
모두 눈물이었다

한 때의 넋두리
꽃과 바람 그리고 지평선
상공의 무지개를
소년처럼 좋아했던 허수아비
때론 자신을 믿지 못해 슬펐고
때론 자신을 용서 못해 아팠던
그러던 날

아! 지금에 와서
그 먼 날들을 다시 뒤돌아보면
그대가 존재했던 날
모든 밤은 눈물이었다

너무 아픈 슬픔이라도
너무 기쁜 행복이라도
“진실로 고백 하노니”라고 기도하며
먼 발치서 성찰하며 서 있던 해바라기
그렇게 홀로 밤을 끌어안고
한낮을 모질게 참아냈었다
수레를 끄는 해처럼

눈물의 성찰

허 대 성

나는 단 한 번도 너를
친친 처매주지 못했다
새벽 종소리에 막 눈을 뜬 풀꽃은
한기가 들었다
한 눈을 팔다 밟아버린 그 밑줄을
넌, 지우지 않았다

아무것도 아닌 용서를
그 무거움 참아내지 못해
등을 보이고 울먹이던 슬픈 배경
나의 빈 행간을 넘어
너의 밖 경계를 넘어
슬픈 바다가 되어 철썩거렸다

어디선가 나로 인하여 등을 보이고
살아가는 시린 사연들이 있다면
눈물로 용서 받고 싶다

이 마음 누가 볼까
아 마음 누가 알까
무섭게 아주 무섭게 자각이 노려보고
깊은 성찰이 날 부르고 있다

가고 싶은 곳, 이곳은

허 대 성

북쪽으로 가는 도중, 꽃이 피었지
붉고 희지도 않은 꽃들이
강을 끼고 서있고
온갖 새들은
인색한 속셈에 가볍기만 하네

언제부터인가 내 남쪽은 아팠다
바람을 행구어 낸 물빛,
가슴 벌건 꽃향기,
이산의 상처가 남긴 긴 늪,
높은 산,
산양의 갈라진 발톱

언제부터인가
널 보겠다고 질척거리는 날
북녘으로 가는 날은 늘 파랬다
수평선 사이
섬 하나 외롭고

밤은 깊고 고요한데
등잔 밑엔 별만 가득하다
아이들은 걷고
빽빽한 숲속 산짐승들은 떠나고
백 년 만에 피는 꽃들이 피고
바람은 꽃향기를 나르네

청춘난감도

— 青春 難堪圖

허 대 성

꽃 따라 청춘 따라 하늘 곳 구릉마다
시집 한 번 가보고픈 우거진 곳의 꽃향기
천 년을 살랑이는 꽃 가슴에도 피누나

백 년이 강물처럼 흘러간들 하늘을 탓하리오
이별이 천 년 동안 길다 한들 땅을 원망하리오
일평생 간직한 청춘 시꽃으로 꽃 지리

눈 끝에 달렸어라 청춘에 달렸어라
천 년 사랑 백 년 인연 봄 좋은 날 꽃잠 드니
두 청춘 꽃씨 뿌린 날 그림 한 폭의 난감도

허 대 성
아호 : 풀빛소리
시인, 수필가
전북 익산시 거주
샘터문학상 신인상 수상 (시,등단)
(사) 샘터문학 자문위원, (사) 샘터문인협회 운영위원, (사) 샘터문학신문 기자, 문화나눔뿌리 이사장, 지역문화관광협의회 대표, 풀빛소리 시문학회 회장, 한국시인협회 회원, 사람과 공간 대표
<공저>
사랑 그 이름으로 아름다웠다
<컨버전스 시집/샘터문학>

허대성 시인 대상 심사평

시적 이미지와 기호학적 의미의 시

지 은 경 (시인, 문학평론가, 문학박사)

제 8회 <샘터문학상> 시부문 대상에 허대성 시인의 「청춘 난감도」, 「가고 싶은 곳, 이곳은」, 「해바라기의 눈물」, 「눈물의 성찰」, 「태양의 하녀, 꽃」 5편을 대상으로 확정한다.

시는 디스토피아에서 유토피아의 이상을 꿈꾸는 시인들의 공간이다. 살기 힘든 메마른 현실에서 시인은 자유로운 정신의 소유자로써 사람들의 영혼을 위무하고 따뜻한 인간애를 전달할 때 시의 사명을 다하는 것이 된다.

허대성 님의 시 「청춘 난감도」는 자연의 봄과 인생의 봄을 예찬하는 시로 꽃과 청춘남녀와 시라는 구체적인 사물을 통해 봄의 미적 감촉을 시로 형상화해내고 있다. 청춘과 시가 대칭화하여 짝을 이루며 정형성과 상징성이 율격을 갖추면서 완성도를 높이고 있다. 시 「가고 싶은 곳, 이곳은」은 이산가족의 상흔을 이미지화한 것으로 역사의식을 드러내고 있다. 남북 대치의 아픔을 시심으로 잘 담아내고 있으며 음악성과 이미지가 돋보이는 시이다. 시 「해바라기의 눈물」은 해바라기를 대상화하여 이상과 현실의 괴리와 갈등을 고백하는 기도의 시이다. 인간의 욕망을 성찰하는 심상을 시각적으로 표출하고 있다. 시 「눈물의 성찰」은 제목에서 시사하는 바와 같이 이 시도 성찰의 시로써 끊임없이 영혼을 매질하는 시로 화자의 수양과 좋은 생각을 담은 시이다. 시 「태양의 하녀, 꽃」은 여성을 꽃으로 대상화하는 메타포가 잘 처리된 시이다. 한 여성을 객관적인 시각으로 바라보는 비판적인 시로 수사법 처리가 유연하고 시적 형상화가 잘 된 시이다.

엘리엇은 "좋은 시는 이해되기 전에 전달된다"고 했다. 허대성 시인의 시들은 비교적 고르고 시 정신이 맑으며 언어의 기호학적 의미를 함축적으로 표현하고 있는 좋은 시들이다. 시적 정조가 공감하기에 부족함이 없고 시적 상상과 수사가 뛰어나며 인간적인 교감이 시격을 높여 작품성이 충만하여 심사위원 전원의 의견일치로 대상 수상자로 선정한다.

수상소감

"섬도 피우고 싶은 꽃이 있다"
아무도 오지 않는 빈 공간에 오롯이 빈틈을 비집고 서서 음표도 없이 오케스트라 협주를 하는 "풀빛소리" 풀꽃들의 그 시선은 "봄 좋은 날에" 자신의 향기를 예약했다.
"시꽃이란" 시어에 잠 못 드는 <까닭>
(시처럼 아름다운 마음의 꽃)
"너는 꽃이 되렴 나는 향기 나르리니" <이유>
나는 시를 쓸 때마다 누군가의 심부름꾼인
꽃을 배경으로 시를 써 왔다.
나의 열정은 꽃을 피우기에는 역부족이었다.
죽는 그날까지 시를 쓰겠다는 동사형 꿈을
난, 가슴에 새기고 산다
시를 쓴다는 것만으로도 난 후회가 없다.
시는 내가 머물 수 있는 유일한 쉼터였다.
'나로부터 나를 찾아내는 나만의 행렬이었다"
무지와 부족함을, 비움이라는 충분으로
마음을 흔들어 주는 너, "난 너를 사랑한다"
꽃과 지평선 사이에 눈망울이 깜박인다.
바람소리가 들린다 가볍게 스쳐갔지만
쓸모없는 것은 하나도 없었다
꽃과 인간의 풀빛예식이었다

제 8회 샘터문학상과 제 9회 컨버전스 감성 시집에 김용옥 문우와 함께 공모 하였다. 먼저 김용옥님의 신인문학상을 축하한다. 그와 함께 해온 오랜 시간의 큰 열매이다. 부족한 글을 영광스런 샘터문학상 대상에 선정해주신 심사위원님들과 이정록 회장님께 깊은 감사를 드리며 샘터문학을 통해 많이 더 배울 수 있길 희망한다. 더불어 샘터문학의 무궁한 발전을 기원드린다.

아내인 오규승, 아들 병욱, 딸 유진과 나의 어머니께 이 영광을 돌린다. 특히 동생인 허대중 박사에게도 감사를 표한다. 누군가 어떤 시를 쓰겠는가,라고 물으면 민들레처럼 노란 가슴을 활짝 열고 감사를 말하고, 사랑을 말하고, 늘 인연을 배반하지 않으며, 지난날을 실어 날으는 초심으로 가난한 자의 휴일과 평화같은 꽃시를 쓰고 싶다. 가람 선생님의 시 "별과 난초처럼", 꽃집을 하며 "꽃을 보는 것으로". 난, 충분한 시를 쓰고 있으니 말이다. 거듭 감사드린다.

허대성 드림

신춘문예 샘터문학상 최우수상 수상작

나는 신神 앞에 서 있다 외 2편

김 용 식

세상 모든 것을 버리고
무덤 속에 누워 있는 조상이 나를 떠나지 않는다
내 아직까지 잊지 못하는 것은
이별의 슬픔을 안고 세파에 시달리고 있지만
살아생전 베푼 사랑 놓치지 않겠다는 약속 때문이다
함께 했던 발자취 하나하나 소중한 순간의 행복이었다
슬픈 사랑 안고 흙으로 돌아가는 인생
죽음이 끝이 될 수는 없지만
천명天命을 즐기다가
인생의 마지막 걸음은 혼자서 가야 한다

세습으로 이어져 온 가난에서 오는 분노
살아남은 자들은 계급을 만들었다
슬픈 기색으로 쳐다봤던 부유했던 이웃들도
떠나고 나면 그림자만 남는 빈자리뿐인데
잊히지 않는 기억들이
무엇 때문에 이렇게 서러운가
가난한 영혼은 신神을 찾는다
죽는다는 것은 비참하지도 불행하지도 않다
나는 이미 신神 앞에 서 있다.

단풍이 꽃보다 아름답다

김용식

땅거미 지는 해 질 녘 노을처럼
뒷모습이 아름답기를 소망하는 어느 중년
세월을 담아낸 무게감에
단풍이 꽃보다 아름답다고 우긴다

사는 게 무섭지만 두렵지 않을 나이
무엇 하나 넉넉하지 않아도
달빛을 마주하는 넉넉한 마음이라면
술잔의 절반이 눈물일지라도 통곡하지 말아야
지팡이가 필요하면 한 발 더디게 가면 된다

눈眼 속에 아직 애잔한 슬픔이 담겨 있는데
조각조각 부서지는 가을 햇살로
세상은 익어가고
기쁠 때나 슬플 때마저
바람도 때론 쉬어가니
하늘을 쪼개며 내달리는 세월에
눈시울이 젖는다

바다

김 용 식

사람은 누구나 산이나 바다를 좋아하는데
지금 바다가 내 눈앞에 있다
아픈 세상을 보고
바람이 불어올 때마다 울부짖다가
답답할 때 탁 트인 바다를 바라보는 것만으로
울 때나 웃을 때도 나를 안아주는 느낌이다
세월을 탕진하며
자기 스스로 감추었던 속내를 털어놓고
말없이 탄식하는 나를
바다는 비밀을 지켜주었다

삶은 참으로 신비하다
시간의 무게를 덜어 주고 있는
파도에 지친 항구의 돛대
파도가 흔들어 연달아 상처를 줄 때도
울지 않았고 웃지도 않았다
고요한 바다인가 싶었는데
너무 울어 속이 비었다
당신의 눈 속에도 푸른 바다가 있는데
외로운 항해가 내게는 애잔한 슬픔으로
그대 빈자리가 차갑다
그래도 행복은 구걸하지 않는 거다

김 용 식

한국방송통신대학 (중문학, 법학)졸업
한국방송통신대 법률봉사단 (무료법률)
샘터문학상 신인상 수상 (詩,등단)
샘터문학상 우수상 수상
(사) 샘터문학 자문위원
(사) 샘터문인협회 회원
(사) 샘터문학신문 회원
21문학시대문인협회 회원 사계속시와사진이야기그룹 회원
한국문인그룹 회원
백제문단 회원
송설문학 회원
<공저>
아리아, 자작나무 숲 시가 흐르다
사립문에 걸친 달 그림자
시詩, 별을 보고 점을 치다
우리집 어처구니 시인
고장난 수레바퀴
<컨버전스 시집/샘터문학>

김용식 시인 최우수상 심사평

삶과 죽음의 경계를 관조하는 조화의 시

지 은 경 (시인, 문학평론가, 문학박사)

제 8회 <샘터문학상> 시부문 최우수상에 김용식 시인의 「나는 신神 앞에 서 있다」, 「단풍이 꽃보다 아름답다」, 「바다」 3편을 최우수상으로 선정한다.

김용식 시인의 시들은 고요한 마음으로 세상을 관조하는 달관의 시이다. 순수한 정서적 감흥을 일으키는 서정성이 함유된 시로 독자에게 카타르시스의 역할을 하고 있다.

시 「나는 신神 앞에 서 있다」는 삶과 죽음이라는 이중적 경계에서 영원과 순간의 존재성을 관조하는 다소 무거운 시이다. 하지만 긍정적인 미래관을 보여주고 있으며 대안도 제시하고 있어 무리가 없다. 시 「단풍이 꽃보다 아름답다」는 인생의 황혼을 단풍의 아름다움으로 은유하고 있다. 꽃은 계절의 봄이다. 화자는 가을 단풍이 봄의 꽃보다 아름답다고 역설한다. 사람도 인생의 연륜이 쌓인 황혼의 나이가 단풍만큼이나 아름답다는 것을 강조하는 시로 자연과 인생을 비유하는 소박하고 정갈한 시이다. 시 「바다」는 화자가 바닷가에 와서 마음을 정화하고 있다. 바다를 응시하며 절망과 허무의식을 새로운 시각으로 해석하며 극복하고자 한다.

김용식 시인의 시들은 순수한 사유를 통해 참된 인식에 도달하는 시 정신을 보여주고 있다. 평범한 일상의 체험을 통해 건져 올린 영혼의 언어들은 시인의 삶이 반듯하며 순결한 실상을 보여주고 있다. 소박한 독백의 시어들이 자연친화적이고, 감수성으로 빚어낸 시들이 성숙한 정신을 보여주고 있다. 물질문명으로 피폐해져가는 현대인들은 어머니의 품과 같은 따뜻한 언어에 감동을 받게 된다는 점에서 시인의 역할을 하고 있다. 김용식 시인의 시어는 간결하고 담백하며 대중적인 조화로 구축하고 있어 최우수상으로 선정한다.

수상소감

시인과 독자 사이엔 시詩가 있다. 사람이 산다는 것은 자기의 근거를 자신에게 계속 묻는 행위일지도 모른다. 한 사람의 일생이란 살아가면서 누굴 만나느냐에 따라 인생이 바뀌는 걸 느낄 수 있다. 인연이 닿아 샘터문학을 만났다. 지금은 코로나가 세상을 지배하고 있는데 강대국 미국도 중국도 속수무책이다. 이 시국에 살아남으려면 약간 두려운 일이지만 시혼詩魂을 살려 강력한 행복바이러스로 죽음의 코로나바이러스를 퇴출 시킬 수밖에 없다.

시詩를 쓰면서 어딘지 모르게 엉성함과 열정만 가지고 안정된 형상으로 정리할 수 있을까하는 창작의 고민은 삶의 어떤 국면을 詩로 창작하는 감성에 닿아야 하는데 잘 써야 한다는 두려움 때문에 아무튼 쉽지가 않다. "신 앞에 내가 서있다"의 시詩는 건강 문제로 내가 신을 부른 적이 있는데 아픔과 어려움을 녹여 낸 작품이라 애정이 더욱 간다. 수상 소식은 기대하지 않았기에 뜻밖이었다. 살아가는 인생 그대로가 시詩의 소재로 표현하기에 충분하다. 시인은 자신이 살아 온 삶의 자국을 시詩의 소재로 삼는데 세상의 속내를 상상으로 자유롭게 가위질 한다.

어느 때는 먼 여행길에 나를 올려놓는다. 차창 너머 멀리 보이는 바다, 확 트인 수평선이 나를 전율케 하는데 비탈길 양지 바른 곳에 핀 제비꽃이 나를 닮아 있다. 급변하는 시대에 2020년 운세運勢에 흥미가 있어진다. 인간은 누구나 살아가는 현실이 내일은 잘되기를 염원하는데 시詩라는 소중한 가치로 담아내지 못한다면 안타까운 일이 아닐까?

끝으로 저를 지도해주시고 제 작품을 추천해주신 샘터문학 이정록 회장님, 제 작품을 당선시켜주신 심사위원님들, 저의 사랑하는 가족들, 친구들, 문우님들, 지인여러분들께도 감사의 인사드린다.

김용식 배상

신춘문예 샘터문학상 최우수상 수상작

시인이 시詩를 쓸, 시時 외 4편

박 승 문

일초로 하루를 가고
하루로 일년을 뜀박질하는 흔적으로
일년은 십년을 넘고
십년이 어디로 가서 멈출까는 모를 일이듯
시인이 시詩를 쓸, 시時는 어디쯤에서
멈출지는 모른다

시인이 시를 쓰면
계절로 꽃을 피우고 샛강으로 물이 흐르니
만면은 수심이 없고
혜안은 하늘로 땅으로 꿈을 꾸고
낙화유수로 화양연화를 엮는 동행하는
발길이 되는 것이리

석 자로 혹은 두 자로 태어나서
시인의 길을 마중하는 초년의 발걸음으로
중년을 배웅하고 걷다가
말년이 어디로 가서 멈출까는 모를 일이듯
시인이 시詩를 쓸, 시時는 인생길을
묵묵히 걷는 것이리

시인이 시를 쓰면

돛에 강바람을 태우고 강물에 윤슬이 빛나니
한걸음은 바람으로 쉼하고
한걸음은 별빛으로 헤아리다 이슬을 맞고
상전벽해로 유유자적을 엮는
유랑하는 발길이 된다

아호를 붙인 시인의 존재가 이유를 가지듯
시인이 사색으로 움켜쥔 고독에는
시어를 갈망하는 밤이 있고
시어를 가슴앓이하는 새벽이 있으니
시인이 시詩를 쓸, 시時는
어디쯤에서 멈출지는 모른다

회억回憶

박 승 문

겨울비는
겨울비는 먼발치의 기억을 들추고
그때의 그리운 향연으로
지금의 외로운 향수로
젊은 날의 초상과도 같이 달래어, 달래어
내게만 위로하듯
내 속으로 사뿐사뿐 내리네

언제였던가
언제였던가 장작불 아궁이에 국수 삶다가
눈물 훔치는 어머니의 설움을 보았던
보고 말았던
그날의 뒷걸음질로 내린 어린 겨울비는
잔향으로 스민 향수이듯
내 안에서 울었다네

고향을 떠날 때
고향을 떠날 때 하늘에 걸어둔 사랑이
가슴으로 잡으려 하면
겨울비는 내 마음을 알 듯
오늘만큼은 손끝에서 멍울로 걸터앉아
먼발치로 잊은 기억들이
내 속으로 살아나네

반영反影

박 승 문

강물의 숨소리를 반으로 쪼개어 놓고
위로부터 내려 아래로 하나가 더 나타나는
쌍둥이로 다리를 잇는 두 개가 하나같은 것이다

오래된 인연이라고
어쩌면 풋사랑이 스친 하나의 선이라고
사랑과 이별을 거꾸로 보는 잣대가 있는 것이다

풀 한 포기 그대로 닮고
하늘과 나무와 당신을 그대로 품은
나와 같은 너라는 하나같은 존재가 있는 것이다

살다 보면 바람의 횡포로 흐트러지고
살다 보면 비의 눈물로 흐리고
살다 보면 다반사로 유랑하는 인연 같은 것이다

햇살 속으로 옮겨가는 그림자는
똑같은 영상으로 눈동자에 비칠 때
그때가 위로부터 아래로 잇는 풍경 같은 것이다

반사로 아우르는 영상을 보았을 때
어쩌면 생각나고 기억하는 무언의 발걸음이
강가에 홀로 앉아 강물의 숨소리를 듣는 것이다

막 핀 벚꽃

박승문

막 핀 벚꽃은
하양으로 나와서 세상을 바라본다
파랑이 많은 하늘을 꽃잎이 이고
녹색이 많은 산을 꽃잎이 손짓하며
무색으로 다가오는 봄바람을 오롯이 맞는다

가지 끝에서 잉태한 살결은
숨 막히는 겨울을 인내하고 태어나
모정의 손목을 붙잡고
잎이 없는 채로 이름표를 달고
막 핀 봄의 서막으로 떨리는 마음을 흔든다

화무십일홍의 허락된 시간에서
향내로 번지는 나들이는
지천에서 마중으로 포옹하고
덜 한 만남이 노을을 바라보고
덜 한 아쉬움이 밤꽃이 되어 별을 헤아린다

막 핀 벚꽃은
막 진 벚꽃이 되어서는 안 된다
가야 할 때가 되면 이름을 불러도
고개만 절레절레 흔들 뿐
봄으로 막 핀 벚꽃은 그냥저냥 봄을 즐긴다

회향하는 바닷길

박 승 문

하얀 물거품이 도드라지는 날에는
내 마음도 하얘져서 손짓하고
눈동자는 바다로 빠졌다고 시선을 고정하고
어디에서
어떻게 왔는지는 모호해도
내가 바다를 보았다면 그만이듯
나는 하얀 물거품을 보았다고
마음은 흐뭇하다

바다를 휘돌아가는 심정에는
눈살을 찌푸리게 하는 바닷바람이 불어
살결은 겹으로 밀리고 겹으로 마중하다가
바다에서
어디로 흘러야 할지를 모른 채로
하얀 물거품이 도드라지는 동행을
나는 먼발치로 겹을 헤아리는
파도가 흐뭇하다

사방으로 흩어지는 아우성을 붙잡고
내 안에서 꿈틀대는 욕망을
바다로 보냈다고 말하는 숨소리는
언젠가는

언젠가는 만날 수 있다는 것에 반하여
하얀 물거품이 흐트러지는 날이면
나는 바닷길로 회향하는
나의 발길이 흐뭇하다

박 승 문

아호: 다원
경남 거제시 거주
(사) 샘터문학 신인상 수상 (시,등단)
(사) 샘터문학 신인상 수상 (수필,등단)
(사) 샘터문학 기획과장
(사) 샘터문학신문(샘터뉴스) 기자
(사) 샘터문인협회 회원
사계속시와사진이야기그룹 회원
한국문인그룹 회원
송설문학 회원
백제문단 회원
<공저>
시詩, 별을 보며 점을 치다
우리 집 어처구니는 시인
고장 난 수레바퀴
<컨버전스 시집/샘터문학>

박승문 시인 최우수상 심사평

의식의 흐름과 시적 감응의 시

지 은 경 (시인, 문학평론가, 문학박사)

제 8회 <샘터문학상> 시부문 최우수상에 박승문 시인의 「시인이 시詩를 쓸 때, 시時」, 「회억回憶」, 「회향하는 바닷길」, 「반영反影」, 「막 핀 벚꽃」 5편을 최우수상으로 선정한다.

박승문 님의 시들은 사유의 그물망이 촘촘하고 자연친화적이며 소통의 회복을 위한 정신작업을 확장해 나가는 시들이다.

시 「시인이 시詩를 쓸 때, 시時」는 영혼을 정화시키는 시 작업이 천명이 되고 있음을 표출하고 있다. '천혜의 시인'이란 말이 있다. 하늘의 은혜를 받아 시인이 되었다는 뜻이니 화자는 천혜의 시인이 되어 시를 쓰며 자신의 길을 묵묵히 가고 있다. 역경을 통과할 때 우리는 가능의 세계를 보게 된다. 그러므로 시가 고통 속에서 태어난다는 것은 참으로 아이러니하다. 시 「회억回憶」은 지나간 일을 돌이켜 생각해 보는 시다. 그 기억은 어머니의 눈물짓는 모습이다. 충격적인 일은 기억에서 오래도록 사라지지 않는다. 어머니의 모습이 화자에게 짙은 향수로 남아 시로 빚어지고 있다. 시 「회향하는 바닷길」은 차가운 바람이 부는 막막한 바다에서 절망과 허무의식을 극복하려는 삶의 의지를 보여주는 시이다. 시 「반영反影」은 반사되어 비추는 그림자라는 뜻으로 강물에 쌍둥이 다리bridge가 햇빛에 비치어 하나가 되듯이 강가에 앉아 그림자를 보며 사랑과 이별도 거꾸로 보는 잣대가 있음을 사유하는 시상을 담고 있다. 시 「막 핀 벚꽃」은 직접적인 체험의 시로 피었다지는 벚꽃의 정경을 선명하게 노래하고 있다.

박승문 시인의 시들은 존재론적 현실을 응시하는 담백한 감성의 시로 가슴을 따뜻하게 어루만지는 서정의 시들이고 명작이다. 하여, 최우수상으로 선정한다.

수상소감

시인의 길은 나의 몫과 자투리를 버릴 것 없이 다 담을 수 있는 그릇으로 빚는 도예의 창작성일 것이다. 도예의 창작성과 일치하는 시인의 길은 사색을 억누르고, 고독을 승화시키고, 시어詩語를 사랑하며 작품에 한 땀을 흘리는 것이다. 땀은 진실이다.

시인은 봄을 사랑한다. 그리고 바람을 채운다.

시인은 여름을 사랑한다. 그리고 신록을 담는다.

시인은 가을을 사랑한다. 그리고 낙엽을 밟는다.

시인詩人은 겨울을 사랑한다. 그리고 허영을 품는다.

나에게 주어진 길은 시인詩人이다. 일 년의 행보가 시詩이고, 시詩인 것이다. 나의 가슴에 품은 ≪나에게 시詩는 바람이었다. 바람은 끊임없이 불어오니까≫ 글귀가 마음으로부터 날갯짓하고 있다. 바람은 멈출 수 없는 존재의 이유가 분명하듯 바람이 부는 날에는 언제나 시詩를 쓰고, 시詩를 사랑할 것이다. 그것이 나의 존재의 이유가 분명하기 때문이다.

봄은 시간을 채움으로 곁에서 숨었고, 여름이 세상과 눈동자를 맞출 때인 오월의 붉은 장미가 울타리를 안았듯이 2020 샘터 문학상 본상, ≪최우수상≫의 영광을 안았다는 사실이 꿈을 꾸듯 마음이 뿌듯하다. 이 영광, 더 높이 날고, 더 깊이 헤아리고, 더 멀리 가도록 이어주는 시인詩人의 길임을 가슴에 새기면서 샘터문학의 샛별이 되리라는 다짐으로 샘터문학을 사랑하는 문우님과 나누고 싶다. 그리고 제 작품을 추천해주신 이정록 회장님, 선정해주신 심사원님들, 저의 사랑하는 가족들, 친구들, 지인님들께도 감사의 말씀 올린다. 고맙습니다.

박승문 드림

신춘문예 샘터문학상 최우수상 수상작

불멸의 새가 될지 몰라 외 1편

신 재 미

홍등 밝힌 식탁에 낙지가 올랐다.
토막토막 잘라 놓았는데도
꿈틀거리는 몸뚱이

어설피 먹다 목에 달라붙으면
황천길 직행이라는 너스레에
참기름 갑옷 입힌 살점
잘근잘근 씹는다

죽어가는 소도 살린다는 속담
헛말이 아니듯
사내들은 너나 할 것 없이
창자에 도착도 안했을 낙지를 두고
힘자랑이다

세상사 모든 일이 이렇게 빠른 효과를 본다면
죽을 사람이 어디 있을까
말처럼 산다면 우리의 입은 영원히 죽지 않을 게다
두 번째 접시, 마지막 한 점을 두고 실랑이 중인 야릇한 중생들의 입씨름
무안갯벌을 뒹군다
자정을 향해 달리는 시계바늘은 아랑곳없이

세인世人들이여

신 재 미

춘삼월 막바지에 수령 350년
백양사 고불매古佛梅 꽃잔치 열었다
눈부신 백매도 아니요
가슴 아련한 청매도 아니요
담홍색 화사한 꽃등
바람에 살랑살랑 춤을 춘다

세상살이에 지친 이들이여
나무아래 깃들어 보세
도량에 들고 나는 이들 묵묵히 바라보며 향기로 전하는 설법
눈. 코. 입. 귀 원래의 기능을 알게 하리니
꽃구경 나서기 조심스러운 봄
살펴 오시게

화사한 봄빛이 여기 있나니
춘설 속에서도 상큼한 향기 선비의 고결함을 상징하듯
인고의 표상 흠모하는 동토의 열매
세계대공항속에서도 희망을 안겨 줄 고불매
친견 할 기회이니
봄 편지 받거든 속히 달려오시게

* 소재지 : 장성 백양사 고불매(古佛梅 · 천연기념물 제486호)

신 재 미

문학공간 등단 (2004년)
(사) 국제PEN한국본부 이사
(사) 한국문인협회 회원
(사) 샘터문학 부회장
(사) 샘터문인협회 부회장
(사) 샘터문학신문 기자
강서지부 부회장
옛정시인회 2대회장
작가와문학 편집위원
한국통일문인협회 사무국장
짚신문학 부회장&사무국장
계간문예 중앙위원
저서 : 『춘당지의 봄』,
수상 : 세종문학상 외 다수

신재미 시인 최우수상 심사평

잔잔한 감동과 흥미를 주는 품격의 시

지 은 경 (시인, 문학평론가, 문학박사)

제 8회 <샘터문학상> 시부문 최우수상에 신재미 시인의 「세인世人들이여」, 「불멸의 새가 될지 몰라」 2편을 최우수상으로 선정한다.

신재미 시인의 시들은 색채와 인간의 오감에 관련하여 현대시의 회화적기법인 시각적 감각적 이미지를 독특하게 표출하고 있다. 시적 주체가 견고하고 상상력의 폭이 넓으며 깨달음이나 사랑의 정신이 보편성을 얻고 있다. 시정신의 정합성을 미학적으로 완성하고 있는 시들이다.

시 「세인世人들이여」는 코로나19로 '사회적 거리두기'가 한창인 춘삼월에 고불매古佛梅를 보고 온 소감을 시적으로 형상화하고 있다. '살랑살랑' 등의 음성상징어와 의태어를 사용한 감각적인 표현이 싱그럽다. 시의 치열한 언어의식은 미학적 완성도를 높이기 위해 정밀한 과학자의 눈이 필요하다. 인간의 오감을 자극하는 언어의 비유적 표현이 감각적이며 시의 효용을 극대화하고 있어 대상의 체험을 대리만족시켜주기에 충분한 시이다. 시 「불멸의 새가 될지 몰라」는 산낙지에 대한 묘사가 사실적이다. '토막토막' 자른, '꿈틀거리는 몸뚱이', '잘근잘근' 씹는다는 감각적인 이미지가 살아있는 모습을 연상시켜 현장감이 있고 입체적이며 생동감을 주고 있다.

신재미 시인의 시들은 사물을 바라보는 시선이 감각적이고 관찰력이 예리하며 자연에 대한 친화감이 있다. 시인의 체험이 사실화하여 시를 풍요롭게 하고 있으며 이미지와 상상력을 골격으로 소박하면서도 겸손과 진실을 드러내고 있어 정서적 교감을 높이고 있다. 우리말과 우리글을 사랑하는 시정신이 잘 나타나 있어 돋보인다. 사물에 대한 풍부한 어휘력을 구사하고 있으며 시가 안정적이어서 최우수상으로 적극 선정한다.

수상소감

— 책에서 만난 지혜의 길을 따라 갔더니 기쁨의 샘이 솟네

세종 탄신 623돌 오후 문학사에서 연락이 왔다. "붉은 넝쿨장미 꽃대를 올리고 신록 빛 유혹하는 찬란한 계절에 기쁜 소식을 알리게 되어 기쁩니다. 심사위원님들의 고뇌어린 심사 끝에 시 부문 "불멸의 새가 될지 몰라 외 1편"이 샘터문학상, 본상 ≪최우수상≫에 당선되셨습니다."

분명히 반가운 소식임에도 문인 생활 몇 년째인데 상을 받는가,라는 질문이 가슴을 울렸다. 상이란 받으면 좋은 것이기는 하나 분명히 때가 있는 것이기에 양보를 하겠다는 의사를 밝혔으나 회장님의 단호한 거절에 수락을 하고 말았다. 심사위원님들께서 적지 않은 분량의 원고를 받아 들고 얼마나 고심을 했을까. 원고지를 들었다 놓았다 몇 번은 뒤적거렸을 것을 생각하니 감사하다는 말로 수고에 보답이 될까만 진심으로 감사의 마음을 전한다.

올해는 코로나19로 인하여 모임을 자제하고, 비대면 시간을 보내는 날이 많다 보니 분주하게 사느라 멀리 했던 책 읽는 시간이 많아지게 되었다. 시집을 출간했다고 지인들이 보내준 책, 아버지 소천 후 서재에서 가져온 1950년~1960년 시집 몇 권, 구석에 쌓아두고 먼지 털어낼 시간조차 얻지 못했던 삶! 책장을 펼칠 때 무릎을 치는 놀라운 감동을 받은 후, 세상을 보는 눈이 열렸다. 덕분에 자연스럽게 홀로 떠나는 여행이 많아지고, 깊은 사색에 잠길 때가 잦아졌다. 이는 곧 사유 깊은 시를 창작하게 되었다. 세상 속담에 고난 뒤에 기쁨이 찾아 온다는 말이 있듯, 2020년 지구촌을 강타한 역병으로 잃은 것도 있지만 얻은 것도 많다. 위기의 시간의 결과물을 기쁨의 열매로 만들어준 샘터문학 이정록 회장님께 감사의 말씀드리고 사랑하는 가족들, 지인들께도 깊은 감사의 말씀을 드린다.

신재미 배상

신춘문예 샘터문학상 최우수상 수상작

득도의 다향 외 4편

김 홍 중

성내고 불평하는
마음을 잘라내고
교만과 이기심은
깨끗이 비우면서
증오는 껍질 벗기고
토막낸 후 절이네

실망과 미움들을
한컵씩 넣은 다음
불만을 푹 끓여서
재료와 섞어넣고
쓴맛이 증발하도록
보글보글 달이네

기쁨과 감사로서
믿음의 잔 부어서
따습게 마신다네
그대의 사랑향기
내 맑은 마음 속에서
향기로움 넘치네

가슴 속 빈 잔에 무엇을 채울까

김 홍 중

인생의 빈 잔 속에 무엇을 채울까나
욕심 잔 채우려고 발버둥 치다보니
허망함 남기고서 가버린 세월들아
보이는건 화려한 찻잔 속의 비나리
희미한 흔적 속으로 흘러가는 구름 뿐

사랑의 향기 잔에 가득이 채워보니
마셔도 마셔봐도 그리움 울먹이네
인생의 빈 잔 속에 채울 수도 없기에
처절히 흘러가는 덧없는 욕망 속에
부슬한 물안개비만 가득하게 흐르네

가슴속 타오름을 독주로 채운다면
가뭄 속 목마름을 마시고 씻어내서
영혼의 혼뿌리가 깨끗이 순화되면
심연의 도가 속에 향기가 채워져서
홀연히 가는 인생길 웃음꽃 피우리

그리운 어머님

김 홍 중

하늘도 울고가고 구름도 울었다오
북망산 통곡소리
길가의 잡초들도
고개를 떨구고 아이고 울음소리
가시면 언제오시나 상엿소리 애닯다

죽으면
어찌살랴
한마디 남겨놓고
천상의 꽃이 된 님이시어
별꽃 되어
구름꽃 되어
두둥실 두리둥실
처연한 님의 춤사위에
눈물꽃 피어나네

지혜의 씨앗들을 뿌리는 마음으로
세상의 모든 것들 자연과 함께하라
생전의 가르침이 귓전을 두드리고
불효자 앙가슴 속을 맴돌고 있나이다

연민

김 홍 중

영혼의 사랑이여 그대의 마음이여
석양에 사라지는 눈가에 흐느낌이
불타는 그리움이 발버둥 치다보니
어느새 달덩이에 파묻혔네
가슴속 그리움

그렇게 살아가듯 찻잔속 세월들이
그립고 보고프면 당신과 함께 하고
시리게 아프고 눈물이 흐르는데
야속하게 떠나버린 사랑아
보고싶다 그대여

스치는 인연이라 애써서 미소짓네
사랑수 마시면서 행복한 당신이길
영원히 솟아나는 옹달샘 눈물속에
그대가 머무르고 있는 한
영혼속에 숨쉬리라

마법의 주머니

김 홍 중

인간사 각자마다 주머니 있는 것은
세상사 사는 사연 담으려 한다는데
사랑의 주머니 속에 우리 님을 담겠네

슬픔에 빠져버린 눈물의 내 주머니
안개비 뿌리면서 바람과 어깨동무
이렇게 떠가는구나 어이하나 내 청춘

무엇을 담을지는 자신의 선택의 길
슬프고 외로워도 아프고 찢어져도
인생길 가다보면은 행복한 삶 보이네

김 홍 중
대전시 서구 거주
(합) 일광도장.방수 기술이사
샘터문학상 신인상 수상 (시, 등단), 샘터문학상 신인상 수상 (시조,등단), 샘터문학 톡백일장 최우수상 수상
(사) 샘터문학 홍보이사, (사) 샘터문인협회 재무분과위원, (사) 샘터문학신문 문화부 기자, 사계속시와사진이야기그룹 회원, 한국문인그룹 회원, 송설문학 회원, 백제문단 회원
<공저>
사랑, 그 이름으로 아름다웠다
청록빛 사랑 속으로
아리아, 자작나무 숲 시가 흐르다
사립문에 걸친 달 그림자
시詩, 별을 보며 점을 치다
우리집 어처구니는 시인
고장난 수레바퀴
<컨버전스 시집/샘터문학>

김홍중 시인 최우수상 심사평

해학적이고 긍정적인 사유의 시조

지 은 경 (시인, 문학평론가, 문학박사)

제 8회 <샘터문학상> 시조부문 최우수상에 김홍중 시인의 「가슴속 빈 잔에 무엇을 채울까」, 「그리운 어머님」, 「연민」, 「마법의 주머니」, 「득도의 다향」 5편을 최우수상으로 선정한다.

공자는 '시예악'에서 시는 올바른 마음과 음악이 조화를 이루는 것을 중요시했다. 시경에 보면 처음에 4언시이던 것이 당나라 시대에 와서 두보에 의하여 5언절구, 7언절구로 변형되었다. 우리나라의 시조는 고려 중기에 발달하여 고려말 이방원의 '하여가'와 정몽주의 '단심가'는 시조의 대표격이 되고 있다. 최근에 현대시조라하여 행과 자수율을 파격적으로 변형하여 쓰고 있는데 시대적 조류가 아닌가 생각한다.

시조 「가슴속 빈 잔에 무엇을 채울까」는 인생의 욕망이 덧없고 허망함을 술에 비유한 시로 허무를 극복하고자 하는 의지의 시이다. 한 잔 술에 마음을 치유하고자 하는 긍정의 시학이다. 시조 「그리운 어머님」은 북망산 통곡소리와 상여소리가 생생히 살아있는 것으로 보아 어머니가 고인이 된 지 오래지 않은 것 같다. 모든 자식은 부모 앞에 불효자임을 인식시키는 시로써 화자는 어머니에 대한 불효를 그리움으로 표출하고 있다. 시조 「연민」은 떠나간 여인에 대한 그리움을 애절하게 묘사한 시이다. 화자는 비록 사랑하는 여인이 자신의 곁을 떠났지만 행복을 빌어주는 따스한 마음을 보여주고 있다. 시조 「마법의 주머니」는 사람마다 모두 비밀의 주머니를 지니고 있는데 그 주머니는 인생사가 담겨진 마법의 주머니라고 말한다. 주머니에 담겨진것들은 스스로 자신이 선택한 것으로 그것이 잘못된 선택이어도 참고 견디다보면 행복한 삶이 된다는 긍정의 시학이다. 시조 「득도의 다향」은 교만과 증오, 미움과 불만을 끓이고 달여 믿음으로 찻잔에 부어 마시면 사랑의 향기가 넘친다는 득도의 미학을 보여주는 시이다.

김홍중 님의 시들은 우리말의 서정성과 가락을 잃지 않고 있으며 한국전통의 시조의 길을 가고 있어 믿음직하다. 전체를 이끌고 가는 견인하는 힘이 있어 시조부문 최우수상으로 선정한다.

수상소감

잔주름 세월 기다림 속에 순응하시며 노력하시고 제 작품을 추천해주신 이정록 회장님과 당선시켜 주신 심사위원님들, 임원님들, 운우님들 노고에 고개 숙여 감사의 말씀 드립니다.

문학인의 거친 숨소리 한곳에 모아 행복한 동행으로 가족처럼 가슴으로 품어 주시는 노고에 감사드리고 기억속에 남는 영원한 이름 샘터문학으로 남기게 하려 그날을 위해 노력하시고 노벨문학상이라는 큰 별의 주연배우가 되기 위해 자신들의 길, 갈 수 있도록 배려와 가르침으로 희생하고 계시는 이정록 회장님께 다시 한번 감사의 말씀 드립니다.

그리고 사랑하는 저의 가족들과 친구들, 지인님들께도 고맙다는 말씀 드립니다. 감사합니다.

김홍중 드림

신춘문예 샘터문학상 최우수상 수상작

가을에 부는 바람 외 1편

이 연 수

며칠 전 부산에 다녀왔다.

부산에 사는 동생이 무료하니 언니 좀 다녀가라고 전화가 왔기에 마음도 갑갑하고 어디라도 떠나고 싶던 차에 말 떨어지기 무섭게 버스표를 끊었다. 달리는 버스 안에서 차창 밖을 바라보니 가도街道는 환상의 드라이브 코스가 아닌가? 일상이 우울하고 짜증이 날 때 남한강 강변을 끼고 강바람을 맞으며 신나게 한 번 달리고 싶다는 바람이 늘상 있었는데 이제 가을 단풍이 빨갛게 물들고 노란 은행잎 가로수 길이 아름다운 길을 끝없이 달리니 쌓였던 스트레스가 모두 풀리는 느낌이다.

강물은 햇빛을 받아 반짝거리고 길 양 옆으로 노란 은행잎이 바람에 흔들거린다. 산기슭에는 연보라 들국화가 군데군데 무더기로 고개를 내밀고 하늘거리고 가끔씩 꿈결처럼 예쁜 단풍잎들이 휘날리기도 한다. 함께 차를 타고가는 승객들도 이 아름다운 풍경에 감탄사를 연발한다. 나는 순간 가슴이 멍해지고 울컥 알 수 없는 감동에 사로 잡혀 형체를 알 수 없는 그리움 때문에 눈앞이 흐려진다.

하염없이 가을 길을 달려가면서 가슴에 쌓이는 그리움을 서리서리 풀어낸다. 내가 우울했었나? 아니 바람이 났나?

금년, 가을 내내, 이렇게 알 수 없는 그리움 때문에 가슴이 먹먹하고 일이 손에 안잡히니 말이야 혼잣말로 중얼거려 본다. 빙긋 웃어도 본다. 아마도 내가 살아있다는 증거겠지!

이렇게 맑고 푸른 하늘 아래 저 아름다운 산과 들, 나무들도 저마다의 색깔을 뽐내며 보라는 듯 서 있는 저 자세들!

어느 한 길목엔 사과들이 빨갛게 주렁주렁 열려있고 들녘 논두렁에 누런 벼들이 바람결에 속삭이듯 신나는 이 가을에 사람의 마음이 아무렇지도 않다면 그건 산사람이 아니겠지!! 남자건 여자건, 아무런 바람이 불지 않는다면 얼마나 무미건조하고 매력이 없을까?

그래서 여자는 봄바람, 남자는 가을바람 하지 않던가? 근데 난 여자잖아? 혼자 중얼거린다. 그것도 황혼 길을 가고 있는 노인네! 헌데 이 나이에 이게 무슨 망발이야 자신을 스스로 비하도 하고 변명도 해본다.

그렇다, 가을바람이 가슴속까지 들어오고 온 천지가 단풍잎으로 빨갛고 노랗게 피어있다. 하얀 구름 꽃은 부드러운 바람 타고 어디론가 나그네길 가고 있는데 나는 왜 방안에서 궁상스런 생각만 하며 멈춰있을 필요가 있나?

아마도 그것은 감각이 없는 사람이겠지? 우리는 이 계절에 변화 속에 흔들리는 바람을 부끄러워할 필요가 없다.

막연하게 무엇인가가 혹은 누군가가 그리워지고 어딘가에 끝없이 가고 싶어지는 이 바람을 어떻게 다스리느냐에 따라서 바람은 나를 심란하고 우울하게 할 수도 있고 생기가 돋아나는 활력소가 되게 할 수도 있다는 생각이 든다. 가슴에 바람이 불어오면 잠시 일상에서 벗어나 대문이라도 활짝 열어 놓고 마당에 빗자루 들고 비질이라도 해 보자!

후다닥 맑은 물에 세수를 하고 멋진 셔츠에 예쁜 마후라 두르고 가까이에 있는 호암지 산책길이라도 거닐어 보자 집에는 보랏빛 들국화 한 묶음 꺾어다 꽂아 놓고 책장도 깨끗하게 정리해 보자.

구태여 유명한 곳 찾아가려 하지 말자 소식지를 보니 요즘은 우리 지역에도 음악회, 인문학 강좌, 그림 전시회 등등 많이 열리니 가족과 함께, 혹은 친구라도 아니면 나 혼자 호젓하게 이런 문화 행사에 참여해 보는 것도 스쳐 지나가는 바람이나 우울을 지혜롭게 다스리는 방법이 되지 않겠나!

나는 이 가을로 가는 길목에 경부선 가도를 달리면서 가슴에 들어왔던 우울 아닌 바람을 신나게 날려 보낸다. 그러고나니까 다시 일상에 생기가 돈다.

아 가을 가을은 참 좋은 신나는 계절이구나! 바람아, 마음껏 불어라! 우울아, 저 멀리 날아가라!!

아~ 가을!

가을은 참 아름다운 신나는 계절이구나!!

예의를 잃어가는 요즘세대

이 연 수

이제 제법 아침저녁으로 쌀쌀한 바람이 불고 따뜻한 아랫목에 구수한 된장국이 생각나는 계절이다. 문득 아침밥상에 구어 놓은 고등어의 가운데 토막을 바라보며 어린시절을 떠올려 본다. 9.28수복 직후에 궁핍하던 시절 고등어의 가운데 토막은 어른들 진짓상에나 올리는 귀물이여서 아이들에게는 더구나 여식에게는 고등어의 머리(대가리?) 아니면 꼬리(꽁댕이)나 얻어먹을 수 있는 것이 웬만한 가정의 겨울 밥상 그때의 풍경이었다. 먹을것이 풍족하고 어른 아이가 한 식탁에 둘러 앉아 자유롭게 밥 먹는데 익숙한 요즈음 아이들은 아이들끼리만 윗목의 두레반에 둘러앉아 아랫목의 할아버지, 할머니, 아버지가 받으신 진짓상을 슬쩍 곁눈질 하며 군침 삼키던 그 기분을 짐작도 못 할 것이다. 좋은 반찬은 으레 「할아버님 할머님 드릴 거」라거나 「아버지상에 놓을 거」라는 말 한 마디면 아무리 침이 넘어가도 먹을 수 없었고 할머니께서 출타하신 동안 이웃에서 떡을 보내오거나 손님이 과일이나 과자 같은 것을 들고 와도 할머님께서 돌아오셔야 보여드리고 먹을 수가 있었다. 비단 먹는 것에 차등을 둔다는 것뿐만 아니라 하루 세끼 밥 먹는일 자체가 우리 생활에 있어 어느 것에도 뒤지지 않는 교육의 장이었다.

웃어른이 수저를 드신 다음에 수저를 들며 식사가 끝났을 때도 어른이 먼저 수저를 놓고 자리를 뜨셔야만 자리를 일어날 수 있다는 우리네 식탁 예절의 제1조는 핵가족제도로 대부분의 집안에 웃어른이라고는 아버지 한분이기 십상인데 아침에는 아이들 등교시간이 너무 이르고 저녁엔 또 아버지 귀가가 늦어지기 일쑤여서 하루에 한 번도 온 가족이 함께 밥 먹기 힘들고 보면 제1조 부터 제대로 가르치기가 어려운 요즈음 세대다. 그러나 「인생이란 예의를 지킬 여유가 없을 만큼 짧은 건 아니다」라고 한 에머슨의 말처럼 바쁘다는 핑계로 모든 예절을 무시하고 산다면 우리의 삶이 너무도 삭막할 것이다.

방안에 앉아 있는데 웃어른이 들어오시면 일단 일어섰다가 어른이 앉으신 다음 따라 앉기는커녕 반쯤 눕듯 비스듬이 기대어 앉았던 몸을 바로 세우는 일조차 귀찮아 하는 젊은이들에게 버스나 지하철에서 노인에게 자리를 양보하기를 바란다는 건 무리다. 차안에서 자리 양보하는 얘기가 나왔으니 말이지만 초등학교 들어가서 부터 「웃어른이 타시면 자리를 내어 드려야한다」는 선생님의 말씀을 귀에 못이 박히게 듣고 커 온 우리 세대들이기에 우리는 언제 커서 어른이 되나? 하며 어른들의 세계를 선망하기도 했었다.

요즈음 어쩌다 연세 높으신 어른들을 모시고 버스나 지하철을 타게되는 경우 자리에 앉아 꿈쩍도 않는 젊은이들을 보게 되면 오히려 내 쪽이 민망해서 안절부절하게 되니 나도 이제 나이를 먹어가는 탓일까? 기름이 자르르 흐르게 구어진 고등어의 가운데 토막을 다시 한 번 바라보며 하루 세끼 밥 먹는 일상적인 일에서부터 웃어른 섬기는 마음 더 나아가 효를 가르친 옛 분들의 슬기가 새삼 그리워지는 이아침은 유난히도 춥다.

이 연 수

아호: 월당
청주여자기술고등학교 졸업
건국대학교 사회과학대학원 수료
홍익대학교 서예 8년 수강
충주신문사 논설위원
샘터문학상 신인상 수상 (시,등단), 샘터문학상 신인상 수상 (수필,등단)
(사) 바른선거시민모임 회장, (사) 아이코리아충청북도 대표 충주시여성단체협의회 이사, (사) 샘터문학 자문위원, (사) 샘터문인협회 운영위원, (사) 샘터문학신문 회원, 한국문인그룹 회원, 백제문단 회원, 송설문학 회원
<공저>
시詩, 별을 보며 점을 치다
우리집 어처구니는 시인
고장난 수레바퀴
<컨버전스 시집/샘터문학>

이연수 시인 최우수상 심사평

주제와 지혜가 녹아있는 좋은 작품

지 은 경 (시인, 문학평론가, 문학박사)

제 8회 <샘터문학상> 수필부문 최우수상에 이연수 수필가의 「가을에 부는 바람」, 「예의를 잃어가는 요즘세대」 2편을 최우수상으로 선정한다.

수필은 지어낸 허구가 아닌 진실을 쓰는 문학이다. 글쓴이가 경험에 따른 느낌을 사실대로 솔직하게 썼을 때 공감하게 되며 글쓴이의 살아온 인생관을 담을 때 생명력을 유지하게 된다.

수필 「가을에 부는 바람」은 가을 어느 날 부산의 동생집에 다니러 가면서 차창을 통해 바라보는 가을 정취에 감정의 변화를 세밀히 묘사하고 있다. 화자는 문학은 진정한 나를 만날 수 있는 길이다. 글쓴이는 계절의 순환속에 흔들리는 마음을 생활의 활력소라고 생각하여 새롭게 각오한다. 마음을 다스리기 위해 집안 청소를 하고 책장을 정리하는 글로 마무리가 잘 된 글이다. 평이한 소재를 특별한 의미로 확장하여 리얼리티를 살려낸 글로 생각이 건전하고 깊다. 수필 「예의를 잃어가는 요즘세대」는 대가족 제도에서 핵가족으로 변화한 세대적 차이점을 선명하게 드러내는 교육적인 글이다. 식탁예절, 집안에서 자리앉기, 차에서 노인에게 자리 양보하기 등 사례를 들어가며 조목조목 대가족과 핵가족을 비교하여 잘못된 부분을 비판하고 있다.

'잘 쓴 수필'이란 말은 '좋은 수필'이란 말과 상통한다. 글을 쓴다는 것은 자기만족적인 부분도 있지만 타인을 행복하게 하는 것이 문학이다. 이연수 님의 수필은 서정수필의 글로서 평이한 사적인 소재를 진솔하게 씀으로 감동으로 이어지고 있으며, 교육적인 측면에서도 장점을 지니고 있다. 자기 감정 다스리기의 지혜와 배려와 사랑이 담긴 이야기와, 예절에 관한 잔잔한 글이 좋은 수필감이 되고있다. 지성과 인간적인 향취와 여운을 남기고 있어 좋은 글의 표본이 되고 있다. 수필부문 최우수상으로 선정한다.

수상소감

어느날 저는 어느 95세 노인이 쓴 시를 읽은 적이 있읍니다. 10년 후에 맞이 하게 될 105번째의 생일날 95세때 왜 아무것도 시작하지 않았는지 후회 하지 않기 위해 공부를 시작 한다는 그 글은 나의 마음에 파동을 일으켰고 나는 무엇인지는 모르지만 해야 되겠다는 생각을 했지요. 이대로 손 놓고 앉아서 죽음이 오기만을 기다릴 수 없다는 생각과 잃어버린 꿈을 찾아가고 인간의 순수하고 아름다운 미래를 창조할 줄 아는 인간이 되고 싶다는 생각을 해봤습니다. 하지만 연장 하나도 대장장이의 담금질과 풀무질로 연마되어 탄생하는 걸 안다면 생각과 말로만 그 무엇이 이루어질까 생각할 때 아득 하기만 했습니다.

하다가 멈춘 서예를 다시 시작 해볼까! 아니면 95세 할아버지 같이 영어 회화를! 또 아니면 피아노 학원엘 다녀볼까하는, 허둥대던 나에게 샘터문학에서 손을 잡아 주셨습니다. 많이 부족하다는 걸 알고 있지요. 내 안에 또 다른 자신을 발견하고 이를 갈고 다듬어서 밖으로 표출시키는 힘겹고 외로운 작업이 필요 하다는걸 알게됐습니다.

당선 통보를 받은 후 당선소감을 신속히 작성해 보내라는 통보를 받고 많이 당황했습니다. 코로나 여파로 인해 잊고 있었나봐요. 사회적 여건과 어려운 상황 속에서 힘겹게 잉태되어 탄생된 시인님들의 작품들이 샘터문예지에 올려져 세상에 그 어느 외롭고 아픔을 간직한 이들에게 위로가 될 수 있다면 얼마나 감사로운 일일까 생각해봅니다.

저도 결코 안주 하지않고 새로운 미지의 땅을 찾아가는 개척자가 되어 보겠다는 다짐을 해 봅니다. 참 아름다운 신록에 계절 오월입니다. 향기어린 숲에 내 노년의 꿈이 파랑새 같이 앉아있는 오후, 아파트 담장에 길게 넝쿨진 장미 꽃길을 걸으며 내 생각은 무지개처럼 피어나 머언 곳, 하늘을 바라봅니다. 지면을 통하여 다시금 이정록 회장님 이하 심사위원님들께 감사의 말씀드립니다. 그리고 저의 사랑하는 가족들, 지인들께도 고맙고 감사하다는 말씀드립니다.

이연수 배상

신춘문예 샘터문학상 우수상 수상작

서리꽃 편지 외 4편

전 재 복

색깔을 탐하지 않았으니
빛바랠 일도 없겠지요만
초록이야 감히 마음에 품었을까마는
붉은 꽃엔들 노란 잎엔들
물들고픈 마음 없을라구요
뼛속까지 한기寒氣가 스미는 밤
푸른 별빛아래 곱은 손을 뻗어
길고 긴 편지를 씁니다

한 번만 꼭 한 번만
내 사랑도 뜨겁게 피워내고 싶어요
선혈 낭자한 저 꽃처럼
눈부셔 차마 못 볼 샛노란 잎새처럼

얼어붙은 심장 점점이 뜯어내어
언 땅에 무릎 꿇고
시린 손으로 써내려간 편지
그대 손길 닿기도 전에
한 줄 미처 짚어가기도 전에
온기 없는 물방울로 스러지고 말
서리꽃 뜨거운 편지 읽어보셨나요

겨울장미

전 재 복

설마 그럴리가요
메마른 자갈밭 꽁꽁 언 땅에
사나흘 봄날 같은 햇살이 비쳤다고
봄일리가요
얼음장 틈새, 실낱 같은 물길이 생겼다고
봄일리가요

설마 그럴리가요
누군가에 생각이 닿으면
바윗돌 심장이 제멋대로 콩닥대고
일없이 실실거리는 게
큰 탈이 붙은 건 맞는데요
그것이 야들야들한 사랑일리가요

철없이 핀 겨울장미
선채로 얼음 꽃이 된다한들
봄인 양 장난을 걸어온
그대를 탓하다니요
맥없이 얼굴 붉힌 내 탓인걸요

한 조각 얼음으로 스러진다 해도
고마워요 그대,
한 순간 꽃이었네요

손수건

전재복

흔한 무늬 하나 없이
그냥 손수건이면 좋겠다
착착 접혀서
호주머니 속 폭 들어 있다가
궂은 일 힘든 일 하루를 내려놓고
옹이 밴 손바닥 닦아낼 때 쓰라고

북북 문지르고 하얗게 삶아서
없는 듯 가만히 접혀 있다가
힘들 때 꺼내어 진땀도 닦아내고
참다 참다 울음이 터져 나올 땐
눈물 콧물 감싸 쥐고 실컷 울라고

센 척만 하는 당신, 허술한 주머니 속
오늘도 그냥
손수건이면 좋겠다

그대, 부디 아프지 말아요

전 재 복

한껏 품을 연 깃 폭으로
터질 듯 껴안은 바람이거나
고운 풍선에 가둔 유순한 바람으로나
취한 듯 한순간 품에 들었다하여
연인戀人일리가요

수면을 스치다 가슴 설렌 물결
짧은 숨을 포개 얹은 풀섶
잠간 볼 붉혔다고
사랑일리가요

구름을 안고 흐르다
메마른 뜰에 내린 빗물에
잠시 촉촉이 젖었다고
그까짓 가랑비에
마음 주다니요

걸림 없이 오가는
바람의 신부新婦
바람의 연인戀人인 걸요

놓아버리세요
그대, 부디 아프지 말아요

하루살이의 사랑

전 재 복

찰나刹那의 눈 맞춤으로
기꺼이 온 몸 던져
불타오르다

적멸의 시간 속으로
돌아가는 나를

그대여
부디 잊으소서

전 재 복
전북 군산시 거주
(사) 한국문인협회 회원
전북문인협회 회원
전북시인협회 회원
표현문학회 회원
(사) 샘터문학 회원
(사) 샘터문인협회 회원
(사) 샘터문학신문 회원
<저서>
시집 : 잃어버린 열쇠 외 3권
산문집 : 한 발짝 멀어지기 한 걸음 다가가기

전재복 시인 우수상 심사평

찰나적 사랑에 머무는 시인의 시선

심 종 숙 (시인, 문학평론가, 교수)

전재복 시인의 시는 주로 사랑을 노래하고 있다. 그녀의 시 특징이라고 한다면 형상화가 비교적 잘되어 있고 시가 갖추어야 할 긴장과 비장미가 있음에도 부드럽게 독자들에게 다가오는 언어의 구사능력을 두루 겸비하고 있다고 하겠다. 그 이유는 그녀에게 있어 사랑은 여전히 비장하며 순간의 사랑이기 때문이다. 「서리꽃 편지」, 「하루살이 사랑」, 「겨울장미」에서와 같이 그녀는 찰나의 사랑을 그리고자 한다. 사랑을 꿈꾸고 욕망하지만 그녀는 이것마저 "온기 없는 물방울로 스러지고 말" "찰나의 눈맞춤으로/기꺼이 온 몸 던져/불타오르다//적멸의 시간 속으로 돌아가는" "한 조각 얼음으로 스러진다 해도"에서와 같이 적멸하는 것들을 노래하고 싶었다. 그녀는 이 적멸하는 것들에서 사랑의 한 단면을 보았고 그런 사랑에 끌리었다. 이 사랑은 비장미를 지닐 수밖에 없으며 시인들이 애달파하는 사랑일 터이다. 「손수건」에서처럼 강한 척하는 당신이 허술한 주머니 속에 들어있는 소박한 손수건이었으면 좋겠다는 이 시는 참으로 시적 발상도 좋고 약간의 해학적인 여유를 가진 시이다. 사랑의 대상인 당신이 주머니 속의 손수건이었으면 하는 시인의 마음은 바로 누군가의 손수건이 되어주는 것이야말로 참다운 사랑임을 제시하고 시인은 그런 사랑을 꿈꾸는 것이다.

전재복 시인은 사랑의 여러 가지 모습을 형상화하려고 애쓴 가운데 "한 순간의 꽃"이거나 "온기 없는 물방울"로 스러지는 사랑일지라도 한 번만 뜨겁게 피워내고픈 열정을 지니고 있고 이 열정이 시인이 되게 하여 소멸하는 것들에 대한 비탄가를 불렀다고 봐야 할 것이다. 이런 면에서 전재복 시인은 생의 단면을 찰나적 사랑으로 보고 그것은 불교적 사유에서 이끌어진 시인 특유의 영감이며 사물과 교감하는 방식일 것이다. 이런 부분을 세밀하게 포착하여 구상화하는데 그녀의 시는 성공하고 있다고 해야할 것이다. 응모한 5편의 시 중에 우수상 작품으로 「서리꽃 편지」를 선정하면서 수상을 축하 드린다.

수상소감

신록이 눈부시다. 기다리던 단비가 촉촉하게 내려 노랗게 덮어쓴 송홧가루를 말끔히 씻어주던 15일 - 그날은 스승의 날이었다. 아침 일찍 초등학교 2학년 때 은사님께 안부전화를 드렸다. 구십이 다 되신 선생님의 카랑카랑한 목소리에 안도를 하며, 매일 아침 기도속에 내 이름을 넣어주신다는 말씀에 또 한 번 감사해서 울컥했다. 점심 먹고는 작은 선물과 성의만 담은 용돈을 챙겨들고, 같은 지역에 아직도 건재하신 6학년 때 담임선생님을 찾아뵈었다. 올해 딱 아흔이신 선생님께선 당신네 논에서 수확한 쌀이라며 한포대를 기어코 차에 넣어주셨다. 돌아오는 길- 하얀 쌀밥을 소복소복 담은 이팝나무들이 유난히 정겹게 다가왔다.

그리고 그 날 샘터문학 <본상, 당선통보서>를 받았다. 수상자 발표가 3월 말에서 4월로 미뤄지고, 다시 5월이 되어도 소식이 없어서 '혹시나' 하다가 '역시나' 하며 생각을 접고 있었는데, 날아온 당선소식에 뛸 듯이 기뻤다. 문단에 이름을 내걸기는 했어도 누군가의 가슴을 적시는 제대로 된 시 한 편 못 써서 늘 목말랐던 시간들- 상 받는 일이 전부는 아니지만 그래도 인정을 받고 당선이 되고 상을 받는다는 일은 얼마나 가슴 뛰는 일이며 힘이 되는 일인가?

부족한 글 추켜 세워주시고 추천해주신 샘터문학 이정록회장님과 선정해서 당선시켜 주신 심사위원님들께 깊이 감사드리며, 또 사랑하는 제 가족들과 문우들, 지인들께도 고맙다는 말씀드립니다. 마르지않는 샘물처럼 더 깊어지고 더 맑아지도록 노력해야겠다는 다짐을 해봅니다. 감사합니다.

전재복 올림

신춘문예 샘터문학상 우수상 수상작

산이 된 소리 외 4편

이 찡 혜

늘,
눈요기로 채우던
북한산에 큰 짬 내켰다

곱씹어 벼룬만큼
깔딱고개를 찍고

가파른 숨결
백운대 정수리에서 큰 숨 내려앉는다

기암절벽에 흐르는
기름진 세속의 흔적들

지문의 무게에서
들려오는 소리

조곤조곤
산이 된 소리 정겹다

한나절,
나도 그만
하늘과 사는 산의 식솔이 되었다

봄이 오는 소리

이 쨍 혜

돌돌돌
봄이 오는 기별이련가

귀밑머리 쓰다듬는
바람의 숨결 소리

산마루에 태동의 움
우듬지 휘감고 오는 소리

개울가 살얼음 틈새
설레이는 물찬 소리

애써, 봄을 기다려야 하는
이 추운 현실의 한기

정녕, 아 정녕
이내 봄이 오는 소리이련가

집시의 달

— 음악 감상을 하면서

이 쩡 혜

소리 몰이는
별빛 실루엣 두르고

달빛 살라
현줄 당기는 세레나데여라

절묘한 애무
하늘 이야기로 흐느끼는

밤을 사위는 유랑 뮤즈
빈 영혼에 표호하는 환희

사라사태의 진수
소리 무늬 군무는

영원한 갈채의 광장
집시의 달, 이었어라

사랑의 미학

이 쩡 혜

사랑, 사랑은
잠들지 못하는 바다

사랑은
멀리 있어도 함께 사는 수평선

사랑은
만월을 기다리는 그믐의 마음

사랑, 밀물 썰물 해류의 연정
사랑, 가슴 침잠히 설레이는 은파

사랑, 모든 허물 품어주는 해불양수
사랑, 어두움 차고가는 영롱한 샛별

사랑, 그리워 그리워서 애타는 노을빛
그 사랑, 분화구 품은 황홀한 여명

사랑은 하늘과 바다
서로 물들어 사는 쪽빛 여울

사랑, 사랑은
영혼에 떠오르는 아우라

사랑 사랑
사랑은 씨줄과 날줄의 밀애

별은 메밀 꽃밭에 앉는다

이 쩡 혜

메밀 꽃밭은
별빛이 고인 늪이다

바람이 흠씬
휘젓고 지나가니

고개 떨군 메밀꽃
이랑이랑 별빛 숙연하다

이 쩡 혜

본명 : 이정혜
울산시 울주군 영남 알프스 산자락 거주
경희대 교육대학원 음악치료학과 졸업

<저서>
아파서 피우는 꽃 (논픽션)
Meaculpa (내 탓이로소이다 - 수필)
꽃여울의 합창 (시)

<수상>
시대문학 신인상 수상 (수필,등단), 믿음의문학 신인상 수상 (시,등단), 서울시후원 여성발명협회 수필부문 수상, 시사랑회, 여름시인학교 시부문 수상, 국민행복문학 문학상 수상

<문단활동>
(사) 한국문인협회 회원, 한국여성발명협회 회원, 한국예술인 등록 (문학), 한국기독교문인협회 이사, (사) 샘터문학 자문위원, (사) 샘터문인협회 회원, (사) 샘터문학신문 회원, 사계속시와사진이야기그룹 회원, 한국문인그룹 회원, 백제문단 회원, 송설문학 회원

이쩡혜 시인 우수상 심사평

물아일여의 경지와 여성성의 원리

심 종 숙 (시인, 문학평론가, 교수)

이쩡혜 시인은 마치 자연 속에서 살아가는 자연인이 쓴 시 같다는 생각이 든다. 목가적이면서도 자연친화적인 시를 주로 쓰고 있다. 그녀의 시는 정감이 있고 부드러우면서도 따사롭고 시어들이 비교적 정갈하다. 그리고 이미지 연상에 의해서 직조되는 시어들은 하나 하나 알차고 사람의 마음이 꽂혀온다. 친근감을 갖게 하는 시적 표현이 뛰어나다고 해야 할 것이다. 「별은 메밀 꽃밭에 앉는다」는 특히 이미지의 조응관계가 뚜렷히 보이는 시이다. 별과 메밀꽃, 별빛이 고인 늪과 이랑이랑이 그 예이다. 바람이 휘젓고 지나간 메밀꽃에 이랑마다 별빛이 숙연하다라는 표현들에서 시인은 정동정의 변화를 한 편의 짧은 시에서 구현하여 한바탕 바람이 휘젓은 후의 고요하고 정적인 메밀꽃 이랑의 숙연한 모습을 시의 화폭에 담았다. 짧은 시이건만 이 정경이 머리 속에 떠오를 수 있는 것은 시인의 탁월한 이미지 구가 능력 때문이다. 「산이 된 소리」에서 이정혜 시인은 자연과 시적 화자가 물아일여가 되는 경지를 노래하였다. 이 시에서 "한나절,/나도 그만/하늘과 사는 산의 식솔이 되었다"라고 하여 자연과 인간이 하나 되어 서로 대화를 나누는 소리가 바로 산이 된 소리일 것이다. 물아일여의 경지는 곧 '나'가 자연에 대해 하나가 될 때이다. 이것은 인간이 자연이 되고 자연이 인간이 되는 것이다. 「사랑의 미학」에서 그녀는 바다, 수평선, 만월을 기다리는 그믐의 마음, 밀물과 썰물의 연정, 샛별, 노을빛, 하늘, 쪽빛 여울 등으로 사랑을 은유하는 것은 바로 그녀가 이 대자연을 사랑의 대상으로 삼고 있고 그것과 하나가 되었음을 노래한다. 그래서 그 사랑은 씨줄과 날줄의 밀애로 촘촘히 짜여서 하나의 고운 베가 되는 것이다. 그것은 자연, 우주, 대지 등이 여성적 이미지이므로 여성성에서 탄생하는 시학의 결과물이라 해야 할 것이다. 우수상 작품으로 이정혜 시인의 시의 결정체인 「산이 된 소리」를 뽑고자 한다. 함축의 표본 시이며 명작이다. 축하한다.

수상소감

샘터문학 신춘문예 샘터문학상 본상, 우수상에 당선의 기쁜 영광을 주심에 감개무량합니다. 다양한 관점속에 예리한 촉수로 일치하신 훌륭하신 심사위원님들의 고뇌어린 시정이 샘터문학의 공신력임을 자부하오며 진심으로 고개 숙여 감사드리옵니다.

비운다는 의미를... 졸작에도 연륜이 쌓이다보니 단시의 이미지 철학이 앙금앙금 다가온 현실속 독자들과의 공감에서 감히 정통성 행을 초월하여 함축성 있는 단시의 여백은 독자들의 몫이라는걸... 살다보니 단시의 미묘한 형이상학적인 내면의 소리에 매료되었답니다.

목마른 문인들의 생수이신 존귀하신 이정록 회장님의 헌신적 열정으로 오늘을 자리매김한 샘터 문학도에 일원이 됨은 감사와 은혜입니다. 문운의 귀한 상을 주심에 마음 깊이 감사드리오며 샘터문학의 찬연한 발전을 기원드립니다. 끝으로 저의 사랑하는 가족들과 문우 여러분들, 지인 여러분들께도 고마움과 이 영광을 전합니다. 감사합니다.

이쩡혜 배상

인생과 바다 외 2편

고 이 순

출렁출렁 너울대는 바다,
새하얀 파도가 치는 망망대로
긴 물결에 스미는 하얀 눈은
태고의 빛이다

물결이 눈보라에 휘둘려 몸부림 쳐오면
파도는 하얀 마수를 들어내
세차게 갯바위에 부딪히고
또 다시 물결 위로 새하얀 눈보라
격정의 춤을 춘다

지금 나는 이자리를 떠날 수가 없다
떠나버리면 내가 떠나버리면
아무것도 할 수도 없는
바라 볼 수도 없는
또 다른 풍경에 감동을 느낄 수도 없는
작은 소망 하나 놓쳐 버릴 것만 같다

바다는 짙푸르게 꿈틀 거리고
시공간 속 하얀 눈보라 나풀나풀 거리면
태고적 빛과 바다와 눈보라는
환상의 콤비를 이루고
모래톱에 새겨진 내 삶의 흔적들을
송두리 째 소환해 가버린다

앉은뱅이 찻잔

고 이 순

앉은뱅이 찻잔속에 꽃잎차 띄워보니
활짝 피었네
찻잔속에 핀 꽃잎
은은한 향기로 가득 채워주네

가슴 열어 찻잔속에 핀 꽃잎이여
한 모금 적시니
입과 목울대가 촉촉히 젖어들고
향기가 영혼을 적시어주네

정신이 맑아지면
꽃잎차 한 잔의 여유로움 가득 채운
맑은 연둣빛 찻잔에 담긴
꽃잎의 부드러운 흔들림
아— 잊을 수 없네

웃음 바이러스

고 이 순

웃음꽃이 함박 웃으면 웃을 일이 생기지
총총한 별들 사이사이 반짝거리는 빛
또 다른 빛으로 웃어 광명을 밝히지

파란 풍선 하나 입으로 바람을 넣으면
똥배 가득 부풀어 오르지
내 작은 뱃속에 웃음이 부풀어 오르면
웃음과 해학이 조화로운 하모니가 되지

웃음꽃이 함박 웃으면 웃을 일이 생기지
꽃은 피어 날때도 아름다워야 하고
시들어 질때도 아름다워야 하지

내 안의 벽과 내 밖의 벽이 다르다고 느낄 때
꽃과 벽 사이 아름다운 꽃 벽화 만들어
웃음꽃이 함박 웃으면 웃을 일이 생기지

고 이 순

아호 : 월연당月淵堂
전라남도 장성군 출생
서정대학교 졸업 (사회복지,행정), 서경대학교 졸업 (경영학과)
칼빈대학원 석사과정 재학중 (사회복지)
샘터문예대학 시창작학과 수료, 한국대학교 평생교육원 지도사(전통예절, 교육), (사) 샘터문학평생교육원 문예대학 학장, (사) 샘터문학 재무부장, (사) 샘터문인협회 운영위원, (사) 샘터문학신문 편집부 기자, 사계속시와 사진이야기그룹 회원, 한국문인그룹 회원, 송설문학 회원, 백제문단 회원
<수상>
샘터문학상 신인상 수상 (시,등단)
샘터문학 공로상 수상
<저서>
그리움속에 피어난 그리움
<공저>
사랑, 그 이름으로 아름다웠다
청록빛 사랑 속으로
아리아, 자작나무 숲 시가 흐르다.
사립문에 걸친 달 그림자
시詩, 별을 보며 점을 치다
우리집 어처구니는 시인
고장난 수레바퀴
<컨버전스 시집/샘터문학>

고이순 시인 우수상 심사평

꽃과 벽에 머무는 여유와 해학의 시학

심 종 숙 (시인, 문학평론가, 교수)

고이순 시인은 「앉은뱅이 찻잔」, 「웃음 바이러스」, 「인생과 바다」를 응모하였다. 그녀가 시를 쓰는 이유라고 해야할까, 짐작이 되는 것은 삶을 살아가다 바다의 파도가 눈보라를 만나 해안의 바위를 치는 것처럼, "내 안의 벽과 내 밖의 벽"에 대해 어떻게 극복해 가고 조화를 이루어갈까에서 시작한다. 이러한 상황 속에서도 「앉은뱅이 찻잔」에서처럼 그 마음을 가라앉히고 고요와 평온에 머물고자 하는 것은 눈보라를 극복하려는 하나의 노력이다. 그녀에게 시는 이런 과정에서 나온다고 할 수 있겠고 「웃음 바이러스」가 바로 안팎으로 부딪친 벽에 대해 절망으로 일관하기 보다는 웃음과 해학으로 넘어가려는 시인의 유연한 마음이 담겨있다. 그녀는 벽의 상황에서도 웃음과 해학의 조화를 꿈꾼다. 시제가 웃음 바이러스라는 것은 벽 앞에서도 웃음 바이러스를 확산함으로써 절망을 넘어가는 여유와 해학을 지닌 시인의 삶을 살아가는 방식일 것이다. 그래서 "꽃과 벽 사이 아름다운 꽃 벽화 만들어/웃음꽃이 함박 웃으면 웃을 일이 생기지"라고 한다. 시인의 정신에 깃든 삶에 대한 진단과 처방은 긍정성이 바탕이 되었기 때문이며 그녀가 삶을 사랑하고 긍정적으로 바라보면서 여유를 지니고 벽마저도 꽃 벽화로 만들어가려는 의지를 내포하고 있는 것이다.

「인생과 바다」에서 인생과 바다는 그녀에게는 동일한 것이다. 파도가 늘 정상적으로 치는 풍경과 눈보라와 파도가 결합하여 해안의 갯바위를 부딪치는 강력한 삶의 파장을 담은 풍경은 곧 인생의 바다이다. 이 두 풍경도 그녀는 어느 하나 거부하고 밀어내기보다 모두 바다와 인생이 지닌 본질이며 이것을 바라보거나 살고있는 그녀로서는 이 장을 떠날 수 없다고 한다. 이것을 떠나버리면 아무것도 할 수 없고, 바라볼 수도 없고 인생과 바다가 지어내는 또다른 풍경에 감동을 느낄 수 없어 작은 한 소망을 놓친다고 하였다. 여기에서 시인은 소박하게 그저 바다가 지닌 이런 저런 풍경을 바라보는 게 소망인 것처럼 삶에서도 작은 소망하나 지니고 살아가며 이런 일 저런 일도 다 싸안으면서 그 자리에서 살겠다는 것이다. 결코 밀어내거나 떠나지 않고 바라보고 느끼고 감동하고 여유를 가지고 고난의 벽을 꽃과 같은 생명으로 만드는 것, 그것이 그녀가 원하는 바다. 시인의 이런 유연하고 해학적인 사유에는 삶에 대한 긍정적 태도와 열정, 그리고 진지함이 배어있기 때문이다. 고이순 시인의 시학이 배어있는 「인생과 바다」를 우수상 선정작으로 뽑으면서 수상을 축하 드린다.

수상소감

2018년 어느 가을날 우연히 샘터문학에 노크했던 시절 저는 문학에 대해 아무것도 모르는 애송이였습니다. 문학을 접하고 시를 써 보지만 내 맘을 어느 곳에 정착해야 하는지도 모르고 갈팡질팡거리며 방황할 때 늘 옆에서 지켜봐 주시고 "좀 더 노력하면 좋은 글이 나올 수 있다"라고 용기를 주시던 분, 저에게 있어 스승님이신 샘터문학 이정록 회장님이 계셨기에 본상, 우수상이란 영광스런 상을 안은 것 같습니다. 마음속에서 우러나오는 감사의 말씀드리며 이번에 주어진 우수상에 힘입어 시인으로서 열심히 시를 쓰라는 격려로 알고 사명감을 가지고 더욱 더 정진토록 하겠습니다.

저에게 있어서 천근 만근이나 되는 무거움, 울퉁불퉁 거친 바윗덩어리 보다 더 무거운 시를 이제는 매끄러운 시, 날카로운 글들로 조금씩 조금씩 깍아 내리고 잘 다듬어진 시가 나올 수 있도록 하겠습니다. 오뉴월 장미빛이 샘솟듯 활짝 피어난 달에 기쁨을 더하게 해주신 심사위원님들께도 감사의 인사올립니다. 사랑하는 저의 가족들과 친구들, 지인분들께도 샘터문학 회원님, 문우님들께도 감사의 말씀드립니다. 고맙습니다.

고이순 드림

신춘문예 샘터문학상 우수상 수상작

불경기 외 4편

정 정 우

한 줄기 회오리바람이 지나간
회색 정글은 어슴푸레 하늘이 내려와 있고
소슬한 바람만 불어옵니다
꼬리를 물고 실어 나르던 일개미들은
병정개미만 남겨 놓고 모두 어디로 갔는지
정글의 숲속은 적막하기만 합니다

밤마다 화려한 파티가 열리던
붉은 개미집에는 풀벌레 우는 소리도 들리지 않습니다
일찍이 개미핥기들도 개미들을 찾아
멀리 원정출장을 갔나 봅니다
간혹 게으른 베짱이 사마귀, 풍뎅이,
날파리들이 불빛을 찾아 배회하는
을씨년스런 정글의 밤입니다

다시 개미핥기들이 돌아오고
먹을 것이 많아지면
일개미들은 줄을 지어 짐을 실어 나르고
밤마다 파티가 열릴 것입니다
개미들이 이 정글에 돌아오기 전에는
꽃도 잎도 피지도 않을 것입니다
일개미가 없는 정글은 황량한 사막일 뿐입니다

화상 전화

정 정 우

스마트폰 화면에 여백 없는 한 폭의 수채화가 그려졌다
흰 서리 내려앉은 산 아래
구불구불 비탈진 계곡 언저리마다 거뭇거뭇 떨어지지 않는 꽃이 피었다

내 얼굴이 보인다고 신기해하며
함박웃음 짓는
어머님의 틀니 안 한 모습이
배냇저고리 입은 갓난아기처럼
천진난만하다

아들 얼굴 보고 좋아하며 신기해 하시던 어머님
“전화 끄야 되는데 어떻게 끄야 되냐”라고
물으신다
끌 줄 모르면 아들 얼굴 계속 보고 계시라니까
또 갓난아기 같은 잇몸을 드러내시며
합죽 웃으신다

전화기는 꺼져도 내 가슴에 그려진
아름다운 수채화의 고운 여운은
영원, 영원하리라

위대한 들꽃

정 정 우

총칼이 위세 등등 난무하던 시절
먹물 좀 묻은 놈들은 남의 일 봐주는 척하며 도둑질하고
사업한다고 사기 쳐 배를 불렸다
배우지 못한 까막눈 아버지는 뼈가 빠지도록 들판에서 농사일만 하시다가
늦가을 풀꽃처럼 시들었다
뜨거운 태양에 그을리고 비바람에 흔들리며
말없이 피고 지는 한 포기 들풀이었다
빗물 한 방울에도 감사했고
첫 닭이 우는 어스름 하얀 초승달처럼 겸손하고
새벽 찬 공기를 온몸으로 맞으면서도
빛을 잃어가는 새벽별을 사랑했다
한여름 따가운 햇볕을 미워하지 않았고
혹한의 칼바람을 원망하지 않았다
사시사철 해와 달을 바라보며
눈 내리는 겨울날도 비 내리는 여름날도
온몸으로 맞으며 동고동락하는
들판의 이름 모를 들꽃이었다

금연禁煙

정 정 우

삶의 여정에서
당신이 내 곁에 머물렀던 고독과 방황의 시간,
아침 해가 떠오르면
그대도 내 앞에서 안개처럼 피어나
밝은 미소 지었고
밤이 되면 밤하늘 별처럼 내게 쏟아져 내렸어

아지랑이 아물아물 솟아오르는 봄이면
그대는 꽃처럼 향기롭게 피어났고
가을이면 붉은 단풍이 되어 내 가슴에 묻혔어

그대가 내 곁에 머물며 생사고락을 함께 한 지난날들
힘이 들 때면 그대에게 의지하고 하소연하며
긴 한숨을 쉬기도 했어

사춘기 시절부터 지천명이 지나도록
긴 여정 울고 웃으며 함께한 지난 시간 후회하지는 않겠지만
그리워하진 않겠어
그대가 내게 준 폐부를 도려내는 아픈 상처도 원망하지 않겠어

이젠 그대의 삶이
창공을 가르는 바람처럼 자유롭고
눈 부신 태양처럼 밝게 빛나길 바라며
아프지 말고 맑은 공기만 마시며
아름다운 꽃길만 가기를
두 손 모아 빌겠어

그대 어둡던 뜨락에

정 정 우

그대 어둡던 뜨락에
달빛 내려 앉거든
사랑스런 마음으로
간절한 소망 얘기해요

인생은 누구나 외롭고
때론 힘들고 고달프지요
고달픈 인생길 위로하며
희망을 노래해요

그대 고운 뜨락에
달님 함초롬 얼굴 붉히거든
살포시 두 손 모으고
행운을 빌어요

정 정 우
경북 포항시 출생
울산광역시 북구 거주
대한문학세계 신인상 수상 (시,등단)
(사) 샘터문학 회원, (사) 샘터문인협회 회원, (사) 샘터문학신문 회원, 창작문학예술인협의회 회원, 대한문인협회 회원, 한국문인그룹 회원, 백제문단 회원, 송설문학 회원, 동해문학 회원
<공저>
<대한문학세계> 계간지참여
<샘터문학> 창간호참여
컨버전스시집, 베스트셀러 – 샘터문학
<사랑, 그 이름으로 아름다웠다> 참여
월간 동인지 <시인의 삶을 그리며> 外
<저서>
시집 : 뜨락에 심은 나무

정정우 시인 우수상 심사평

종자와 형상의 화폭에 담은 민초들의 삶

심 종 숙 (시인, 문학평론가, 교수)

「금연」, 「화상 전화」, 「그대 어둡던 뜨락에」, 「위대한 들꽃」, 「불경기」, 이 다섯 편을 응모한 정정우 시인의 시들은 참으로 놀랍다. 특히 「금연」, 「화상 전화」, 「들꽃」, 「불경기」는 그가 얼마나 시쓰기를 치열하게 하였고 고뇌하였는가를 잘 보여준다. 한 마디로 그의 시는 생활의 한 단면이나 개인적 경험, 사회적 상황들을 시의 화폭으로 잘 옮겨서 충분한 형상화를 거쳐서 완성도 높은 시를 생산해낸다. 「금연」은 인생의 고뇌의 시기에 진하게 함께 했던 담배를 끊는 이의 마음을 잘 형상화하였다. 그래도 담배를 그대라고 불렀던 것은 애연가였고 고락을 함께 했던 물질에 대한 친밀했던 관계를 잘 보여주면서 그러나 끊어야 하는 이의, 이별하는 이의 마음이 잘 담겨있다. 술이나 담배에 의지하여 삶의 고통을 이겨보려했던 수많은 이들이 이 시를 읽는다면 충분히 공감이 되리라 생각된다. 분명 금연이 대세인 마당에 흡연자들의 권리가 무시되고 질병의 협위로 점차 구석으로 밀려나는 기호의 자유로움도 협박 당하고 그 권리를 빼앗기기도 하니까. 공동체, 공공성이 중요해지는 시기에 흡연은 위협 받고 있고 질병의 협위로 설 자리가 없어진 것이니까. 흡연해야 하는 사람의 심정을 잘 표현하였다고 해서 흡연을 옹호할 뜻을 담고 있지도 않는 마당에 그저 시인은 오랫동안 고락을 함께 한 그대=담배를 보내는 마음을 노래하고 이 모든 것이 자유롭기를 바라는 것이다.

「화상 전화」는 감동이 깊은 시이다. 노모와의 일상의 화상 전화를 처음으로 하였을 때의 경험을 아주 재미있게 쓰면서도 노모와의 화상 전화의 순간을 영원하리라고 노래하여 감동을 준다. 「위대한 들꽃」은 아버지의 일생을 들꽃에다 비유하여 민초들의 삶을 이야기 하였다. 이와 같은 궤에 있는 시가 바로 「불경기」이다. 여기에 나오는 일개미는 바로 들꽃 같은 아버지들이다. 이 땅의 아버지들과 어머니들을 이렇게 잘 형상화하고 감동으로 그린 시는 드물다. 단순히 시인의 어머니와 아버지에 국한되지 않고 그의 육친의 부모가 곧 우리들의 아버지와 어머니들이 되고 이 땅의 민초들이 되게끔 정정우 시인은 표현하였다. 형상술에 노련한 그는 중견시인으로서의 면모를 훌륭히 지니고 있다고 본다. 문학예술은 한 마디로 형상의 화폭을 독자들에게 보여주어야 한다. 생활에서 종자를 발견하여 훌륭한 형상 속에 그려 주제를 드러내는 것, 이것이 문학 예술가들이 해야할 것이다. 그런 의미에서 정정우 시인은 이미 상당한 문예적 성과를 이루어내고 있다는 생각이 든다. 그 중에 특히 비정규직 노동자의 노동환경과 문제의식을 가지고 정글과 개미의 생태를 비유의 형상에 담은 「불경기」를 우수상 작품으로 선정한다. 앞으로의 활약을 기대하면서 수상을 축하 드린다.

수상소감

금년 봄은 정말 춘래불사춘이었습니다. 코로나19 바이러스가 평범한 일상의 평화를 깨버렸습니다. 코로나19의 무서운 전파력으로 그리운 사람, 보고싶은 사람도, 마음데로 만나기 힘든 세상이 되어 너무 갑갑하였습니다. 다행히 정부와 국민들의 노력으로 5월이 되면서 진정이 되어 확산이 수그러 들었습니다. 우리의 평범한 일상이 얼마나 행복한 일인지 새삼 느끼게 됩니다. 코로나로 인한 경기침체와 사회 우울한 일상이지만 다행히 샘터문학을 통해서 서로 좋은 글로서 소통할 수 있었기에 위안이 되었습니다.

이번에 응모한 저의 많이 부족한 졸필을 칭찬해 주시니 송구하여 몸둘 바를 모르겠습니다. 더 열심히 하라는 채찍으로 알고 더 많이 읽고 습작하겠습니다. 2020년 샘터문학 신춘문예 컨버전스 감성시집 출간을 진심으로 감축드리며 불철주야 문학 발전을 위해서 애쓰시고 제 작품을 감수 후 추천해주신 샘터문학 이정록 회장님께 먼저 감사의 말씀 올립니다. 그리고 심사위원님들께도 감사의 말씀 드리며 샘터문학의 무궁한 발전을 기원드립니다. 사랑하는 저의 가족들과 친구들, 지인들께도 고맙다는 말씀 드립니다.

정정우 드림

신춘문예 샘터문학상 우수상 수상작

풍요로운 계절 외 4편

모 상 철

운무에 갇힌 산능선 따라
살며시 고개를 내미는 해
방긋 미소지으면
울긋불긋 타오르던 만산홍엽
바람결에 춤을 춘다네

냇가에서는 가을걷이에 지친 몸
땀방울을 씻어내고
가을맞이에 흥에 겨워라
새참 들밥 이고나선 아낙네
허리춤 아기는 칭얼이며
연신 발짓을 해대고

논 밭 길 따라나선 개구쟁이
막걸리 주전자 손에 들고
뒤뚱뒤뚱 갈지자 걸음에
꿀렁꿀렁 즐거운 주전자는
절로 취해 길가에 흔적을 남기네

멍석 위 빨간 고추 처자는
뜨거운 햇살에 속살을 드러내며
더욱 빠알갛게 익어가고
초가지붕에 박꽃 여인은
해 기울면 띄울 달을 짓느라
연신 땀을 훔치며 흥에 겹다네

찔레꽃, 이름다워라

모 상 철

하얗게 이고 사르르 녹으면
지나간 자리에 스치는 바람에도
하얗게 꽃을 피워댄다

아파하며 빨갛게 달아올라
절정에 이르면
하얗게 떠다니는 하늘에
구름 타고 분주하던 마음들이
어여 가자 보채며 바쁜 걸음이고
쉬어가질 않는구나

지나간 그 날이 그리워
두리번두리번 꺼덕꺼덕
여명 속에 피어나 이슬에 취한
하얀 꽃이로구나

꽃잎배

모 상 철

꽃잎 바람에 흔들리고
물 위에 띄워놓은 꽃배들
천사 몸짓으로 물길 가르며
찰랑이는 물빛과 속삭이네

바람 소리 따라
햇살 축인 고운 빛깔로
감춰진 속내 발산하며
서로 앞서거니 뒷서거니
희희낙낙 노 젓는다네

흐르는 물소리 따라
하얀 뭉게구름 벗하여
향기 배에 가득 싣고서
두리둥실 두리둥실
수다가 정겹네

우리 벗들아

모 상 철

친구라는
어울림이 있어 좋구나
오랜 시간 함께 하는 마음에
어느 사이 찾아온 욕심이 머무르고
지척에 마음자리
함께 하려 애태운다
어디서 불어온 바람일까
묵힌 마음을 토닥이여
멀어져가는 시선에 팔리고만
눈 맞춤이 안타까워서
파란 하늘 빈 하늘에
가슴속 이야기 들려준다
너와 나
우리들의 이야기

사랑이 남겨놓은 이야기

모 상 철

가지런히 채워지고
하나 둘 비워져 간다
방긋이 웃다가 살며시 돌아가
채워지지 않는 아쉬움이
머릿속에 머무르고
가슴속에 남아서
바람이 부는대로 쓸리는 마음자리
비워지는 가슴속 빈자리
얼싸안고 미소짓는다
그리워서 떠올리면 애잔하고
웃음짓는 눈동자에 남겨진 모습
아름다운 기억이어라

모 상 철

아호: 경산卿山/죽천竹泉
경기도 고양시 거주
샘터문학상 신인상 수상 (시,등단), 샘터문학 공로상 수상
(사) 샘터문학 부회장, (사) 샘터문인협회 회원, (사) 샘터문학신문 기자, 사계속시와사랑이야기그룹 회원, 한국문인그룹 회원, 백제문단 회원, 송설문학 회원
<저서>
3분의1언저리의 흥얼거림
<공저>
아리아 자작나무 숲 시가 흐르다
사립문에 걸친 달 그림자
시詩,별을 보며 점을 치다
우리집 어처구니는 시인
고장난 수레바퀴
(컨버전스 시집/샘터문학)

모상철 시인 우수상 심사평

'비움'으로써 풍요로운 시 쓰기

심 종 숙 (시인, 문학평론가, 교수)

우선 수상을 축하 드린다. 모상철 시인은 「사랑이 남겨놓은 이야기」, 「풍요로운 계절」, 「찔레꽃, 아름다워라」, 「꽃잎배」, 「우리 벗들아」, 이 다섯 편을 응모하였다. 그의 시를 읽노라면 어느 새 비워지는 마음을 느낀다. 인간의 삶이 사랑이라면 그는 이 삶의 이야기가 곧 사랑이 남겨놓은 이야기라고 한다. "가지런히 채워지고/하나 둘 비워져 간다/ 방긋이 웃다가 살며시 돌아가/채워지지 않는 아쉬움이/머리속에 머무르고/가슴 속에 남아서/바람이 부는 데로 쏠리는 마음 자리/비워지는 가슴속 빈 자리", 이 시구절은 그의 시의 핵심이다. 즉 그의 시는 비움에 대한 노래이다. 그러므로 조락의 계절이기도 한 가을은 풍요로움이라는 채움과 풍요, 「찔레꽃, 아름다워라」, 「꽃잎배」와 같이 한 시절 피었다 지는 꽃에 시선이 머물러서 소멸하는 꽃에 관하여 노래한다. 특히 「꽃잎배」는 소멸해 가면서도 "천사 몸짓으로 물길 가르며/찰랑이는 물빛과 속삭이네"라고 하듯이 비워진 마음으로 서로 속삭이면서 아름답게 소멸해가는 꽃잎배의 군상처럼 「우리 벗들아」라는 시도 벗들이 꽃잎배와 같다. 자연물인 꽃잎이 져서 배가 되어 물의 흐름인 시간에 맡기면서 거스르지 않고 천사처럼 속삭이며 흘러가듯이 인간인 벗들도 또한 그러하리라. "파란 하늘 빈 하늘에/가슴 속 이야기 들려준다/너와 나/우리들의 이야기"가 그것이다. 이 시구절에서도 알 수 있듯이 모상철 시인은 비움과 나눔의 주제로 시를 쓰고자 하였다. 인생은 가지런히 채우다가 어느 순간 물이 흐르듯 시간의 흐름을 거스르지 못하므로 소멸에 이르는 여정이다. 비워진 마음으로 욕심 없이 머물러 함께 천사와 같은 마음으로 몸짓으로 속삭이는 것이 모상철 시인이 꿈꾸는 노년이 아닐까 싶다. 그가 비움과 나눔의 주제를 가지고 꾸준히 생활에서 자연에서 소재를 발견하여 잘 형상화한다면 앞으로의 시업을 기대해도 될 듯하다. 특히 「풍요로운 계절」에서 추억 속의 가을은 풍요 즉 채움의 절정이었다. 가난으로 가을이라는 수확의 계절이 주는 풍성함을 노래하면서 단순히 추억으로 회귀하는 것이 아니라, 가난 속에서도 풍요를 추억했던 그 시절이 그리워 익어가는 고추, 초가집의 하얀 박, 새참 들 밥이고 나선 아낙네, 허리춤의 아기, 막걸리 주전자를 든 개구쟁이를 형상화 하였다. 그런 가운데 고추와 박을 여성으로 묘사하는 그의 표현의도를 보건대 아마 여성성에 그가 의지하거나 경도되어 가고 있다는 생각이 든다. 여성성은 풍요와 다산, 구원의 이미지를 지니고 있는 바, 그의 비움의 여정이 비움으로서 더욱 풍성해지는 노년이 되길 빌고 이와 같은 역설이 그의 시학에 머물러서 잘 형상화 되길 소원해 본다. 우수상 작품으로 「풍요로운 계절」을 선정한다.

수상소감

봄꽃이 화려한 외출을 마치고 돌아가는 길목에 때늦은 봄비가 축축히 내려와 어수선한 지구촌을 씻어내주길 희망하는 마음자리 파란하늘을 가슴에 담아봅니다.

뜻밖에 신춘문예 샘터문학상 본상, 우수상 수상을 하였다는 소식에 가슴속 기쁜 마음을 감추기 어렵습니다. 저를 지도해주시고 바라보며 격려의 말씀 잊지 않으시고 추천까지 해주신 이정록 회장님, 당선작으로 선정하여 주신 심사위원님들께를 진심으로 감사의 말씀 올립니다.

그리고 사랑하는 저의 가족들, 친구들, 문우님들, 지인님들께도 이 지면을 빌어 고맙다는 말씀드립니다. 앞으로 더욱 더 정진하여 좋은 글을 올리도록 노력하겠습니다.

감사합니다.

모상철 배상

신춘문예 샘터문학상 특별작품상 수상작

사랑의 옹달샘 외 4편

김 강 회

그대를 늘 그리워합니다
사랑에 애타는 고라니
하한 허공을 향하여
그대 이름 울부짖습니다

그대의 눈물은 백두대간 능선을 넘어
깊은 암반에 스며듭니다
사랑에 기갈이 찾아올 때
옹달샘에 녹아든
그대의 눈물과 향기를 마셔봅니다

그대는 고단하고 고독한
내 삶의 향기요 꽃이요
힘의 활력소가 되었습니다

사랑의 정원을 만들고
애정의 씨앗을 뿌리며
신뢰의 물을 줍니다

내가 걸어다니는 길가마다
내가 한계점에 도달한 길목마다
늘 희망의 등불이 되어 주셨습니다

그대는 사랑의 원천이고
희망을 자라게 하는 뿌리입니다
그대의 맑은 샘터에서
우리 하나 되어 속살거립니다

태동

김강회

신비한 자연
비밀의 문이 열리는
촉촉한 겨울비 소리에
생태계가 요동친다

동면을 하던 만물들
우렁찬 두들김 소리에
화들짝 놀라 눈 비비며
잠에서 깨어난다

생명의 단비에
사랑의 씨앗이 눈을 뜨고
행복의 싹이 돋아난다

나목들 줄기마다
푸른 꿈과 희망이 싹트고
미지의 꽃대마다
향기로운 미소가 번져 나간다
태동의 시작이다

조강지처

김 강 회

외로워도 외롭다 말하지 마셔요
슬퍼도 슬프다 말하지 마셔요

가슴에 가득담긴 울분 삭히며
속앓이를 하는 당신 모습

가족의 평안을 먼저 위하는 당신
가족의 화목을 먼저 생각하는 당신

창문 넘어 허공을 바라보며
천근 무게에 눌린 처진 어깨
긴 한숨만 내쉰다

그녀가 찾아가는 유일한 쉼터
빈 의자 고독하다

마음속에 가득 찬 울분보다
사랑하는 가족의 안위를 먼저
빈 의자에 앉아서 생각한다

미안합니다
그리고 사랑합니다 여보

희망

김강회

들녘에 아지랑이 피어나면
춘삼월, 님의 향기 그리워
사랑의 씨앗을 뿌리고
온정의 흙을 덮어준다

염원의 기다림 속에
생명의 싹수는 하늘을 향해
방긋 만세를 부른다

그녀 마음에 핑크빛 꽃을 심어
애정의 물을 주고 정성을 쏟는
내 마음 보여주련다

사랑의 문을 열어주면
격한 꽃망울 톡톡톡 틔운 향기
심혼心魂으로 맞이하리라

사랑은 오래 참고 인내하여
달콤한 인연의, 새콤한 인연의
열매를 주렁주렁 수확한다

모정

김 강 회

대문 틈 사이 실루엣
낯익은 엄마의 모습
서성이시며
나를 보며 손짓한다

제 마음 아시나요
엄마?
어리광쟁이 막네를
못잊어서 오셨군요?

엄마의 정겨운 모습
저 높은 하늘의 별이 되어
반짝반짝 눈빛 웃음으로
푸른 미소로 손짓 하신다

일천 년, 열 곱의 시간이 흘러도
나는 엄마의 열매요 분신이다
그 향기 살아서 내 안에서 움직이는
삶의 기운이다

김 강 회

경기도 용인시 거주
샘터문학상 신인상 수상 (시,등단), (사) 샘터문학 자문위원, (사) 샘터문인협회 운영위원, (사) 샘터문학신문 회원, 사계속시와사진이야기그룹 회원, 한국문인그룹 회원, 백제문단 회원, 송설그룹 회원
<공저>
우리집 어처구니는 시인
고장난 수레바퀴
<컨버전스 시집/샘터문학>

김강회 시인 특별작품상 심사평

사랑을 꿈꾸는 시적 아우라

심 종 숙 (시인, 문학평론가, 교수)

김강회 시인은 「태동」, 「모정」, 「조강지처」, 「희망」, 「사랑의 옹달샘」, 이 다섯 편을 응모하였다. 그는 이 다섯 편의 시에 공통적으로 사랑과 생명의 주제를 이야기 한다. 그의 시를 읽으면 긍정적인 정서와 사랑의 온유함, 어려움마저도 견디고 잘 썩어 한평생 고락을 함께 해온 온유한 부부를 생각하게 한다. 그런 사랑을 일생동안 연습하고 단련하여 온 이들은 한 폭의 그림처럼 아름답고 그 기운이 주위의 어둠 속에 아직도 살고 있는 이들에게 좋은 기운을 주어서 빛으로 나오게 한다.

인간은 무엇으로 구성되었는가? 김강회 시인은 그 근원부터 접근해 간다. 봄이 생동하는 힘, 에너지, 생명이듯이 사랑은 생명이다. 시인 자신이 모태에서 나왔고 그 모태는 사랑이다. 사랑으로 지어졌고 사랑으로 모태에 머물렀다가 생장하였다. 그리고 홀로 독립된 사랑은 또다른 사랑과 만나 부부가 되어 일생을 살면서 또다시 세포분열처럼 자녀를 낳고 길러 또다른 사랑을 찾아가게 하였다. 이러한 관계를 「태동」, 「모정」, 「조강지처」, 「사랑의 옹달샘」에 담은 것이다.

「사랑의 옹달샘」은 이 사랑의 시의 결정판으로서 샘과 고라니의 관계로 표현하고 있고 그것은 확장되어 멀리 백두대간 능선을 넘어 깊은 암반에까지 스민다. 아마 백두산 천지를 염두해둔 이미지 확장이 아닌가 생각된다. “사랑에 기갈에 찾아올 때/옹달샘에 녹아든/그대의 눈물과 향기를 마셔봅니다”라고 하여 그 천지는 바로 사랑의 옹달샘이고 사랑에 목마른 이들이 찾아 마시는 그대의 눈물과 향기는 목마른 이들의 생명수가 되는 것이다. 그러니까 김강회 시인은 사랑만이 희망이며 인간의 생명수라는 것을 주제로 하였음을 알 수 있다. 그의 시는 모든 사랑을 형상화하고 있다고 생각된다. 앞으로도 사랑의 시 및 다양한 소재를 다룬 시를 기대하면서 우수상 작품으로 「사랑의 옹달샘」을 선정하면서 수상을 축하 드린다.

수상소감

하늘의 궁창이 열려서 하염없이 빗줄기가 솟아진다. 행복한 미래를 설계하며 모내기를 시작해야 하는데 부족한 상수원은 논과 밭에 흙먼지만 일으키는 바람에 휘날린다. 간절한 염원을 담은 농부의 마음을 알어서 일까! 하늘은 생명의 싹이 성장할 수 있도록 꿀맛 같은 단비를 내려준다. 자연과 함께 숨쉬며 꽃의 아름다움을 가슴에 담아 어느 때 부터인가 방랑시인이 되어서 흥얼거린다. 마음에 시상을 그리고 아름다운 시어들이 감성의 옷을 입고 시詩라는 한송이 꽃으로 그윽한 향기가 활짝 피어나기 시작하였다.

늘 내 작품을 읽고 또 읽어도 부족함을 알기에 지식이 아닌 마음으로 한 자 한 구절을 적어가며 시향의 갈증을 해소한다. 좋은 시는 꺼꾸로 읽어도 그 뜻이 같아야 되기에 수많은 시의 소재 거리를 찾아서 자연속으로 걸어간다. "사랑의 옹달샘" 실제 주인공인 박수아 시인님 그녀를 사랑하기에 늘 마음 한편에 자리 잡고 있는 뿌리요 기둥이기에 변하지 아니하는 내 마음을 간절한 사랑이란 이름으로 표현해 본다.

먼저 제 작품을 수상작으로 선정해 주신 심사위원님들께 감사의 말씀을 드린다. 항상 지도해주시고 또 제 작품을 추천해주신 샘터문학 이정록 회장님께 감사의 말씀 올린다. 그리고 수고하시는 임직원 모든분들께도 감사의 말씀을 드린다. 이 시간에도 아빠의 수상소식을 듣고 기뻐하는 사랑하는 두 딸 김고은, 김예은과 이 기쁨을 함께하고자 한다.

김강회 올림

신춘문예 샘터문학상 특별작품상 수상작

석양의 저무는 일몰 외 4편

김 수 자

올 한 해가 저물어 가는 언덕에서
장엄한 너의 몸짓은
성숙한 지혜의 팡파르

일몰은 수많은 어제의 나락들을
내면의 몸짓으로 내리고
하나하나 벗어 던지는
가면이었다

사람보다 찬란한 보석이 없음을
믿음보다 진실한 빛이 없음을

불신의 늪으로
높은 울타리만 쌓아 올린
지혜롭지 못한 어제의 날들
지평을 넘나드는 파도는
고요한 자성의 목소리로 읊조린다

용서하지 못한 일
화해하지 못한 일
나만의 행복을 위한 불치의 이기심

장엄한 일몰 앞에 내려진
영혼의 흐느낌으로
작아지고 낮아지는
나를!
먼 피안彼岸에서 바라본다

오늘 밤은
그리운 친구 찾아
하아얀 눈길을 걷고 싶다

을숙도 강가에서

김 수 자

강바람 나부끼는 갈대 숲속
철새들의 보금자리
허기진 배를 채우는
물새떼 소리 여물고
수초들이 끝이 보이지 않는
너의 곁에 섰다

긴 석양은 형언치 못할
이끌림으로 사로잡고
강변 숲으로 빨려 들어가는
물새떼들

노을로 빤짝이는 사금가루에
황홀한 날개짓
먼 기억속으로 남기며
시간도 멈춰버린 요람 속으로 내린다

가을의 외로움 달래주듯
기억의 상념들
진종일 침묵으로 포용하며
지친 하루를 감싸 안고

깊은 어둠을 송두리 째 삼킨
낮달 하나
늦가을 낙엽 딛고 붉어서 더 슬픈
출렁이는 밀어 속에
하얗게 부서지고 있다

거제도 풍속도

김 수 자

어둠을 하얗게 지새며 달려온 거가대교
하늘길 맞닿은 수평선
옹기 종기 모여앉은 작은 바위 섬들 사이로
긴 해저터널
새벽 바람 낮 바람 마다않고 울그락 불그락
하늘길 따라 바다를 품었어라

은빛 부서지는
고요와 풍랑이 함께 머물다 가는 곳
하늘빛이 밝으면 물질이 바쁘고
하늘빛이 어두우면 갈매기도 재우는 해풍 속

이글거리는 일출은
밤새 마신 어둠을 토해내고
살아 있음을 감지한 잔잔한 파도
갈매기 노래는 파도에 실려
영원속의 편안함이 기도가 된다

쉼의 행복

김 수 자

일상의 회포가 밀려
게으름의 어깨를 짓누르고
땅거미는 겨울잠의 용트림으로 비집고

아! 창밖에 봄의 속삭임
간지러운 햇볕 쉼의 여유를 노래하고
무거운 어깨위 살포시 기대어 입마춤하면

님은 저만치 손짓하며 미소로 다가오고
상큼한 강바람 코끝이 찡
맑고 환한 하늘
청아한 한 폭의 수채화를 꿈꾼다

휴일의 아침
쉼의 게으름이 피우는
달콤함이 있다

주님의 십자가

김 수 자

내 주님!!
십자가에 운명 하실 때
휘장은 찢어지고 천지는 흔들렸다
대지는 어둠에 묻히고 악의 무리는
피의 향연에 축배를 든다

삼일이면!
승자와 패자가 뒤 바뀌는 역사 앞에서
택한 백성은 굴욕을 참아야 하리라

그리하여 종말의 날
정의가 땅에 떨어지고
불의가 진리를 짓밟았을 때

성도는 믿음으로
믿음은 소망으로
하늘을 향해 승리의 개가를 부르리라

아 -- 주님!
십자가의 고통이
인류 구원의 빛이 될 줄 누가 알았으랴!

저주의 사망 권세를 딛고 일어설 줄
누가 알았으랴!

구원 받은 백성들아
너희는 잠잠치 말지니
열방을 향해 힘껏 외쳐라
온 누리에 빛을 발하라

김 수 자

시와수필 시인상 수상 (시,등단)
신서정문학회 회원
영호남문학회 이사
부산문인협회 회원
부산수필문인협회 회원
한국문예,시사랑문학 자문위원
(사) 샘터문학 자문위원
(사) 샘터문인협회 회원
(사) 샘터문학신문 회원
한국시치유협회 회원
시니어행복연구소 회원

김수자 시인 특별작품상 심사평

자기 성찰로부터 오는 큰 울림

심 종 숙 (시인, 문학평론가, 교수)

김수자 시인의 시적 정조는 여성 시인에게서는 드물게 웅혼하며 대자연을 노래하거나 내면의 고독, 회한, 자기 들여다보기의 과정에서 시를 탄생시킨다. 그리고 그리스도인인 그녀는 기독교적 상상력의 시를 쓰고 있다. 그녀는 사물과 자연의 본질을 꿰뚫어서 예리하게 접근하고 있다. 「을숙도 강가에서」, 「거제도 풍속도」, 「쉼의 행복」, 「석양의 저무는 일몰」, 「주님의 십자가」, 모두 시의 배경이 상당히 장엄한 풍경으로 독자들을 이끌고 있고 확장된 이미지를 겸비하고 있어서 앞으로의 시업을 기대해도 좋을 것 같다. 그녀가 마주하는 자연은 자신을 던지고 '가면 벗기'를 하기 위한 여정의 길에서 을숙도와 거제도를 만난다. 그 속에서 인간의 고뇌와 고독 속에 놓인 자신의 내면과 직면한다. 그녀의 이 성찰은 참으로 무게와 중량감을 지니고 있으며 그것은 그녀의 내적 작업이 결코 가볍지 않고 깊이와 넓이를 지니고 있으며 본질에 가닿고 내적 진실을 추구하려는 거짓 없는 마음으로부터 나온다. 특히 「석양의 저무는 일몰」에서 통렬한 자기 성찰은 그녀를 그리스도인으로서 참다운 그리스도인으로 거듭나게 하는 여정으로 다가가게 한다. 「주님의 십자가」라는 시에서 구원 받은 백성이 열방을 향해 외치는 것은 그리스도가 십자가의 죽음 권세를 이겼듯이 이 내면의 여정에서 승리하는 길이고 그것은 오로지 참됨과 그 실천이다. 그것으로써 거짓 구원과 거짓 그리스도인의 외침이 아닌, 참다운 그리스도인의 외침이 믿는 이들과 믿지 않는 이들에게 메아리가 되어 울려퍼질 수 있을 것이다. 그런 면에서 김수자 시인의 시는 자기 성찰의 철저함을 더하여 그 가운데 탄생된 시들이 다수의 독자들에게 크게 울림을 줄 것으로 기대가 되는 것이다. 「을숙도 강가에서」는 형상화가 좋았고 「석양의 저무는 일몰」과 「주님의 십자가」는 진리와 구원을 추구하는 시인의 혼이 담긴 시편들이어서 울림이 있었다고 생각한다. 일몰이 성숙한 지혜의 광파르, 하나하나 벗어던지는 가면이었고 그것으로 사람과 믿음이 보석이며 빛이라는 진리를 발견하는 과정을 그린 이 시는 바로 수많은 어제의 나락들을 바라보고 겸허해지는 시인의 자기성찰에서 얻어지는 귀한 진실이었다. 그러므로 그녀에게 시쓰기는 성찰을 통한 자기 성숙과 진리에 이르는 길의 여정이겠다. "용서하지 못한 일/화해하지 못한 일/나만의 행복을 위한 불치의 이기심"에 대한 뼈아픈 자기 성찰이 바로 그것이다. 일몰이 있듯이 사람에게도 소멸이 있기에, 시인은 지나온 길을 되돌아 보면서 가아假我로부터의 자유와 해방을 통해, 대자연과 융합되어 빚어지는 웅혼한 그녀의 아름다운 심혼이 시의 언어를 입어 표출되어 울림을 주고 있다. 우수상 작품으로 「석양의 저무는 일몰」을 선정하면서 수상을 축하 드린다.

수상소감

코로나로 지친 긴 여로를 벗어나 5월의 희망의 계절에 샘터문학 신춘문예 샘터문학상 본상, 특별작품상 당선 소식에 가슴이 설레었습니다. 찬란한 오월의 희망이 나의 것이기를 주님께 기도드렸지요. 늙음이란 절망의 이유가 아니라 희망의 근거이며 천천히 쇠락해 지는 것이 아니라 점진적으로 성숙해 지는 것이며 견디어 낼 운명이 아니라 기꺼이 받아드릴 기회다라고 헨리 나우웬은 말했지요.

우울의 굴레를 채 벗어나기 전에 부족한 저에게 희망과 격려를 주신 이정록 회장님과 심사위원님들께 심심한 감사를 드립니다. 황혼의 삶은 분별력과 지혜의 곳간이라 했던가요. 흘러간 아쉬움 조차 섣불리 돌이킬 수 없는 지천명을 지나 이순의 나이에 고단함과 힘들어하는 지친이들과 공감하며 아파하는 영혼의 "시"를 쓰고 싶습니다. 멘토로 많은 지도 편달을 부탁드립니다. 이곳까지 인도해 주시고 훌륭하신 분들의 만남을 주신 주님께 감사와 영광을 돌립니다. 샘터문학의 무궁한 발전을 기원합니다.

감사합니다. 사랑합니다.

김수자 올림

신춘문예 샘터문학상 특별작품상 수상작

세 조각 진실 외 4편

이 명 희

이제 떠나 가시겠지만
마음 한 조각 떼어 두고가세요
소중히 생각해 주셨던
그 한 조각만 돌아 온단 다짐 대신
마음 한 조각 가져가세요

영원히 기억되기 바라는 작은조각 입니다
참으로 오랜 시간 기다렸던 사랑이였기에
앞 으로도 단 한 번 사랑일 것이기에
그 기억 한 조각 영원히 간직하며
살아갈 것입니다

헛된 사랑이 아니였기에
당신 그렇게 살아가고
저 이렇게 잊혀 진다고 해도
눈물 아닌 웃음으로 보내드립니다

한 방울 눈물은
당신을 온 마음으로
사랑할 수 있는 저에게
그 마음 심어주신 당신에게
그저 고마운 마음이니
마음 한 조각 떼어 두고가세요

봄날의 들판

이 명 희

따스한 햇볕 내려 쪼이고
아지랑이 솔솔 피어 오르니
농촌에서는 일손이 바빠진다
기계로 일 다 한다지만
어떤 것이라도 농부의 정성과 사랑에 손길
안가는게 없다
온 종일 엎드려서 일하던 농부
"아이고 허리야"
일손을 멈추면
"아줌니 좀 쉬었다 하세요"
밭둑에 환한 미소
솔바람 솔솔솔 등 두드리니
꼬부라진 아줌니 허리
금방 펴지고
콧노래 흥얼흥얼 새 힘이 솟는다
희망의 열매, 보람의 열매,
행복의 열쇠
하루하루 최선을 다하는
몸과 마음으로
힘차게 파이팅 해본다

연못가에 산수유

이명희

산수유 시골집 연못가에
촘촘히 샛 노오랗게 핀 꽃
겨울의 찬 기운 느끼면서
잊지 않고 핀 꽃

모든 꽃 들은 한기에 짓눌려
움추리고 있는데
춘설春雪에 매화 꽃망을 붉어지니
매화 꽃 핀다고 샘나서
핀 꽃은 아니겠지

자신 생의 의미를 나타내는 노오란 꽃
물레방아 도는 소리에 춘 잠에서 깨었는지
금붕어들 생동감을 따라 깨었는지
사랑 머금은 꽃망울은
이제 곧 툭 터지겠지

연못가에 서있는 산수유 나무 바라보며
상념에 젖어본다

덕유산 정상에서

이 명 희

덕유산 눈꽃 아래에서
발자국을 돌아본다
쏟아지는 눈송이를 바라보며
이제야 깨달았네

잡초도 옷을 입으면 아름다운 꽃인 것을
눈꽃이 능선을 타고 달려온다
향적봉 칼바람 시샘 하듯 몰아친다
고사목에서 꽃잎 하나 떨어진다

한 쌍의 비둘기 곱게 내려와
밝은 미소로 반기며
가슴속 벅찬 사랑, 아름다운 인연으로
행복의 선물 축복된 만남
영원한 순간으로 맞이한다

일엽편주

이 명 희

넘실되는 파도 위에
조그마한 돛단배가 춤을 춘다
끝업는 푸르름 속으로 수많은 갈매기들
하늘 높이 비상하네
끝없는 푸르름에 몸을 맡겨 보지만
언제나 제 자리를 맴돌 뿐
더 이상 전진이 어려운것일까?
세상으로 나아가고픈
한 가닥의 작고 작은 숨결이
오늘도 여지없이 거대한 앞바람에 밀려
뒷 물결 가른다

이 명 희
안동시 거주
(사)샘터문학 관리국장, (사)샘터문학신문 기자
(사) 샘터문인협회 회원, 사계속시와사진이야기그룹 회원, 한국문인그룹 회원, 백제문단 회원, 송설문학 회원, 한맥문학 회원, 늘푸른문학 회원, 문학엔 회원
<공저>
사랑, 그 이름으로 아름다웠다
청록빛 사랑 속으로
사립문에 걸친 달 그림자
아리아, 자작나무 숲 시가 흐른다
시詩, 별을 보며 점은 치다
우리집 어처구니는 시인
고장난 수레바퀴
<컨버전스 시집/샘터문학>

이명희 시인 특별작품상 심사평

작은 것들에 대한 노래

심 종 숙 (시인, 문학평론가, 교수)

이명희 시인은 「일엽편주」, 「봄날의 들판」, 「연못가에 산수유」, 「덕유산 정상에서」, 「세 조각 진실」을 응모작으로 내었다. 이들 시편에서 감지되는 것은 그녀는 시련과 고난 속에서도 생명을 잃지 않는 작고 여린 사물들에 시선이 가있다. 이것은 그녀의 시혼이 스러져 가는 것들, 고통과 시련에 싸여있는 것들, 작은 꽃의 낙화와 겨울의 추위를 견디고 피어나는 작은 꽃들이 지닌 생명력을 노래하고자 한다.

「일엽편주」에서는 넘실대는 파도 속에서 세상으로 나아가려는 "한 가닥의 작고 작은 숨결"이 거대한 앞바람에 밀려 제자리를 맴도는 가련한 돛단배를 통해 그녀의 마음을 드러내고 있다. 「봄날의 들판」에서도 농촌 농부들의 고단한 노동이나 연못가에 핀 작은 산수유가 잊지 않고 겨울의 추위를 딛고 피어준 것에 대한 시 「연못가에 산수유」, 덕유산 정상에 내리는 고사목의 눈꽃을 노래한 시 「덕유산 정상에서」, 이별의 시 「세 조각 진실」은 공통적으로 작고 여린 것들, 소멸해가는 것들에 시인의 시선이 머물고 그것들을 노래했다는 점이 독특하다고 하겠다. 특히 「세 조각 진실」은 떠나가더라도 당신을 사랑하게 했던 한 조각의 마음은 남겨주고 가라는 간절한 시적화자의 희구를 드러낸다. 이는 그의 시혼이 때묻지 않고 대상들에 대해 비뚤어지지 않으며 사랑의 견지로 대하고 있다는 증거이다. 소박하면서도 그 안에 욕심 부리지 않고 사물을 깊이 관조하고 작은 것들을 소중히하며 살아가는 시인의 자세가 보인다. 앞으로 이러한 세밀한 관찰속에서 작고 여린 것을 세밀한 형상화를 거쳐 시인의 혼을 잘 담아서 노래한다면 좋겠다는 생각을 든다. 특별작품상으로 「세 조각 진실」을 선정하면서 수상을 축하 드린다.

수상소감

먼저 이정록 회장님, 심사위원님들과 임직원 여러분, 회원 문우여러분들께 감사의 말씀 드립니다. 수고 많으셨습니다.

샘터문학이 더욱 더 무궁한 발전을 하시고 독자들로 부터 사랑받는 문학사가 되시길 기원드립니다. 우선 저의 당선 소감은 기쁨보다는 부끄럽고 죄스러운 마음이 앞섭니다. 부끄럽고 부족한 작품을 특별작품상으로 선정 해주셔서 감사한 마음 전해드리며 샘터문학 관리국장으로서 더욱 더 무겁고 책임감을 느낌을 전해드립니다.

샘터문학에 어려운 여건속에서도 많은 사랑과 도움을 주신 회원님들 임원님들께 깊은 감사의 말씀을 전해 드립니다. 다시 한 번 샘터문학과 샘터문인협회, 샘터문예대학, 샘터문학신문에 무궁한 발전을 기원합니다. 감사합니다.

이명희 올림

신춘문예 샘터문학상 특별작품상 수상작

신호등 기다리는 사람들 외 4편

고 욱 향

빨간불이 켜지니까
모두 가던 길 멈추어선다
파란불이 켜질 때까지 잠깐 동안 숨을 고른다
꼬마 아이도 엄마 손 붙들고 잠시 멈추고
할아버지 폐박스 리어카도 멈추고
꼬부랑 할머니 실버카도 멈추고
원피스 입은 멋쟁이 아가씨도 멈추고
신호등 기다리는 사람들
바쁜 걸음걸음 멈추면서
파란불이 켜질 때까지
기다리는 사람들 틈에서
신호들은 말없이 건널목을 수호한다
신호등 앞에서는
잘난 것도 없고 못난 것도 없이
섞으면 한색이 되는 삼원색,
빨노파만 있을 뿐이고
순종하는 인간들만 있을 뿐이다

엄마 얼굴

고 욱 향

노란 물결 위에
바람이 꿈꾸듯 지나간다
흙은 땀과 눈물로 스며들어서
청보리 푸른빛이 덩실덩실 춤을 추고
농부들 기쁨으로 가득 차 있다
나의 여름은 소리 없이 찾아와서
말없이 늙어가는 내 모습에
내 마음도 함께 뒹군다
드높은 하늘이
소리내어 쪽빛으로 화답하고
엄마 품처럼 포근한 구름이 나에게로 안겨 왔다
가슴속 오가는 그리움 풀어 놓았더니
보고 싶은 엄마 얼굴이 유채꽃 물결 위에 일렁거린다
노오란 개나리꽃 웃음도 유년의 추억들도
유채꽃 속에 숨어서 숨바꼭질하니
엄마의 웃음소리만 들린다
꽃 마음 닮고 싶어서
유월 속으로 걸어 들어가 보았다

밥

고 욱 향

시장 상인들 모여서 먹는 밥
이웃 간의 소소한 정으로

밥을 먹으면서 인생을 논하고
밥을 먹으면서 웃음을 짓고
밥을 먹으면서 찌든 마음을 털어버린다

밥 냄새는 구수하다
밥 먹고산다는 게 쉽지 않다

좋은 사람들을 가까이 하면
마음이 따뜻해진다

구수한 밥 냄새처럼

질경이 꽃

고 욱 향

아름다운 순종을 배우면서
길가 자갈밭까지 뿌리를 내린다
누가 심지도 않았어도
끈질긴 생명력을 가지고
질경이 꽃 피어난다
밟히고 밟혀도
눈물 한 방울 흘리지 않고
모든 풀들이 다 아픔은 있지만
토끼풀, 나도방동사니꽃, 개망초꽃,
덩달아서 활짝 웃는다
발자취를 남기는 풀이지만
성장기에 필요한 밑거름이 되어서
질경이꽃 순정은 슬프지 않아서
가치가 크다

종달새의 꿈

고 욱 향

넓은 초록 들판 드높은 하늘을 날아다니면서
노래를 부르는 너는 좋겠다
종달새야 종달새야
삐리리 삐리리 고운 목소리로
노래를 불러 주겠니?
무슨 꿈을 꾸면서 노래를 부르고 있니
삐리리 삐리리 삐리리
그 고운 목소리
하늘을 스치는 바람도
깜짝 놀라서 휘이잉 휘이잉
시공을 세차게 흔든다
종달새야 고운 목소리로
좋은 소식을 가져다주겠니?

고 욱 향
전남 구례군 거주
한국문인협회 구례지부 감사
(사) 샘터문학 회원, (사) 샘터문인협회 회원, (사) 샘터문학신문 회원, 사계속시와사진이야기그룹 회원, 한국문인그룹 회원, 백제문단 회원, 송설그룹 회원, 구례군자원봉사 회원, 살맛나는세상 호남지역 통신원
한울문학 신인상 수상 (시,등단)

고욱향 시인 특별작품상 심사평

예리함과 따뜻함이 공존하는 시의 화폭

심 종 숙 (시인, 문학평론가, 교수)

고욱향 시인은 「엄마 얼굴」, 「밥」, 「질경이 꽃」, 「종달새의 꿈」, 「신호등 기다리는 사람들」을 응모작으로 내었다. 그의 시에는 따뜻하고 정감이 어린 우리들의 삶의 여러 모습이 담겨있어 많은 사람들의 공감을 불러일으킬 것이다. 「엄마 얼굴」은 시적 형상화가 아주 잘 되었다고 해야 할 것이며 「밥」은 시장통 이웃들의 소소한 일상에서 느끼는 구수한 밥 냄새를 군더더기 없이 그러면서도 간결하게 잘 그려주었다. 「질경이 꽃」에서는 아름다운 순종을 노래하였는데, 이것은 「신호등 기다리는 사람들」에서도 순종을 형상화하였는데 아마도 순리대로 살아가는 모습 속에서 어려움도 아픔도 다 필요한 밑거름으로 생각하고 살아가는 민초들의 모습을 그렸다고 생각된다. 신호등 앞에서는 잘난 것도 못난 것도 없이 순종하는 인간들만 있을 뿐이라고 날카롭게 비판을 하고있다. 그렇다면 시인은 순종에 대해 거부하고 싶은 것인가, 순종을 미덕으로 생각하면서 살아가고 싶은가 하는 문제가 남는다. 시인은 질경이를 통해 밟힐수록 더 생명력을 지닌 민초들의 질긴 삶을 노래하였다. 신호등의 빨간불에서 새들은 자유로이 날아가지만 인간만 그 앞에 멈추어서 있고 거기에는 잘 난 사람도 못난 사람도 모두 동일하게 멈춰서 있을 뿐이라고 하였다. 죽음이 인간의 생장에서 멈춤이듯이 그 앞에서는 모두가 다 동일해지듯이, 그녀는 결국 우주의 순리와 인간의 법 규범을 대조시킴으로써 새들의 자유와 인간들 사이의 사람 사는 세상의 따뜻함을 그리려고 하였을 것이다. 현실에 대한 날카로운 측면과 따사로운 측면을 함께 지닌 고욱향 시인의 시는 앞으로 사유의 깊이를 더할 필요가 있겠다. 순종과 자유, 상징질서에 대한 순종과 전복 사이에서 시인은 흔들리지 말고 자신의 목소리를 낼 수 있기를 바란다. 그것은 곧 상징질서의 모순과 그 극복에 이르는 과정이 될 것이며, 이 세계에 대한 정확한 분석과 비판적인 거리를 둘 때 가능할 것이다. 우수상 작품으로 일상의 한 모습 속에서 순종하는 인간군상을 잘 형상화한 「신호등 기다리는 사람들」을 선정하면서 수상을 축하 드린다.

수상소감

저는 전남 구례군 봉성산 아래에서 시골 냄새나는 고향에서 평생 살고 있습니다. 푸르른 5월이 오면 어머님께 자책의 고백이 샘터문학상 본상, 특별작품상에 당선되었다고 하여서 정말 기쁘고 가슴이 떨립니다.

주위에서 저를 아끼시는 모든 분들이 저보고 풀꽃시인이라고 불러줍니다. 풀꽃처럼 살면서 풀꽃 같은 시를 써보겠습니다. 부족한 저를 지도해 주시고 심사위원님들께 추천해주신 샘터문학 이정록 회장님과 당선시켜주신 심사위원님들께 진심으로 깊은 감사의 말씀을 올립니다.

그리고 저의 사랑하는 가족들, 사랑하는 친구들, 존경하는 지인님들께 이 영광을 돌리겠습니다. 거듭 감사드립니다.

고욱향 올림

신춘문예 샘터문학상 특별작품상 수상작

술 먹인 간재미 외 4편

윤 희 숙

살이 몽실몽실한 쪽만 모아놓고
거나하게 막걸리를 먹였다
얼마쯤 되니까
노골노골 취한 꼴이 보였다

시절이 푸른 미나리를 데려와
식초물에 담궈 때 빼고 광을 내서
키를 맞추어 놓았다

동네친구 모두 모아서
한통속으로 딴소리 못하게
단단히 단돌이를 해놓고

술 취한 간재미
때 빼서 뽀얀 미나리와 함께
얽히고 설켜놓으니
맛 좋다

삼월

윤희숙

삼월이 중간쯤에 왔다
인적드문 어느 골짜기
산통을 겪듯이
생강꽃이 피고 있다

파란 치마가 비친 물 속
푸른 청춘인 듯
버들치의 몸부림이 서성인다

심술 섞인 봄바람에
손등이 터지듯
나무껍질 터지는 소리가
늦잠 자는 개구리 등위로 지나간다

갈풀 누운자리
방석처럼 새싹이 돋아
꽃같은 청춘 물어다 줄
털갈이 텃새를 기다린다

이사했다고 전화를 했다

윤 희 숙

신식으로 도배를 한
깨끗한 집으로 이사를 했다

나를 비행기를 태워 밖으로 내보내고
세 부자가 간추린 이삿짐을 옮겼다

집에 와보니 헐렁한 집이 되었고
여기저기 주소가 바뀌었다는
안부차 전화를 했다

목동에서 신길동으로 이사를
했다고 전했는데
다들 하던 자기 이야기만 계속하고
화제가 다른 말만 계속했다

도배를 깔끔하게 한
새집으로 이사했는데...

메주 쑤는 날

윤 희 숙

장작불 지펴 콩을 삶는다
구들장이 눌어 붙을 때 쯤
콩도 누렇게 익는다

아궁이 불을 끌어내
고구마도 굽고 토란도 굽고
썰매타다 적셔버린 양말도 굽고

이때만큼은 할아버지도 넉넉하셔서
썰매 꼬챙이도 새로 만들어주시고
녹슨 썰매 날도 갈아주시는 날

콩이 물렀는지 확인 할 때마다
기웃거려서 삶은콩 한 주먹씩 얻어먹다가
급기야
"콩 많이 먹으면 밤에 똥싸 그만먹어"
밤에 변소갈 일이 무서워 더 먹지 못했던 메주콩,

화장실이 안방 옆에 붙어있어
오늘은 실컷 먹어보려 작심을 해보지만
실제로는 열개를 못먹었네

모자 개

윤 희 숙

어미는 눈앞에서
두 마리를 도둑맞았다

무녀리라
새끼 한마리만 남았다

소심한 성격을 가지고 있어
대범이라 이름을 지어놨더니
말괄량이가 되었다

차만 나타나면 나가지 못하게
주둥이로 패다구를 친다

헤어질 때면 다리까지 나와
배웅하던 백구가
두 마리 새끼개를 차가와 데려간 후론
가던지 말던지 눈길을 안준다

윤 희 숙
충남 청양 출생, 서울시 양천구 거주
조리 기능장, 조리 명인, 외식조리관광학 박사, 호텔조리과 교수
대한민국요리경연대회 국회의장상 수상, 농림축산부 장관상 수상, 보건복지부 장관상 수상 외 다수, 미디어-생생정보통 요리자문위원, 만물상 등 다수, (사) 샘터문학 신인문학상 수상(시,등단), (사) 샘터문학 자문위원, (사) 샘터문인협회 회원, (사) 샘터문학신문 회원, 사계속시와사진이야기그룹 회원, 한국문인그룹 회원, 송설문학 회원, 백제문단 회원
<공저>
시, 별을 보며 점을 치다
우리집 어처구니는 시인
고장난 수레바퀴
<컨버전스 시집/샘터문학>

윤희숙 시인 특별작품상 심사평

음식 시로 이어지는 관계성의 회복

심 종 숙 (시인, 문학평론가, 교수)

윤희숙 시인은 「삼월」, 「이사했다고 전화를 했다」, 「메주 쑤는 날」, 「모자 개」, 「술 먹인 간재미」 이렇게 다섯 편을 응모했다. 소재도 다양하고 해학적인 면을 보이기도 한다. 그리고 누군가를 기다려 어울렁 더울렁 살아가고픈 시인의 마음을 노래했다. 윤희숙 시인은 마음이 고운 분이다. 그런 만큼 상대방에서 반응이 없을 때 서운해질 수도 있다. 「삼월」에서는 자연의 생강나무, 버들치, 개구리, 털갈이 텃새를 기다리는 갈풀이 누운 자리의 새싹들에서 읽을 수 있듯이 생명의 약동과 그 생명이 누군가를 기쁘게 할 때 세상사가 다 편안하고 즐거울 것이라는 예감을 노래한다. 이와 반대로 「이사했다고 전화를 했다」에서 반응없는 친구들이나 두 마리의 새끼를 빼앗긴 어미 개는 바로 사람 사이의 관계를 삭막하게 하고 인간생태계를 황폐하게 할 수 있음을 보여주는 시라고 해야할 것이다. 그러나 시인은 앞서도 서술하였지만 마음씨가 고와서 「술 먹인 간재미」에서처럼 누군가를 위해 상을 차릴 준비를 늘 한다. 그런 그녀의 시에서는 어릴 적 물질이 풍요롭지 않았을 적에 메주 쑤던 날의 기억으로 현재에서 익은 메주콩을 먹었으나 얼마 먹지도 못 하는 그 추억의 메주 쑤던 날의 기억을 되짚는다. 그 거리는 매워지지 못 한다. 다만 유년의 기억으로 저편에 있을 뿐이다. 음식을 소재로 한 이 두 편의 시에서 그녀는 음식을 통하여 사람들 간의 소통을 꾀하고 기쁨을 생산하고 관계를 회복하려고도 시도한다. 그녀가 요리의 명인인만큼 음식시라고 하는 분야를 개척해봐도 좋을 듯 하다.

동물도 사람도 서로가 정을 내어야 정이 나는 것처럼 윤희숙 시인이 꿈꾸는 세계는 바로 소통과 공감을 통한 사랑 넘치는 세계임을 알 수 있다. 현실의 삭막함을 극복하고 윤이 나는 세상이 올 때까지 그녀는 좋은 시도 쓰고 맛있는 요리도 만들어낼 것이다. 일과 가정을 양립하면서 따뜻한 시의 세계를 창조하려는 그녀의 품성이 가히 시인답다고 하겠으며 앞으로 더욱 정진하여 많은 이들에게 마음의 기쁨을 맛깔나게 요리해서 먹이길 바란다. 우수상 작품으로 「술 먹인 간재미」를 선정하며 수상을 축하드린다.

수상소감

오월 세째날, 바람은 오월의 꽃가루도 어느정도 털어냈고 햇살은 초록잎으로 물오른 힘줄을 드러내고 있다. 땅속으로 심장을 묻듯이 풀 줄기들은 뿌리를 튼튼히 내리는데 나는 그걸 잡풀이라며 힘을 주어 뽑아내기를 반복한다.

한 포기 한 포기 뽑을 때마다 몸이 튕겨져 나가기라도 하듯 몸이 뒤로 밀려날 때마다 한숨이 토해진다. 얼마나 열심히 풀을 뽑았는지 전화가 온 줄도 모르게 열심히 일했는데 문자를 확인하니 제 졸작이 본상에 올랐다는 기별이다. 좋은 작품속에 졸작이 끼여있어 누가 될가 염려가 된다. 앞으로 더욱 더 노력하여 정진해야겠다.

우선 먼저 저의 졸시를 추천해주시고 격려해주신 샘터문학 이정록 회장님께 감사의 말씀올립니다. 그리고 당선시켜주신 심사위원님들, 샘터문학 문우여러분들께도 감사드립니다. 또 사랑하는 가족들과 친구들, 제자들, 지인 여러분들께도 이 지면을 통해 고맙습다는 말씀올립니다.

윤희숙 배상

신춘문예 특집
문/학/칼/럼

자존감을 높여야 하는 이유

칼럼 이 정 록

자존감이 낮은 경우 남의 눈치를 보며 하루하루 전전긍긍 살아간다고 한다. 자신감이 부족하므로 대인관계가 원만하지 않고 열등감도 심해질 수 있다. 자존감과 자신감에 차이에 대해서 알아보자.

-- 자존감 vs 자신감

자존감은 자기 자신에 대한 감정이다.
자신감은 자신의 신념에 대한 감정이다.
자존감은 자기 자신을 바라봤을 때의 관점이다.
자신감은 타인에게 비치는 자신의 감정이다.
자존감은 타인과 비교하지 않는다.
자신감은 타인과 비교하게 되며 열등감이 생기게 된다.
자존감을 높이면 자신감도 높아진다.

-- 자존감 높이는 방법이다.

부정적인 생각 버리기다.
갑자기 마음속에 부정적인 생각이 들기 시작한다면 '멈춰!'라고 외친다.

긍정적인 생각하기다

마음의 힘은 위로를 통해서 강해진다고 한다.

작은 성공 경험을 늘려나가기다.
자존감이 낮은 이들은 실패에 대한 두려움이
높으므로 그 무엇도 시도하려 하지 않는다.

완벽이라는 강박에서 벗어나기다.
그 누구도 완벽하지 않다.
완벽할 수도 없다.

모든 감정을 기록하기다.
모든 사람의 마음에는 거울이 있다고 한다.

하루에 한 가지 나를 칭찬하기다
나를 칭찬하자,
오늘 하루 어떤 점을 잘했는지,
어떤 모습이 좋았는지
자신을 칭찬해 주는 거다.

스스로 외모 칭찬하기다.
아침에 일어나자마자 거울을 보고
'어머 너무 예뻐!', '오늘 멋있는데!'라고 매일 반복하여 말하며 자기 최면을 건다.

이 정 록

<필명 : 샘터>, <아호: 승목, 지율>, <시인, 수필가, 소설가, 문학평론가, 칼럼니스트, 문인화작가>, <시, 시조, 수필, 소설, 평론 (등단)>
서울대 생활과학대학 패션학 전공, 숭실대 중소기업대학원 경영학 전공
고려대학교 평교원 시창작학 수료
(사) 샘터문학평생교육원 원장, (사) 샘문평생교육원 원장, (사) 샘터문학 회장, (사) 샘터문인협회 회장, (사) 한국문인협회 회원, (사) 한국현대시인협회 이사, (주) 아르테미스 골프 회장
<언론>
샘터문학신문 발행인, 회장
<수상>
한국문학상 수상, 샘터문학상 수상, 한국스토리문학상 수상, 동양화 국제대전 수상/일본,도쿄미술관/2회>, 대한민국소비자평가 우수대상 수상(대한민국소비자평가원 - 인물, 협단체 부문)
<표창>
국민대표 33인 선정 등
<등재>
국가상훈인물대사전 등재(국가상훈편찬위원회/현대사의 주역)
<시화전>
세종대 광개토대왕홀 등 17회
<낭송회>
시힐링 디너콘서트 등 13회
<전시회>
한국화 국내전/2017~2019 - 예술의 전당, 3회
동양화 국제전/2017~2019 - 일본,도쿄미술관, 3회
<저서/시집>
산책로에서 만난 사랑, 내가 꽃을 사랑하는 이유, 양눈박이 울프, 천국, 소스코드
<공저>
사랑, 그 이름으로 아름다웠다 외 32편

제 8회 신인문학상

(신춘문예)

시부문 수상작

신인문학상 당선작

그런 당신이 그리워 울었습니다 외 4편

강 성 화

어린 소년이 꾀병을 부렸습니다
꾀병인 줄 알면서도
당신은 그 어린 소년을 업고 병원으로 달려갔습니다
의사 선생님의 '배탈'이라는 소견을 받고서는 웃으시며
"어떤 과자를 사줄까?" 물으시던
그런 당신의 모습이 그리워 울었습니다

친구들은 좋은 신발을 신고 다니는데
나는 왜 안 사주냐며
어리광을 부릴 때면 멋진 운동화를
사 주셨습니다
당신은 낡은 구두 한 켤레로
몇 해를 신고 다니셨지요
그해 저는 열두 살 어린 나이였고
환갑에 가까웠던
그런 당신의 모습이 그리워 울었습니다

청년이 되었을 때 사고로 다리를 다쳐 치료중이었을 때에도
밤을 지새며 간호해 주셨지만
그당시 당신의 몸에서는 암이라는 병이 시작되었을 텐데
내색 한 번 안하던 당신은 얼마나 아프셨을까
그런 당신의 모습이 그리워 울었습니다

늘 옆에서 떠나보내기 싫어 바라보는
당신의 아내이자 나의 어머니
이별을 두고 흘러내린 눈물이 얼굴마저 갉아 먹어 휑하니 변하고
가슴에는 슬픔만이 가득 자리잡은
당신의 아내이자 나의 어머니,
어머니는 태산이라 말하지요 그러나 당신은 하늘이십니다.
그런 당신의 모습이 그리워 울었습니다

※ 산소에 벌초를 다녀와서

내일은 희망을 만나자

강 성 화

천근 만근 피곤함
왜 이리 힘이 들까
세상은 살기 좋은데
나는 왜?

네 개의 바퀴와
동그라미가 앞에 있는
의자에 몸을 기대니
고단한 나를 데려간다

금방이라도 숨어버릴
붉은 태양이 번갈아 가며
왼쪽 오른쪽 백미러에
옮겨 따라 다닌다

저 찬란한 붉은 태양마저
나를 응원하며
따라 다니는데
다시 힘을 내자

거북이보다 느리고
고래보다 무거운 몸
거부할 수 없는 만남인
내일의 뜨거운 태양

나는 이곳에서
너는 그곳에서
우리 함께
내일은 희망을 만나자

삼시세끼

강 성 화

백세시대를 산다
내년이면 팔십 아홉인
나의 노모

거동도 불편한
자신의 몸은 뒤로한 채
오십이 다 되어가는
막내를 너무 사랑한다

잘 지내는지
밥은 잘 먹고 다니는지
항상 나를 생각하신다

오늘도 어김없이
어머니의 전화 한 통
“저녁에 밥 먹으러 오냐?”
란 말에 “어 갈게”

그날 저녁 약속이 있다
난 아침을 안 먹어도
저녁을 두 번 먹는다

언젠가는

강 성 화

숨도 쉬지않고 가만히 앉아있는
투박한 냄비
김치와 이것저것
정성을 담고 사랑을 담아

예전에 최고의 손맛이
요즘은 늘
"간이 된 것인지 모르겠다"
라고 말씀하신다

어떤 날은 소태다
어떤 날은 싱겁다
하지만 나는
"간이 딱 맞네"라며

팔십팔 년을 사신
엄마의 김치찌개를
눈가에 눈물이 고이지만
똑같은 대답을 하며
맛있게 먹는다

언젠가는
어머니 우리 어머니의
김치찌개가 그리울 테니

한티재의 별

강 성 화

꼬부랑 길을 한참 오른다
오늘은 얼마나
나를 반겨주러 나올까
어떤 대화를 할까

그리고 별들에게 속삭인다

나 외롭지 않게
나의 외로움을 가져가
나 그립지 않게
나의 그리움을 가져가
별아 오늘도 너에게 부탁한다

항상 고마워

강 성 화
아호 : 주원
계명문화대학 환경공업과
EBS 출판사업부 근무
(사) 샘터문학 회원, (사) 샘터문인협회 회원, (사) 샘터문학신문 회원, 사계속시와사진이야기그룹 회원, 한국문인그룹 회원, 백제문단 회원, 송설문학 회원

강성화 시인 신인상 심사평

공감과 소통 속에서 울림을 주는 시

심 종 숙 (시인, 문학평론가, 교수)

강성화 시인은 「그런 당신이 그리워 울었습니다」, 「내일은 희망을 만나자」, 「삼시세끼」, 「언젠가는」, 「한티재의 별」을 응모작으로 내었다. 그의 시에는 망부에 대한 그리움, 남은 가족인 노모와 자신의 일상을 소소히 이야기하고 있다. 그녀의 시는 특별한 시적 장치나 이미지, 상징 등의 기법들을 쓰기 보다 담백하며 꾸밈없이 생활이나 인생의 진실을 이야기하고 있기 때문에 읽는 이들로 하여금 감동을 주고 있다는 생각이 든다. 그녀의 시에서는 생활 속의 고독이나 지침, 어려움도 보이지만 그녀는 이 모든 것들을 친구처럼 잘 인내하면서 조심스럽게 그러면서도 진솔하게 삶을 살아가고 있는 우리 주위의 평범한 이웃들이기도 하다. 「한티재의 별」에서 "꼬부랑 길을 한참 오른다/ 오늘은 얼마나/ 나를 반겨주러 나올까/ 어떤 대화를 할까// 그리고 별들에게 속삭인다// 나 외롭지 않게/ 나의 외로움을 가져가/ 나 그립지 않게/ 나의 그리움을 가져가/별아 오늘도 너에게 부탁한다// 항상 고마워"이 짧은 시에서 그녀의 마음을 다 알 수 있다. 이 시는 누가 읽어도 이해가 되는 시이며 특별한 시적 기법은 없으나 별과 이야기 하는 고독한 시적 화자 '나'의 대화가 그대로 시가 되고 있다. 인간은 누구나 고독 속에서도 자신의 삶의 언덕을 인내하면서 올라가고 있으며 별에게 하는 대화가 곧 시이듯이 시가 그녀에게 친구가 되어주고 별이 되어주고 이상이나 꿈이 되어주어서 그녀를 기쁘게 하면 참 좋겠다. 그녀의 시는 고독한 영혼 속에 깃든 순수하고 담백하며 단순한 언어들에서 더 큰 울림을 주고 있어서 머리로만 쓰는 시인들에게 좋은 귀감이 될 수도 있겠다는 생각을 갖게 한다. 너무 무거운 시적 의장은 감정을 불편하게 하고 이해를 어렵게 하며 울림을 약하게 하고 복잡하게 하여 마음을 시원하게 하지 못한다. 그런 의미에서 그녀의 시는 현재의 여러 가지 어려움들을 가지고 사는 저마다의 가슴에 한 송이 꽃을 피워서 안겨줄거라고 생각하고 위로가 될 거라고 생각한다. 즉 공감과 소통이 없는 시는 죽은 시이고 시는 공감할 수 있을 때 살아있는 것임을 그녀의 시를 통해서 알 수 있다. 다섯 편의 등단작 중에 대표작으로 「그런 당신이 그리워 울었습니다」를 선정한다. 앞으로 시인으로서 살아가면서 고통 속에서 빛나는 보석을 찾아 독자들과 함께 소통하고 공감하게 되길 진심으로 바란다.

수상소감

세월이 흘러 어른이 되고 무엇보다 아빠가 되고 아버지가 되어보니 내 부모님의 사랑이 얼마나 대단했는지 절실히 느낍니다. 문득문득 기억에 떠오르는 하늘나라에 계시는 아버지가 그립기도 하고 구십이 되어 가는데도 늘 자식들 걱정 하시는 어머니를 떠올리며 표현은 잘 못하지만 글로 감사의 마음을 적어보곤 했었습니다.

가슴 한 켠에 소박하게 간직하고 있던 마음이였는데 이번 컨버전스 시집 공모전을 알게 되었고 용기내어 문을 두드렸습니다.

제 글들이 너무 부족하고 형편 없다고 여긴 터라 큰 기대는 하지 않았습니다. 하지만 예상과 달리 신인문학상에 당선되었다는 통보에 가슴이 벅차올랐습니다.

먼저 귀한 달란트를 주신 하나님께 영광과 감사를 드리며 이 등단으로 하여금 부족한 글이지만 동기부여를 가지게 해주신 심사위원님들께 감사의 말씀과 또한 샘터문학을 알게 해주시고 지도를 해주신 이정록 회장님께 감사의 말씀 드립니다.

강성화 배상

신인문학상 당선작

아버지 자전거 외 4편

김 영 운

상고머리 계집아이 태우고
아지랑이 피어오르는 산모퉁이 돌아
아버지는 자전거를 달리신다

키 작은 제비꽃, 꼬부러진 할미꽃,
흐드러진 조팝꽃
백지장 같은 아이 커다란 눈 반짝이며
얼굴에 피어나는 분홍 진달래

아가야 좋으냐?
응!

허리춤 꽉, 잡은
가녀린 딸의 손 어루만지면서
눈시울 붉히시는 아버지

잔병치레로 누워있는 딸에게
봄 구경 다 시켜주시려는 듯
숨차게 숨차게
자전거 페달을 밟으신다

봄 바람도 노란 옷 걸쳐 입고
살랑살랑 따라 달린다

나는 바람이고 싶다

김영운

어디든 갈 수 있는 바람이 되어
내게 그리움을, 사랑을 심어준 이에게
안기고 싶다

봄을 그리며
햇살에 반짝이는 강물에도 스미고
질푸르러가는 들녘에도 스미고
세상 어디든 훨훨 날아다니다
내 품에 보듬고 싶다

가슴에 고히 간직하고 있는 것들
자유스럽게 풀어주리라
민들레 홑씨처럼 날려 보내리라

나는 텅 빈 주머니가 되어
자취를 감추리라

긴꼬리제비나비

김 영 운

푸른 하늘로 날아가고 싶은데
꽃의 아름다움에
달콤한 꿈도 꿀 수도 있으련만

날개 찢긴 긴꼬리제비나비
한 쪽 날개로 날 수가 없다
온 힘을 다해 퍼덕거린다

달려드는 개미 떼의 날카로운 이빨에
나비의 온몸은 찢겨져간다
어느새 몸통까지 분해되어
지네 종족들 소굴 속으로 끌고간다

죽어서도 푸른 하늘을 날고 싶은
긴꼬리제비나비 영혼은 날개가 없다
넋이라도 저 푸른 하늘로 오르려나!

소문

김 영 운

고갯길 오르니
후덥한 오월의 바람에
황금바다 일렁이고

지난 밤
청춘남녀 뜨거운 밀회로
군데군데 눕혀진 밀밭

좁은길 따라가니
백마가 하늘로 날아갔다는
백마골 샘터

아낙네들 빨래하며
바람쟁이 훈이아범
절굴의 과수댁과 바람나서
야반도주했다는 소문

방망이 소리와 같이
은밀히 여울져가네

홍매紅梅

김 영 운

남도길 여행하다 만난
선홍빛 여인

울다지쳐 쓰러진
자귀새의 눈물인가

선창가 술집 작부
한 서린 슬픔인가

눈부시게 아름다워
햇살에 어우러진 치마저고리

꽃신 신고 다가오는 여인이라
눈을 감을 수 밖에

김 영 운
아호 : 청향淸香
충남 서천 출생
충남 서천군 거주
서천여자고등학교 졸업
피아노아카데미 학원장
서천군문화원 시강좌 수료
현재 전업주부
(사) 샘터문학 회원, (사) 샘터문인협회 회원

김영운 시인 신인상 심사평

사랑의 형상화가 돋보이는 시

심 종 숙 (시인, 문학평론가, 교수)

김영운 시인은 「나는 바람이고 싶다」, 「홍매」, 「아버지 자전거」, 「긴꼬리제비나비」, 「소문」 이렇게 5편을 응모하였다. 그녀는 시를 쓰는 일을 통하여 자유를 꿈꾼다. 거기에는 과거의 경험을 녹여내어 현재의 시간에서 과거를 불러낸다. 그래서 그녀가 재구성한 과거의 에피소드들은 참으로 따뜻하고 시적 감동을 주고 있다. 그녀가 경험한 과거란 평범한 이들이 겪을 법한 일들이지만 그녀의 시 공간으로 불러 재구성하면 독특한 분위기를 연출해낸다. 이 점은 어디까지나 그녀의 솜씨가 좋다는 뜻일 것이다. 그만큼 시적 형상화가 잘 되어 있다고 봐도 될 것 같다. 그녀는 자신과 이웃들의 이야기들 속에서 따뜻한 사람의 제 유형들을 표현해내고 있다. 그것은 봄=추억=사랑이라는 등식 속에서 이루어지면서 그녀는 이 자유를 맘껏 누리고자 한다. 「나는 바람이고 싶다」가 바로 그녀의 시혼이 이러한 자유에서 비롯된다는 것을 보여준다. 민들레 홀씨가 품어온 것들을 바람 부는 데를 따라 자유로이 이동하듯이 그녀의 자유로운 시적 에스프리는 빛나면서도 따사롭다. 그리고 묶인 것을 풀고 품은 것을 열어놓아서 시가 하나의 해방구가 된다고 하겠다. 「홍매」에서는 매화를 선홍빛의 여인으로 형상화한 것에서도 그녀가 사물을 어떻게 대하고 꿰뚫어 보는지, 그것을 어떻게 형상화하는지를 잘 알 수 있다. 이런 창조적 능력은 앞으로 시인으로서 잘 해내리라는 기대감을 갖게 한다. 특히 신인상 작품인 「아버지 자전거」는 어릴적 육신의 나약함마저도 아버지의 사랑이 품어주는 에피소드를 재구성한 시로써 독자들에게 감동을 줄 것이라 생각된다. 그녀는 앞으로 사랑을 노래할 것이며 그런 토대 아래 현실의 질곡도 담담히 극복해 나가는 이 땅의 민초들의 삶을 노래할 것이라고 기대된다. 등단작 5편 중 대표작으로 「아버지 자전거」를 선정한다.

수상소감

코로나19사태 때문에 창살 없는 감옥에 갇혀버린듯한 생활에 힘든 나날이였는데 뜻밖의 문자를 받았습니다. 샘터문학상 신인상에 당선됐다는 이정록 회장님의 축하 말씀까지 받았습니다. 세상에, 이런 영광스런 행운이 내게 오다니 너무 기뻤습니다. 아직 시詩다운 시詩를 쓰지 못한다고 생각하는데 혹시 환상인가 싶어 눈을 부비고 다시 확인... 정말 현실이네요. 심사위원님들께 추천해주신 이정록회장님께 큰 절을 올립니다 또한 샘터문학 회원님들과 문단의 모든 문우님들께 감사드립니다. 지금까지 제 시詩는 마음 느낌이 오는대로 써왔습니다.

우연히 문화원 교양강좌로 수강한 시론을 들으며 제 글을 쓰는 씨앗과 텃밭을 일구는 것을 지도하시는 솔잎하나 구재기시인님께 감사드립니다. 처음들고 간 싯글을 보시고 하신 말씀에 마음이 시렸습니다. 매주 월요일을 기다리며 가르치심에 따라 하나 하나 고쳐가며 시론을 배움이 제겐 큰 행복이었습니다 "아버지 자전거"는 9남매 중 여덟 번째인 저는 병약하게 태어나 항상 누워지냈지요. 그런 딸이 불쌍하셨는지 염전 운영하시던 아버지께서 날씨 좋은 날에 자전거 뒤에 태우시고 기산, 한산, 판교 등 구경시켜 주셨습니다.

아버지 사랑을 아버지 자전거라는 제목으로 작품을 썼고 그리운 아버지를 제 마음에 각인 시켰는지 모르겠습니다. 김홍중시인님, 홍해리시인님, 오인시인님 등 격려해주신 모든분께 감사드립니다. 앞으로도 선배 시인님들의 많은 가르침 부탁드리오며 미사어구는 쓸 줄 모르나 읽으시는 분들의 마음에 흐미한 그림자라도 남겨드리는 시詩를 쓰도록 노력하겠습니다.

김영운 올림

사랑은 외 4편

김용옥

개구리 밥 먹듯 뛴다면
호수는 온통 무지갯 빛일 거야
하루라도 못 보면
꼭 죽을 것 같다고 노래를 하고
잠시 잠시라도 꿈뻑 한눈 팔지 못하게
소나길 보채서
칠 색으로 질질 끌고 하니 말이야

참 바쁘겠어
아침에 눈 뜨고 햇살 들어올 때
그들이 왔는지부터 더 크게 뜨고 확인을 하니
바람처럼 부지런하면
호수는 부족한 게 없을 것 같아
개구리가 외롭다 하는 소릴 못 듣겠어
빈자리는 동그라미 파장을 그려
외롭지 않게 채워주고
흔들리지 않게 잡아주고

구걸하기도 해
가끔은 배가 고프면
연잎밥을 빌려 오기도 하지
여름이 일을 할 때는

머리에서 가슴까지 다리를 놓기도 하지
가슴이 배고프지 않도록

끝으로 하는 얘긴데
호반의 사랑은 한가한 사랑이 없어
사랑은 언제나 지금이고
또 지금이고 다시 지금이야
지금이 제일 중요해

먼 훗날 밀려오는 것이 아니라
장래 희망이 아니라
오늘 이시간 파동으로 밀려오는
가슴 따뜻함이지

정염의 장미

김 용 옥

나는 장미랍니다
따뜻한 바람이 쉬어가는
햇살 잘 들어오는 다무락 아래
붉게 앉은 장미랍니다

꺾어서 만져봐도 이쁘겠지만
촉수 달린 그대로
붉은 치마 한 겹 한 겹 그대로
떠들어 보지 않아도
향기 그득히 날릴테니

어여쁜 장미로
붉다 가슴 설레는 장미라
품에 안으시면 됩니다
그냥 바라만 봐주셔도
방긋방긋 한답니다

열정의 이름으로 사랑을 말하고
사랑을 꿈꾸고
한아름 열병으로 앓게 되실 터이니
쉬어가세요
내 이름으로 사랑합니다

춘심春心

김 용 옥

어디 허락이나 받고
봄바람을 기대할 것도 아니고
꽃을 피워볼 양
구순에 팔팔한 심장을
맞을 것도 아니지

팔팔한 심장을 감당할
저 색동의 시뻘건 핏 길을 지나기엔
어림도 없는 세월이지

지나는 남녘 바람을 물고 늘어져야지
자칫 북풍이라도 맞으면
이미 담근 한 쪽 발도 빼지 못할까
이승의 느슨한
끈 하나라도 놓을까

남은 건 조마조마한 속죱음과
어디 단내라도 풍길까
동자의 손짓에 헤벌쭉 웃어보는데

봄날은 가고있어도
봄바람은 또 기대를 하니
머언 구순에 답례라도 할까

그리움

김 용 옥

그대 숨소리가 들립니다
이 긴 밤을 건너가는
작은 별들의 발자국 소리

그대의 숨소리
하늘 총총 그리운 밤바다에
파도 소리로 들려옵니다

날줄과 씨줄처럼
여러 가닥을 촘촘히 엮어
그대 앞에 다가갑니다

어지간한 날들을
차마 그대가 모를까
턱 밑까지 고개를 내밉니다

내 앞에 채우지 못한 술잔처럼
시공간을 채우는 그대
애써 따스한 숨 기운이 밴 마음이
고개를 내밀 땐
그대도 내 맘인 걸...

오랜 날을 세워보고
그대 숨이 간절해져서야
기다림도 사랑임을 압니다

봄 소식

김용옥

계절이 가득 찼다는 것은
황혼을 바라보며 노래하는 것이다
움푹 꺼진 시간을 잠잠히 모른 채 하다가도
한 줄 지평선 위
붉은 저녁놀에 익어가는
뜨거운 심장을 만져보는 것이다

보고 싶다는 말 다시 꺼내보고
사랑하는 마음을 입으로 전달할 때
누구 하나 대답 없어도

복숭아꽃 발그레하게 피어나는 날
복사꽃 향기 맡으러 온다는
오랜 연인 같은 인연이
훈풍에 떠밀려 잔설을 비집고
화급히 오는 것이다

김 용 옥
아호 : 예슬
전북 완주군 거주
(사) 샘터문학 회원
(사) 샘터문인협회 회원
풀빛소리시문학회 회원
청일문학 회원
용진지역아동센터장

김용옥 시인 신인상 심사평

그리움과 기다림의 시간을 넘어 부르는 연가

심 종 숙 (시인, 문학평론가, 교수)

김용옥 시인의 시는 한마디로 사랑을 주제로 하고 있다. 그는 「사랑은」, 「봄 소식」, 「정염의 장미」, 「춘심」, 「그리움」을 등단작으로 응모하였다. 이 시편들을 통해 그는 사랑의 그리움, 따뜻함, 봄, 장미 등을 통하여 소박하면서도 고요한 사랑을 노래하고 있다. 사랑은 한가한 적이 없이 늘 지금이 제일 중요하며 그것은 파동으로 밀려오는 가슴 따뜻함이라고 시인은 말한다. "복숭아꽃 발그레하게 피어나는 날/복사꽃 향기 맡으러 온다는/오랜 연인 같은 인연이/훈풍에 떠밀려 잔설을 비집고/화급히 오는 것"이라고 「봄 소식」에서 노래한 것은 봄과 사랑이 연결되는 이미지이며 "열정의 이름으로 사랑을 말하고/사랑을 꿈꾸고/한 아름 열병으로 앓게 되실 터이니/쉬어가세요/내 이름으로 사랑합니다"라고 하여 정염의 장미라는 이미지에 조응하고 있다. 「그리움」에서 "내 앞에 채우지 못한 술잔처럼/시공간을 채우는 그대/애써 따스한 숨 기운이 밴 마음이/고개를 내밀 땐/그대도 내 맘인걸...//오랜 날을 세워보고/그대 숨이 간절해져서야/기다림도 사랑임을 압니다"라고 진술하는 시적화자는 그리움과 기다림의 연모의 감정을 지니고 있다. 김용옥 시인의 사랑을 주제로 한 시편들에서 보이는 기법들은 「정염의 장미」에서와 같이 은유의 기법이 주로 쓰이고 있다. 「봄 소식」에서 "계절이 가득 찼다는 것은/황혼을 바라보며 노래하는 것이다/움푹 꺼진 시간을 잠잠히 모른 채 하다가도/한 줄 지평선 위/붉은 저녁놀에 익어가는 뜨거운 심장을 만져보는 것"이라고 하여 사랑=봄=뜨거운 심장이라는 도식이 주는 생명감을 느끼게 한다. 곳곳에 뛰어난 표현력을 지닌 시문을 배치한 것은 김용옥 시인의 언어감각이 섬세하고 표현력이 평범치 않다는 증거이다. 앞으로의 시업에 기대를 걸면서 다섯 편의 등단작들 중에 대표작으로 「사랑은」을 뽑는다.

수상소감

봄이 어느새 와 있었습니다. 온기를 예약하고 다녀야 했던 겨울날의 내 자리들을 한 곳에 모아 단 번에 따뜻함을 전해주는 미소 반듯한 봄입니다. 꽃이 피는 소리가 펑펑 들려 올 것입니다. 기다리던 소식도 반가워 가슴이 펑펑 울어댑니다. 한 송이 국화꽃을 피워야 했고 13명의 아해가 달아나는 광경을 보고도 싶었고 돌담길 흩어 지나가는 바람의 이야기도 듣고 싶었습니다. 눈에 보이는 것이, 가슴에 담아지는 것이, 다시 시가 되어 담겨질 때 눈앞에 펼쳐지는 그림을 더 그려낼 수가 있다면, 더 멋진 글이 될 수 있다면 한 줄 시로 노래하는 시인은 참 즐겁겠습니다.

비탈길에 서 있는 고목나무를 노래할 때부터 시가 좋았습니다. 흐르는 눈물을 시로 받아 적는 것도 좋았고 아침이 되고 저녁이 되는 것이 글이 되어 연필을 잡을 때도 좋았습니다. 멋진 시인님들의 시를 보면서 시가 보이는 게 아니라 글자 뒤에 숨겨진 이야기를 보고 싶었고 행을 바꿔가면서 놀이를 하는 한바탕 놀이마당을 보는 것 같았습니다. 나도 쓸 수 있을까? 나도 보고 싶은 걸 보게 할 수 있을까? 한 자씩 글자들을 이어가고 가슴에서 나오는 화수분 같은 글들을 잘 엮어서 한 줄 시로 종이 위에 나타낼 수 있을까? 긴장하면서 사랑하면서 샘터문학에 문을 두들겼습니다. 간절했고 사랑했으니 어느 연인의 기다림 같이 기다린 반가운 소식에 시와 함께 춤을 추었답니다. 허대성 시인님을 통해 시를 나누고 아직 여린 잎인 저를 잘 자랄 수 있는 나무로 보시고 이끌어 주셔서 참 감사함을 전하고 제 8회 샘터문학상과 제 9회 컨버전스 감성 시집에 공모를 통해 신인 문학상에 당선된 영광을 안았습니다. 함께 공모한 허대성 시인님의 샘터문학상 본상 대상을 축하하고 심사를 해 주신 4분의 심사위원님들과 추천해 주신 이정록 회장님께 무한한 감사를 드립니다. 아울러서 샘터문학을 통해 더 많이 배우길 희망하며 잘 자란 나무를 보여 드리고 싶습니다. 샘터문학의 무궁한 발전을 기원드립니다.

시를 잘 모른다며 보여 줘도 모른다더니 신인문학상 소식에 축하한다는 사랑하는 남편 이관우님, 언제나 엄마가 제일 이쁘다는 이쁜 딸 지혜, 가끔 읽어 주고 응원한 잘 생긴 아들 정재, 그리고 지금도 아가 라고 부르는 우리 옥선씨에게 기쁜 소식을 전합니다.

김용옥 올림

아내의 첫 제사 외 4편

배 상 기

팔월의 뜨거운 태양은
속도 모르고 여름을 후리더니
상련에 아픔을 낳습니다

일년의 등뒤에
빈 걸음 소리 없고
발자욱 하나 오고 가지 못하나니
어인 일인지요

불던 바람 멈춘 자리에
일년의 고뇌가 싸여
가는곳 마다 당신 모습 살아 돌아오고
소리는 모든 이 생각속에 살아와
가슴속 가슴속 깊이
눈물로 잠들곤 합니다

이제 나는
길 떠난지 오랜 세월중에
그 일년을 어찌 살아야 할까
생각도 했지만
딸자식 하나 키워
부모의 지팡이 되려하니

눈물이 앞을 가립니다

삼백육십오일 오늘
낯선 순간이 촛불을 밝히고
우린 그렇게 모여 앉아
낯선 풍경 하나 눈에 담고
큰손자 울음 소리에 허리굽혀
당신이 먼 길 마다하고
여기에 함께 있음을 이제 알았소

한거름에 달려 왔으리라
하고 싶은 말도
보고싶은 마음도
기약 할 수 없는 영혼
대문밖 가는 길 어찌 가시겠소?

당신 손잡고
흔적 보따리 가슴 가득 보듬어
당신 가는 길 같이 가고
같이 오면 좋으련만
그날을 그날을 생각하며
먼 발치에서
먼 길 떠나는 당신과 함께 할 수 없음을
눈 감고 소리없이 흐느낍니다

망년望年

배 상 기

풀섶 여치 울음소리 고요를 다독인다
하얀 들국화 지 세상인 양
새벽녘 무서리에 향기를 잉태하고
햇살에 산파로 몸을 푼다

산새山鳥의 공명을 두드리는 풍경소리에
일년의 여명이 소망으로 태어나고
생명의 숨소리가 땅속에서 뿌리로 뻗어
하늘로 용솟음치니
또 한해의 생명수가 양식을 살 찌우고
백성을 편한케 하나니

비 걷힌 산속 세상
솔잎 끝 이슬 방울 그렁그렁 노래하고
맑고 영롱한 숨결이 산세의 아침을 깨우나니
동자승 동아줄에 범종이 천기天氣를 부르고
아침과 일년이 해와 달사이
풍경소리에 태어난다

고즈넉한 산속 풍요만큼이나
내년에도 잘 익은 사람의 환한 미소 속에
사랑과 평화가 충만한 세상이기를
눈 감고 소원하며
하늘을 우러러 보느니

연민

배 상 기

창밖 저 넘어 좁은 창살 먼 곳에
밤잠 잃은 눈동자 빨노파 불빛 따라
오고 가는 세월들
밤은 깊어 가도 동행 하기 싫은
하늘 속 마음
힘들고 피곤한 내 영혼
뉘라서 헤아릴까

갈것도 올것도 없는 빈거리에
빛다른 불빛만
잠못 이루는 외로운 시간 하나
어둠을 치켜들고
잠깐 지나간 잠 모퉁이에
오락가락 낯선 풍경들

아직도 너무 그립고 보고파서
흘려야할 눈물 있는데
내 사람 머물지 못하는 것
또 한 번의 꿈이련가
언제쯤일까!
불 밝히고 물어 보리라
내 마음 가는 길을

동지팥죽

배 상 기

오늘은 그저 늘 그랬듯이
그런 날이라 아무 생각이 없고
오늘 하루를 살수 있음에 감사할뿐
아주 작은 문명 공간에서
오늘이 동지라네요

눈은 저절로 벽에 걸린 숫자에 멈추고
빨간 숫자가 같은것이 나란히 있어
늘 같다고 생각했던 오늘도
늘 함께 있을거라 생각했던 사람
세상이 다 변하고 허물어져도
오늘만은 잊지 않고
팥죽 한그릇 늘 함께했던 당신

오늘 팥죽은 먹을 수가 없구려
괜스리 눈가에 이슬 맺히고
이내 마음이 슬퍼지네요
슬픔은 회한을 흐르게 하고
또 그렇게 내년에도
가슴이 미어져 슬피 울겠지요

세상

배 상 기

서럽게 흩날리는 그리움 너머로
산산히 부서진 험한 세월들이여
바람에 잿빛 날듯이
하나의 보고픔 너머로
그리움 조금씩 지워지면
시린 가슴 하나만 남아
달빛 그늘밑에 팔베개 고히 잠든다

슬픈 눈물로 서럽게 울던
세월 너머에 살았을 시간들
생의 살점 찢기는 아스러지는
입속의 함성으로 세상을 살고
저녁 노을 곱게 물들이고
영혼으로 남은 오늘

어둡고 혼탁한 밤의 세월
낯선 세상 낯선 풍경
어느 길 모퉁이에
삶을 멈추리라

배 상 기
본명 : 배인철
필명 : 요한
대구시 중구 거주
(사) 샘터문학 회원, (사) 샘터문인협회 회원, (사) 샘터문학신문 회원, 사계속시와사랑이야기그룹 회원, 한국문인그룹 회원, 송설문학 회원, 백제문단 회원

배상기 시인 신인상 심사평

솔잎 끝 이슬방울에 머무는 길

심 종 숙 (시인, 문학평론가, 교수)

배상기 시인은 「망년」, 「세상」, 「연민」, 「동지팥죽」, 「아내의 첫 제사」이 다섯편의 시를 응모했다. 이 중에 「망년」을 빼고 다른 시들은 망처가라고 할 수 있겠다. 「아내의 첫 제사」에서는 읽는 이로 하여금 눈물을 자아낸다. 사랑하는 아내를 잃고 이렇게 슬프도록 아내를 그리워하는 지아비의 시는 드물었다. 아마 그에게 시를 쓰는 일은 저 세상 사람이 된 아내와의 통신이 아닐까 생각된다. 그의 사모곡들은 사랑하는 사람을 잃어서 상실감에 젖은 이들의 마음을 잘 다독여줄 것이라 생각된다. 「망년」은 배상기 시인이 지향하는 세계가 그려져 있다고 하겠다. 산 속의 정갈한 산사와 풍경소리, 솔잎 끝에 매달린 이슬 방울, 영롱한 숨결이 머무는 산 속의 아침에서 오는 고요, 풍요는 '잘 익은 사람'의 환한 미소 속에 담겨있는 사랑과 평화가 충만한 세상이다. 그는 이런 세상을 꿈꾼다. 그런데 그는 지금 사랑과 평화가 충만하지 않는 현실에 놓여있다. 사랑하는 이의 상실은 이러한 것을 깬다. 그래서 그는 아내를 그리워하면서 아내와의 추억을 충분히 기억하고 그것을 글로 쓰는 행위를 통하여 마음을 다독이고 이 결핍을 충만케 하기 위해 마음을 비워둘 것이다. 그에게 시를 쓰는 행위를 통하여 상실의 아픔을 치유하고 그 상처를 극복하여 "불 밝히고 물어 보리라/내 마음 가는 길을"이라는 이 구절처럼 모든 것이 명확해질 날이 오기를 기대해 본다. 동지의 팥죽을 함께 나눌 수 있는 인연을 만나서 이 골이 매워진다면 참으로 좋으련만. 이 길에서 잘 인내하고 자신의 마음을 비추어 보면서 가식과 자기기만 없이 안과 밖이 산사의 솔잎 끝 청초한 이슬방울처럼 무구한 마음으로 돌아가는 것, 그것이 그가 꿈꾸는 것이고 끝없는 비움에서 누군가 깃들 자리를 마련하는 것, 그것이 또한 시의 길임을 유념하길 바란다. 앞으로의 눈부신 시 창작 활동을 기대하면서 5편의 등단작들 중에 대표작으로 「아내의 첫 제사」를 뽑고자 한다.

수상소감

삶의 그늘 막에서 잠시 멈췄던 어느날, 어떤 순간의 피멍이 육체의 한켠에서 삶의 여정이 고통의 나락으로 떨어지던 날, 어둡고 황폐한 긴 터널속에서 속절 없이 흐르던 눈물을 가슴으로 담아내던 내 당신, "여보 나 죽는거 아니지 아니지?" 아직도 귓가에 아내의 영혼이 슬픈 소리로 다가와 한 번 더 보지도 못하고 떠날 채비... 아쉬움과 서글픔에 어이 발 걸음이 떨어 졌을까! 한세상 사랑하는 이의 숨소리, 영혼 마저 갈가리 찢끼는 고통과 시련이 가슴속 하나 가득했었습니다.

끝까지 지켜주지 못한 내가 초라하기 짝이 없었습니다. 여름날 마지막 병상에서 나와 사랑하는 자식들 손자손녀들 보고 싶어 울면서 먼 길 떠났을 당신, 마음이 너무 아프고 슬퍼 한 자씩 써 내려간 글들이 눈물속에 둥둥 떠다니고 여기저기 밤마다 하늘 높은 곳에 글들이 별이 되어 어둠을 밝히고, 때로는 큰 별로 어떤 때는 작은 별로 내 눈물 닦아 주던 당신, 그 손길이 차곡차곡 쌓여 예쁜 이야기 글로 만들어졌지요. 남은 인생 여정에서 늘 글 속에서 당신이 함께 하던 어느 날, 샘터문학을 알게 되었고 신춘문예에 응모하게 되었습니다. 문단 선배님이신 이정록 회장님의 지도와 추천으로 샘터문학상 신인상 시부문에 당선되었다는 소식을 전해들었습니다. 이 모두가 다 당신의 정성이고 보살핌 덕분입니다. 여보, 감사하고 또 감사합니다.

그저 마음이 아파서 보고픔과 그리움을 주체하지 못해 조금씩 썼던 마음이 하나 둘씩 모여 앉아 샘터문학이 쉼터가 되었습니다. 제 졸시를 당선시켜주신 심사위원님들께 감사의 말씀드리고 이정록 회장님께도 거듭 감사의 말씀 드립니다. 샘터문학 발전을 위해서 애쓰시는 임직원 여러분과 회원님들께도 감사드립니다. 그리고 사랑하는 가족들, 친구들, 지인분들과 문단의 문인 여러분께도 감사의 말씀드립니다.

배상기 올림

인생, 꽃잎 하나에 외 4편

안 의 수

시인의 집 돌담 뒤엔
측백나무와 도화꽃이 기대어 살았고
모과나무 뒤로 행화 앵두꽃도
시샘처럼 까치발을 딛고
두 볼 가득 발그레 붉혔다
그중 아름드리 느티나무가
터줏대감처럼 지키고 있었는데
그는 그를 그네 나무라고도 했고
할아버지 나무라고 했다

겨우내
그리움 품고 살던 나무들이
앞다퉈 새의 노래로
꽃의 말로 인사를 건넨다
봄은 온통, 하양.노랑.분홍.빨강
모두 꽃 세상이다
봄바람이 탱크처럼 온 산하를
꽃보다 먼저 코로나가 점령했지만
사람들은 두려움 대신
꽃처럼 벙싯거린다

꽃잎 하나에 고향이 떠오르고

꽃잎 하나에 시선이 머물고
꽃잎 하나에 발길이 머물고
꽃잎 하나에 향기가 머물고
꽃잎 하나에 사랑이 피어나고
꽃잎 하나에 그리움이 묻어나고
그렇게 봄이
시나브로 머무는 사이
무한한 감사와 행복으로
무한 꽃길을 걷는다

꽃잎은 피고 지고
시인의 시상詩想 들고 날고

뿌리

안 의 수

오래된 고목의 밑동에
상아 뿔처럼 드리워진
그 속
아무리 들여다보아도
때론 안스럽고 불편하다

때늦은 꽃잎 하나
맘에 담고 살아도
삶이 얼마나 공허로운가

날마다 보고 또 보고
날마다 걷다 또 채여도
그 길에서 맞는 빛나는 아침이
얼마나 큰 축복인지 모르고 살다가
다 스미지 못해
어느 날 그 어느 날
무릎을 꿇은 후에야
비로소 느끼는 통증

아, 그 고래 힘줄 같은
질긴 인연의 끈

포토존

안 의 수

휴일 아침 창에
구불구불 활활 타오른 하천길
코끝에 살랑이며
보드레한 고운 손짓
향기롭다 못해
비릿한 내음 울컥 게워올린
지천에 가득한
청춘의 꽃무더기도 찰칵

어느 심심산천 떠돌던
승냥이의 울음같은
꽃샘바람 따라 길게 이어진
진달래, 개나리, 벚꽃
향기로운 그대와도 한 컷

거친 들숨 날숨
흡착기로 빨아들이듯
꽃술 하나하나의 사랑 미움 애증
행복과 축복 유희 모두
한데 어우러져 잉잉거리는
저리도 곱게 물든
사각 틀 속에
나도 살짝 까꿍

백자 항아리

안 의 수

저 안에 저 빛속에
무엇을 담을 수 있을까

이리 저리
두고두고 보아도
질리지 않는 은은함
울퉁불퉁 모나지 않고
소박하나 진중한
단 하나의 믿음

일상을
그윽이 바라볼 수 있는
넉넉한 시선으로
알콩달콩 공유하고 싶은
반백의 하루

행복한 미소로
매일 한 발, 한 발짝씩
다가서고 싶은
은백의 봄볕같은 마음
한아름 가득

울타리가 하얀집

안 의 수

산모롱이 양지녘
다홍색 뾰족지붕 2층집
저 안에는
어떤 마음들이 모여 살까
빨주노초파
마음들이 살겠지

논두렁 샛길로 달려가면
자운영꽃 하염없이 손 흔들고
안 마당엔 수런수런한
노랑병아리 수선화
우아한 백조 목련이
도란도란 살겠지

어느 시골 언덕집엔
순박한 여인네와 말쑥한 남정네가
복실복실한 토끼같은 아이들
자전거를 밀어주며
하얀 이, 목젖까지 드러내고
배꽃같이 웃으며 살겠지

핑크빛 봄날을

찬란한 봄날을 배경으로
사랑의 온도
백 도로 올려 살겠지

안 의 수
시인, 교사
충남 서산시 출생
아호 : 남강
(사) 샘터문학 회원
(사) 샘터문인협회 회원
(사) 샘터문학신문 회원
사계속시와사진이야기그룹 회원
한국문인그룹 회원
백제문단 회원
송설문학 회원

안의수 시인 신인상 심사평

겸허와 순수를 지향하는 뿌리

심 종 숙 (시인, 문학평론가, 교수)

안의수 시인은 「뿌리」, 「포토존」, 「인생, 꽃잎 하나에」, 「백자 항아리」, 「울타리가 하얀집」이 다섯 편을 응모하였다. 그는 시를 오래 습작한 경험을 지녔다고 생각된다. 「뿌리」라는 시는 그의 시창작 솜씨가 수준급에 이미 이르고 있음을 보여준다. 이 시는 형상화도 비교적 잘 되어 있고 뿌리가 지니는 철학적 의미와 본질에 천착하려는 안의수님의 솜씨를 잘 보여주고 있다고 하겠다. 4연 구성의 이 시가 지니는 변주력은 크고, 공허하지만 질긴 인연의 뿌리를 깨달은 것은 한 마디로 무릎이 꺾인 후의 일이라는 삶의 지난했던 경험이 그를 깨닫게 하였다는 고백이 묻어나 있어 시인의 고뇌가 녹아난 작품이라는 생각이 든다. 「포토존」은 숨막히는 인생사와 자연의 아름다운 꽃이 대비되는 사각틀 안에 그도 살짝 들어가 찍힌다는 의미에서 어쩌면 사진을 찍는 행위와 찍히는 행위 사이의 긴장처럼 삶도 바로 그런 거리와 긴장의 연속이었다는 것을 노래하였다. 「인생, 꽃잎 하나에」바로 이런 유의 삶이 가져오는 어두운 것들도 한 잎의 꽃에 고향, 시선, 발길, 향기, 사랑, 그리움으로 봄이 머물 때 감사와 행복을 느끼게 된다는 것이며 이렇듯 우리네 삶도 꽃이 피고 지듯이 피고 질 것임을 알려준다. 「백자 항아리」에서 안의수 시인의 지향점을 읽어낼 수 있는데 그것은 "소박하나 진중한 단 하나의 믿음" 즉, "봄결같은 마음"을 그 안에 품는 것이다. 그는 백자 항아리처럼 희고 은은하면서도 질리지 않고 모나지 않으며 소박하게 그러나 진중한 믿음 하나로 살아왔던 것이다. 이러한 삶을 대하는 겸허함이 이 시에 배어나 있다. 이 이상은 바로 「울타리가 하얀집」에서 처럼 무지개색 순수한 마음을 제각각 품고 소박하고 순박하며 정갈한 남자가 배꽃같이 웃으며 살아가는 집이다. 그의 시에서 흰색은 순수함, 결백, 정갈함, 소박함을 상징하고 있고 꽃들은 그런 그에게 생명력을 주었다. 앞으로 더욱 정진하여 한국의 문단이 더욱 맑아지고 생명력을 회복하는 데에 일익을 하기 바란다. 등단작 다섯 편 중에 대표작으로 「인생, 꽃잎 하나에」를 선정한다.

수상소감

꽃멀미가 날 것 같은 꽃들의 행진이 풍요로운 가을의 결실을 약속하며 연담록 녹음 뒤로 살짝 자취를 감췄다. 비 온 뒤 맑게 갠 백사장의 반짝이는 모래알 같은 언어들의 춤사위가 제법 모양새를 갖춰 가는 듯한 기분좋은 하루다. 아지랑이 몽글몽글 피어오르던 내 유년의 책갈피엔 언제나 샘터라는 교양지가 있었다. 삼촌께서 항상 구독하여 즐겨 읽으시던 자그마하지만 교양지였다. 고단한 삶을 잘 녹여낸 생활수기가 수록되어 있었다. 문턱이 높은 교양서가 아닌 생활 속의 희노애락을 잔잔히 그려 내는 교양지라고 생각했다. 그리고 동네에는 수백년된 샘터가 여러 개 있어서 내 가슴과 뇌리에 각인되어 있었다.

이번에는 그 교양지와는 전혀 다른 샘터문학 문예지인 컨버전스 감성시집과 더불어 신인문학상에 도전해 보았다. 그런데 영광스럽게도 당선되어서 너무 기뻤다. 추천하여 주신 이정록 회장(필명: 샘터)님과 심사위원님들 그리고 함께 애써주신 문우 선생님들께 고개숙여 심심한 감사의 인사를 전합니다. 저의 가족과 친우, 지인분들께도 감사의 말씀전합니다. 앞으로도 더욱 더 정진할 것을 약속드립니다. 거듭 감사드립니다.

안의수 드림

신인문학상 당선작

힙합 외 4편

유 재 월

쿵치박치 쿵치박치
라임을 즐겨라
품치치 음치치
자유로운 몸짓들
날아다니는 시어들
쿵치박치 쿵치박치
와와 내지르는 곡조들
품치치 음치치
양손이 어깨가 들썩들썩
허리는 한들한들
품치치 음치치
야들아 뽀대는 나야지
소리 질러봐!
소리 질러 ~
질러
질러
내질러

힐링클래스

유 재 월

밤새워 외진 곳에서 홀로
가슴앓이하고 숨죽여 소매끝 적시고
눈물 찍어내는 아이들 모여라
반항의 피가 끓어 가슴이 폭발해 버릴 것 같은 아이들 모여라
눈알이 뒤집히고 머리가 돌아 버릴 것 같은 아이들 모여라
아자아자아자

힐링클래스
힐링클래스

이곳은 이곳은
아픈 마음 서로 보듬고 위로 받는 곳
찢긴 상처 덧나지 않게 치유하는 곳
어둠 속에서 쌍무지개 빛 볼 수 있는 곳
미움은 지우고 사랑을 키우는 곳
이제 너는 혼자가 아니야
이제 너희는 외톨이가 아니어서 좋아
아자아자아자

힐링클래스
힐링클래스

우리 서로 손잡고 앞으로 나아가자
우리 함께라면 잘 할 수 있어
우리 함께 잘 해낼 수 있어
아자아자아자

힐링클래스
힐링클래스

너희 머언 미래를 향해 드넓은 바다를
항해할 수 있어
너희 미지의 신세계를 향해 항해할 수 있어
너희 별 바다를 우주를 향해할 수 있어
아자아자아자

힐링클래스
힐링클래스

※ 힘들게 사는 현대인들의 마음을 편하고 행복하게 하는 꿈을 꾸며 자기 체험에서 나온 어린아이 세계의 극한 상황(따돌림, 괴롭힘, 부모 이혼 어려운 가정형편)을 떠올리며 치유의 시를 씀

초록 담쟁이

유 재 월

저 높이 파란 하늘에서 노니는
꽃구름 양떼구름 친구 만나러
초록 담쟁이는 오늘도
손의 손잡고 창공을 향해 행진한다
동서남북 한마음으로 힘차고 일사분란하게 전진한다

튼튼한 아빠 뿌리는 받쳐주며 응원하고
바람이 살랑살랑 구슬 땀 닦아주고
가랑비 보슬보슬 얼굴 씻겨주고
햇살은 따스하게 속살거리고
단풍은 몰래몰래 갈색 홍색으로 수줍어갈 때

와글와글 놀라움에 주렁주렁
옹아리 식구들이 늘어나고

사랑 대장 엄마 줄기 “앞으로 나란히”
“좌우로 나란히” 구호속에 미소지을 때

하나 둘 셋! 김치
하나 둘 셋! 김치
닮은 초록 담쟁이네 식구들
찰칵찰칵찰칵
기념사진을 찍는구나

베란다 텃밭

유 재 월

초보 도시농부가
아파트 베란다에 텃밭을 만들었다
키가 큰 화분엔 머스캣 포도나무를
폭넓은 초록 상자엔 상추와 쑥갓 모종을 심었다

아침에 텃밭에 물을 주며
아침 인사를 한다

"꿀모닝, 좋은 아침이야 잘잤니?
나도 네 생각하며 잘잤어"

내 새끼 같은 모종들이 날개짓을 한다
마치 "엄마 안녕, 잘 잤어요" 하는 것 같다

한낮 뜨거운 기운에 힘이 빠질라치면
소슬바람 불러 친구하라고 창문 열어주고
비바람 심술부리면 창문 닫아주고

어느새 꽃 피고 잎이 쑥쑥 자라
포도나무에 알알이 주렁주렁
상추 쑥갓이 파릇파릇 가득하고
초보 도시농부 베란다 텃밭엔
사랑이 농익어 간다

방울토마토

유 재 월

짜아안! 짜안!
마법의 시간이에요
빨간 토마토는 물론이구요
노란색 주황색 보라색
어느 색깔이 열릴까
아이들 마음이
콩닥콩닥거려요

짜아안! 짜안!
토마토가 익어가요
꿀맛 새콤달콤 사탕맛
큰 아이는 사탕맛
작은 아이는 꿀맛
코끝에 대어보더니
풀 내음이 폴폴폴 난다고
촐랑촐랑거려요

유 재 월
아호 : 청명
사울시 구로구 거주
한성대학교행정대학원 졸업
(사) 샘터문학 회원, (사) 샘터문인협회 회원, 사계속시와사진이야기그룹 회원, 한국문인그룹 회원, 백제문단 회원, 송설그룹 회원
<저서>
포토에세이 : 화로와난로家

유재월 시인 신인상 심사평

식물적 상상력과 문학적 치유

심 종 숙 (시인, 문학평론가, 교수)

유재월 시인의 시들은 일상의 생활에서 소소한 소재들을 중심으로 하였다. 그리고 그 소재들은 분명히 현재를 살아가는 이들에게 중요한 생활의 일부가 된 것들이다. 「힐링 클래스」, 「초록 담쟁이」, 「베란다 텃밭」, 「힙합」, 「방울 토마토」와 같이 시의 제목에서부터 그는 식물적 상상력과 힐링 클래스, 힙합과 같이 생활의 고단함이나 어두움으로부터 춤과 힐링, 그리고 원예를 통하여 치유의 길을 모색하는 시인의 모습이 얼비치고 있다. 특히 아픈 곳 서로 보듬고 위로 받기 위한 힐링 클래스는 학교폭력이나 왕따, 이혼으로 인한 가정생활의 어려움 등으로 힘든 아이들에게 용기와 격리를 해주는 시라 하겠다. 「초록 담쟁이」는 담쟁이를 가족으로 의인화하여 서로 사랑하며 살아가는 가족의 모습을 재현하였다. 「베란다 텃밭」은 초보 도시 농부의 베란다 텃밭 가꾸기를, 「방울 토마토」에서는 동시의 요소를 지닌 상상력이 돋보인다. 「힙합」에서는 힙합이 지니는 몸짓과 그 모습을 다양한 의태어를 구사하여 자유로운 몸을 통하여 치유해 나가는 신체를 그렸다. 비교적 밝은 정서와 순수한 감성을 지닌 시인은 우리들의 일상 생활에서 소재를 얻어서 시를 쓰면서도 식물적 상상력이 주는 생명력은 그의 시가 치유로 이어지고 있음을 알 수 있다. 그의 시는 밝고 긍정적이며 활달하고 생기발랄하다. 이러한 상상력은 곧 "미움은 지우고 사랑을 키우는 곳/이제 너는 혼자가 아니야/이제 너희는 외톨이가 아니어서 좋아"라는 시구절에서와 같이 사람들 간에 쳐진 벽을 부수고 미움을 지우고 사랑을 함께 키워가는 세상에 대한 동경과 지향을 그의 정신에 지니고 있기 때문에 이런 시편들이 창작될 수 있었을 것이라고 추측한다. 그의 시는 현재의 생활이 보이고 함께 소통하고 공감함으로써 치유해가는 문학의 기능적 측면을 중시하고 있다고 하겠다. 앞으로 더 좋은 시를 쓸 것으로 기대하며 다섯편의 등단작들 중에 대표작으로 「힙합」을 선정하면서 심사평을 마칠까 한다.

수상소감

미세먼지로 온 세상이 희뿌연 하늘이 모처럼만에 맑은 하늘로 변해서 저 멀리 남산타워가 선명하게 보입니다.

기분좋은 반가움과 함께 샘터문학 "2020년 신춘문예 샘터문학상"에 공모한 결과 "힙합 외 4편"의 시가 신인문학상에 당선되었다는 매우 기쁜 소식이 전해져왔습니다.

지금 마주한 이 순간이 너무 감격스럽습니다. 그리고 저의 서투른 시를 신선하고 예쁘게 보아 주시고 과분한 칭찬을 해주셔서 시선을 어디에 둘지 모를 만큼 쑥스럽기만 합니다. 앞으로의 세상사를 맑고 따스한 시선과 사랑으로 품어 아름답게 표현해보고 싶습니다.

어둠을 비추는 촛불처럼... 보드라운 봄바람처럼... 수줍게 핀 예쁜 들꽃처럼... 이웃과 더불어 희망을 꿈꾸며 행복을 노래하는 새내기 시인으로 멋진 나래를 펴보겠습니다.

추천해주신 샘터문학 이정록 회장님과 고뇌어린 심사를 해주신 심종숙 교수님 외 4분의 심사위원님께 고마움을 표합니다. 너무 감사합니다.

유재월 올림

신인문학상 당선작

지는 석양은 꽃보다 아름답다 외 4편

유 정 례

황혼길의 아름다움이
누가 인생의 끝이라고 했던가?
활화산 마그마 같은 뜨거운 가슴
지금도 끓고 있다
아직도 못 다한 사랑
그리움으로 가슴속을 후빈다

석양의 노을이
누가 인생의 종점이라고 했나?
이마에 부는 바람 마음 설레이게 하고
밤하늘 눈썹달 방긋한 미소로
여인의 가슴 설래이게 한다

별빛 휘몰아치는 춤사위 낭만을 즐기고
거칠어지는 숨소리 가슴 뜨겁게 달구고
심장의 고동소리 펄펄 끓고 있는데

힘들고 어렵게 걸어온 길 만큼
갈 길도 고단하고 막막한
황혼이 눈물 흘리며 바라보는
여인의 모습이라고

찬란한 생을 활화산처럼 뿌리며
떠오르는 너도 아름답지만
생의 끈을 한아름 품고 쓴웃음 지으며
산을 넘는 네가 꽃보다 아름답구나

간절한 인연

유 정 례

지나가는 용트림의 몸부림
스쳐 지나가는 양탄자 타고
인연 찾으려 구름을 뒤집는다

어두운 밤하늘 불을 토하여
그대의 가슴을 달구어
아름다운 인연 될 수 있다면

빛을 밝히는
붉은 장미의 웃음처럼
마음을 활짝 열었으면

반짝반짝 눈빛으로
앞길을 밝히는 별 하나처럼
그리운 당신이
인연으로 다가왔으면

사랑꽃 피어드릴께요

유 정 례

당신을 사랑 하는 것
내 삶의 활력과 설레임
사랑스런 희망을 내 가슴속에

철삿줄로 매듭져진 혈관의 몸부림
사랑 속 인연의 밧줄로
촉촉이 스며들도록
내 영혼을 그대 세포에 남겨두었고

서로가 나눌 줄 알면서 아끼는 것이
나눔의 참사랑이라는 것을
아름다운 인연이라는 것을

잔잔한 가슴에
바닷물을 휘감는 태풍이 휘몰아쳐
마음이 흔들릴 때

용광로 불꽃으로 흔들어 버리는
향기품은 뜨거운 사랑꽃을
그대 가슴에 피어 드릴께요

인생길

유 정 례

희망을 버리면 갈래 길에서 방황하고
믿음을 저버리면 구름처럼 흩어지고
배려심 버리면 꽃들도 시들고
사랑하지 않으면 무인도 가야하고

희망의 길은
생각으로 꿈으로 만들어진다
세월과 어깨동무하고 걸어가는
하나뿐인 인생길을 꿈을 꾸라

빈잔에 욕망의 술 담아
마시고 토하고 마시고 토하고를
반복하는 인생길

아파봐야 상처받은 자 고통을 알 수 있듯
인생길은 파도가 치고 보이지 않는
깊은 바닷속 마음 같으리니
희망을 버리지말고 사랑하고 또 사랑하라

사랑의 씨앗을 뿌려보자

유 정 례

하늘에 허리 굽히고 온정성 다해
사랑의 씨앗을 마음 밭에 뿌리고
구름의 춤사위 속 양탄자 타고서

행복이 무엇인지
사랑의 씨앗을 바닷물에 뿌려
거센 풍랑도 숨소리 죽일 수 있도록
은혜의 눈빛을 띄우고서
신뢰의 손길이 따뜻하게 전해지고

용서와 배려와 존경심으로
명예의 월계관이 어느 날
머리위에 씌워질 것이고

어깨를 짓누르는 무거운 짐들
어느새 석양이 어깨동무하면서
가벼운 마음으로 함께 하자니
풍요로운 자유를 맛볼 것이고

수고가 가냘픈 손끝에 머물게 되고
우정도 가슴에 품게 되고
삶을 사랑하기에 인생의 참맛도

감격의 시간도 가슴속 가득 차오르고

우정과 행복한 동행의 손길
언제나 드넓은 가슴속에 머물고
사랑이 뿌린 씨앗
두 발로 전해지는 그 날
행복한 꽃이 흐드러질 것이니

유 정 례
(사) 샘터문학 회원
(사) 샘터문인협회 회원
(사) 샘터문학신문 회원
사계속시와사진이야기그룹 회원
한국문인그룹 회원
백제문단 회원
송설그룹 회원
새벽문학관 회원

유정례 시인 신인상 심사평

석양에 피어나는 사랑의 시혼

심 종 숙 (시인, 문학평론가, 교수)

유정례 시인의 시들을 인생론적인 측면과 사랑예찬이 주를 이룬다. 처음 시를 습작하는 이들은 간혹 이런 풍의 시를 쓰곤 한다. 사춘기 시절의 감성과 맞닿아 있는 듯한 이 시들을 노년인 그녀가 쓰고있다. 그녀는 마음이 자유롭고 아름다움을 꿈꾸며 먼 인생의 길에서 황혼에 이르렀다. 지난 날의 어려움도 다 지나고 이제는 여유를 가지고 사랑을 노래한다. 그녀는 이렇게 황혼의 감성을 사춘기의 소녀처럼 시를 쓴다. 그녀는 「간절한 인연」, 「지는 석양은 꽃보다 아름답다」, 「사랑꽃 피어드릴게요」, 「사랑의 씨앗을 뿌리자」, 「인생길」을 응모작으로 내었다. 누군가가 무언가를 간절히 원하면 이루어진다고 하였는가? 그녀는 사랑을 꿈꾼다. 그 길에서 님을 만나고자 한다. 이렇게 그녀의 사랑하는 길에서 시적 에스프리가 전개될 듯 하다. 그녀는 석양의 노을을 인생의 종점이라는 통념에 대해 이의를 제기하고 "찬란한 생을 활화산처럼 뿌리며/떠오르는 너도 아름답지만/생의 끈을 한아름 품고 쓴웃음 지으며/산을 넘는 네가 꽃보다 아름답구나"라고 하여 지는 해가 꽃보다 아름답다고 주장한다. 그녀는 우리가 통념적으로 가지고 있는 노년에 대해서 저항감을 느끼고 노년이야말로 아름다우면 참된 사랑을 할 수 있다고 생각한다. 이런 생각은 노년에 대한 부정적인 통념들을 전복한다. 그래서 그녀의 시는 힘이 있고 긍정적이며 희망과 사랑에 대한 기대로 넉넉하면서도 힘이 넘친다. "용광로 불꽃으로 흔들어 버리는/향기 품은 뜨거운 사랑꽃을 /그대 가슴에 피어 드릴게요"는 「사랑꽃 피어드릴게요」의 마지막 시행으로 그녀는 스스로 사랑을 도발하는 폭발적인 에로스의 화신이 되어 노년들의 가슴에 문을 두드린다. 사랑을 구하는 이들이나 일상에 지친 이들에게 즐겨 읽힐 수 있는 시이다. 다섯편의 등단작 중에 「지는 석양은 꽃보다 아름답다」를 선정한다. 지치지 말고 활기차게 사랑의 시를 좀 더 세련되고 완성도 높게 써갈 수 있도록 노력하길 바란다.

수상소감

샘터문학 이정록 회장님
심사위원님 감사드립니다

삶의 길에 연습없이 샘터문학이라는 연극무대에 주연배우로
서 있다면 얼마나 행복할까요

무명배우에서 유명배우로
고목나무에서 열매맺기를
세월의 기다림을 한칼에 잘라버리려
불철주야 노력하시는 회장님, 임원님
노고에 고개숙여 감사말씀 드립니다

관중들의 함성소리
기억속에 남는 이름석자
남기게 하려 그날을 위한 삶의 길
주연배우로 거듭나기 위한 길
삶의 대한 가치
눈보라속 하얗게 뒤덮힌 백지
초안을 잡아주기를 기다리는 마음
헤아리어 주시고

노벨문학상 이라는 샘터문학
큰별의 주연배우가 되기 위해
자신의 길 갈 수 있도록
배려와 가르침으로 희생하고 계시는 회장님, 문우님, 참여자님
다시 한 번 감사드립니다

유정례 배상

조약돌 외 4편

이 동 식

내 마음에 그대 하나 나 하나
쌓고 쌓아
우리 행복만큼 쌓아올린 사랑탑
모나지도 않고 둥글둥글한게
예쁘기도 합니다

심술 파도가 하얀 마수로 몰아쳐도
결코 무너지지 않을겁니다

끈끈한 우리사랑
뜯어 말릴 수 없는 사랑
질긴 사랑이라는 것을 알고
위로하고 축복하며
파도는 다시 돌아갑니다

우리 사랑 갈라놓을 수 없기에
아득히 멀어져 갑니다

진달래꽃

이 동 식

달래달래 와달래
달래 처자가

유혹하는 달래 처자 보러
따뜻한 남쪽까지 나들이왔네

요요한 꽃분홍 달래 처자 기분이 좋아
제비바람에 흔들흔들 춤을 추네

바람 난 제비바람 가까이 다가가서
살포시 입맞춤 하네

너의 입술 달달하다고
달래 처자 달아올라 속삭이네

마음

이 동 식

당신 마음 닮고자 큰 유리그릇에
내 안의 숨어있는 당신 마음
담아 보았어요

맑고 깨끗한 당신 마음
담아도 담아도
티끌 하나 없는 순결한 당신 마음

내 마음 정화시키려
당신 그릇에 푹 담가 봅니다

언약

이 동 식

흰 구름 두둥실 떠다니는
뽀얀 하늘
그대 마음처럼
깨끗히 색칠을 하네요

봄도 화장을 하기 시작했어요
들판 새싹이 파릇파릇 파르르
파란색으로 물들어 가네요
당신도 봄 따라 예쁘게 색칠을 했나봐요

당신은 좋겠어요
보고 싶을 때 저를 볼 수 있잖아요
예쁜 우리 사랑이
심술 바람은 샘이 나나봐요

우리들 사랑의 기분 따라
수많은 존재들이 사랑을 하네요
약속이나 한듯 속삭이지요

사랑 참 좋다

이 동 식

뿌옇게 피여있는 창을 열어보니
안개속에 아른거리는 얼굴
희미한 기억으로 다가오는 그 사랑이
그리워지는 아침입니다

보고 싶은 그대 먼곳에 있어도
마음만은 그대 곁에 머물고 있는데
그대라는 이유만으로 어느 날
내 마음에 꽃이 피기 시작했습니다

내 뜨락에 꽃을 따라 봄꽃들도
환한 미소로 우리 사랑을 축하 해주며
꽃들끼리 사랑을 속삭이네요
우리 사랑이 부러웠나 봅니다

그대여 함께가요
이 봄이 지나 여름이 오고 가을이
또 겨울이 와도
군불 지피며 우리 속삭여요
그대 향기에 천천히 스며들어갑니다
그대 마음속으로

그대여 그대여
우리 변치말고 지금처럼만 사랑해요
기다리는 사랑
보고 싶은 사랑
그리운 사랑
아무도 못말리는 사랑

이 동 식
전남 담양군 거주
(사) 샘터문학 회원
(사) 샘터문인협회 회원
(사) 샘터문학신문 회원
사계속시와사진이야기그룹 회원
한국문인그룹 회원
송설문학 회원
백제문단 회원

이동식 시인 신인상 심사평

'당신의 그릇'에 가 닿고 싶은 사랑의 시심

심 종 숙 (시인, 문학평론가, 교수)

이동식 시인은 사랑시를 쓰기 위해 태어난 분인 것 같다. 순전히 이것은 필자의 생각이겠지만 그의 시에는 사랑의 여러 모습이 구상화되어 있다. '너와 나' 그리고 '우리'라는 구도 속에서 그의 시는 쓰여지고 있다. 그의 시가 지닌 매력이라면 물질만능주의의와 천민자본주의 하에 살아가는 사람들의 메마르고 타산적이며 조건적인 거짓된 사랑의 방식을 무화시키는 데 있다. 그는 이런 사랑을 거부한다. 그는 시에서 사랑이 어떤 모습이어야 하는지를 구상화하였다. 「진달래꽃」에서는 남녀 간의 에로틱한 사랑, 「마음」에서는 지고지순한 사랑이 지니는 순수한 정화, 「언약」에서는 그리움과 기다림, 설레임의 감정들, 「조약돌」에서는 고난을 넘어가는 사랑에 대한 맹세, 「사랑 참 좋다」에서는 사랑에 대한 예찬이 담겨있다. 많은 시인들이 사랑을 노래하고 있다. 그러나 이동식 시인의 사랑을 주제로 한 시는 사랑의 감정을 사물을 통해 구상화하면서도 사랑을 지속하여야 하는 데에 대한 의지가 담겨있다. 이 의미는 사랑이 행동철학이고 실천철학이라는 점이다. 사랑은 실천이 없을 때는 지속가능하지 않다는 것을 시인은 이미 간취하여 사랑을 예찬하고 사랑의 지속을 노래하는 것이다. 그러므로 「마음」에서는 당신이 단순히 연인관계의 대상만이 아니라 절대자나 고귀한 품성을 지닌 전인격적 대상으로 자신의 마음을 정화하려 '당신의 그릇'인 마음에 담그고자 한다. 이 시는 참으로 훌륭하다고 생각되며, 이동식님의 사랑을 노래한 시들 중에서 높은 단계에 이르러 있다는 것을 보여주는 시라고 생각된다. 「언약」은 사랑의 순수함과 어린 아이 같은 무구함을 노래하였으므로 등단작으로 추천한다. 앞으로 이동식 시인의 시가 사랑을 꿈꾸는 이들에게, 일이나 여러 가지 지친 영혼들에게 삶의 의욕을 줄 수 있는 잔잔한 사랑의 파도를 일으키길 필자는 바란다. 등단작 5편 중에 대표작으로 「조약돌」을 꼽는다.

수상소감

내게도 봄날은 있나봅니다. 꽃잎만 보아도 나무잎만 보아도 입가에 미소가 맴돌고 있습니다. 뜻밖에 당선 소식에 기쁨이 오기전에 걱정이 먼저 앞섭니다. 아직은 배움에 길이 이제 시작인데 부담이 다가옵니다. 실은 공모한 이유는 따로 있습니다. 정말 소박한 시가 무엇인지 알고싶어 5섯편의 시를 보내서 컨버전스 시집에 실리면 시집을 받아서 제 글이 어떻게 생겼는지 궁금하여 공모를 했는데, 이렇게 큰 영광의 선물을, 평생의 한 번 있는 크나큰 선물을 받았습니다. 시집 속에 피어난 제 글을 꼭 보고싶습니다. 시집이 배송될 날이 기다려집니다. 그리고 시상식장에서 문단 어른들에게 등단증을 받아보고 싶어서 벌써부터 설래입니다.

시작은 이렇습니다. 중년에 나이에 접어들어 열심히 살아왔지만 뒤돌아보니 내게 남는 게 없는 것 같았습니다. 돈은 벌어 쓰면 그만인데 돈을 벌어 먹고사는게 팍팍한 인생인가 싶어 나의 인생에 무엇가를 남기고싶어 글을 접하게 되었습니다. 한 줄 한 줄 써내려가서 내 인생에 책 한 권을 써보자는 마음으로 시작한 것이 계기가 된것 같습니다. 제 마음의 문을 활짝 열어주시고 추천해주신 샘터문학 이정록 회장님을 비롯하여 샘터문학 가족여러분들 노고에 감사드립니다. 또한 이글을 뽑아주신 심사위원님들께도 감사의 말씀올립니다.

아울러 처음 글 밴드에서 저에게 힘을 실어 주신분들이 있습니다. 시 힐링에 조광진 선생님, 울산에 김소희 선생님, 진주에 오사랑 선생님과 모든 글 벗님들께 감사드립니다. 얼굴 한 번 본적은 없지만 제게 힘을 실어 주신분들께 거듭 감사의 인사드립니다. 정말 고맙습니다.

이동식 올림

신인문학상 당선작

돌담 설화 외 4편

이 동 현

우리집과 이웃집은
돌담으로 분리되어 있다
반 백 년 동안 황토흙과
울통불퉁한 돌로 쌓인 벽이다

어머니들은 서로의 소식을
이 담을 마주보며 소통했다
이웃집 아들이 사법시험에 최종 합격을 했다는 소식도
큰 딸이 멀리 시집간다는 소식도
이 돌담을 통해서 나눴다

우리집은 가난해서 굶기를 밥 먹듯 했다
굴뚝에 연기가 나지 않는 날에는
이웃집 아지매는 시어른께 들킬까봐
박바가지에 쌀을 담아 치마폭 속에 감추어
넘겨주는 것도 늘 돌담을 통해서였는데
그렇게 넉넉하지 않은 이웃집이었지만
측은지심으로 소통해 주었다

새 봄이면 검은디 뒷산을 다니며
고사리랑 남새를 같이 꺽으러 다녔고
바다같은 논에 모내기할 때도 같이 일하고

단풍이 들고 온 천지가 황금빛으로 물들어
벼를 수확할 때도 언제나 함께 했고
겨울이면 벌거숭이 뒷동산을 지나
삭정이가 있는 먼 산까지 같이
나무하러 다니며 정답게 소통한 이웃집

비가 부슬부슬 내리는 날
홍두깨로 칼국수를 밀면서
"세월 한 번 빨라서 좋네 좋아"라고
흥겹게 노래부르던 이웃집 아지매
뇌출혈로 반신불수가 되어
누워있는 병원에 병문안 가서
두 손 꼬옥 잡아주며 빨리 나으시라고 하니
대답 대신 눈물만 주르르 흘리신다

기쁠 때 기뻐해 주고
슬플 때 진심으로 위로해 주고
가진 것 많지 않았지만
나누어 줄줄 알았던 이웃집 아지매
그 온기가 베어 있는 그 돌담장

활짝 꽃대를 올렸다
그 돌담장 위로 능소화 꽃이

입춘대길

이 동 현

훈풍이 대문을 열고 들어오니
보드랍고 따순 햇살도 따라들어온다

겨우내 끌어안아 눅눅하고 쾌쾌한
무거운 근심들을 빨랫줄에 걸어 말리자

꽃신 신고 사뿐사뿐 걸어오는
봄 아씨 손 잡고

희망이 흐드러진 꽃길을
힘차게 걸어가자

손님을 맞이하는 마음
초록의 새싹처럼 겸손해지자

사랑과 시간

이 동 현

밤새 쌓인 하얀 그리움은
삶의 무게를 전부 합친 것 보다 무거워
숨쉬기 조차 어렵다

붉게 달아오르는 새벽을 깨우는
닭 우는 소리가
그래서 더 반가웠다

봄은 환희로 넘쳐나고
그대가 있음으로 늘 봄이었건만
이제 그대는 천 리나 멀리 있다

벚꽃 마냥 활짝 핀 사랑은
화려한 만큼 그리 길지가 않구나
봄날에 맹세한 사랑은
봄처럼 가벼워 믿을 수가 없다

어느 계절에 사랑을 해야 영원할 것인지
수많은 시간이 지나면 알 수 있을까?

기다림의 미학

이 동 현

긴 머리 소녀의
치렁치렁한 미소같은 하얀 꽃이
고목에 피지 않는다고
조급해 하지 말자

아직은 찬바람 부는
늦겨울

따뜻한 남풍이 불면
숨바꼭질 하듯 숨은 그 꽃들이
넓은 운동장을 뛰어 노는
해맑은 아이들처럼
앞다투어 피어나 흐드러질 테니

그 열정이 꽃 뿐이랴
신혼 밤을 맞이한 신부의 부끄러움 같은
열매도 맺힐 터이니

기다림은 찬란한 희망
푸르른 오아시스를 찾아
외로운 사막을 홀로 걸어가는 것

인생은 기다림의 연속
거저 주어지지 않는 여정
아무리 작은 꽃이라도
거저 피지는 않는다

봄 밤의 별 하나

이 동 현

앞산 진달래는 분홍빛 그리움으로 피어나고
하늘이 씻고 간 실개천은 옥빛으로 빛난다

신작로 따라 길게 늘어선 고목나무 가지
파란 새순들이 아장아장 걸어 나온다

누런 황소가 게으른 대지를 갈아엎을 때
화들짝 놀란 종달새의 꿈이 하늘에서 춤춘다

별 하나가 쉴 곳 찾아 헤매이다
외로운 가슴에 들어와 가장 밝게 빛난다

이 동 현
직업 농부
구미대학교 미래농촌지도자과 졸업
구미시 8급공무원 재직
(사) 샘터문학 회원
(사) 샘터문인협회 회원
(사) 샘터문학신문 회원
사계속시와사진이야기구룹 회원
한국문인그룹 회원
백제문단 회원
송설문학 회원

이동현 시인 신인상 심사평

순간과 영원의 시간에서 자라는 사랑

심 종 숙 (시인, 문학평론가, 교수)

이동현 시인은 「입춘대길」, 「사랑과 시간」, 「봄 밤의 별 하나」, 「돌담 설화」, 「기다림의 미학」을 응모하였다. 그의 시에는 희망적이고 긍정적인 메시지를 담고 있다. 사랑, 겸손, 기다림, 인내, 고독을 노래하였다. 이중에 「돌담 설화」는 이웃집과의 추억을 이야기시로 재구성한 시이다. 이 시에서 그는 담백하면서도 재담가다운 풍모로 이웃집과의 에피소드를 그리고 있다. 독자들은 그의 이야기 속으로 푹 빠지면서 즐거워지거나 웃음을 자아내거나 슬프기도 할 것이다. 돌담을 사이에 두고 이웃과 정을 나눈 이야기는 노년이 되어 병상에서까지 이어진다. 우리는 평범하고 소박한 일상의 생활에서 그가 왜 굳이 이웃집의 아지매를 기억하는가를 따져 묻는다면 그이로부터 받은 사랑 때문일 것이다. 이동현 시인은 이 시를 쓰는 현재의 순간에서도 사랑이 그립다. 그래서 어린시절로 거슬러 올라가서 기억 속에 자신과 가족들에게 따뜻하게 대해 주었던 이웃 아지매를 떠올린 것이다. 그러나 이야기는 현재 시점에서 과거를 소환하여 재구성한다. 그의 신나는 입담에 때로는 독자들을 웃게도 하면서 슬픔이 기쁨이 되고 기쁨이 슬픔이 되게 하는 역설을 이 시는 지니고 있다.

「사랑과 시간」에서는 그리움이 삶의 무게 전부를 합친 것보다 무거워 숨쉬기조차 힘든 상황인 사랑하는 사람을 잃은 시적 화자의 노래이다. 화무십일홍이듯이 봄날의 사랑 맹세는 꽃이 지듯이 영원하지 않다고 하였다. 이 시에서 그는 인간도 우주의 만물도 사랑도 삶도 영원할 수 없다고 생각한다. 아름다운 봄이지만 멀리 떠난 그대가 없는 상실의 빈 마음을 노래하였다. 봄이라는 한 순간과 영원한 사랑, 시간이 좋은 대비를 이루고 있고 영원한 사랑을 꿈꾸는 시적화자의 마음이 담겨있다. 등단작 5편중에 「돌담 설화」를 선정하면서 앞으로 이야기시 분야에서 활약을 해주기 바란다.

수상소감

당선 소식을 접하고 너무나 기뻐서 왈칵 울음부터 나왔습니다. 어릴 적부터 시를 좋아해서 시를 외우고 시를 필사하고 밤하늘의 별을 세면서 언젠가는 나도 시를 한 번 써보고 시인이 되어야지 생각하고 있었습니다.

내일 모레면 예순이 되는 나이에 인생을 되돌아보니 치열하게 살아 온 그 자리에 따스한 정을 가진 사람들이 있고 아름다운 고향의 풍경이 있고 가슴 시리도록 슬픈 사랑도 있고 눈물겹도록 아픈 가난도 있었습니다. 하나하나 구슬을 꿰면 아름다운 보석이 되리라 생각하고 그 추억들을 다듬으면서 한 편 한 편 써 내려갈 때 참 기쁨과 행복을 맛볼 수 있었습니다.

한 사람 한 사람의 일생이 시고 소설입니다. 표현하지 않으면 사라져 버릴 그 많은 생각의 편린들을 붙잡기 시작했고 그 편린들을 엮은 시들을 감히 샘터, 신인문학상에 출품하게 되었습니다. 부족한 저의 글을 어여쁘게 보시고 지도하고 추천해주신 이정록 회장님과 신인문학상에 당선시켜 주신 존경하는 심사위원분들께 진심으로 감사를 드립니다. 또한 문학인으로의 첫발을 내디딜 수 있게끔 문을 열어주신 이정록 샘터문학 회장님께 거듭 진심으로 감사의 말씀 드립니다. 이 기쁨을 저의 가족들과 친구님, 지인님들과 함께 나누고 싶습니다.

시를 통해 앞으로 많은 분께 위로와 용기를 드리는 좋은 시인이 되도록 더욱 치열한 삶을 살아가겠습니다. 따뜻한 봄이 아장아장 걸어오고 있는 좋은 날입니다. 모든 분들께 진심으로 거듭 감사드립니다.

이동현 올림

신인문학상 당선작

길 따라 글 따라 외 4편

조 광 진

속세에 남은 고운 미련
장독대 항아리 속 깊이 눌러 덮고
봇짐 하나 바람 등짝 얹어
너울너울 길 따라 나선다

손잡아 끌어주는 길동무 바람님아
쉬자 하면 대자 눕고
서둘자 하면 종종걸음 가자

눈 밝힌 금수강산 넋을 잃고 볼 적
발길 옮기기 섭하니
한 수 읊자 운 띄운 날엔
붓자루 먹물 찍어 화폭 가득 담아 놓자

산길이요 들길이요 강길이면
또 어떨까
잠시 잠깐 맘 한구석 털썩 내려놓고
그냥 편히 머물다 갈 양이면

떠날 때 뒤돌아 본 적 없는
내 집과 같을 뿐이라

우물 샘

조광진

그 님 손길 닿아 파놓은
우물 샘 참 깊다 물맛도 참맛이다

한 개 또 그 옆에도 한 개
바라보기도 아까울 만큼
탐스런 우물 샘

목마른 나그네
주인 없는 산 밑자락
버려진 돌밭 헤집고 한 삽 파본다
돌부리에 엉겅퀴에
얼기설기 얽혀 엄두가 안 난다

한 삽 더 파 본다
고운 흙모래
또 한 삽 찰진 황토 흙

신이 난다 두 팔 걷고 파 올리니
물길 터졌다 물도 참맛이다

머물러 쉴 곳 마련한 나그네
송송송 신이 솟는다

방랑객주

조 광 진

욕심 없는 사내 푼돈 탈탈 털어
허름한 주막 하나 장만하였으니
이름 모를 객인들 어떠하고
삿갓 쓴 양반인들 또 어떠하랴

둘둘 말아 파전 하나
흔들흔들 탁주 한 병
조촐한 술 한 상 차려줄 터이니

갖은 시름 걱정거릴랑
봇짐 속에 잠시 넣어두고

거나하게 취했거든
사랑채 내줄 테니 하룻밤 묵고가고
노자돈 없음 꽁술 줄 터이니
그냥 저냥 푹 쉬다가소

연민

조 광 진

입김 호호 불어 물안개 피운
시린 새벽녘
찬바람 옷깃 속 여며넣고
살포시 다녀간 님 그림자

왔다가신 자리마다
따스한 온기 묻어나니
베개닛 얼굴 묻고
빙그레 미소 한 번

부끄럽다 얼굴 가려 떠나신 님
눈꽃 사랑 가슴에 내려 소복소복 녹는다

천 년 설화

조 광 진

옷자락 부여잡던 열 손가락
마디마디 끊어진 깊은 설움
어찌하실라 날 떠나셨소

님 떠난 자리 고인돌 쌓고 쌓아
털썩 주저 앉은 천 년 세월

흘리운 피눈물 마를 날 없건만
뉘 붙들고 닦아달란 말이요

회오리바람 비껴간 고인돌
철새도 머물지 않더니
목놓아 부른 내 님 소리만
이끼되어 덕지덕지 앉는구나

조 광 진
경북 구미시 거주
(사) 샘터문학 회원
(사) 샘터문인협회 회원
(사) 샘터문학신문 (샘터뉴스) 회원
사계속시와 사진이야기 회원
한국문인그룹 회원
송설문학 회원
백제문단 회원

조광진 시인 신인상 심사평

무욕을 지향하는 길에서 얻은 시혼

심 종 숙 (시인, 문학평론가, 교수)

조광진 시인의 시혼은 자유와 해방 그리고 무욕이다. 이 시혼은 어디에서 오는가? 그의 시혼은 전통의 시절가인들의 정서에서 비롯되면서도 무욕의 세계를 향하고 있다. 그리고 그의 시에서는 떠남을 주요한 모티브가 되기도 한다. 방랑하는 나그네를 시에서도 등장 시켰듯이 그는 현대에 꽉 짜맞추어진 일상에 저항하는 의도로 나그네와 방랑객주를 시의 소재로 삼았다. 무욕의 나그네와 방랑객주는 반자본주의적 정서라고 해도 될 듯하다. 영혼의 자유가 행동의 자유를 낳고 그것으로 묶인 매듭이 풀어진다. 그러면서도 그의 시에는 리듬감을 강조하여 고시가의 전통 리듬을 곁들였다. 자칫하면 과거의 형식과 내용으로 후퇴하는 건 아닐까하는 걱정도 되지만 그는 최소한 시가 무엇인지 알고 어떻게 써야하는지를 알고있기 때문에 상관없을 듯 하다. 그리고 짧은 시에도 그는 이야기를 곁들여 넣으려는 자세를 지녔다. 그런 의미에서 그는 꽤 습작도 해보았고 짧은 운문에서 짐작이 되는 이야기를 재구성해보려는 시도를 잊지 않는다. 그만큼 그는 시를 쓰고자하는 긍정적인 욕구가 분출하고 있음을 알 수 있다. 나름대로 긍정적인 강점을 지니고 있으나 더 감성적이며 주변의 생활에서 소재를 얻어서 현대시풍으로 써간다면 더 훌륭한 시가 될 것이라고 생각된다. 그가 지닌 자유로움, 무욕, 무위의 세계를 현대의 생활 속에서 어떻게 표현할지 고민하면 좋겠다. 「천 년 설화」는 고인돌을 소재로 하여 떠난 자와 보낸 자의 슬픔과 아픔을 그려낸 작품으로 정연한 리듬감과 이별의 긴 세월에 담긴 회한을 전통정서에 담아 고인돌이라는 사물이 지닌 본질을 잘 표현하였다고 생각된다. 조광진 시인의 등단작 「길 따라 글 따라」, 「우물 샘」, 「방랑객주」, 「연민」, 「천 년 설화」 중 「길 따라 글 따라」를 대표작으로 선정하고자 한다.

수상소감

샘터문학 관계자분들께 제일 먼저 감사인사 올립니다. 그리고 제 졸작을 추천해주신 샘터문학 이정록 회장님과 심사위원님들께도 감사의 말씀 드립니다.

글을 사랑하고 글을 통해 세상의 작은 등불이 되고픈 소망을 품게 해주심에 머리 숙여 다시 한 번 깊게 깊게 감사의 마음을 전합니다.

앞으로도 따뜻한 글, 소망을 품는 글을 통해 세상과 더불어 글을 좋아하시는 많은 이들과 함께 살아가겠습니다. 대단히 감사합니다

조광진 배상

치유의 숲 외 4편

최 성 학

영혼에 쉼을 주고
맑은 눈물로 영감을 주는 이여

그리움만으로도 가슴 벅차오르는 곳
보일듯 말듯 아기나무 작은 숨을 고르는 곳
편하게 뒹굴 수 있는
잔디의 정원이 함께 누운 곳
솔 향 가득하여 폐부에 산들바람이 부는 곳

맨발 홀로 걷고 싶은 곳이다
호흡도 정지한 듯
심혼心魂의 고요가 잠드는 곳이다
상처받은 영혼이 달빛이 채질債迭하는 솔향으로
치유의 삶을 향유하는 곳이다

그곳으로 달려가자
푸른 영혼이 숨쉬는 숲으로

봄맞이 아리랑

최 성 학

굽이 굽이진 산등성이를 지나
이끼낀 성벽에 올라서니
노을이 부르는 강의 노래가 서산을 넘네
아리아리랑

길게 늘어선 강변 둘레길을 지나
풀섶 둔덕에 올라서니
물빛이 날리는 노을의 노래가 여울을 넘네
아리아리랑

옹기종기 주막촌,
꼬막집에서 피어오르는 하얀 연기를
먹장구름이 삼켜버리네
아리아리랑

강 건너 너울너울 걸어오는 봄
늙어 퍼석한 가슴을 적시고
향기 가득한 화원에서 뒹굴던 어린시절
애기동백에 자지러지는 까르르 소리
매화는 배꼽 잡고 꽃밭에 쓰러지고
수선화는 가슴 철렁이는 물결소리에
외로운 눈물 떨구네

아리아리랑

아름다운 슬픔, 목이 메이는 사랑과 이별 맨손의 운명선아
바위의 시간을 뚫고 가득 채웠다
비우고 또 채워서 넘치는 이슬
구르고 구르다가 내 뺨에서 따뜻해지면
가슴을 적시려네
아리아리랑

첫눈이 내리네

최 성 학

가을 겨울 두 계절이 손을 꼭 잡을 때
첫눈이 내린다네
장독대에 두 손 모은 어머니 마음에도
황량한 대지의 가슴에도
새색시 발 소리처럼 사뿐히 내린다네

붉은 홍엽에 무서리 내릴 때
첫눈이 내린다네
삭막한 나목의 가지에도
삭풍이 부는 계곡의 바위에도
하얀 눈꽃으로 살포시 내린다네

까까머리 산마루에 올라 하늘에 입맞출 때
첫눈이 내린다네
첫사랑 가슴 두근거림에도
겨울왕국 아이의 동공 속에도
범종소리 속에도 애절히 내린다네

가을과 겨울이 하나의 가슴될 때
첫눈이 내린다네
발걸음 멈추고 고요히 귀열어 젖힌다네
새벽 종소리에 방긋 꿈꾸는
아가 심장소리에도 쌩긋쌩긋 내린다네

사랑비

최 성 학

어머니 비가 옵니다
차가운 겨울비가 오고 있습니다
눈꽃을 기다리는 마음에도
당신의 모성 위에도
누이를 그리는 가슴에도

비가 와도 눈이 와도 사랑합니다
슬픈 가족사는 비로 씻어버리고
가족의 행복한 미래를 위한
기도의 눈물이 끝없이 흐릅니다

눈물을 담아내는 어머니의 가슴
슬픔도 아름다움입니다
따뜻한 사랑을 위해 기도합니다
하늘에서 내리는 는개비에
대지가 촉촉히 젖어듭니다

어머니 비가 옵니다.
사랑의 겨울비가 오고 있습니다.
눈꽃을 기다리는 마음에도
당신의 연민 위에도
형제를 그리는 가슴에도

애기동백꽃 지다

최 성 학

우주의 태胎로 열린 꽃의 혼魂
툭 동백꽃 떨어져 울려퍼지는
에밀레 종소리

좌초된 눈빛들 깜박일 틈도 없이
숲 섬 두른 바다에 낙화의 울음소리
거센 물결에 세월호 혼백 떠나보내고

님의 향기 아직 남아있는데
파도에 떠다니는 내음 가득하고
심장에 박힌 북소리 울릴 때
피멍든 가슴에 묻는 에미의 한

하늬바람 연가였던가?
죽음보다 잔인한 사월의 세월아
왜 그곳으로 항해했더냐?
버려졌었던 사삼의 동백꽃 인연
세월호 혼魂으로 환생했더냐?

동백꽃잎 가녀린 청춘들
푸른 심해로 툭툭툭 떨어지니
넋魂이라도 소환하고 싶은게

부모의 마지막 소원이라네

애기동백꽃 톡톡톡 떨어지네
에밀레 에밀레 에밀레
혼절하는 종소리 붉게 물드네
천 년을 돌아 온 세월의 닻 내리고
우주의 탯줄 끊고야 마네

최 성 학

행정고시 38회 합격
공무원 부이사관 퇴직
광주소년원장
제주보호관찰소장
인천보호관찰소장
춘천보호관찰소장
안산보호관찰소장
북부보호관찰소장
목포보호관찰소장
(사) 샘터문학 회원
(사) 샘터문인협회 회원
(사) 샘터문학신문 회원
사계속시와사진이야기그룹 회원
한국문인그룹 회원
백제문단 회원
송설문학 회원

최성학 시인 신인상 심사평

치유의 길에 이르는 시

심 종 숙 (시인, 문학평론가, 교수)

최성학 시인은 「봄맞이 아리랑」, 「첫눈이 내리네」, 「사랑비」, 「애기동백꽃 지다」, 「치유의 숲」을 응모작으로 내었다. 그의 시학은 전통적인 민초들의 정서를 현대적으로 또한 현실과 잘 융합하여 표현하였다고 생각된다. 겨울을 이기고 봄이 되어 아리랑 가락으로 만물을 노래한 「봄맞이 아리랑」은 그의 시가 애초에 전통적인 아리랑 정서를 현실에서 재현하려는 창작의도를 지니고 있는 듯 보인다. 그리고 「첫눈이 내리네」에서도 유난히 그 해의 첫눈을 기다리는 우리네 사람들의 정서를 잘 표현하였다고 생각된다. 그 첫눈을 기다리는 까닭은 두 개의 세계가 하나로 화합될 때를 기다리는 것이며 '우리들이 모두 가을 겨울 두 계절이 손을 꼭 잡을 때' '가을과 겨울이 하나의 가슴이 될 때'이다. 이렇게 두 세계가 하나가 될 때, 두 대상들이 하나로 될 때는 깨끗하고 순수한 첫눈이 내린다. 그것은 구원이며 간고한 세월을 지내온 이 땅의 민초들이 바라는 구원이다. 그 구원은 바로 「사랑비」에서 노래하는 어머니의 사랑같은 비가 내리는 것이다. 어머니의 사랑이 내리는 대지에는 구원이 온다. 그만큼 슬픔 많고 상처가 깊었던 땅에는 「애기동백꽃 지다」에서처럼 죽음의 잔인한 사월과 에밀레종의 사연, 세월호의 슬프고 억울한 죽음을 애기동백꽃이 지는 것에 비유하였다. 최성학 시인은 전통의 서럽고 슬픈 상처감을 현실의 이슈들에 접맥시켜 노래하였다. 그러므로 그에게 시의 지향점은 치유와 구원에 이르는 길에 대한 모색의 과정일 것이다. 「치유의 숲」에서도 알 수 있듯이 숲은 모성 이미지로서 '상처 받은 영혼이 달빛이 채질하는 솔향으로 치유' 되는 곳이다. 그는 앞으로 이러한 부분에서 강점을 지닌 시를 쓸 것으로 기대되며 다섯 편의 등단작들 중에서 대표작으로 「치유의 숲」을 선정하고자 한다.

수상소감

길이 없는 곳에서 진정한 여행은 시작되고 인연이 다한 끝에 참 사랑은 시작된다고 한다. 거친 호흡이 끝나가는 지점에서 아름다운 근육이 발달하듯이 시상이 소멸되는 곳에서 진정한 시인의 삶은 출발한다. 생의 끝에서 존재의 새 삶이 시작된다.

퇴직 후 아름다운 시인의 삶을 살고 싶었다. 백일동안 매일 시 한편을 그려냈다. 얕은 시정은 절제 없이 화선지를 이리저리 옮겨다녔다. 삶의 갈증에 목을 축이며 목마른 사랑을 해갈하고 거친 세상에 맑은 샘물이 되고 싶었다. 부족한 시심, 어줍은 시어로 스스로만 만족하고 말았다. 시는 홀로 만족하는 한계를 넘어 읽는 이들의 마음을 건드리고 가슴에 녹아 들어가야 한다.

그래서 백 편 이후부터는 매주 한 편만 쓰기로 작정했다. 시상이 떠오를 때 초고를 썼다 계속 퇴고를 해나갔다. 책 읽기를 하면서 시에 맞는 시어와 내 감정을 찾아나갔다. 퇴고가 10회를 지나 20회를 넘어갈 때에야 시가 나의 품을 떠나 다른 이들에게 나아갈 수 있었다. 몇 편의 시에 나의 숨결이 온전히 맺혀 있는 지는 알 수 없다. 어느덧 피곤이 시에 덕지덕지 붙어 있다면 새로운 시 세계를 만나야 할 시기에 다다른 것일테다.

공감각을 찾아내려 심연을 헤매였다. 운율에서 음악을 찾아내려고 애썼다. 싯귀에서 색깔을 보여주고 싶었다. 글자과 글자 사이에서 여백을 만들었다. 가장 맞는 시어를 창조하고 싶었다. 도치, 강조, 해체, 앞과 뒤의 교체, 이질융합, 통일성, 수미쌍관, 낭독 등을 통해 비단같은 매끄러운 글을 만들어나가려 애썼다. 나를 객관화시켜 사물이 내게 말을 걸어오기를 바랐다. 평범함 속에서 비범함을 만들어 내고 싶었다. 좋은 스승을 만나는 일은 일생의 행운이다.

퇴고와 퇴고의 지속은 좋은 스승으로 안내하는 길이다. 수 없는 퇴고는 계속될 것이다. 눈을 감고 상상력의 끝까지, 지상에서 우주까지 정신을 확장하고 영혼이 숨 쉬는 곳까지 가보련다. 호흡의 마지막까지 노래해보고 싶다. 몸이 고로가 되는 연금술로 일물 일어 경지의 자아 신화가 완성되기를 소망한다. 용광로에서의 연금술보다는 평범한 일상에서의 연금술로 만물을 꿰뚫어 결국은 하나의 시어가 되고 싶다.

지도해주시고 추천해주신 샘터문학 이정록 회장님과 졸시를 당선시켜 주신 심사원님들께 감사드립니다. 그리고 제 가족과 친구들 지인여러분들께도 고마운 마음 전합니다.

최성학 올림

신인문학상 당선작

일편단심 해바라기 외 4편

최 진 택

여명이 온 천지를 가르고
풀섶에 영롱한 은초롱 금초롱이들
방울방울 미소 짓는 아침

해바라기 사랑을 질투하는
뭉게구름 사이로 햇살이 들어
고개 숙인 해바라기 입맞춤하니
기지개를 켭니다

임을 향한 숭고한 사랑
살포시 안아주는 임의 품에서
수줍은 여인처럼 미소 지으며
임께서 잉태시켜 주신 고귀한 씨앗
가슴 가득 품었습니다

임의 불타는 애무을 느끼며
서툰 몸짓으로 고백하는 바라기는
행복한 내일을 꿈꾸며
오늘도 속절없이 또 보내드립니다

임이 떠난 이밤
달님의 차거운 질투와 유혹을 받아도
뜨겁게 안아 줄 내일을 기다리며
고개 숙이고 옷깃을 여미우고
임 발자국 소리에 귀 기울이며
선잠으로 밤을 지새웁니다

누이는 노을빛 속으로

최 진 택

이웃사촌 할머니의 모습에서
누이와의 추억을 들추어 보네

어린시절 화롯불에 쫄아붙은
된장국 몇 순갈 떠넣고
쓱싹쓱싹 비벼주던 누이의 비빔밥

곱게 접은 삼베보자기에는
먹고 싶은 마음 참아내며 감추어 두었던 보리개떡 한 조각
고사리손에 들려주던 어린 누이

들녘에 들국화, 구절초 곱게 핀
화창한 가을날 추억을 떠올리며
할머니 같은 내 누이와
누이 같은 할머니와 함께
서녘바다로 노을 보러 가야겠네

떠오르는 아침 해도 곱지만
이제는 지는 해가 더 고와보이니
미소 띤 누이 볼우물처럼
곱게 물든 노을 보러가야겠네

탑돌이

최 진 택

고사리 손으로
엄마 치마꼬리 잡고
팔짝 뛰며 걷던 기억 떠올리며
추억에 젖어 돌고

꿈에 본 어머니 모습
가슴에 새기며
한 걸음 두 걸음
다정히 손잡은 듯 돌고돌고

달빛 곱게 내려앉은
산사 마당에서
그리운 맘 전하려고
합장 기도하며 돌고돌고 또 돌고

보고 싶은 어머니
탑돌이로 기도하며 밤새우면
혹여 모습을 보여주실까
밤새 맴돈다

꿈꾸듯 추억이 흐르는 이 밤
어머니를 향한 그리움으로 사무치는 이 밤
어머니 보고싶다

앵두빛 사랑

최 진 택

앵두꽃이 수줍게 웃어준다
산골 소녀처럼 순박한 꽃이
벌 나비 불러들여 불을 지피더니
사랑을 주렁주렁 매달았다

새빨간 앵두는 욕망을 부르고
유혹에 한 알 입에 물면
혀끝에 감도는 상큼한 부드러움과
감미로운 달콤함에 빠진다

침샘이 용솟음치고 마중 나간 혀끝으로
파도처럼 달큰한 사랑이 밀려오고
가슴이 충만하고 환희의 찬가가 들려오며
아드레날린이 오감을 흥분시킨다

새빨간 앵두는
사랑을 부르는 핑크빛 요정이다
새콤달콤 빨간 요정이 사랑스러우니
앵두 같은 입술을 가진 그녀가
사랑으로 다가온다

능금 꽃

최 진 택

어릴 적
봄이면 고향집 앞마당에 피던 하얀 꽃
빨간 꽃봉오리 피우던
하얀 능금 꽃

벌 나비 찾아드는
격한 날갯짓 소리 들으며
누렁이 베개 삼아
나른한 봄날의 낮잠에 빠져들었네

누렁이 등에 앉아 하늘을 날고
벌 나비 되어 능금 꽃 향기에 취해서
하늘 높이 날다가 추락해서
소스라치게 놀라서 깨어나면
하얀 능금 꽃 활짝 웃어주었네

첫사랑의 추억처럼 달콤한 꽃향기
살포시 안기고 싶은 하얀 능금 꽃
산골 소년은 빨간 능금이 익어가듯
세월이 익어가면서
인생과 사랑을 배웠네

사월이 오고 능금 꽃이 피면
사랑하는 사람들에게
하얀 능금 꽃 한 다발씩
선물하고 싶다네

최 진 택
아호 : 희은
충주시 출생
선문대학교 졸업
충북대 경영대학원 수료
한성콘크리트 대표 (현)
(사) 샘터문학 회원
(사) 샘터문인협회 회원
(사) 샘터문학신문 회원
사계속시와사랑이야기그룹 회원
한국문인그룹 회원
송설문학 회원
백제문단 회원

최진택 시인 신인상 심사평

현재를 만들어가는 기억의 재현

심 종 숙 (시인, 문학평론가, 교수)

최진택 시인의 시어들은 살아서 움직인다. 그리고 시의 구절에 깃든 사물들이 사람이 되어 다가온다. 그는 이렇게 사물에 대해서 의인법으로 표현한다. 그런 표현들이 빛을 발한다. 그는 「누이는 노을 속으로」에서 옛 기억을 소환하여 재구성은 하지만 아주 단아하면서도 군더더기가 없이 처리한다. 이웃집 노인에게서 누이가 생각나고 어린시절 추억을 떠올리면서 노년의 인간과 자연의 노을을 겹쳐서 아름답게 표현하였다. 노년의 노을 주름이 누이의 볼여울에 겹쳐지면서 그 고운 노을 보러가려는 시인의 마음은 가히 노을처럼 황금빛을 지녔다. 즉 고귀한 품성을 지녔다는 의미이고 시인의 고귀한 인품에서 좋은 시가 나온다는 것 또한 새겨야 할 일이다. 「일편단심 해바라기」는 해바라기의 속성을 시적으로 잘 표현하였는데 거기에는 해바라기의 본질을 임 향한 일편단심에 있다는 점을 잘 간취하여 표현하였다. 「탑돌이」는 어린시절 어머니와 탑돌이 했던 시절의 에피소드와 현재 망모를 그리면서 탑을 돌며 기원하는 시적화자의 어머니에 대한 그리움을 노래하였다. 「능금꽃」에는 어린시절 추억 속의 능금꽃을 형상화하였고 능금이 익듯이 이제는 완숙한 산골 소년의 인생과 사랑을 전하고 싶은 마음을, 「앵두빛 사랑」에는 소녀의 순수한 사랑과 에로스의 사랑이 혼재된 이미지를 가진 사랑을 앵두꽃에 비유하여 다가오는 그녀의 사랑을 노래하였다. 결론적으로 최진택 시인의 시편들은 과거의 기억을 현재에 연결하고 현재의 꿈을 만들어가는 과정에서 시가 탄생하며 그 결실은 누이→어머니→앵두빛 여인/노년의 여인으로 귀결된다. 그는 시를 쓰는 기본기가 되어있으며 앞으로 추억을 그리거나 개인적 서정에만 머물지 말고 생활이나 사회, 역사적 소재 등에서 시를 구상하여 한국문단을 빛내는 시인이 되길 바란다. 등단작 5편 중 대표작으로 「일편단심 해바라기」를 선정하기로 한다.

수상소감

물오른 가지에 여린 잎을 틔우고 꽃망울을 터트리는 향긋한 봄날에 버킷리스트 하나를 이루어냈다. 샘터 문학상 및 컨버전스 시집 공모에 응시해서 "누이는 노을 빛 속으로, 일편단심 해바라기 등 5편의 시가 당선 되었다는 공식 통보를 받았다. 봄은 왔건만 코로나19로 전 세계가 몸살을 앓고 있는 암울한 이 시기에 내게 인생의 아름다운 꽃을 피울 새 싹이 돋아나는 기쁨을 맛보았다. 실로 믿어 지지 않을 만큼 분에 넘치는 기쁨이다.

노인으로 늙어가는 것이 아니라 익어간다는 말이 실감이 난다. 이제부터 멋쟁이 노인으로 알차게 잘 여물어 가야겠습니다. 샘터문학이 배출한 시인답게 앞으로 더욱 더 정진하여 좋은 글로 보답하겠습니다. 움추렸던 어깨에 날개를 달아주신 샘터문학 이정록 회장님과 심사위원님들께 감사의 말씀 드립니다. 당선의 기쁨을 사랑하는 가족들과 지인님들과 함께 나누고 싶습니다.

최진택 올림

잎새 외 4편

현 승 철

가끔 난
첼로의 고운 선율에 흔들린다

왼쪽 오른쪽
위로 튕겨 올랐다가
살랑 흔들리며 춤을 추는
짜릿한 격정이 휘감는다

곡이 끝날 즈음엔
젖은 땅으로 하염없이
곤두박질치는
잿빛 낙엽으로 사그라지는 것을
두려워한다

그러다가 어느 날
맑은 햇살이 내리꽂는 날
난 또 다시 첼로의 선율 안에서
나폴거리는 꿈을 꾼다

고마워요

현승철

내게 와준 모든 존재들
친구할 수 있어
설레이고 고마워요

아침 창을 두들기는 햇살
그렁그렁 반짝이는 이슬
아름다워 고마워요

파란 하늘 흰 구름
둥지 속 직박구리
반가워서 고마워요

서녘 하늘 수줍은 노을
가슴 한 켠 남겨둔 사랑이라
애절해서 고마워요

내게 남겨진 그리운 것들
늘 꺼내 볼 수 있고
추억할 수 있어 고마워요
정말정말 고마워요

바람꽃

현 승 철

들리는가
먼발치 꽃 피는 소리

들리는가
차가운 가슴에
눈 녹아내리는 소리

들리는가
겨울이 새로운 시간에 녹아
기억을 들추고 해빙하여
따스한 눈물로
흩뿌려지는 소리

멈추어진 추억
지친 어둠을 뚫고 와
봄을 울긋불긋 피워줄 그대
듣고 있는가?

새

현 승 철

날 수 있다는 건
멀리 볼 수 있다는 건
참 행복한 일이야

꿈속의 상상처럼
꿈속의 바람처럼

파란 하늘 수놓는 깃털 되어
밤하늘 반짝이는 별이 되어

길 잃은 이들의 가슴에
영혼을 타닥 깨우는 눈빛

너무도 뜨거운 너
하늘이 눈부시게 그리운 날
숨 막히도록 너처럼 날고 싶다

아침 햇살

현승철

손안에 틀어쥘 수 있어서
가슴에 꼬옥 안을 수 있어서
설레임 한 조각
입에 넣어 맛을 본다

솜사탕 같은 달큼함
기억 속의 아련한 그리움
멀어져간 사랑

튀어나온다
톡톡톡
이빨 사이로

현승철
제주 출신
사범대학 졸업
(사) 샘터문학 회원
(사) 샘터문인협회 회원
(사) 샘터문학신문 회원
사계속시와사진이야기그룹 회원
한국문인그룹 회원
백제문단 회원
송설문학 회원

현승철 시인 신인상 심사평

신선한 감각의 언어로 빛나는 사물과의 밀회

심 종 숙 (시인, 문학평론가, 교수)

현승철 시인은 응모작으로 「고마워요」, 「아침 햇살」, 「바람꽃」, 「새」, 「잎새」 이 다섯 편을 내었다. 다섯 편 모두 시어가 정연하면서도 군더더기가 없다. 그는 사물이나 자연물에 대한 인식과 본질을 꿰뚫어 보는 능력이 탁월하다. 그의 시어는 바로 사물과 자신의 관계에서 온다. 「고마워요」에서 "내게 와준 모든 존재들/친구할 수 있어/설레이고 고마워요"라고 하였듯이 그는 이 친근한 관계를 즐기고 감사할 줄 아는 경지에 이르고 있다. 그리고 햇살이나 흰 구름, 노을들에서 자신에게 남겨진 그리운 것들을 꺼내어볼 수 있고 추억할 수 있어 감사하다는 마음을 지녔다. 얼마나 고운 마음을 지녔으며 사물은 그에게 내밀하게 감추어둔 자신을 개방하여 보여준다. 「아침 햇살」에서는 감각과 표현의 신선함이 돋보인다. 아침 햇살은 손 안에 쥘 수도 가슴에 안을 수도 입어 넣어 맛볼 수도 있는 설레임 한 조각이라고 표현한 데서 그의 아름다운 시미詩味가 어디까지인지를 심사자는 알 수 있었다. 이런 표현은 아주 훌륭하다. 아침 햇살이라는 시각적 이미지를 촉각과 미각으로 변형시키고 있기 때문이다. 「새」에서는 하늘을 날 수 있는 새가 되고자 욕망하는 시적 화자의 마음을 드러내었고 「잎새」에서는 나뭇잎과 첼로 선율을 대칭적으로 구조하여 잎새의 꿈을 표현하였다. 이러한 표현들은 현승철 시인의 독창적인 발상이라고 생각한다. 바람에 떨리거나 흔들리는 잎새처럼 첼로의 선율에도 예민하게 반응하는 잎새처럼 시인은 바로 예민한 감성으로 사물과 교응을 하여야 한다. 현승철 시인의 시들은 바로 그러한 지점에서 생산되며 감성언어 구사에서 능란하며 이미지 연상을 논리적이며 체계적으로 직조하고 있다. 다섯편의 등단작 중에 대표작으로 「잎새」를 선정하면서 앞으로 문운이 만개하길 바란다.

수상소감

겨우내 움추려있던 파릇한 보리가 어느덧 누렇게 익어가려 합니다.
보리가 익어가듯 나의 글감과 글밭도 한층 예쁘게 익어갔으면 좋겠습니다.
바람과 꽃 그리고 나무 어느 하나 소중하지 않은 것이 없습니다.

산사의 풍경소리처럼 이제는 외쳐보렵니다.
덩그렁!
덩그렁!

저의 졸시를 추천해주신 샘터문학 이정록 회장님과 아름다운 걸음을 하게 만들어 주신 심사위원님들께도 감사드립니다.
저의 가족과 친구들 지인님들께 이 영광을 돌립니다.

앞으로 더 좋은 글의 씨앗을 뿌릴 수 있도록 정진하고 노력하겠습니다.
다시 한 번 감사드립니다.

현승철 배상

제 8회 신인문학상

(신춘문예)

동시부문 수상작

신인문학상 당선작

그냥 구구단 외 4편

강 안 나

공원에
새 모이 주는
할머니 구구

쫑긋쫑긋
고맙다며
새들이 구구

할머니와
새들만 아는
구구단

곁에 있던
아이들이
구구는 81인데...

선생님께 혼날 일 없다며
그냥 구구

새들의 수학 시간
참 쉽다며 외우는
그냥 구구단

그늘과 땡볕

강 안 나

동구밖에
늙은 느티나무 그늘이
우리집 마당보다 넓다

땡볕 내리쬐면
느티나무가
할머니도 부르고
나도 부르고
바람도 더운지
그늘로 들어온다

설익은 과수원 지키느라
땡볕만 땀이 뻘뻘

그늘 한 점 없는
땡볕 마음!

뚝딱이 아빠 손

강 안 나

동네 지하상가
구석진 곳에 둥지 튼
뚝딱이 만물상

우리 아빠 종합병원
고장난 물건들이
쭈욱 줄을 섰어요

뚝딱뚝딱 아빠 손
닿기만 하면
어느덧 꿈틀꿈틀

개구쟁이 상구가
뚝딱이 아빠라 놀리지만
난 굳은살 박힌
아빠 손이 좋아요

만물상 의사
아빠 손 잡으면
비뚤어지던 내 마음도
금방 나아요

동그란 거울 속에

강 안 나

봄 향기가 좋아요
학교 가는 길에

후두두둑 소나기가
쓸고 간 자리

예쁜 거울 하나
나를 불러요

노란 향기 파란 향기
웃음 나누며
동그란 거울 속에
놀다 가래요

새소리가 정겨워요
우리 동네 오솔길

주루루룩 소나기가
쓸고 간 자리

말간 거울 하나
날 좀 보래요

쪼릊쪼릊 어린 새들
노래 들으며
동그란 거울 속에
놀다 가래요

담쟁이와 아이

강 안 나

– 쑥쑥
위만 보고 자라는
푸른 담쟁이

– 담쟁아
그만 올라가
떨어지겠다

– 벌써
날이 저물었어
그렁그렁

– 걱정마
내 지팡이는
널찍한 담벼락이야

강 안 나
진주 출생
문학나무 시부문 등단
(사) 샘터문학 회원
(사) 샘터문인협회 회원
(사) 샘터문학신문 회원
한국문인그룹 회원
<저서>
시집 : 눈부신 그늘
동시집 : 아침 햇살이 두고 간 먼지 꽃, 카톡이 빨개졌어요

강안나 동시가 신인상 심사평

시적 생명력인 상상력 안에 숨쉬는 재치

심 종 숙 (시인, 문학평론가, 교수)

강안나 시인의 동시는 사물을 정확히 꿰뚫어서 그 모습이나 형상에서 시적 상상력을 얻어 형상하면서 아이들이 쉽게 이해할 수 있게 재미있게 또는 재기발랄하게 쓰고 있다. 그녀의 이 능력은 시어를 맛깔스럽게 하거나 풍부한 상상력이나 유추력을 이끌어내고 있다고 하겠다. 그러면서도 재미있게 하다가도 그 안에는 진중함과 깊이를 잊지 않고 있는 것은 그의 동시가 지니는 매력이라고 하겠다. 「그늘과 땡볕」에는 늙은 느티나무의 그늘을 아주 섬세하게 해석하였다. 그늘은 할머니도 시적화자나도 부르고 바람도 더운지 들어와 쉬는 그늘이지만 그늘 한 점 없는 땡볕 마음이다. 이렇게 발상을 전환하거나 의미의 변주를 주어서 마지막 연에서 삶의 그늘이 한 점 없는 땡볕 마음을 지녔다는 것이 재미가 있다. 「그냥 구구단」은 공원에 쉬러 나온 할머니와 새들, 그리고 어린이들이 나오는데, 새 모이줄 때 내는 의성어 구구를 구구단으로 동음이의어를 구사하였다. 이것은 발상의 재기로움에서 비롯되었다. 그러나 현실의 아이들이 학교 수학시간에 외워야 하는 구구단이 할머니가 사랑으로 새들에게 모이줄 때 내는 구구라는 말로 그냥 구구단이 되고 싶은 어린이들의 마음을 노래하였다. 선생님과 할머니/아이들과 새들을 병치시켜서 재미나게 그 관계를 이야기 하면서 아이들의 학습에서 오는 어려움을 해소하고 있는 이 시는 강안나 시인이 시를 쓸 때 발상을 아주 깊이 하였다는 증거가 된다. 이 시는 동시에서 훌륭한 묘미를 지니고 있고 발상이나 시의 아이디어, 그냥 지나칠 수도 있는 할머니의 새 모이 주는 행동을 재미나게 시적으로 표현한 점이 이 시인이 천재적인 감성과 영감을 지닌 분이라는 것을 알 수가 있는 것이다. 심사자로서 앞으로 크게 기대가 되는 분이라고 생각되며 훌륭한 동시를 써서 떠오르는 동시단의 별이 되길 빈다. 다섯편의 응모작들 중에서 대표작으로 「그냥 구구단」을 선정한다.

수상소감

동시밭에서 햇살처럼 말간 아이들의 순수한
동심에 푹 빠졌습니다

사이버 시대로 자리매김해가는
이 시대야말로 동시의 역할이
필요한 때입니다
동시는 아이들에게 가장 소중한
친구가 될 것입니다

예쁜 동심을 고운 글밭에 심어
향기로운 열매를 맺을 수 있도록
사랑의 자양분이 되고 싶습니다
아름다운 자연 속에서 싱그러운 꿈이
쑥쑥 자라나기를 바라며

끝으로 뜻밖의 행운으로
연둣빛 설레임을 불어 넣어주신
샘터문학 회장님과 심사위원여러분,
문우여러분, 저의 가족여러분께
다시 한 번 깊은 감사를 보냅니다.

강안나 올림

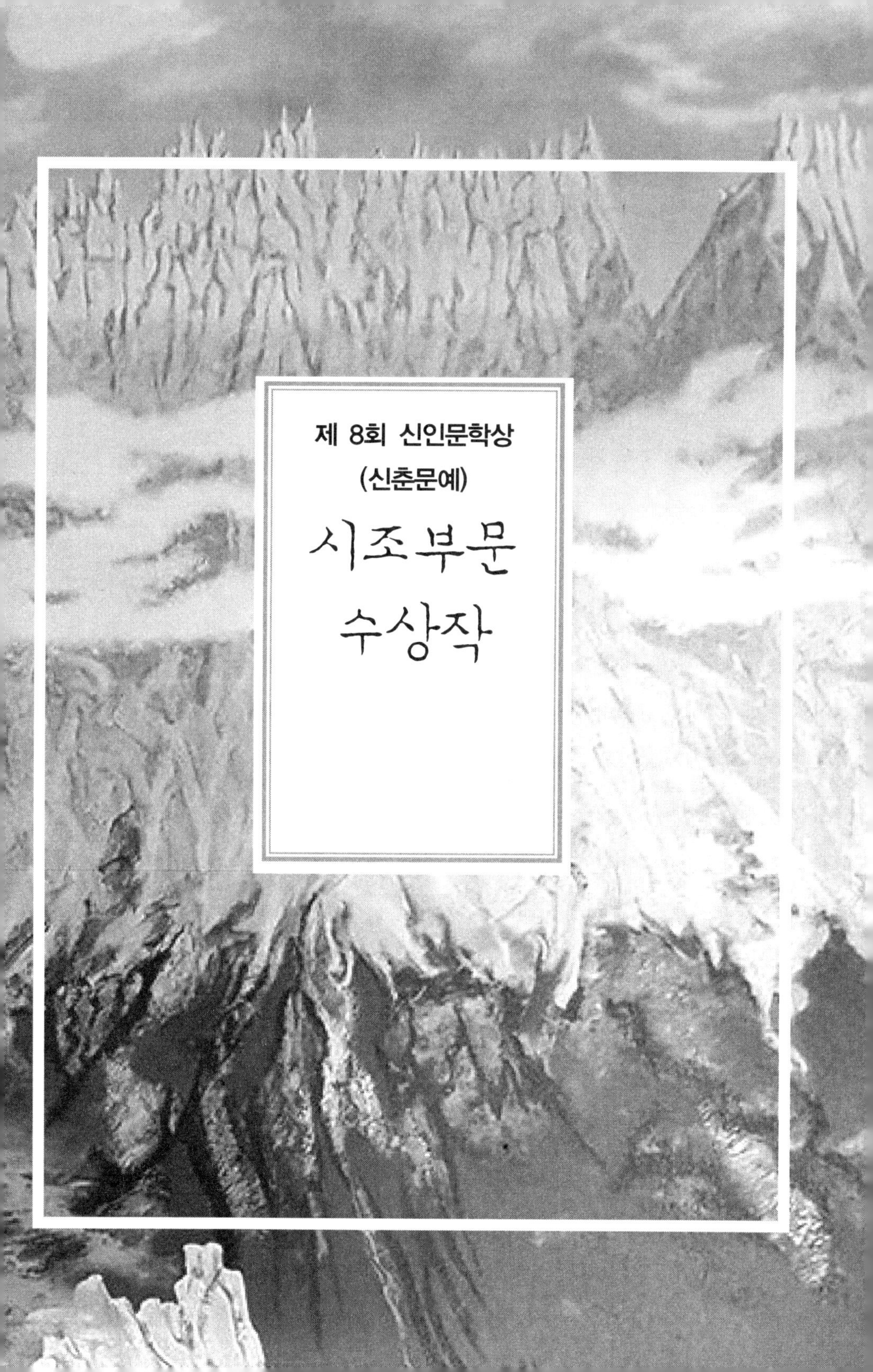

제 8회 신인문학상
(신춘문예)

시조부문
수상작

동산 위 백옥만월 외 4편

白玉滿月

안 승 기

동산 위 백옥만월
한밤중 잠 못 이뤄

간절한 내 마음을
그대는 아시는지

그리움 깊이 사무쳐
그대 생각 뿐이라

예감이 좋았어요

안 승 기

예감이 좋았어요
배려심 감동이요

진솔한 속삭임에
따뜻함 느껴져요

기쁨과 즐거움 또한
함께 하니 좋아요

푸른 숲 맑은 공기

안 승 기

푸른 숲 맑은 공기
정겨운 창신교회

어여쁜 중고등부
은혜도 충만하여

주님은 우리 마음에
사랑 소망 주셨네

내 탓이요

안 승 기

나부터 내 탓이요
그대도 내 탓이요

나부터 회개하고
자신을 성찰하여

한마음 손에 손잡고
합력 선을 이뤄요

만남이 친숙해져

안 승 기

만남이 친숙해져
편안해 좋은 사람

님 향기 싱그러워
내 마음 상쾌해요

내 님과 함께 있으면
언제든지 행복해

안 승 기

안동시 출생
아호 : 벽산碧山
시인. 수필가, 문학박사, (사) 샘터문예대학 교수
(사) 샘터문학 자문위원, (사) 샘터문인협회 운영위원
샘터문학상 신인상 수상 (시,등단), 샘터문학상 우수상 수상 (본상)
한국교육자선교회 마산지역회 회장 (역), 창신대학교 창원대학교 강사 (역), 창신고등학교 교감 퇴임, 창신교회 교육 목사, 경남한문교육연구회 회장, 한국교육자선교회 경남지방회 감사, 고신대학교 선교목회대학원 신학전공
<공저>
아리아, 자작나무 숲 시가 흐르다
사립문에 걸친 달 그림자
시詩, 별을 보며 점을 치다
우리집 어처구니는 시인
고장난 수레바퀴
<컨버전스 시집/샘터문학>
<저서>
사서의 허사연구/성경적 명심보감
한시 및 명문의 이해와 감상
한문고전 활용교육 교재
한자 유의자연구 외 다수 23권

안승기 시조 신인상 심사평

사랑이 피어나는 세상에 살아가기

심 종 숙 (시인, 문학평론가, 교수)

안승기 시인은 목회자로 시와 수필로 등단을 하여 활발하게 창작활동을 하는 가운데 이번에 샘터문학에 시조 「예감이 좋았어요」, 「푸른 숲 맑은 공기」, 「동산 위 백옥만월」, 「내 탓이요」, 「만남이 친숙해져」 이 다섯편을 응모하였다. 그의 시조는 전통의 율격을 엄격히 지키는 가운데 사람 간의 생활 속에서 서로 화합과 상생을 지향하는 세계를 그리고 있다. 그는 목회자로서 이 세상의 사람들이 하느님 나라를 이루어 가길 바란다. 하느님 나라는 어떤 나라일까? 그것은 그의 시조에서도 말한 배려심, 진솔한 속삭임으로 따뜻해지고 기쁨과 즐거움이 함께 하는 세상이다. 인간관계가 삭막해지는 현대사회에서 그의 시는 인간의 관계 속에서 하느님 나라를 꿈꾸는 것이다. 「예감이 좋았어요」에서 "배려심 감동이요"라는 시구절에서 인간에 대한 배려는 곧 사랑이다. 「푸른 숲 맑은 공기」에서는 교회에 모인 중고등부의 소년소녀들의 모임은 사랑과 소망이 자라는 곳이다. 「내 탓이요」에서도 사람들 간의 갈등이 생겨날 때 상대방을 비난하기 보다 자신의 티끌을 먼저 보고 자기에 대한 성찰과 회개를 하여 한 마음이 되어 선을 이루어나가자고 하였다. 「만남이 친숙해져」도 역시 인간관계의 친교와 사랑이 바탕이 된 이상적인 만남을 제시하고 있다. 이 세상에 사는 사람은 한 사람도 같은 사람이 없다. 각자가 지닌 문화나 사상, 언어, 세계관 등이 다르다. 이 다양성 속에서 사람들이 서로 사랑하며 소망을 키워가는 세계는 따뜻한 세계이다. 그리스도교의 이념은 사랑이다. 사랑은 인간관계에서 행동철학으로 다름에 대해 품는 너그러움이고 배려가 될 것이다.

안승기 시인은 그이 시조 5편에서 사랑이 넘쳐나는 인간세상이 곧 하느님의 나라로 보고 그것을 노래하였다. 다섯편의 등단작 중에 시적 지향점, 혹은 이상을 상징한 희고 풍요로운 만월을 그린 시조 「동산 위의 백옥만월」을 대표작으로 선정하면서 앞으로 시조시인으로서 우리 시단에 새 기운을 불어넣을 수 있기를 바란다.

수상소감

순수했던 어린시절, 선생님을 통해 시를 배우고 시인이 되고 싶은 꿈을 키웠습니다. 대학시절에는 김장동 교수님과 서보월 교수님, 홍신선 교수님을 통해 문학과 시를 배우면서 시인이 되고 싶었습니다.

창신고등학교 교사로 봉직하면서 열정적으로 가르치는 일에 전념하면서, 경남문학관에서 시창작 수업을 들으며, 시간이 날때마다 습작을 하였습니다. 국어교육대학원과 국어국문학과 대학원 박사과정에서 신석환 교수님과 장성진 교수님, 민병기 교수님을 통해 배우면서 한시창작과 현대시 창작에 취미를 가지고 습작도 하고, 한시백일장에 참여하여 입선도 하였습니다. 창신학원개교100주년을 맞이하여 축하 한시를 지어 100년사 책에 수록되는 영광도 있었습니다.

용기를 내어 어린 시절 동경했던 시인이 되고자 샘터문학에 문을 두드렸습니다. <경하창신개교백주년> 등 한시 5수와 <새봄의 서정녀, 매화> 등 시 5편을 응모하여 샘터문학상 신인상을 받았습니다. 이어서 <퇴계 이황 & 어머니> 외 5편을 응모하여 샘터문학상 본상 우수상을 받았습니다. 또 이번에 샘터문학 신춘문예, 샘터문학상 공모에 시조부문에 응모한 <동산 위 백옥만월> 등 시조 5편으로 문학상에 당선되었다는 소식을 받고 기쁨을 감출 길이 없습니다.

지도해주시고 등단의 기회와 영예로운 수상의 영광을 주신 샘터문학 이정록 회장님과 심사위원장 문학박사 심종숙 교수님, 심사를 맡아주신 심사위원님들께 감사한 마음 전해 올립니다. 스스로를 잘 알기에 더욱 겸손하게 더욱 갈고 닦으며, 문단 선배님들을 존중하며, 한국문학의 발전에 도움이 되도록 노력하겠습니다. 시인, 시조시인의 꿈을 이루게 해 주시고 지도편달해 주신 샘터문학 이정록 회장님께 진심으로 감사드립니다.

안승기 올림

제 8회 신인문학상

(신춘문예)

수필부문 수상작

신인문학상 당선작

넓고 아름다고 경이로운 세상 외 1편

— 캐나다 여행기

김 미 경

내일은 사연회 ky사진예술연구회에서 캐나다로 13명의 회원들이 출사 여행을 떠나는 날이다. 즉, 여행 겸 사진 찍으러 가는 것이다. 그녀는 3년 전 남편, 둘째 아들과 함께 스페인으로 처음 유럽여행을 다녀온 후, 두 번째 해외여행이라 설레는 마음에 잠을 설쳤다. 9박 10일간의 긴 일정으로 옷가지며 밑반찬과 생필품, 화장품 및 사진 촬영 때문에 한복까지 챙겨가려니 짐이 만만치 않았다. 다른 작가들은 카메라 장비만해도 어마어마했다.

그녀의 일행은 3월 11일 오후 4시 인천공항 제 1청사 탑승수속장에 집결하여, 출국 수속을 마친 후 17시 55분 인천공항을 출발하여 벤쿠버에서 환승 옐로나이프까지 하루가 넘게 도착하니, 공항 기념상징물인 흰곰이 우리를 맞아주었다. 입국 수속을 기다리는 동안 단체사진도 찍고, 기념품도 사고 피곤해서 졸기도 하는 동안 일행들의 여행을 책임져줄 멋진 렌터카 3대가 도착했다. 옐로나이프공항에서 바라본 하늘이 어찌나 맑고 깨끗한지 과연 청정지역이라는 것이 실감이 났다. 차에 짐을 싣고 숙소로 향하는 동안 이국땅에서 맞이하는 첫날 밤의 낯선 풍경들이 일행들의 마음을 사로잡았다. 숙소는 중국인 부부가 살고있는 가정집인데, 3층 집을 일행들에게 모두 내줘서 얼마나 넓고 좋은지 자신들의 집처럼 편안했다. 짐을 풀고 휴식을 취한 다음 떡국으로 캐나다에서 첫 저녁 식사를 하고, 밤 12시 길태현 작가의 오로라 촬영 수업을 시작하니 피곤할텐데도 하나라도 더 배우려는 회원들의 눈빛은 사뭇 진지하기만 했다. 열정!! 그것은 인간의 한계를 뛰어넘는 초능력 같은 무한한 에너지임을 느꼈다. 수업을 마치자마자 새벽에 아이스 로드로 향했다. 어마어마하게 넓은 호수 위로 차가 달릴 수 있을 만큼 두꺼운 얼음이 얼어있는, 아이스 로드를 달리는 것을 시작으로, 일행의 출사여행은 시작됐다.

여행 2일째, 썰매도 타고, 수상비행장에서 뒹굴며 사진도 찍고, 마트에서 쇼핑하며 소고기, 돼지고기, 물, 과일, 채소, 음료, 우유, 계란 등 식재료를 가득 사서 가지고 온 반찬과 함께 맛있는 저녁식사로, 둘째날 밤이 맛있게 무르익었다. 여행 3일째, 바로 그녀의 숙소 앞에서 대형 오로라가 나타났다. 옆집에서도 나타났는데, 직전에 갔던 오로라 빌리지에서 보았던 것보다 훨씬 크고 화려한 오로라가 숙소 위에서 뜬 것이다. 여기저기 함성이 터지고, 그녀는 오로라가 사라질까 심장이 콩닥콩닥 뛰었다. 그녀도 비록 핸드폰이지만 오로라를 향해 폰을 용감하게 들이댔다. 너무나 선명한 오로라가 그녀 폰 속으로 들어왔다. 초록색과 핑크색이 어우러진 오로라였는데, 생에 처음 본 멋진 오로라는, 기대 이상으로 환상적이었기에 평생 잊을 수 없을 것 같다는 생각이 든다.

그 후 이틀 동안 자작나무숲에서, 아이스로드 위에서, 비행장에서, 얼음성에서 오로라를 만났는데 입이 다물어지지 않을 정도로 거대하고, 아름다운 모습이 눈 앞에 펼쳐지는데 춤을 추기도 하고, 하늘에 커튼을 드리우기도 하며 깜깜한 밤하늘의 별과 달이 어우러져, 마치 하늘에서 오로라 쑈를 하는 그 환상적인 모습을 폰으로 다 담을 수가 없어, 발만 동동 구르던 모습이 아직도 그녀는 생생하다.

그녀는 학자는 아니지만 오로라 상식이 많은 일행들의 말을 빌리자면, 오로라는 지구상에서 가장 놀라운 현상 중의 하나로 선명한 초록색이나 주황, 보라, 가끔 빨강, 분홍, 파랑, 노란색으로 보이기도 하는데 이렇게 다양한 색들은 태양풍이 대기 중에 있는 산소와 질소의 혼합으로 색상이 나타나 보이고, 사람 눈에는 가시광선 영역의 빛만 보이는 것이란다. 오로라는 어두운 새벽과 노을 시간 사이에 볼 수 있으며 최적의 시기는 9월과 4월경 백야현상이 적을 때 잘 보인다고 한다. 또, 북위 60도 이상에 위치한 나라에서 볼 수 있고 알래스카, 캐나다, 그린란드, 아이슬란드, 노르웨이, 스웨덴, 핀란드, 러시아 등 북부에서 관측된다고 한다. 이처럼 귀한 오로라를 그녀와 일행들은 이틀 동안 보고 느끼며 카메라에 담는 신비스런 여행으로 이번 출사여행은 본전을 뽑고도 남았다고 기뻐하며 오로나처럼 신나서 춤을 춘다.

4일과 5일째 날에는 낮에는 시내 투어도 하고, 부시파일럿기념비에 가서 사진도 찍고. 노스웨스트주정부청사, 올드타운, 프린스오브웨일스박물관 관람도 하는 등 캐나다의 주요기관과 여행코스, 사진찍기를 좋은 장소만 골라서 다녔고, 밤에는 야경을 촬영하기도 하며, 낯선 밤거리를 즐기는 젊은이들의 분위기에 덩달아 취해도 보고, 영하 25~30도 날씨에 설경을 배경 삼아 아름다운 드레스를 입고 사진촬영을 한 것은 상상 그 이상의 이벤트였고 여자회원들만을 위한 선물이었다. 지금도 가끔 사진을 보면 그녀의 눈에서 하트가 마구 쏟아진다.

옐로나이프에서의 일정을 마치고 6일째 되던 날, 새벽 3시 30분에 벤프로 출발해서 11시간 30분 만에 캔모어에 도착했다. 숙소로 가는 길에 만난 로키산국립공원의 경관은 그야말로 상상할 수 없는 스케일에 입이 다물어지질 않았다. 늦은 점심을 먹고 벤프 시티투어 일정으로 자유시간을 주어서 쇼핑도 하고 선물도 사고 스타벅스에 가서 커피 한 잔으로 몸을 녹이며 수다도 떨고, 모자, 목도리도 같은 걸로 사서 쓰고, 기념사진도 찍고 깔깔대며 즐거운 시간을 보냈다. 자유스런 여행에서만 맛볼 수 있는 즐거움이었다. 며칠동안 강행으로 지쳐있었는데, 김헌일 선생이 연어와 와인을 사와서 파티를 했다. 일행들은 좀 더 서로를 알 수 있는 소중한 시간이기도 했으며 피로가 싹 풀리는듯 했다. 벤프에서의 첫날 밤은 이렇게 와인과 함께 붉게 물들어갔다.

벤프에선 미네완카호수, 버밀리언호수, 레이크루이스호수 등 주로 호수의 일출과 석양을 담았는데 머나 먼 이국땅에서 맞이하는 일출과 석양은, 그녀의 나라 한국에서는 느낄 수 없었던 벅찬 감동을 그녀에게 주었다. 캐나다 출사여행 중 가장 잊을 수 없었던 것은, 벤프국립공원 로키산맥 설퍼산 정상에 올라가서 바라본 모습이었다. 그 위용은 가히 말로 다 표현할 수 없을 만큼 장엄하고 경이로웠다. 자연의 위대함 앞에 한없이 작은 인간의 나약함과 하나님의 위대함을 깨닫게 해주었고, 가슴이 뻥 뚤리는 것 같았다.

그녀는 공항에서 쇼핑도 하고, 맛있는 것도 먹으며 비행기를 기다리는 시간들도 넘 즐거웠다. 이번 출사여행을 기획하고 인솔하시며 총책임을 맡은 길태현 작가와 늘 말없이 회원들의 손발이 되어준 김국태 총무, 똑똑하고 야무지고 실력있는 조선행 작가, 운전으로 수고한 안대순 작가. 일행의 귀염둥이 막내 박호열 청년, 그때 그때마다 일행의 필요를 세심하게 챙겨준 김헌일 선생, 그리고 식사 때마다 솔선수범 해주신 이명자, 황미옥, 전서연, 홍민자, 설순복, 손명숙작가 모두가 실력파들이다.

그리고 해외출사를 핸드폰 들고 뛰어든 용감한 그녀까지 13명의 회원들은 9박 10일 동안 한솥밥을 먹으며 서로에게 산과 바다처럼 든든한 친구가 되어주었다. 행동이 좀 느린 그녀가 단체행동하는 것이 쉽지 않았지만, 가족처럼 살뜰이 챙겨주었다. 이런 기회가 쉽지 않은 그녀에겐 정말 잊을 수 없는 추억과 멋진 사진까지, 너무나 값진 여행이었다. 아직 다 그리지 못한 그녀의 삶에 어떤 이야기들이 남아있을까? 그녀의 다음 출사여행이 기다려지는 이유다.

김장

김 미 경

우리집 김장하는 날이다. 며칠 전부터 대파, 마늘, 생강, 돼지파, 쪽파, 갓 등을 다듬고 손질하는데 왜 그리 할 일이 많은지 끝이 없다. 드디어 양념준비부터 배추 절이는 것까지 김장준비완성, 오늘 김치속을 넣는 날이다. 이른 아침부터 품앗이하는 동네 아줌마들이 하나 둘씩 모이고 시끌벅적해야 김장하는 맛이 난다. 따끈한 커피부터 한 잔 마시며 추위를 녹인 다음, 전날 밤 알맞게 절인 배추를 깨끗이 씻는다. 너무 물속에 오랫동안 담가두면 소금기가 너무 빠져서 맛이 없어지기 때문에 재빨리 씻어야 한다. 그리고 준비해놓은 양념들을 골고루 섞어 버무린 다음 본격적으로 자리를 잡고 속을 넣기 시작한다. 그동안 못했던 이런저런 이야기를 주고받으며 여럿이 하니, 손발이 척척 맞아 힘이 들지만 재미도 있다.

주방에선 친정 올케가 새참 준비에 분주하다. 해마다 김장을 같이 하니, 나에겐 큰 힘이 되는 동생 내외다. 주방일에 뒷정리까지 다 해주고, 고맙다고 용돈도 두둑히 주니 사실 그냥 해주는게 아니다. 주방에선 돼지고기 수육 삶는 냄새가 코끝을 자극하고, 방앗간에서 갓 쪄서 김이 모락모락 풍기는 팥시루떡이 나도 맛난 음식이라며 하늘하늘 춤추고 있다. 물론, 돼지고기 수육을 평소에도 먹을 수 있지만 김장하는 날 먹는 수육은, 김치속을 넣고 싸서 먹어서인지 그야말로 꿀맛 같다. 요즘은 간편하게 통닭도 시켜주고 가래떡도 하지만, 김장할 땐 뭐니뭐니 해도 수육이 제일이지 싶다.

요즘은 도시뿐만 아니라 시골에서도 김장을 담그지 않는 집이 많지만 아직 우리 동네는 집집마다 거의 김장을 한다. 그것도 100포기 아니, 200포기 이상 하는 집도 있다. 아들, 딸은 물론이고 동서, 시누이, 사돈, 이모, 친구까지 해주는 집도 있는데 나름 이유가 있기 때문이리라. 우리도 예전에 비하면 거의 절반이나 줄었는데도 80포기~100포기 정도는 해야 흐뭇하니, 하는 김에 조금 더해서 꼭 주고 싶은 사람들이 있기 때문이다. 또 김장하는데 속을 넣는 일보다 준비과정이 더 힘들고, 시간이 많이 걸린다는 것은 누구나 공감이 갈 것이다. 또 집집마다 비법이 다 다르고, 노하우가 있기 마련인데, 잠시 우리 김장 레시피를 소개할까 한다.

먼저 배추 절이는 일이 가장 중요한데, 너무 푹 절여서도 설 절여서도 안된다. 싱싱하면서도 보들보들 손끝이 착착 감겨야 적당히 잘 절여진 배추다. 소금도 아주 중요한 재료인데 소금이 좋지 않으면 김치가 무르는 경우도 있다. 소금은 해마다 너댓포대씩 미리 사서 묵혀서 써야 소금의 불순물이 빠져서 김치가 쓰지 않다. 무채는 너무 굵지도, 얇지도 않아야 한다. 너무 굵으면 겉돌고, 너무 가늘면 식감이 없어 덜 맛있기 때문이다. 몇 년 전까지만 해도 손으로 다 썰었는데 손목이 아픈 뒤로 채칼로 썰기 시작했다. 대파, 쪽파, 갓도 어슷어슷 썰어놓고, 마늘 생강 돼지 파는 믹서에 갈아놓는다. 특히, 나는 돼지파를 꼭 넣는데 톡 쏘는 맛이 김치를 시원하게 해준다. 찹쌀풀은 하루 전날 미리 쑤어놓고, 잘 익은 늙은 호박도 푹 고아서 넣는데 달큰한 맛과 식이섬유 때문인지 김치가 더 싱싱하고 좋아서다. 다시마, 표고버섯, 황태포, 디포리도 푹 우려서 육수를 낸다. 이 육수를 속 버무릴 때 넣으면 감칠맛이 날 뿐만 아니라, 영양도 만점이다. 휴우~ 잠시 한숨 돌리고 나서 다시 하루 종일 종종걸음이다.

젓갈은 새우젓, 황석어젓 홍새우를 넣는데, 3년전 부터 빨갛고 크며 수염까지 길죽 길죽하게 난 홍새우젓을 갈아서 넣었는데, 김치맛이 훨씬 시원하고 맛있다. 젓갈은 김장하는데 아주 중요하기 때문에 보령 성주에 사는 친구 숙희네서 공수해온다. 보령 토굴젓갈에는 200미터나 되는 토굴이 있는데, 그곳에서 자연 숙성한 것이라 더욱 맛있다. 여기에다 사과, 양파도 갈아넣으면 금상첨화다. 이렇듯 양념만 해도 수십여 가지 들어갈 뿐만 아니라 삶고, 다지고, 썰고, 갈고 온갖 조리방법이 총동원되어야 하기 때문에 김치를 맛있게 담근다는 것은 요리를 좀 할 줄 안다는 나의 지론이다. 고춧가루 역시 빼놓을 수 없는 중요한 재료인데, 빨갛고 빛깔이 좋은 태양초를 준비해놓는 것이 중요하다. 물론 태양초 만은 못하지만 기계에다 찐 고추도 빛깔만 좋으면 상관없다. 이처럼 번거롭고 힘이 드는 일이니 요즘 젊은 사람들이 김장 안하고 사서 먹는 것이 당연하다 싶다.

이렇게 정성스레 준비한 재료들을 배춧잎 사이사이로 한 겹 한 겹 옷을 입혀주면 빨강색 고운 치마 입고, 살포시 누워있는 모습이 흡사 신랑을 맞이하는 신부 같다고나 할까! 요리조리 만져주면 어느새 야들야들해져서 김치통에 넣기도 안성맞춤이다. 이렇게 한 포기 한 포기 채우다 보면 어느새 가득 채워지는 김치통을 보면, 보기만 해도 배가 부르다. 이렇듯 정성을 들여서일까? 우리집 김치맛은 해마다 정말 맛있다. 돈만 주면 얼마든지 사서 먹을 수 있는 김치지만, 온갖 정성을 들여 만든 우리집 김치는 돈 주고도 못 사는 귀한 음식이라고 자부할 수 있다.

생각해보니 여러 사람들에게 참 좋은 일도 많이 했지 싶다. 시집와서 이제껏 친정아버지께 드릴 김치도 한 번도 거른 적 없고, 동서도 마찬가지, 교회, 마을회관, 혼자 사는 이웃, 친구들이며 친한 지인들까지 예전엔 이모, 시누이까지 무슨 김치 전도사나 된 듯 말이다. 이젠 힘에 부처서 그만해줘야지 싶다가도, 막상 김장 때가 돌아오면 마음이 제자리로 돌아선다. 마음이 시키는대로 하면 몸은 좀 힘들어도 마음이 편해지니, 나는 그래서 장남 며느리로 타고 났나 보다.

그리고 내가 이렇듯 김장에 정성을 들이는 이유 중 하나는 김치국, 김치찌개, 김치볶음밥, 김치부침개, 김치만두 등 맛있는 김치만 있으면 손쉽게 요리를 할 수 있기 때문이다. 여러가지 재료가 없어도 이미 김장김치 속에 온갖 좋은 재료들이 다 들어있으니 깊은 맛을 낼 수밖에 없다. 여름철 입맛이 없을 때 양념 고추장 넣고, 김치 쏭쏭 썰어 들기름에 달달 볶은다음 호박과 함께 넣어서 비비면 비빔국수, 멸치국물 다시내어 말으면, 국물 국수이니 여름철 입맛 당기는데 이만한 것이 없다. 남편과 내가 여름철에 아주 즐겨먹는 별미이다.

김치!! 김치의 변신은 아무리 강조해도 지나치지 않다. 매일매일 먹어도 질리지 않는 반찬이 김치만 한 것이 또 있을까 싶다. 냉장고가 없던 시절, 저장

식품으로 보관해서 먹으려고 담기 시작했을 김장김치가 영양은 물론, 우리 몸에 꼭 필요한 유산균까지 공급해주는 천연 소화제이니 이처럼 안전하고 좋은 식품이 어디 있겠는가?

김치가 소중한 우리의 문화유산이라는 것을 알리고, 맛의 장인들이 사라지지 않도록 바라는 마음으로 나의 김장김치 예찬을 마무리할까 한다. 올 김장도 얼마나 맛있던지 먹을 때마다 남편과 가져간 사람들이 맛있다고 칭찬을 한다. 그 맛에 힘든 줄 모르고 해마다 하는가 보다. 우리집 김장김치를 올해도 두고두고 즐겨찾기 메뉴로 식탁에 배달한 계획이다. 내 한 몸 잠깐 힘들어도 우리가족이 이웃이 풍요롭고 행복해지니 즐거운 삶이다. 오늘 저녁엔 두부 송송 썰어 넣고, 김치찌개를 끓여 먹어야겠다. 벌써부터 입안 가득 침이 고인다.

김 미 경

시인, 수필가, 사진작가
충남 예산군 거주
(사) 샘터문인협회 회원
(사) 샘터문학 회원
(사) 샘터문학신문 회원
가야문학 회원
한국문인그룹 회원
송설문학 회원
백제문단 회원

김미경 수필가 신인상 심사평

현장감이 있는 개성적인 표현의 글

지 은 경 (시인, 문학평론가, 문학박사)

제 8회 <샘터신인문학상> 수필부문에 김미경 님의 「캐나다 여행기」, 「김장」 2편을 당선작으로 선정한다. 수필은 지나간 과거 이야기를 말하기 식으로 기술하는 것이다. 그러나 글쓴이가 자기감정에 치우쳐 넋두리를 늘어놓는다면 현장감이 떨어질 것이다. 독자가 글을 읽을 때 현장감 있는 글은 생동감이 있고 역동적으로 읽혀진다. 김미경 님의 글을 쉽게 읽히는 문체로서 장점을 지니고 있다. 독자의 편에서 공감할 수 있는 배려의 글 또한 자기만의 개성적인 글이 될 것이다.

「캐나다 여행기」는 제목에서 알 수 있듯이 기행수필이다. 글쓴이는 여행 겸 사진작가로 떠나는 9박 10일간의 긴 일정을 가는 곳마다 풍부한 설명과 이미지들을 글로서 보여주어 아름답고 경이로운 세상을 독자의 흥미를 유발시키고 있다. 오로라를 카메라에 담는 신비스런 광경을 생동감 있게 기술하기도 한다. 여행의 즐거움 외에도 13명의 회원들과 동거동락하며 든든한 친구가 된 것을 보람을 여기고 있어 인간관계의 소중함을 보여주고 있다.

김미경 님의 「김장」은 소재가 평범하면서 재미있는 글감이다. 글은 작가가 독자에게 전하고자 하는 내용이 분명해야 한다. '김장'은 글쓴이의 독특한 자신만의 '김장 레시피를 소개'하는 글로서 몸은 힘들어도 지인들과 함께 나누는 따스함을 보여주는 글이다. 저자만의 김장하기 노하우는 마치 TV로 요리방송을 보는 듯 자세히 설명하고 있어 진솔하고 현장감이 있다. 수필 2편이 사랑과 봉사를 바탕으로 삶을 이어가는 모습을 아름답게 형상화하고 있다. 좋은 글을 쓸 수 있는 재능을 가지고 있다고 생각되어 심사위원 전원 당선작가로 확정한다.

수상소감

먼저 부족한 글을 당선시켜주신 샘터문학에 진심으로 감사를 드립니다. 모든 사람들이 코로나바이러스와 씨름을 하는 동안에도, 겨울잠에서 깨어난 산과 들, 나무들은 무슨 일이 있냐는 듯 능청스럽기만 합니다. 얼어붙었던 대지 위로 꽃망울을 터트리느라 분주하고, 땅속 깊은 곳에서 잠자던 생명들이 온힘을 다해 얼굴을 내미느라 진땀을 흘립니다. 야트막한 동네 산자락에도, 저 멀리 높은 산봉우리에도 봄기운이 하루가 다르게 느껴집니다. 바다도 봄맞이에 바쁜지 밀물과 썰물이 엎치락뒤치락 출렁입니다. 코로나로 인해 봄나들이 한번 제대로 못 하고, 우중충한 봄이 일상이 되어버린 어느 날~~!!! 기쁜 소식이 날아왔습니다. 샘터문학 2020년 신춘문예 샘터문학상 공모에 (신인문학상) 이정록 회장님으로부터 당선 축하 메시지가 도착했습니다. 너무나 갑자기 등단 결심을 한 터라 작품을 준비한다는 것이 매우 부담스럽고 자신이 없었습니다.

사실 저는 문학회라는 울타리 안에서 1995년 예산문학회와 처음 인연을 맺고 그때 당시 활동하던 신석근, 우제봉, 백종희, 한경구, 우제봉, 박희영, 이병헌, 하금수, 최종순, 구행모, 임종본 선생님 외 훌륭하신 작가 선생님들과 6~7년간 함께 문우의 정을 나누며 습작도 많이 하고, 나름 열심히 활동하다 개인 사정으로 수년 동안 문학회와의 인연이 중단 되었습니다. 그때 선생님들의 사랑어린 지도로 나름 글 쓰는 재미도 느끼면서 열심히 습작하던 시절이었습니다. 지금에 와서 생각하니 그때 문학 활동을 계속했더라면, 좀 더 실력 있는 작가로 성장했을 것이라 생각이 듭니다. 너무나 많은 사랑을 주셨던 선생님들.. 좋은 추억만 간직해서 그런지 지금도 잊을 수가 없는 소중한 분들입니다. 예산 문학과 함께했던 시간들도 저에겐 잊지 못할 추억으로 저의 인생의 한 획을 그었던 소중한 만남이었습니다. 그후 2015년도에 우연히 예산문학에서 함께 활동하던 진강선 회장님을 만나 가야문학회에 가입하고 황선봉 현 군수님과 김서구 고문님, 최순호 사무국장님, 김종환, 박진수, 권영남 부회장님, 이성영1, 이성영2, 이수만, 박응태, 지옥자, 노수진, 오연주, 김연한, 이정운, 김선미, 김연희, 최소영 외 여러 작가님들과 소중한 인연을 맺고, 지금까지 함께하고 있습니다. 지면 여건상 한 분 한 분 모두 열거해드리지 못함을 이해 해 주시리라 생각합니다. 하지만 저는 글을 쓰는 것도 좋았지만, 글 쓰는 사람들이 좋아 함께 문학기행도 가고 모임도 하면서, 문학활동을 즐기는 사람이었습니다. 예전부터 등단하라는 선생님들의 권유에도, 내심 꼭 등단해야만 글을 쓰나 싶어 이제껏 미뤄왔던 것입니다. 돌이켜보니 오만한 마음이 아니었나 싶습니다. 등단이라는 계기를 통해서 부담을 갖게 되고, 글 한 편이라도 더 쓰게 될 터이니, 좀 더 좋은 글을 쓸 수 있도록 노력도 하게 될 것이란 생각이 듭니다.

다시 한 번 부족한 글을 당선시켜주신 샘터문학 이정록 회장님과 심사위원장 심종숙 교수님 외 4분 심사위원 선생님께 진심으로 감사의 말씀을 올립니다. 이번 공모전 작품의 글감이 되어 준 캐나다 출사여행을 함께해주신 13명의 KY사진 예술연구회 작가님들과 출사여행을 기획하고 인솔해주신 길태현 작가님께도 너무나 감사 드립니다. 생생한 사진과 함께 작품을 쓸 수 있도록 멋진 추억을 선물해주신 것은 팍팍한 저의 삶에 오아시스와 같은 소중했던 시간이었습니다. 샘터문학과 인연을 맺을 수 있도록 해준 사랑하는 아우 강은주 작가에게도 고마운 마음을 전합니다. 앞으로 샘터문학과의 인연을 소중히 여기고 작가로서 한 걸음 더 자질을 키워 나가며 감동을 주는 글로 보답하겠습니다. 많이 사랑해주시고 작가로서 큰 성장 할 수 있도록 도와주실 것을 믿으며, 샘터문학 가족과 샘터문학의 건승을 기원합니다.

김미경 올림

신인문학상 당선작

위대한 삶이란 외 1편

오 수 경

친구나 후배들이 간혹 나를 천연기념물이라고 한마디씩 한다. 부끄럽고 겸연쩍지만 그만큼 순수하고 욕심이 없다는 뜻일 것이다. 수많은 세월을 많은 사람들과 부대끼고 세상의 때가 묻었을 법도 하는데 그렇지 않고 계산도 할 줄 모르고 부모님을 비롯 가족들이 힘들 때 맏이로서 해야 할 도리를 하는 걸 보고 그렇게 얘기하는 것 같다. 그런 말을 들을 만큼은 아니지만 뒤돌아보니 참 많이도 힘들었던 것 같다.

아버지께서 갑자기 빨리 하늘나라로 가셔서 많이 배우고 똑똑하고 정 많은 엄마이지만 눈이 높고 멋쟁이에 욕심이 많으시어 교사봉급으로 지금껏 매달 100만원이 넘는 고액을 드린다. 사이사이 생신, 명절, 기념일, 김장, 아버지 기일 등... 꼭 돈 이야기를 하고 싶어서가 아니다. 우리 딸은

"왜 엄마가 모두 다 짊어져야하냐고?
우리가 제일 가진 게 없는데"

"딸아! 이모와 삼촌은 고등학생, 대학생이 있잖니? 너도 대학교 다닐 때 얼마나 돈이 많이 들었니?"

정 많고 마음 여린 딸인데도 한 번씩 엄마가 안타까운가 보다. 돈은 없으면 덜쓰면 되고 은행빚이 조금있으면 갚으면 된다. 그나마 갚을 수 있는 직업이 있어서 감사하다. 그런데 정말 마음이 아픈 것은 억울한 말을 하고 위로와 격려의 말 한 마디 없을 때 나도 인간이기에 화가 날 때가 있다. 그렇게도 자존심과 기가 쎄시더니 작년부터는 고맙다, 너 못할 일을 시킨다, 너 때문에 살고

있다고 하시며 드린 돈 일부를 꼬박꼬박 모아 손주들 생일, 자식들 생일, 손주 대학교 납부금에 보태 쓰라고 주고 동생들에게도 수시로 몇 백씩 손에 쥐어 주시는 것 같았다.

한편으로는 너무도 불쌍하고 여유만 있으면 더 드리고 싶은 마음이다. 정말 오래 살고 볼 일이다. 만약 엄마라는 이름으로 억울한 소리만 하시다 가셨으면 아무리 하나님의 자녀지만 용서하고 이해하기 힘들었을 것이다. 몇 년 전까지만 해도 의무적으로 전화를 했지만 지금은 마음에서 우러나는 전화를 아침, 저녁으로 하고있다. 가족이라는 것은 마음으로 서로 위로하고 말과 행동으로 힘과 용기를 주어야 정말 가족이라고 생각한다. 당연한 것으로 생각하여 상처를 주고 고통을 줄 때는 남만도 못하다는 말을 실감하게 된다.

돈과 재산을 많이 가진 사람이 부러운 적은 없는데 가족을 도와야 할 때 주변에 어려운 사람을 만날 때는 많이 도와주지 못해 안타까울 때가 종종 있다. 두 달 전 어느 날 밤 일주일 전에 사놓은 레몬을 식초와 베이킹파우더에 깨끗이 씻은 후 레몬차를 거실에서 만들려다 썰렁하고 추워 안방 TV 앞으로 가져갔다. EBS에서 <구조>실황을 방영하고 있었다. 중요한 것을 볼 때는 성격상 두 가지 일을 못하기에 레몬을 썰다 말고 시청하기 시작하였다. 보는 내내 너무나 감동해서 울었는데, 보이지 않는 곳에서 저렇게 목숨을 내놓고 봉사하는 위대한 삶을 살아가는 소박한 이들이 존경스럽다 못해 고귀하게 느껴졌다.

매달 엄마 생활비, 아이들, 노인들을 조금씩 돕고, 유엔 난민기금 매달 몇만 원씩 보내고 있는 것을 봉사라고 여겼던 위안도 너무 부끄러워졌다. 그들 앞에서는 감히 봉사라는 단어를 앞으로 꺼낼 수가 없을 것 같다. 그들은 각 나라의 소박한 직업을 가지고 있는 순수한 시민 중의 한 사람들로 누가 시켜서가 아니고 고무보트에 수백 명이 매달려 지중해의 물살을 가르고 며칠을 표류하며 이탈리아로 들어오는 난민들이 아무 대책없이 옷 하나 걸치고 신발도 신지 않는 채 목숨을 걸고 자유와 먹을 것을 찾아 표류해 오다가 고무보트가 터지거나 뒤집혀 죽는 것을 뉴스로 보고 자발적으로 지원해서 모인 민간 단체 구조팀들이었다. 더욱 더 눈물이 났던 것은 그 구조팀 22명 사람들 모두 각자

힘든 일에 종사하고 있는 네덜란드의 열쇠수리공, 배관수리공, 독일의 청년 소방관, 청소년 인성지도교사, 간호보조사, 선박에 종사하는 사람들, 영국의 항해사, 자랑스러운 대한민국 청년 항해사도 그 위대한 팀의 일원이었다. 소방관의 경우 야간 교대근무를 하고 다음날 자기 쉬는 시간을 이용해 구조에 앞장서고 있다는 직장상사의 인터뷰에 눈시울이 뜨거워졌고 소방관이 하는 말이

"지중해의 난민들이 죽어가는 바다에서 수영을 하며 어떻게 휴식을 취하고 놀 수 있겠는가요? 저는 나치와 친구할 수는 없지만 나치도 빠지면 구하러 달려갈 것입니다."

이 말이 나의 가슴을 울렸다. 그렇습니다. 그 사람이 누구건 소중한 생명입니다. 이탈리아 정부에서는 난민이냐 난민이 아니냐로 더 이상 받아 들일 수가 없다고 지금 구조배들을 수개월째 불법으로 규정하고 억류시키고 있다는데 몇 천 명도 아니고 수십만 명이 들어오기에 이탈리아, 네덜란드, 영국 등 주위 모든 나라들이 힘들겠지만 분명한 것은 자유가 소중하기에 죽음을 무릅쓰고 몇 날 며칠을 배에 실려 생과 사를 넘나드는 사투를 벌이면서 심지어는 대소변도 고무보트에 널브러져 있는 상황을 상상이나 해보라.

이제 세계 여러 나라에서 힘을 모아야 하고 유엔에서 적극적인 대책을 마련해야함이 절실하다. 순간 나의 삶이 초라하고 미미하게 느껴졌다. 자기 삶에만 급급하고 보다 좋은 위치의 사람과 비교하여 불평하는 것보다 좀 더 눈을 크게 뜨고 꼭 물질이 아니더라도 우리가 할 수 있는 봉사에 중요성에 대해서 고뇌하고 잘 찾아봐야겠다.

아름다운 추억과 나의 길

오 수 경

일 년 동안 정들었던 아이들과 헤어지고 3월이면 또 새학년을 맡는다. 그나마 다행인 것은 교사들은 한 학교에서 4년의 임기가 끝나면 다른 학교로 이동하기에 목적을 가지고 만나지 않으면 만나기가 힘들지만 제자들은 6학년 졸업생만 중학교로 진급하고 나머지 제자들은 같은 공간에서 자주 만날 수 있어서 덜 서운하고 모두가 내 자식 같다. 특히 내가 가르쳤던 학급의 아이들과 독서행사를 추진하며 다른 학급의 아이들도 동행하고 여러 가지 체험을 함께 했기에 모두가 가족이고 사랑스런 내 아이들이다. 올해 2020년에도 내 학급 뿐만 아니라 모든 아이들에게 교사이기 이전에 학교 부모로서 사랑과 열정으로 최선을 다하고 싶다. 이 아이들이 자라서 초등학교를 떠올리면 그래도 우리들을 사랑해 주었던 괜찮은 교사, 좋은 교사로 기억되는 사람이었으면 좋겠다는 생각을 하며 지난 일 년간의 일들을 떠올려 본다. 아이들과 함께 여러 가지 일 중에 특히 아이들이 제일 기뻐하고 행복해 했던 일은 평생 잊을 수가 없을 것 같다.

노오란 국화 향기 대지에 그윽하게 퍼지고 내 마음도 노랗게 물들어 갔던 작년 가을날 교내 독서행사 일환으로 2018년에 이어 제 2회 작가와의 만남을 갖게 되었다. 지인 작가들 섭외라 한결 쉬울 거라 생각해도 행사를 추진한다는 것은 마음과 육체의 정성과 노고가 따라야 아름다운 결실을 맺는다는 걸 행사를 준비할 때마다 깨닫는다. 삶의 무슨 일이든 진정성 있는 열정과 삶의 의미를 느끼고 진실하게 최선을 다 했을 때 타인의 마음에도 진정한 사랑과 행복이 전달되는 것 같다.

이번에는 독서와 노래, 음식 만들기를 넣어 새롭게 프로그램을 계획하여 두 선생님과 회의를 하였다. 두 선생님들도 나의 생각이 너무 좋다고 하셨다. 미리 만들 음식과 부를 노래도 고르고 시집도 고르고 안내문도 만들었다. 두 선생님들이 안내 시화를 잘 만들었다고 아주 좋아해 주셨다. 가을의 은행잎이 노랗게 물들기 시작했을 때 드디어 작가와의 만남 행사날이 되었다. 친구들의 "산할아버지 구름모자썼네, 할아버지 옛날 시계, 바람이 불어오면"... 노래가 가을 하늘에 울려퍼지니 구름도 덩달아 즐거워하며 노래에 맞춰 춤을 추는 것 같았다. 재작년에 만난 선생님들이 오셔서 아이들은 더 반가워하고 재미있게 참여하면서 노래도 더 힘차게 따라 부르고 요리도 맛있게, 시낭송도 예쁜 목소리로, 모두를 깜짝 놀라게 했고 선생님들도 함께 부르며 아이들보다 더 즐거워 해주셨다. 이렇게 아름다운 가을에 우리들은 사랑으로 하나가 되었다.

그리고 두 번째 추억은 작년 아이들과 마지막 체험인 용인 양지스키장에서 스키 타기 체험이었다. 전교생이 수학여행에 이어 단체 체험으로는 마지막 체험인 스키 타기이다. 아이들은 들떠서 하루하루 손꼽아 가며 기다리는 반면 교사들은 마무리 교과정리, 결산보고, 내년 예산 세우기, 방학계획서 등 할일이 태산 같아 혹시 비가 많이 와 취소되면 좋겠다는 생각할 정도로 바쁜 나날을 보내고 있었다. 그러나 아이들이 너무 좋아하는 모습을 보고 나도 우리도 금세 행복해 하였다. 아이들은 너무 재미있다고 지치지도 않고 야간 스키까지 즐기며 날 새는 줄 모르고 평상시 친구들과 교사들을 힘들게 하면서 문제를 일으킨 아이까지 그렇게 온순한 모습을 보이는 것은 몇년만에 처음이었다. 교사들 모두가 깜짝놀랐는데, 형제인 그 아이 둘이 조용하고 착하게 행동하니까 모든 아이들이 평화스럽고 행복하다고, 스키체험은 내년에 교육과정에 꼭 필수항목으로 넣자고까지 하면서 분석하며 토론하였다.

교사들이 힘들다고 아이들이 행복한 것을 어찌 멈추겠는가? 진정한 교육이란 아이들, 교사 모두 행복함을 추구해 나가는 것이라고 생각하기에... 앞으로 불과 얼마남지않는 나의 교직자로서 삶을 교육현장에서 결손된 가정의 아이들을 더 많이 보듬으며 사랑하면서 최선을 다해 나의 길을 가련다.

나의 길

오 수 경

빛바랜 그림처럼
고요히 흘러가는 세월속에
나는 어디에 머물고 있는가

수많은 날들은 말없이 떠나가고
나의 꿈들은 온갖 시련속에서
방황과 갈등으로 싸우며
삶의 의미를 찾아
한 계단 한 계단 오르고 있네

아, 아름다운 날들이여

기쁨의 환희는
푸른 산의 메아리로 남아있고
회한의 눈물은
깊은 강물이 되어 바다를 이루고
그리움의 추억은
순백의 가슴에 차곡차곡 쌓이네

끝없이 솟아오르는 사랑은
나를 인도하는 등대라네

오 수 경

아호 : 벽원
광주광역시 거주
초등교사 재임중
샘터문학상 우수상 수상
대한문인협회 신인상 (시,등단)
(사) 샘터문학 행정국장
(사) 샘터문인협회 운영위원
(사) 대한문인협회 회원
텃밭문학회 회원
문학어울림 회원
<작사>
가곡 - 끝없는 사랑
<공저>
사랑, 그 이름으로 아름다웠다
청록빛 사랑속으로
우리집 어처구니는 시인
고장난 수레바퀴
<컨버전스 시집/샘터문학>

오수경 수필가 신인상 심사평

잔잔한 감동을 주는 수필 정신

지 은 경 (시인, 문학평론가, 문학박사)

제 8회 <샘터신인문학상> 수필부문에 오수경 님의 「위대한 삶이란」, 「아름다운 추억과 나의 길」 2편을 당선작으로 확정한다. 수필은 자기 응시가 강한 문학이다. 자기 체험을 바탕으로 과장됨 없이 구체적으로 쓰여지는 것이 수필이다. 오수경 님의 2편의 수필은 자기 관조와 성찰을 통한 자아 각성의 글로서 문학적인 변용이 수필로서 격조가 있으며 독자에게 잔잔한 감동까지 주고 있다.

오수경 님의 「위대한 삶이란」은 수필 제목에서 시사하는 바와 같이 인간적인 삶이 위대한 삶이라고 피력하고 있다. 어느 날 EBS <구조> 실황에서 이탈리아로 들어오는 난민들을 보게 된다. 고무보트에 수백 명이 목숨을 걸고 자유와 먹을 것을 찾아 표류하다가 뒤집혀 죽는 것을 본다. 이들을 구조하기 위해 자발적으로 모인 민간단체 22명의 구조팀을 글쓴이는 위대한 영웅으로 보고 있다. 구조단은 네덜란드의 열쇠수리공, 배관수리공, 독일의 청년소방관, 청소년 인성지도교사, 간호보조사, 선박에 종사하는 사람들, 영국의 항해사, 대한민국 청년 항해사 등 평범한 사람들이다.

「아름다운 추억과 나의 길」은 글쓴이가 교사로서 지난 일 년 간 보람 있었던 일들을 되돌아보며 자기 점검을 하고 있다. 작가와의 만남의 시간과 아이들과 스키타기 체험에서 느낀 이야기들이다. 삶은 진정성 있는 열정과 최선을 다 했을 때 타인의 마음에 전달되며 그러한 삶이 행복이라고 정리하고 있다.

오수경님의 수필은 형식이나 내용에 구애받지 않으면서 보편적 공감을 주는 글로서 인간애의 따뜻한 마음을 담고 있으며 주제의식이 뚜렷하다. 다독, 다작, 다상량을 많이 한 것으로 엿보이며, 앞으로 문학성이 있는 글을 쓰리라 기대하면서 당선에 올린다. 대성하기를 바란다.

수상소감

나에게 글쓰기란 무엇일까?

2남3녀의 장녀로 태어난 저는 어릴 때부터 너무 온순하고 조용한 성격으로 착하고 공부 잘한다는 말을 들으며 모범생으로만 살아왔던 것 같습니다. 그러나 외할아버지를 모시고 살았기때문에 치매 걸리신 할아버지와 동생들을 항상 보살펴야했습니다. 공부, 독서를 좋아해도 엄마를 돕느라 시간이 부족하여 왜 이렇게 식구가 많은데서 태어났을까 어린 나이에도 주어진 어깨가 너무 무거워 제 자신과의 일기를 쓰면서 견디어 온 같아요.

그러나 아무리 마음 여리고 부끄러움이 많았어도 진실과 정의롭지 못한 일에는 함께 하지 않았고 힘쎄고 강한 자에게는 약하며, 착하고 약한 자에게는 강한 비겁한 사람하고는 어울리지 못 한 성격탓으로 아부할 줄도 몰라 미움, 시기, 질투, 모함을 받아도 무조건 참기만 했습니다.

억울해서 종종 집에 와서 밤새도록 운 적도 많았고 그런 사람들과의 갈등과 고통을 글로 달래며 스스로 위로하며 이겨냈습니다. 이렇듯 어릴때부터 저에게 글쓰기는 저를 오늘날까지 지탱해주고 소중한 저의 영혼을 치유해 준 도구였던거지요.

늦게나마 저에게 냉철하면서도 배려가 있고 따뜻한 사랑이 가득한 글을 쓰도록 기회를 주신 샘터문학의 존경하는 이정록 회장님과 심사위원님들께 무한한 감사를 드립니다. 기대에 어긋나지 않게 좋은 수필가가 되어 사회에 이바지 하겠습니다.

다시 한 번 감사드립니다.

오수경 올림

고랫배 전설

이 상 욱

내 고향 용잠(龍岑 : 울산광역시 남구 소재 경치가 뛰어난 작은 해변마을로 오래 전 울산화학공업단지에 편입되어 사라짐)에는 고래잡이배가 드나들고 선주(船主), 포수, 선장 등 고래잡이에 종사하는 사람들이 많았다. 전국 유일의 고래잡이 마을이라 할 수 있다. 그래서인지 울산에는 국보 제285호 반구대 암각화가 있고 그 암각화에는 각종 고래가 즐비하게 그려져 있다.

어릴 때부터 우리 마을에는 고래와 관련된 사람들과 이야기, 물건, 볼거리들이 있었다. 고래를 잡은 날은 동네 잔칫날이 되었다. 밍크 고래에서부터 집채만 한 나가수(흰 수염고래)까지, 고래가 잡히는 날에는 고래를 해부하는 큰 칼잡이 아저씨, 작은 칼잡이 아저씨가 고랫등에 올라 있고, 동네 사람들은 이 대단한 구경거리에 모여 들었다. 누구랄 것도 없이 한 점의 고깃덩어리를 얻을 요량으로 한 손에는 고기 담을 그릇이 쥐어져 있었다.

고래 잡은 날 동생과 어머니가 바로 그런 광경을 뒤로한 채 찍은 사진이 아직 기억 속에 남아 있다. 고래 크기나 고랫배 크기가 비슷해 보여 어림잡아 어느 쪽이 큰지 분간이 가지 않았다.

내가 초등학교 4학년 무렵 울산은 한창 석유화학단지 조성으로 인해 내 고향 용잠은 매연이 심해져 더 이상 살 수 없는 철거지역이 되어 도회지로 전학을 오게 되었다. 천혜의 비경이었던 용잠 해변은 사라지고 어린 나이에 실향민이 되었다. 이때 사귀어 40여 년간 죽마고우로 지내고 있는 친구들에게 처음 고래에 관한 이야기를 했을 때 무척 낯설게 느꼈다고 한다. 내가 마치 딴 세상이나 이북에서나 온 사람처럼 의아하게 생각하곤 했다.

고래가 얼마나 크지, 고랫배가 고래 크기와 비슷하다는 사실조차로 받아들이지 못했다. 고래를 물고기 잡듯이 고랫배에서 잡아 올려 바로 해체하거나 냉동한 다음 고랫배에 싣고 오는 줄로 알고 있었다. 이들을 말로 이해시킬 수가 없었다.

백문이 불여일견이라는 것도 아마도 이때부터 터득하게 된 것으로 기억된다. 고랫배 뱃머리에는 고래를 발견하기 위해 멀리 내다볼 수 있는 망루가 높이 솟아 있고 올라가는 줄사다리와 그 아래에는 고래를 잡을 때 사용하는 포(작살포)가 있다는 것도 어떻게 설명해야 할지 몰랐다.

망루에서 고래를 발견하면 고래의 위치를 포수와 선장에게 알리고 포수의 지시에 따라 고랫배는 고래를 쫓아간다. 포수는 유효 사격거리 내에서 고래가 물 밖으로 올라오기를 기다렸다가 포를 쏘아 명중시킨다.

포수가 쏜 작살(길이 1.5m 정도, 직경 70mm 쇠막대로 작살 앞쪽 끝은 우산대처럼 펴지는 구조로 낚시 바늘의 미늘 역할을 함) 뒤쪽 끝에는 굵은 밧줄이 연결되어 있어 포로 쏜 작살에 밧줄이 낚싯줄 풀려나가듯이 허공을 가르며 풀려나간다. 포로 쏜 엄청난 크기의 작살이 고래 몸통에 박히게 되면 고래는 극심한 통증과 함께 위기를 필사적으로 벗어나기 위해 물속 깊숙이 달아난다. 이때 잠시라도 방심하게 되어 고래의 도주경로로 뱃머리를 대지 못하면 고래가 끄는 힘에 의해 고랫배가 바다 속으로 침몰할 수도 있는 위험에 빠지게 된다. 노련한 포수는 작살 끝에 연결된 밧줄을 천천히 풀어가며 고래를 따라가다가 고래가 힘이 빠지기를 기다린다. 거대한 고래도 몸속에 어마한 크기의 작살이 박힌 채 움직일수록 심한 출혈로 오래 버틸 수가 없게 된다. 이를 놓치지 않고 더욱 조여드는 올가미처럼 포수는 천천히 작살에 연결된 밧줄을 기계장치로 감기 시작한다. 고래의 저항이 심하면 다시 밧줄을 풀었다가 감기를 반복해가며 고래 뒷심 빼기를 능수능란하게 한다. 이때 포수와 선장, 갑판 위에 있는 선원, 기관실에 있는 선원까지도 혼연일체가 되어야만 집채만 한 고래를 잡을 수 있다. 숨쉬는 것조차도 잊은 듯 모두 바다 속의 고래의 움직임에 집중한다.

얼마의 시간이 흘렀을까? 고래의 저항은 점차 줄어들고 마지막 사투를 강력한 꼬리지느러미로 해보지만 이미 때는 늦고 말았다. 바다 표면으로 떠오르는 고래의 형체가 희끗 희끗하게 보이기 시작한다. 심한 출혈로 힘이 빠진데다가 고랫배의 강력한 엔진의 출력으로 고래가 저항하는 힘 반대방향으로 배를 몰아가며 밧줄을 더욱 세차게 감는다. 밧줄 감기는 기계 소리와 집중력에 고랫배 선원들의 온몸에는 땀이 맺혀 흐른다.

몇 시간의 사투 끝에 바다의 왕자, 고래는 고랫배에 단단히 붙은 따개비(갯바위나 배 밑에 붙어 있는 굴 같은 갑각류)와 같은 신세가 되고 만다. 이윽고 고랫배 선원들은 일제히 함성과 환호성을 내뱉는다.

군악대 수자폰 소리보다 훨씬 묵직한 뱃고동 소리를 길게 내며 용잠 포구로 뱃머리를 돌린다. 고래를 잡았다는 사실을 주변에 알리는 일종의 자축 신호인 것이다.

이렇게 잡은 고래를 두고 제일 좋은 부위는 선주, 포수, 선장 순으로 가져가고 고랫배의 뱃사람 서열에 따라 그 다음 순으로 시식을 할 수 있게 진행된다. 아버지는 예전에 고랫배를 잠시 타신 적이 있다고 했다. 그러한 경력, 그때의 친분으로 인해 고랫배에서 내려왔어도 우리 가족은 늘 좋은 부위의 고래 고기를 먹을 수 있었다. 이 뿐만 아니라 고랫배를 타는 것은 또 다른 인센티브가 있었다. 농사일을 하거나 다른 고깃배를 타는 것보다 보다 수입이 좋았고

고래를 잡는 날이면 고래 고기를 푸짐하게 먹을 수 있었기 때문에 우리 동네에서는 고랫배 선원이 최상의 직업군에 속했다.

어머니에게서 들은 내용이지만 내가 어릴 적 우리 집에 TV가 없었던 터라 TV를 샀으면 하는 마음에 아버지께 고랫배를 타라고 그렇게 졸랐다고 한다. 그 시절 우리 동네에 TV는 고랫배 선주인 목이 아저씨 집에만 있었기 때문이었다. 동네 사람들은 당시 최고의 시청률을 기록하던 드라마를 목이 아저씨네 TV를 통해서만 볼 수 있었다.

그 가족들이 맨 앞에서 보고 가까운 친분 순으로 앉을 수 있었다. 목이 아저씨네 가족들에게 잘못 보이기라도 하면 앞으로 그 재밌는 드라마를 볼 수 없기 때문에 마을사람들은 그 집 아이에게 조차도 조심조심 대했던 기억이 난다.

어렴풋하게 기억되지만 입담 좋은 동네 아저씨, 유난히 나를 귀여워해주었던 동네 삼촌들, 동네 어귀의 점빵(가게)에 들려 댓병 소주를 따라 잔술을 드시던 아저씨들...

아직도 "욱아! 단디해라" 뿜어내는 담배연기에 섞인 굵고 탁한 목소리가 들

리는 듯하다.

고래의 맛은 천 가지라고 한다. 정말 그런지 확인해보진 못했지만 아버지로부터 늘 들어왔던 말이다. 그만큼 다양한 맛을 낸다는 뜻일 게다. 용잠 해변에서 자라온 나는 고래 고기의 맛이 입에 베여 있었다. 고래 특유의 맛을 즐기게 되었고 찾게 된 것이다. 어느 날 중학교 친구와 우리 집에서 저녁을 먹게 되었다. 어머니는 낯선 친구를 집에 데려오자 신경이 쓰였는지 저녁 메뉴로 탕수육을 해주셨다. 오랜만에 입맛에 맞는 탕수육을 배불리 먹고 나자 친구도 잘 먹었는지 맛이 있었는지 물어보게 되었다. "너그집(경상도 방언: 너희집) 탕수육 고기 맛이 이상하다"고 했다. 그 친구 이야기를 듣고서야 중화요리 탕수육은 돼지고기로 만든다는 사실을 알았다. 그 후에 또 안 사실이지만 어머니가 늘 해주시던 육회, 고기무국의 재료도 모두 고래 고기였다.

그리고 어느 날 아버지는 마도로스가 지니고 다닌다는 고래 이빨로 만든 담배 파이프를 들고 오셨다. '마꼬(경상도 방언: 궐련)'라고 했다. 담배 니코틴이 베어들어 고급스럽게 노르스럼한 빛깔을 띠고 있었다. 마꼬가 더욱 노르스럼한 빛깔을 띨수록 마도로스의 연륜도 가늠하게 된다고 하셨다. 이 마꼬로 인장(印章)도 새기기도 했다는데 어린 나도 단박에 귀한 물건임을 알아채어 언젠가는 마꼬 도장을 갖고 싶다는 생각을 하곤 했다.

지금은 포경(捕鯨)이 금지된 지 40여년이 흘렀고 고래잡이에 종사하던 사람과 고랫배는 없어진지 오래다. 다만 고래잡이의 흔적을 장생포 고래박물관에서 확인할 수 있다. 나도 고래박물관을 몇 번 다녀오기도 했지만 그 고랫배의 진한 추억이 아직 맴돌고 있다. 이런 향수를 알고 울산광역시에서는 행정부서로 고래과(課)를 신설하였고 고래에 관련된 업무를 관장하고 있다. 고래가 자주 출몰하는 시기를 잡아 고래투어를 하고 있는 것이다.

반구대 암각화를 보면서 고래를 선사시대부터 잡았다는 사실을 확인할 수 있는데 그 고래잡이를 하며 살았던 삶들은 모두 우리 동네 사람들, 용잠 사람들이었다. 아마도 선사시대부터 고랫배와 고래잡이 도구가 발달하지 않았을까 생각한다. 이때부터 이미 용잠 사람들은 고래 잡는 방법을 스스로 체득했던 것으로 짐작이 간다. 엄청나게 큰 고래를 혼자나 몇몇이 잡을 수 없었기 때문에 많은 인원이 동원되어 협력해야만 고래를 잡을 수 있었을 것이다.

그리고 잡은 고래를 뭍으로 끌어올리기 위해 동네사람들이 동원되었던 이런 이유여서인지 용잠 사람들은 유난히 유대와 우애가 좋았고 힘이 셌다. 나도 유년시절부터 힘이 유난히 셌다. 고래를 잡았던 용잠 사람들의 후예인데다 해상 실크로드의 끝자락 세죽(細竹 : 용잠 근처의 지명으로 통일신라시대, 고려시대의 국제항구)에 정착한 처용(處容: 삼국유사 기록에 의하면 신라 49대 왕 헌강왕 때 인물로 아라비아 상인으로 추측됨)의 피가 혹시 조금 섞였는지 스스로 의심을 해보기도 한다. 나의 죽마고우조차도 그 힘의 원천을 고래 고기로 생각한다. 그리고 지금도 내가 무엇을 먹는지 유심히 살펴본다.

많은 추억을 간직한 고랫배. 내 고향 용잠 사람들은 고래잡이배를 고랫배라 추억한다. 하지만 고래를 접해 보지 못한 대다수의 사람들은 미디어나 도서에서 접한 언어, 포경선(捕鯨船)이라 부른다.

오늘밤 꿈속에서 고랫배를 소환하여 아버지를 모시고 죽마고우들과 함께 용잠에서 푸른 바다로 나가 물 반(半) 고래 반(半) 고래들의 물놀이 향연을 지켜볼까 한다.

이 상 욱

한양대학교 대학원 체육학과 졸업(이학박사)
대림대학교 스포츠지도과 교수(현)
대림대학교 평생교육원장(현)
국제우드볼연맹(IWbF) 부회장(현)
국제대학스포츠연맹 우드볼 종목 기술위원(현)
(사)샘터문인협회 회원
한국문인그룹 회원
백제문단 회원
송설문학 회원
사계속시와사진이야기그룹 회원
<수상>
2019 샘터문학 신인문학상 수상(시 부문 등단)
<저서>
운동생리학/운동처방론/운동과 건강 외 다수
<공저>
고장난 수레바퀴(컨버전스 시집/샘터문학)

이상욱 수필가 신인상 심사평

리얼리티가 살아있는 독특한 소재

지 은 경 (시인, 문학평론가, 문학박사)

제 8회 <샘터신인문학상> 수필부문에 이상욱 님의 「고랫배 전설」을 당선작으로 확정한다. 이상욱 님의 글은 재미있게 읽힌다. 그의 수필은 소재가 독특하며 독창적이다. 독창적인 소재는 근거를 확실하게 제시할 수 있어야 새롭고 신선하게 읽힌다.

이상욱 님의 고향은 용잠(울산광역시 소재)으로 경치가 뛰어난 해변마을이었다. 예전엔 고래잡이 마을로 고래잡이에 종사하는 사람들이 많이 살았던 곳이다. 지금은 석유화학단지가 조성되면서 공업도시가 되었다.

이상욱 님은 밍크고래, 참고래 등 고래 잡는 방법을 상세히 소개하고 있다. 고래와 관련된 이야기들이 생소하면서 재미있다. 망루에서 고래를 발견하면 고래의 위치를 포수와 선장에게 알린다. 포수의 지시에 따라 고랫배가 고래를 쫓아가는 이야기, 포수가 포를 쏘아 명중시키는 이야기, 고래가 끄는 힘에 의해 포경선이 침몰의 위험에 빠지는 이야기들을 실감나게 쓰고 있다.

사투 끝에 잡은 고래를 선원들은 제일 좋은 부위는 선주, 선장, 포수 순으로 가져가 시식을 한다. 그 옛날 고기를 푸짐하게 먹을 수 있어 포경 선원들이 최상의 직업군에 속했다는 것은 새로운 사실을 알게 한다. 고래의 맛이 천 가지라고 하는 것도 새로운 사실이다. 이젠 포경(捕鯨)이 금지된 지 40여년이 흘렀고 고래잡이에 종사하던 사람과 고랫배는 없어진지 오래다.

고래고기가 힘의 원천으로 생각한다는 글쓴이의 포경선(捕鯨船)이야기는 차분하면서도 이야기를 이끌고 나가는 힘이 예사롭지 않다. 독자를 글 속으로 빠져들게 하는 힘이 강하여 저력이 있다. 추상적이지 않고 구체적이며 사건과 사물과의 만남이 생동감을 띠고 있어 실감나고 흥미롭다. 이상욱 님의 글은 체험이 작품의 틀이 되는 것으로 리얼리티기 살아있는 생동감 있는 수필로서 기쁜 마음으로 추천하며 대성을 기대하며 심사위원 전원 당선작가로 기쁘게 선정한다.

수상소감

우선 졸작을 추천해주신 이정록 회장님, 좋게 평가해주신 심종숙교수님 외 심사위원들께 지면을 통해 감사의 뜻을 전합니다. 지난해 샘터문학에서 시 부문 등단을 계기로 습작의 노력과 공부를 게을리 하지 않고 시인으로 책임감을 느끼며 시를 쓰겠다는 다짐을 하였습니다. 대학에서 학생들을 가르치면서 대학 평생교육원 운영으로 인해 그다지 짬이 없는 일상 속에서 창작의 시간은 자신만의 힐링 시간이 되었습니다. 작시에 더 신중을 기하게 되면서 평소 수필에 대한 갈증이 계속 되었습니다. 코로나19 영향으로 대학은 몇 개월째 원격강의가 진행되고 대면강의는 연기되기를 반복하였습니다. 어느새 대학 교정에는 목련이 피고 지고, 벚나무 꽃잎이 꽃비 되어 날리고 있을 때 어릴 적 고향의 일상이 떠올랐습니다. 고향 용잠(龍岑), 고랫배를 소재로 고래이야기를 해보고 싶었습니다.

저의 감성을 길러주었던 용잠 포구. 고랫배가 드나들고 고래에 얽힌 많은 추억들을 공유하고 싶었습니다. 응모하기 전 지인들에게 먼저 원고를 돌렸습니다. 의외로 반응이 좋았습니다. 이후 고교 동기 단톡방에 게재하였더니 "좋은 소재를 골랐다.", "단숨에 글이 읽혀진다.", "영화를 보는 듯 고래잡이 광경이 연상된다.", "후편이 기다려진다."고 하였습니다.

며칠 전 수필 등단의 소식을 접하고 부랴부랴 고향으로 내려갔습니다. 더 정확한 고래이야기의 근거를 알아야 했습니다. 제가 고래이야기로 등단하게 된 사실을 어머니와 작은 아버지께 알렸더니 수소문하여 생존해 있는 고랫배 포수를 만나게 해주었습니다. 연락을 취하였더니 그는 한걸음에 달려오셨습니다. 그는 아버지의 초등학교 후배셨고 우리 동네 아저씨였습니다. 고래를 400여 마리나 잡은 고랫배 포수이자 선장 출신인 그에게서 고래에 대한 생생한 이야기를 더 많이 듣게 되었습니다.

저의 작은 소망은 한국판 모비딕(미국 소설가 허먼 멜빌이 1851년 지은 고래잡이 소재의 장편소설, 일명 백경)을 쓰는 것입니다. 어릴 적 고래를 보고 자랐고, 고래잡이에 종사한 사람들의 이야기, 고래에 얽힌 많은 이야기를 알고 있습니다. 성장해서는 "나를 이스마엘이라 불러다오"로 시작하는 모비딕을 읽고 내 고향의 문화유산 고래이야기를 기록으로 남겨 많은 사람들과 공유하고 싶다는 생각으로 글을 쓰게 되었습니다.

고래에 관한 지식을 더 쌓고 고래잡이에 종사하던 사람들이 모두 떠나기 전에 더 많은 이야기를 듣고자 합니다. 그리고 사실을 바탕으로 한 일상의 언어로 편안한 글을 쓰고 싶습니다. 가끔씩은 심장박동수를 올릴 수 있도록 감동도 주고 생생하게 현장을 떠올릴 수 있도록 글을 쓸 수 있기를 소망합니다. 안양 평촌에서 관악산, 청계산을 바라보며 글을 맺으려니, 용잠龍岑 봉대산이 나지막하게 다가왔습니다.

이상욱 배상

신인문학상 당선작

산은 높이 오를수록 가볍다 외 1편

이 종 식

계절 따라 세월 따라 변하는 게 산이기에 가끔 삶의 무게를 느낄 때마다 산을 찾는다. 맑은 공기가 있어 좋고 푸른 숲과 계곡에 흐르는 맑은 물이 있어 좋다. 아직은 이른 봄이라 앙상한 가지가 인고의 아픔에도 봄 여운을 뿜어내고, 이 땅위에 산 것과 무생물이 어우러져 돋아나는 아름다움을 산에서 느낄 수 있기 때문이다.

본시 5남매 중 4째로 태어난 나는 집안일을 도맡아 하였다. 시골에서 자란 탓으로 소 풀베는 일이며 나무하는 일, 때로는 꾀병도 부리며 어머니께 투정도 많이 부렸다. 농사일이 싫어서 죽기 살기로 공부하였고. 대학은 서울로 올라왔다. 하지만 그것 또한 쉬운 것은 아니었다. 넉넉하지 못한 시골 살림에 등록금이며 하숙비 조달이 어려워 친구와 방을 얻어 자취를 시작했다. 지금은 없어졌지만 성동구 금호동 산 꼭대기 다닥다닥 붙은 판잣집을 잊을래야 잊을 수가 없다. 꿈과 희망으로 가득찬 학창시절, 어찌하여 아픔과 슬픔이 나 혼자였겠는가? 그럴 때마다 나는 산을 찾곤 했다. 산과의 대화, 함성도 지르고. 먹을 줄도 모르는 술도 마시고, 그러곤 혼자 소리치곤 했다.

"슬픔아 멈추어라!" 이제 다시 "붉은 태양이 떠오르리라! 처박았던 고개를 들고 비상하는 새들처럼 저 넓은 푸른 창공을 힘차게 나르자. 삶의 지혜를 밝혀주는 환희의 등불이 되자"

이토록 가슴속 응어리를 토해내고 나면 속이 후련해짐을 느끼곤 했다. 어느 날 왕십리에서 약수동 고개를 넘어 장충동을 지나 남산에 올랐다. 그 당시 삼일 빌딩이 왜 그리도 높았는지, 신세계, 조선호텔, 화신백화점, 종로YMCA회관, 대표적인 건물들을 바라보며, 그곳 주인들은 누굴까? 나는, 언제쯤 저런 큰 건물을 가질 수가 있을까?, 라고 자문하곤 했다.

큰 꿈을 키우던 젊은 학창시절, 꿈이 있었기에 오늘이 있다. 평화시장 노동운동가 전태일은 초등학교 4학년 때 가정이 몰락하자 기술을 배워 생계를 책임지겠다는 각오로 연약한 환경 속에서 근로자들의 힘겨운 노동과 박봉으로 가족들의 생계를 이어가야했던 봉제공들은 결국 "전태일, 죽음으로 세상에 알려졌고 그 후 민주화운동, 노사분규, 학생운동 등으로 한시대를 혁신하고 변화시키는 민주화 혁명이 일어났다.

돌이켜보면 나 혼자 살아야 된다는 방관자로 방치자로 저만치서 모른척하고 시대정신 없이 나만의 행복만을 추구하며 살아온 것은 아닐까? 선조들이 지나간 자리, 지나갈 자리, 큰 뜻과 꿈을 안고 도전하는 젊은이의 꿈과 희망은 영원 하리라! 삶을 뜻있게 해주는 길은 수없이 많을 것이다. 다만 그 길을 누가 어떻게 잡느냐에 따라 생활이 바뀌고 인생이 변하는 것이다. 소극적인 삶 보다는 자신에게 국한하지 말고 폭넓게 포용하고 저 인구 시대에 함께 살아가는 법, 이웃에게 관심과 배려, 사랑을 베푸는 아량과 소양이 필요한 것 같다. 높은 산에 오를수록 몸은 고단하지만 마음이 가벼운 것은 폭 넓은 시야로 더 넓은 세상을 바라볼 수 있기 때문이다.

오백 년 조선의 넋魂이 흐르는
한강물에 발을 담구나니
새색시 가슴 떨리듯 자지러지는 저 물빛이 고단한 발등을 어루만져 주고
맑은 물속에서 너울거리는
주름진 화상畵狀에
한 서린 한숨만 깊어가누나

이제는 돌팔이 시인 흉내를 곧잘 내는 것을 보니 세월이 묵었나보다. 살다보면 힘들고 어려울 때 자기 자신을 돌아보고 슬프고 괴로울 때 고개들어 먼 산을 바라보고 높은 하늘을 보자! 산과 들이 강이 하늘이 들려주는 이야기 소리를 들어보자!

내가 자라서 어릴 때 추억은 동심이었고. 중년은 살기 위한 노동이었다. 노년기에 남은 것은 깊게 파인 주름과 병치레 밖에 없다. 눈을 떠보니 주렁주렁 달린 링거와 그 옆에서 지켜주는 근심어린 마누라, 그것이 전부이고 조금 남아 있는 찌꺼기 인생이다. 한평생을 살아준 마누라에게 고마움을 느끼고, 서로 의지하고 사랑하며 살아야겠다. 두 손 꼭 잡으며 자주 얘기해야겠다.

"여보! 내 옆에 있어줘서 고맙소!
많이 많이 사랑하오
영원히 영원히 사랑하오"

인생, 내가 태어난 가마소 터

이 종 식

유난히 포근했던 己亥年(기해년) 12월 겨울 금요일 오후였다. 문득 내 어릴 적 아버지가 피난와서 안착한 강원도 소금강 하고도 가마소라는 깊은 산속이 있는데 그곳이 내가 태어난 곳이다. 요즘에 와서 그곳이 궁금하고 그리워서 한 번 가보기로 했다. 등산베낭과 간단한 도구들을 준비하고 있는데 마누라가,

"당신 뭐 해? 왜 어디 좀 다녀오려고?"
"응 그래"

워낙 험지고 오랜만에 가는 길이기에 자동차 정비며 단단히 챙겼다. 저녁을 먹으면서 문득 아내가

"여보! 어디 간다며 여자라도 생긴 거여?"
"그랬으면 좋겠어? 갑자기 아버지도 보고 싶고 내가 태어난 곳도 궁금해서 한 번 다녀오려고"
"그 호랑이 나온다던 산골에 가려고 하필이면 겨울에 간다고 그래, 위험한데"
"맞아 당신과 40년 넘게 살면서 미루고 미루어 왔는데, 요번 못가면 영영 못갈 것 같은 생각이 들어서, 당신도 가보고 싶다고 몇 번이고 말했는데, 이제 당신은 무릎 수술해서 아프니 나 혼자라도 다녀와야지 마음이 편할 것 같아"

다음날 아침 일찍 일어나 준비하는데 마누라도 거들며 약과 옷가지를 챙겨 주는 모습이 어머니 같은 정겨움에 눈물이 핑 돌아 갑자기 말문이 막혔다. 딴

청을 부리며,

“오늘 날이 좋은 걸 보니 아버지가 도와주시는가 보다. 당신과 함께 못가서 미안하고. 산소며 큰댁 들려서 다녀오리다.”

경춘 고속도로를 달려 인제 원통 쪽으로 접어들었다. 창문을 여니 겨울 날씨에 싸늘하게 느껴져 왔지만 마음은 설레고 아버지를 추억하니 어릴 적 아버지 형상이 달리는 창가에 파노라마처럼 스쳐간다. 길섶에 우거진 나무며 바람에 하늘거림이 수줍은 새색시처럼 안겨오고 불현듯 지나간 아린 기억들이 되살아나 다가오는 것은 내, 나이 고희古稀를 바라보는 아픔에서 오는 것일까? 전쟁과 피난살이, 그리고 피의 댓가로 얻은 자유, 어려웠던 그시절 참혹한 아픔 속에 달려 온 우리 세대의 시련이 아닐까?

산과 들은 변함이 없는데
내 마음 속엔 아픔만 남았네
새로 지은 내린천휴게소는
내려오는 차, 올라가는 차,
바쁘게 움직이고
찬바람 부는 자판점에서 마시는 커피에
내린천 따뜻한 물이 온몸에 느껴오네

즉흥시 한 수 읊조리며 내린천에서 달려 양양을 지나 주문진쪽으로 돌렸다.

여기는 2살 때 가마소에서 어머니가 무섭다고 하여 이곳으로 내려와 자리잡고 살아온 곳이다. 주문진 어시장에서 장사하는 큰 외조카가 외삼촌 왔다고 반겨준다. 어릴 때 우격다짐도 많이 하고 나이가 한 살 터울이라 시샘도 많았다. 큰 누나는 삼촌한테 그러면 못쓴다고. 조카 엉덩이를 펑펑 때리면 조카 녀석이 울곤 했지만 누나 마음이 꽤나 아팠으리라! 점심을 먹으며 왜 왔냐는 말에 볼일 보러왔다고 얼버무리고 나오는데

"삼촌 저녁에 오셔요. 매운탕에 소주 한 잔 하게요"

조카 녀석도 나이가 들어가니 몇 년 전부터 존댓말을 쓴다. 일보고 시간되면 연락할게? 차를 돌려 연곡을 지나 삼산 소금강쪽으로 달렸다. 아주 깡촌이라 사람도 없다. 비포장길을 가다보니 아예 길이 없고 길은 길이지만 산길이라 차에서 내려 배낭을 지고 걷기 시작했다. 얼마쯤 갔을까! 집터 같은 흔적이 있고 아버지가 말씀하셨던 사람처럼 생긴 장군바위가 있었다. 밑에는 한 쪽 귀가 칼에 베인 것처럼 떨어져 반쯤 묻힌 귀가 있었고 전해오는 말로는 일본군들이 몹쓸 짓들을 하고 다녔다고 한다. 이렇게 내가 태어난 곳을 찾았다

칠십 년 전 내가 태어난 곳은
가마소 첩첩산중
푸른 나무 푸른 솔은 그대로인데
벌서 강산이 일곱 번이나 변했구나
내 궁터는 이끼 속에 묻히고
넓은 뜰은 파이고 망가져
잡초와 낙엽만 쌓여 석양에 물들고
나의 흔적은 어디서 물어보리

내가 태어난 집터를 보니 회한의 시 한 수가 절로 나온다.

"내가 시인의 흉내를 내는 시인은 맞나보다, 허허허 ~~~,"

세월이 흐른다는 것. 메어져 오는 슬픔에 여기저기 흩어져 있는 아버지 흔

적들을 어루만지고 밟아보며 참 가슴 아픈 시대에 살고가신 아버지 어머님을 아무리 반복하여 불러도 메아리만 돌아올 뿐!

"아아 ~ 한 번 가면 그만인 것이 인생이고
다시는 못돌아오는 것이 세월이구나
허허허~~~"

이 종 식

필명 : 덕실고을
(주) 한성플랜트 회장
샘터문학상 대상 수상 (제 7회)
(사) 샘터문학 신인문학상 수상 (시,등단)
(사) 샘터문학 부회장
(사) 샘터문인협회 운영위원
(사) 샘터창작문예대학 수료 (시창작)
글벗창작교실 입선
월간문학 입선
사계속시와사진이야기그룹 회원
송설문학 회원
한국문인그룹 회원
<공저>
사랑, 그 이름으로 아름다웠다
창록빛 사랑 속으로
아리아, 자작나무 숲 시가 흐르다
사립문에 걸친 달 그림자
우리집 어처구니는 시인
고장난 수레바퀴
<컨버전스 시집/샘터문학>

이종식 수필가 신인상 심사평

카이로스의 시간을 회상하는 글

지 은 경 (시인, 문학평론가, 문학박사)

제 8회 <샘터신인문학상> 수필부문에 이종식 님의 「인생, 내가 태어난 가마소 터」, 「산은 높이 오를수록 가볍다」 2편을 당선작으로 결정한다. 수필 잘 쓰기의 첫 번째 요소는 자기의 경험과 내면의 세계를 솔직하게 쓰는 것이다. 글은 시공을 초월하는 이야기를 담고 있으면서 독자와 공감대를 형성해야 감동을 준다. 이종식 님의 「인생, 내가 태어난 가마소 터」는 돌이킬 수 없는 절대적인 시간에 대한 회상의 글로서 사실적이고 객관적인 시간을 회상하고 있다. 저자는 자신이 태어난 곳 강원도 소금강에서 더 깊은 산속 가마소라는 곳을 찾아가며 지난날의 기억을 호명하여 대화하고 있다. 글쓴이는 과거의 시간은 전쟁과 피난이라는 참혹한 어려움을 겪어온 시대로 '피의 댓가로 얻은 자유'라고 한다. 이제는 고인이 되었지만 부모님의 고생을 기억하는 휴머니즘을 보이고 있다.

이종식 님의 「산은 높이 오를수록 가볍다」는 '높은 산에 오를수록 몸은 고단하지만 폭 넓은 시야로 더 넓은 세상을 바라볼 수 있다'는 주제를 담은 글이다. 저자는 농촌에서 자라 서울로 올라와 대학을 다니며 친구와 어렵게 자취하면서 꿈과 희망을 잃지 않았다는 이야기이다. '붉은 태양은 내일 다시 떠오르리라!'는 마가렛 미첼의 '바람과 함께 사라지다'의 명대사를 기억하며 좌절하지 않고 불굴의 의지를 굽히지 않은 내용이다.

이종식 님의 글은 글쓴이의 인생관을 드러내는 수필로서 외형적 주제나 내면의 세계를 일관되게 이끌고 가고 있다. 주제와 소재가 살아 있는 글로서 이야기가 참신하고 재미있다. 사실적인 내용의 전개로 글을 써내리라 기대하면서 심사위원 전원이 추천한다. 더욱 경주하기 바라며 대성을 기대한다.

수상소감

2020년 세계사의 큰 화두의 하나는 누가 뭐래도 코로나19와 싸움이다. 나갈 수 없고 마스크 없이는 나돌아 다니기 어려운 상황 속에서 마음에 두고 있던 글을 쓰면서 대부분 지나온 길을 더듬어 가며 시간 번역을 하기위해 샘터문학 공모전 까지 응모하게 되었습니다. 모든 문학사뿐만 아니라 자영업, 여행사! 학교 개강까지 늦어지면서 응시했던 기억도 까마득히 잊고 있던 차에 당선이란 소식에 코로나19로 힘들었던 답답했던 마음을 전환 시켜 보면서 당선소감문을 쓰려고 합니다.

오랜 꿈을 담고 달려 왔지만 여러 곳에서 발목을 잡히며 바쁜 시간 속에서 쫓기면서 이제야 문학에 꿈을 실현하려 합니다. 유명하신 선배 및 후배님들의 가르침을 하나 둘 귀에 담고 수필 등단이란 영광으로 신인 딱지를 떼게 되었습니다. 2020년의 어려움을 안고 출발하는 한해지만 나에게는 더욱 소중한 한 해로 남을 것입니다. 그동안 지나온 삶의 기틀 속에서 남은 인생을 더욱 노력하여 새로운 별이 되려 합니다. 더불어 등단이란 걸작품이 새로운 길을 열어주시는 등용문이 되어주길 기대하면서 제 작품을 선정하고 추천하시고 평을 하여 주신 샘터문학 이정록 회장님과 심사위원님들께 감사드리며 부족하지만 샘터문학 발전을 위해 최선을 다하고 더불어, 함께 열어가는 샘터 가족이 되겠습니다.

李鍾植 拜上

그녀가 좋아하는 시인의 철학은 외 1편

표 시 은

그녀는 가슴속 깊이 민초의 번뇌와 눈물을 담고 시대정신을 가지고 보편적 가치를 담아 서정성이 녹아있는 시를 쓰는 시인의 철학을 좋아한다. 그녀가 말하는 시대정신이라함은 현 시대를 살아가는 올바른 인식과 투철한 역사관과 세계관을 가지고 더 넓게, 더 높게, 더 깊게 통찰하는 마음으로 언제나 어느때나 인본주의에 입각한 마음으로 세상을 바라다보며 티없이 밝고 맑은 인도주의적 세상을 찾아가기 위한 길, 깨끗하고 정의로운 사회를 만들어 나가는 창조적 혁신의 세상 아름다운 세상을 꿈꾸는 것이다.

세상의 각계각층의 사람들이 자기가 맡은 그 자리에서 소임을 다하며 자신의 산마루에서 양심선언 깃발을 펄럭이며 이 사회를 만들어 나갈 때 모두가 바라는 살기좋은 정의로운 사회, 밝고 맑은 아름다운 세상이 펼쳐질 것이다. 시는 이런 양심선언을 하는 양심적인 마음으로 세상을 따뜻하게 만들어 나가는데서 부터 창작해 나가야 하고, 진정으로 이데아적인 성찰을 위한 시문으로 쓰여져야 한다고 그녀는 생각한다. 앞으로 그녀의 시 창작의 뿌리는 여기서부터 시작될 것이며, 진정 그녀를 찾아 떠나는 영혼의 자유로운 여행길이 될 것이다.

≪그녀가 가야할 자연친화적 시인의 길≫

그녀가 처음 시를 좋아하게 된 것은 어릴 때 부친으로부터 영향을 받았다. 부친은 글 짓고 쓰는 것을 좋아하셨는데, 특히 한문 붓글씨 중에 초서체 행서체를 쓰시는 것을 아주 좋아하셨다. 이웃 사람들이 무슨 부탁할 일이 있으면 여쭈어 보곤 할 정도로 명필 중 명필이셨다고 한다. 그녀의 오빠는 시를 쓰는 것 보다는 그냥 글 쓰는 것을 좋아해 학교 교지에 자주 실리기도 하여 친구들에게 자랑을 많이 하고 다녔다고 하고 오빠의 글 재주가 아주 논리적, 객관적이어서 기승전결이 명확했었다고 한다.

그리고 그녀의 사촌언니는 그 시절 문학을 아주 사랑하는 단발머리 소녀였고 공부벌레라는 별명이 따라 다녔다. 사촌언니는 자주 그녀 집에 놀러 오곤 했는데 "나는 커서 시인이 꼭 될거야" 라며 그 꿈을 놓지 않고 살았던 사촌 언니의 모습을 동경하며 시詩라는 학문이 자연스레 그녀에게로 다가왔다. 그런데 그렇게 똑똑했던 문학소녀 사촌언니는 건강이 좋지 못해 꿈을 펼치지 못했고, 그녀의 둘째 사촌언니가 불가쪽에서 시를 쓰며 여생을 보내시다가 영면하셨다.

인생을 살아가며 그녀는 늘 한 달에 몇 권의 시집은 꼭 읽어야겠다고 생각하며 시집을 사러 서점에 자주 가곤했었다. 서점에 가면 항상 시선이 끌리는 것은 맑은 영혼을 깨우는 시집과 종교적인 책들이었는데 기독교, 불교서적을 가리지 않고 영혼을 맑게 깨우는 것이라면 무엇이든 사서 읽는다. 너무 자기철학이 강한 서적이나 너무 한쪽으로 편중된 비판적인 시집이나 도서들은 그녀에겐 흥미가 없었고 눈길도 주지 않았다. 그녀가 진정 마음에 담고 싶은 맑은 세상이 그 시절에도 나름대로 있었던 모양이다. 그것은 온 세상을 포용하고 관용하고 배려하고 인내하며 그럼에도 불구하고 사랑하는 티 없이 맑은 영혼을 깨우는 소리를 찾아 가는 세상이었고 어둡고 소외된 민초들을 포용하려는 향기와 따스한 햇살들을 찾아 다녔다. 그녀는 시집 한 권을 고를 때도 많은 생각을 해서 한 시대의 맑은 영혼을 깨우는 소리에 초점을 맞추어 다녔고, 민초들의 아우성을 보듬는 책들을 즐겨 보았고, 종교적인 책들을 많이 읽었다. 기독교, 불교 가리지 않고 마음의 수양이 되는 것이라면 철학으로 받아들이고 다 읽었다. 세월이 지나고 보니 그러한 시간들이 있었기에 그녀를 더 단단히 단련시켜 놓은 듯 하고 그 시간이 주어져서 감사하게 여긴다.

육신의 몸을 만드는 것은 우리가 먹고 바르고 하는 것이 바로 나의 몸이 된다. 우리 몸은 자연 그대로 일 때 가장 몸이 건강하다. 시대가 변함에 따라 우리의 먹거리는 점점 서구화, 산성화되어 가고 면역력이 저하되어 가고있고, 그로인해 인스턴트식품, 화학물질들이 알게 모르게 우리 몸에 침투하는 탓에 우리 몸은 점점 자연 치유력을 잃어 가고 있다. 결국 화학물질들은 면역력 조절 시스템을 잃게하여 우리 몸이 파괴되어 가고 있는 것이 현실이다. 육신의 몸은 우리가 먹는 음식이나 마시고 바르는 것으로 육신의 몸이 살기도 하고, 파괴되기도 하듯, 영혼을 채우는 것 또한 자신이 어떤 것으로 부어 주느냐에 따라 영혼의 세계가 만들어지는 것이다 라고 믿었던 그녀는 우리 몸의 모든 것을 만드는 먹는 것, 정신적 영혼을 채우는 것, 모두 다 생각을 깊이해서 그녀만의 맑은 향기를 담으며 살려고 노력했고 앞으로도 그럴 것이라 다짐한다.

몸을 살리는 것은 자연친화적인 것에서 부터 시작된다. 신체적인 것과 정신적인 것 모두 다 그렇다고 봐야한다. 정신적인, 육신적인 부분 모두 자연의 이치에 따라 순리대로 순환하고 순응하여 영혼의 자유를 찾는 것이다. 그 영혼의 자유란 순리대로 자신만의 세계를 확립하여 자신의 영혼을 자유롭게 해 주는데 있다. 가령 예를 들어 꽃은 꽃의 아름다운 향기를 잃지 않을 때 비로소 꽃이 되는 것이고, 아름다운 꽃의 이름으로 불리는 것이다. 물은 맑은 물의 속성과 순환의 속성을 잃지 않을 때 비로소 물이 되는 것이고, 맑은 물의 이름으로 살아가는 것이다. 처음에 주어진 이름대로 그 역할을 다할 때 가장 자유로운 것이며, 그만의 언어에 평안이 찾아 온다고 그녀는 믿는다.

그렇다면 우리의 정신적인 세계는 과연 어떤 것으로 채워 나가야 하겠는가? 바로 우리가 태초의 부음을 받고 나올 때처럼 초자연으로 돌아가야 가장 자유롭고 평안하다고 믿는다. 그래서 그녀는 이 시점에서 토해낸다.

"난 영혼의 평안함을 찾기 위해 시를 쓰고, 내 정체성을 찾아가기 위해 자아적 본향을 찾아가는 과정이기에 시詩를 쓴다."

우리 주위에는 시의 소재는 너무 다양하고 풍부하게 깔려 있다. 시인이 시를 창작하기까지는 어떤 소재를 가지고 어떤 시선과 마음의 향기로 접근했느냐가 먼저일 것이고, 시인 마음의 풍경과 방향에 따라 작품의 창작 세계는 여러 각도로 다양화 될 것이다. 거기에 시인이 세상을 바라보는 통찰력, 예지력,

관찰력과 시인의 여러 분야를 바라보는 시적인 감각과 역량에 따라 한 사물을 가지고도 서로 다양하게 창작될 것이며, 세상을 좀더 밝고 정의롭게 변화시키는 계기가 될 수도 있을 것이고, 사람을 더욱 티없이 맑게 온유하고도 사랑스럽게 또는 창조적이고 혁신적인 세상을 만들며 변화시키는 계기가 될 수도 있는 것이 바로 시의 창작세계가 아닌가 생각된다.

그렇다면 시인으로 사는 그녀는 어떻게 한 시대를 살아가며 시를 써야 하겠는가? 한 시대를 살아가면서 더 넓고 깊게 생각하는 신본주의의 세상과 더 높이 더 크게 생각하는 인본주의의 세상을 융합하며 세상을 넓고 높고 깊은 마음으로 멀리 내다보며 둥근 물결로 포용하고 관용하는 마음으로 살아가는 시를 쓰며 자신의 정신세계와 타인의 정신세계 뿐만 아니라 전 세계의 사람들에게 인류애를 가지고 세상을 아름답게 물들이는 수도자의 자세로 시를 써야 한다고 그녀는 생각한다. 그녀는 또 시인은 우선 어떤 사물이나 세상 속의 이야기들을 해체하는 능력과 결합하는 능력을 함께 다 가지고 분석하고 예지하고 통찰하는 과정 속에서 자기만이 가지고 가는 독특한 창작법과 창의적이고도 혁신적인 발상들을 가지고 토해낼 때 티없이 맑고 향기로운 사랑이 가득한 세상, 아름다움이 숨쉬는 세상이 창조되며 이 아름다운 시인들의 맑은 시詩들이 세상 곳곳에 펼쳐질때 부폐화되어 가는 인류의 정신세계를 순화 시킬 것이다. 라고 믿는다.

시인은 자기만의 자유로운 세상을 맘껏 키워 상상의 날개를 펼쳐 나가는 진정한 영혼의 자유인이다. 결국 자유롭고 평화로운 영혼의 소유자가 좋은 시를 쓰고 편안한 시를 쓰게 된다고 믿는다. 시인은 같은 세상을 바라보며 같은 풍경 속에서 같은 하늘 아래 많은 사람들과 함께 더불어 살아가는 사람이고 시인이 살아가는 길도 많은 사람들이 살아가는 길도 거의 비슷하게 살아간다. 한 시대를 같이 살아가고 있는 시인은 많은 사람들의 마음속 깊이 깊숙히 들어가 그들의 마음을 따뜻하게 포용하며 위로하고 격려해주듯 어루만져 주어야 한다. 어려움에 처한 시대적 현 상황들과 민초의 아픔과 슬픔의 번뇌를 버려두는 시인이 되어서는 그때는 이미 시인의 가슴이 아니다.라고 일성한다.

진정 그들과 함께 살아가고 더불어 숨쉬는 시인의 가슴이라면 현시대상을 왜곡하지 않고 진실되고 따뜻하게 포근하게 포용하는 맘으로 사랑스럽게 품으며 예리한 통찰력으로 작품 속에 고스란히 담아내어야 할 것이다. 그리고 맑은 향기 찾아 떠나는 길 위에 티없이 맑은 자아성찰을 위한 시詩 또한 함께 가져가야할 것이며 시인의 맑은 시와 글로 마음과 행동으로 세상을 사람을 창조적으로 변화시키며 어렵고 힘들게 세상 헤치며 살아가는 많은 사람들의 가슴에 어느 봄날에 피는 아름다운 벚꽃 향기 폴폴 날리며 그들의 가슴에 의미있는 맑은 생명수를 부어 주듯 살아야할 운명이 진정 시인의 길이 아니겠는가?

그것이 이 시대를 맑게 정화시켜 나가는 진정 시인이 가야할 길이고, 시인의 철학이 되어야 할 것이다.라고 거푸 토해낸다. 그녀는 이제 그 길을 걷는 문턱에 서 있다. 그 길을 걸을 때마다 늘 뒤를 돌아보며 이런 마음을 되새기고 되새겨 보며 가리라 다짐해 보는 그녀가 맑고 향기롭고 청초해 보인다.

내가 꿈꾸는 시인

표 시 은

봄바람 스치고 간 빈자리에
애달프고 서럽게 스치고 간
그 연유를 물어 보고
그 사연에 향기로운 꽃씨를 달아주고
싶습니다

들판에 펼쳐진 여름날
눈을 뜬 햇살 속에서

남 몰래 슬픈 곡조 흘리며
쓰린 눈물을 보일 때
그 연유를 물어보고
그 사연에 따스한 날개를 달아주고
싶습니다

낙엽 하나 둘 휘날리며
온 세상이 이별의 정으로 가득할 때
눈물 떨구고 고개 숙인
소리 없는 아우성을 느낄 때
그 연유를 물어보고
그 사연에 포근한 위로를 남기고
싶습니다

끝없는 혹한 속에서도
새벽녘 붉은 여명이 들고
하늘 문이 열릴 때
바위틈새 금구슬 은구슬 구르는 소리
맑은 물 재잘거리는 소리 들릴 때
그 연유를 물어보고
그 사연대로 참나를 찾아가는
영혼의 자유인이 되고
싶습니다

사랑이라는 이름으로 길을 걷는 순례자

— 시인과 시낭송가들이여

표 시 은

우리의 인생 길은 어느 누구에게나 한없이 멀고 인생은 짧다면 짧고 길다면 아주 긴 여행길이다. 정열은 점점 식어져 가고 황혼은 점점 기어드는 우리네 인생길이기도 하다. 그러나 들에 핀 꽃 한 송이, 풀잎 하나, 흙 한줌에도 아낌없이 주는 포근한 사랑을 잃지 않고 살아가는 사람은 늙지도 않고 젊음을 유지하며 맑고 아름다운 향내 나는 사람으로 기억될 것이다. 인생의 이상은 높이, 꿈은 많이 꾸되 결코 교만하지 않으며, 비열하지도 않으며, 무례하지도 않으며, 항상 역지사지하며 배려할 줄 아는 맑은 향기로 잔잔한 인간미가 넘치는 사람으로 살아가야 하는 것이다.

난초의 티 없이 맑음 속에서 맑은 향기를 오롯이 닮아가고 깨끗한 성품과 정갈함을 가슴에 가득 품고 살아가는 모습이 진정 은은한 향이 나는 시인의 길이 아니겠는가? 그러한 마음 오롯이 담아 따뜻한 가슴으로 사람의 마음을 울리는 소리로 대중에게 독자에게 다가가는 이들이 진정한 시낭송가의 길이 아니겠는가? 이 시대를 살아가면서 자신이 있어야 할 자리를 자격을 인품을 뚜렷이 응시할 줄 아는 분별력과 판단력 그리고 예지력과 통찰력을 가슴에 담고 살아가야 되지 않겠는가? 자기 잣대로 쉽게 사람을 단정하지 않으며 속단하지도 않으며, 잘못된 편견으로 오류를 범하지도 않으며 어느 작은 변화에도 쉽게 요동하지도 않으며, 잔잔한 물결로 고요한 심상으로 겸손한 마음으로 설레이는 기다림의 미학으로 어떠한 삶이 다가와도 한결같은 마음으로 살아가는 것이 시인과 시낭송가가 이 시대를 향해 걸어가야할 길이 아니겠는가?

"내가 이 세상에 존재하는 동안 이 세상이 조금이라도 더 잘되도록 나를 이

끌어 주십시오"

위 말은 미국 링컨 대통령께서 날마다 읊조렸던 주기도문이다. 지금 현재를 살아가고 있는 시인들의 마음은 늘 이런 따뜻한 포용의 마음으로 형식과 기교를 부리는 그런 시를 쓰는 시인이 되기보담은 진정 사람들의 가슴 깊숙히 파고들어 한 시대 역사 속에서 대중의 가슴을 울리는 시인이 되어야 진정한 시인이고 시낭송가가 아니겠는가?

그런데 어느 모 시낭송 단체에 가보면 그런 시낭송가들이 과연 몇이나 있을까 가끔 생각해 보곤 했다. 처음엔 티 없이 맑은 향내 나는 곳 인줄 알고 갔었지만 시간이 흐르고 세월이 흐르다 보니 가끔 눈살을 찌푸리는 모습들이 간혹 보이곤 했다. 살아온 환경들과 생각들이 너무도 많이 달라 시기, 질투, 다툼, 분쟁이 있기도 하고 겉과 속이 일치되지 않는 시인, 시낭송가들이 간혹 있었다. 예를 들어 시인을 인간의 영혼을 아름답게 적셔주는 작사가라고 한다면 시낭송가는 그 시인의 작품을 가슴 깊이 울림을 주게끔 낭창하여주는 가창가여야 한다. 우리가 살면서 숨쉬는 모든 것들 속을 맑은 눈으로 보면 온 세상이 시가 살아 움직이고 있고 노래하고 있고 숨쉬고 있다. 맑은 눈으로 맑은 마음으로 보면 살아가는 자체가 모두 시다. 그 속에서 시인의 마음은 누군가의 마음을 어머니가 자식에게 헌신적인 사랑을 주듯 더 크게는 예수님이 전 인류를 사랑으로 품듯 사랑하는 마음으로 그들의 마음들을 쓰다듬고 위로하고 격려하며 포용하는 자세로 시를 써야 하고 독자들의 슬프고 아픈 번뇌의 눈물들을 마음속 깊이 담아 소외되고 상처받은 영혼들을 위해 맑은 생명수를 부어주듯 시를 써야 한다. 너무 많은 시적 기교를 부리거나 시낭송의 기교를 부리면 시의 맑은 생명력이 사라지고 그것은 시낭송 또한 마찬가지일 것이다. 시인은 맑은 향기를 잃는 순간 그 순간부터 시인이 아닐 것이며, 단지 언어를 가지고 기교를 부리고 있을 뿐인 기계이다. 시낭송가 또한 그러한 맑은 향기를 잃는 순간 단지 시를 기계적으로 따라 읽는 앵무새일 뿐이다. 현시대를 살아가고 있는 시인은 성현에 속하고 최고의 지성이다. 하여 성인의 자세로 써야 하고 독자들에게 맑고 고운 향기로 다가가야 한다. 시낭송가들은 최고 지성인이요 성현이 쓴 시를 시인의 맑은 정신을 시속에서 불러내어 참된 수도자의 자세로 낭창을 해야한다.

가을 들녘을 바라보면 편안한 매혹으로 끌어 당기는 힘을 준다. 그것은 찬란하고도 화려하게 다가오는 마력같은 평안함이 아니라 은근하고 잔잔한 매력이 그 속에 숨어 꿈틀거리고 있기 때문일 것이다. 시인의 마음은 이와 같아야 한다고 생각한다. 시인의 마음은 찬연한 가을 들녘처럼 세상을 바라보며 은근하고 잔잔하게 대중들의 마음을 깊숙히 들여다보며 그들의 상한 마음을 진심으로 보듬어 주고 위로하고 격려하며 응원하는 마음으로 시를 써야 한다. 시인의 사람과의 관계에서도 마찬가지로 사람이 오솔길을 걸을 때처럼 산책하듯 너무 멀지도 않게 너무 가깝지도 않게 그렇게 걸어갈 일이다. 사람과 사람의 사이가 너무 넓거나 너무 좁아지면 감정의 문제가 생겨 불협화음이 일어나고 소통이 안되고 감정의 과속과 과량으로 마음의 상처가 생겨 고통이 되곤 한다. 시인의 마음은 여리디 여려 더 더욱 그러하다. 시인과 시낭송가들은 살아가면서 누군가에게 상처를 주는 일을 하면 안될 것이다. 남에게 상처를 주는 순간 시인도 아니고 시낭송가의 가슴도 아니다. 왜냐면 시인은 3대 성현 중에 하나이기 때문이고 시낭송가는 3대 성현이 쓴 시를 가슴 빼곡히 채워 맑은 영혼의 존재인 시인들의 심상을 낭창하여 깊은 울림을 주는 존재들이기 때문이다.

지금 현 시대를 살아가는 시인들이여! 지금 이 생을 걸어가고 있는 시낭송가들이여! 생을 살아가며 누군가를 아프게 하지 말고 살아가야하지 않겠는가? 누군가를 아프게 한 순간 바로 그것은 내게 다시 돌아와 내 마음을 더 아프게 하기도 하고 많은 나날들을 마음의 고통 속에서 자기 덫에 걸린 무거운 형벌 속에서 살아가게 되는 것이다. 시인은 늘 자기자신을 맑게 변화시키는 기도를 날마다 하면서 많은 대중들을 위해 행복하기를 평안하기를 축복받기를 기도하는 마음으로 시를 써야 하고 시낭송가들 또한 그러한 자세로 낭송을 해야할 것이다. 그것이 진정 시인의 운명이고 시낭송가의 참된 모습들이라 생각한다. 삶이 그 어떠한 모습으로 다가오던지 그 어떠한 바람 앞에서도 흔들리지 않는 마음으로 독자들에게 기쁨을 주는 사람으로 향기로운 언어로 정성어린 심상의 언어로 세상을 맑고 밝게 틔우는 선구자들이 되어야 할 것이다.

시인과 시낭송가는 일반인과는 달라야 한다. 그것도 특별히 달라야 한다. 따뜻하고 감미롭게 사랑스럽고 정의롭게 달라야 한다.

성경 말씀속에 고린도 전서 13장 4절에 이런 구절이 있다.

"사랑은 오래 참고
사랑은 온유하며 시기하지 않으며
사랑은 자랑하지 아니하며
교만하지 아니하며
무례히 행치 아니하며
자기의 유익을 구하지 아니하며
성내지 아니하며
악한 것을 생각지 아니하며
불의를 기뻐하지 아니하며
진리와 함께 기뻐하고
모든 것을 참으며
모든 것을 믿으며
모든 것을 바라며
모든 것을 견디느니라"

<고린도전서 13장 4절~7절, 본문 중>

시인은 이런 마음으로 사람을 대하고 온 세상을 온유의 사랑으로 겸손의 향기를 품으며 언어의 온도를 따뜻하고 포근하게 데워서 대중 속으로 깊이 파고 들어가야 한다. 그것이 진정한 시인의 길이고 시낭송가의 길이지 않겠는가?

눈부신 햇살 속에서 대중에게 희망의 메세지를 찾아내어 용기와 격려를 건네고 대중에게 맑은 심안으로 깊은 강물 속을 들여다 볼 수 있는 정서와 지혜를 주는 작가가 되어야 한다. 낭송가는 시인의 심상과 철학을 오롯이 담아 대중에게 전달하는 시낭송가가 진정한 예능인이다.

자! 이 시대를 걸어가는 참다운 지성인 시인들이여! 시낭송가들이여! 어둠이 아름다운 이유, 기다림이 아름다운 이유를 불 밝히며 세상에 맑고 밝은 빛을 내며 어느 한 계절 매화꽃 향기 닮아 아름답게 피어 아름답게 지는 한 송이 꽃처럼 시인과 시낭송가들의 운명도 이와 같아야 하지 않겠는가?

독자는 어쩌면 시인에게서 각박하다고들 하는 세상살이 속에서 예수님의 거룩하신 마음을, 부처님의 자비로운 마음을, 성모마리아의 온유한 마음을 간절히 바라고 있는지도 모른다. 진정한 언어의 마법사 시인들이여! 따뜻한 감성의 마술사 시낭송가들이여! 한 시대의 성인처럼 다시 깨어나야 하지 않겠는가?

독자는 말하지 않아도 시인의 시를 보고 몸으로 느끼고, 굳이 행동하지 않아도 깊은 울림을 주는 시낭송가의 소리를 듣고 가슴으로 느끼기에 시인과 시낭송가는 매일 기도하는 맘으로 영혼을 새롭게 거듭거듭 깨우고 있어야 하지 않겠는가?

≪독자들에게 보내는 헌시≫

시인의 마음

표 시 은

사노라면 마음이 아프고
괴로울 때가 많습니다
사노라면
이럴 수도 저럴 수도 있습니다

그것이 우리가 걸어가는
여행길입니다

지금 흘러가는 시간
지금 처해있는 공간
지금 가지고 있는 속 깊은 마음들은
시간 속에서
달빛 소나타 선율이 되어
흘러 갑니다

인생길이 평탄하기만 하겠습니까
그렇다고 힘든 고행길만 있겠습니까
평탄한 길이 아니오면
밝은 빛 내어달라 기도하며
간절히 노력하면 열리겠지요

그냥 흘러가는 순리대로 순응하며 살아가면
언젠가는 언덕너머 저편에서
오색 빛 찬란하게 비추는
하늘 귀인이 나타나지 않겠는지요

너무 서러워 마세요
너무 힘들다 울지 마세요
바이러스 균 때문에
군상들 분쟁 때문에
세상이 온통 어둡이고 혼란스러워도
그 또한 지나갈 것입니다

마음이 아프고 괴로운 것이
인생이 혹독하게 고단한 것이
우리의 숙제이고 운명이라면
이 또한 넘어가야할 것입니다

표 시 은

우봉 한우리 갤러리 관장 역임
알로이시오 50년사 공동집필위원
(사) 한글화창작문화진흥원 이사
샘터문학상 신인상 수상 (2019)
시와수필 <2018, 시부문 등단>
신서정문학회 회원
사르피나뷰티센터 대표
(사) 샘터문학 자문위원 역임
(사) 샘터문학 재무국장 (현)
(사) 샘터문인협회 운영위원
샘터문학상 공로상 수상
샘터문예대학 시창작학과 수료
샘터문예대학 백일장 대상 수상1
샘터문학 톡백일장 최우수상 수상
샘터문예대학 백일장 대상 수상2
사계속시와사진이야기그룹 회원
한국문인그룹 회원
백제문단 회원
송설문학 회원
<공저>
시詩, 별을 보며 점을 치다
우리집 어처구니는 시인
고장난 수레바퀴
<컨버전스 시집/샘터문학>

표시은 수필가 신인상 심사평

사고하고 고뇌하는 관조의 글

지 은 경 (시인, 문학평론가, 문학박사)

제 8회 <샘터신인문학상> 수필부문에 표시은 님의 「그녀가 좋아하는 시인의 철학은」, 「사랑이라는 이름으로 길을 걷는 순례자」 2편을 당선작으로 선정한다. 수필은 나의 생각을 주장하고 흔적을 찾아가는 글이다. 표시은 님의 「그녀가 좋아하는 시인의 철학은」은 제목과 본문의 내용에서 3인칭을 사용하고 있는데 화자를 동원하여 스토리를 끌어가는 기량이 높은 글이다. 표시은 님은 '시를 쓰는 것은 영혼의 평안함을 찾기 위해서', '정체성을 찾고 자아적 본향을 찾아가는 과정'이 바로 시라며 시에 대한 상세한 자신의 주의 주장을 하고 있다.

표시은 님의 「사랑이라는 이름으로 길을 걷는 순례자」는 어느 문학단체에 가서 보고 느낀 것을 비판하는 글이다. 시인에 대하여 '흙 한줌에도 아낌없이 주는 포근한 사랑을 잃지 않고 살아가는 사람이 맑고 아름다운 향내 나는 사람으로 기억될, 것이라는 비평적인 수필이다.

수필은 개성적인 시각으로 본 대상을 개성적인 언어로 표현한다. 관습적이거나 사회통념으로 본 대상을 그대로 쓴다면 판단력이 부족한 글이 되기 쉽다. 표시은 님의 2편의 수필은 체험을 통해 느낀 잘못된 점을 지적하는 시대정신과 보편적 가치가 있는 글로서 날카로우면서도 담백한 문장으로 비판하고 있다. 글의 재해석은 창조적인 유의미한 정신작업의 결과물로 그 당위성을 높이 평가하게 된다.

신인상의 당선자인 표시은 님의 수필들은 비교적 대상과의 의미망을 확장시키면서 미시적이면서 거시적인 시각으로 통일성을 이끌고 있으며, 모순적 뒤집어보기의 글로서 개성적으로 빚어내고 있어 당선에 기꺼이 올린다. 독자의 사랑받는 작가가 되기를 기대하며 우수 당선작가로 선정한다.

수상소감

먼저 저의 한없이 부족하고 미흡한 졸작을 넓으신 마음으로 혜량하시어 뽑아주신 존경하는 심사위원님들과 이정록 회장님, 늘 아낌없는 사랑의 격려와 지도로 애써 주신 심종숙 교수님께 머리 숙여 감사의 인사를 드립니다. 무슨 말씀을 먼저 올려 드려야 할지 눈물이 앞을 가려 그저 주님께 "감사합니다"라는 말로 기도를 드립니다. 이 모든 영광과 기쁨을 제가 여기까지 있게 하신 거룩하신 주님과 부모님, 존경하고 사랑하는 샘터문학의 훌륭하신 교수님들, 심사위원님들과 샘터문학 문우님들과 함께 하고 싶습니다. 샘터문학과 인연을 맺어 같은 풍경을 바라다보며 함께 걸어가고 있는 지금의 제가 이 세상에서 가장 행복한 순간들을 보내고 있는 것 같습니다. 이 모두가 샘터문학에서 꿈을 키울 수 있는 장을 만들어 주신 너무 훌륭하신 이정록 회장님과 존경하는 심사위원님들과 교수님들 덕분이고, 우리 사랑하는 샘터문학의 모든 회원님들 덕분입니다.

"인생은 한 권의 책과 같다. 어리석은 사람은 대충 책장을 넘기지만, 현명한 사람은 공들여서 읽는다. 그들은 단 한 번 밖에 읽지 못하는 것을 알기 때문이다."라는 장파울이 남긴 명언이 떠오릅니다. 우리는 인생을 살면서 자기가 꿈꾸어온 삶을 향해 달려가고 있습니다. 어떤 이는 권력과 명예를 위해서, 어떤 이는 부자가 되기 위해서, 또 어떤 이는 사랑과 봉사의 헌신적인 삶을 위해서 등등 여러 가지 이유로 자기가 꿈꾸어 온 세상을 향해 달려가고 있습니다. 그 꿈을 향해 가다가 성공할 수도 있고 실패할 수도 있는 것이 우리네 인생길이기도 합니다. 하지만 삶의 실패는 꿈의 실패가 아닙니다. 삶의 실패는 시작하지도 않고 미리 자기만의 단편적인 잣대로 자기가 하고 싶은 일과 꿈들을 포기하는 것, 그것이 삶의 실패라고 생각합니다. 무슨 일을 하면서 참을성이 적은 사람은 그 만큼 약한 마음의 소유자라고 생각합니다. 한 줄기의 샘이 굳은 땅을 헤치고 솟아 나오듯, 참고 견디고 이겨내는 인내의 보석을 마음속에 지니고 살면서 꿈을 향해 계획적으로 노력하고 산다면 먼 훗날 인생의 아름다운 열매를 맺게 할 것이다는 것이 제 생각입니다. 결국 어느 분야에서 성공의 척도는 승리가 아니라 실패를 어떻게 극복하고 오뚝이처럼 다시 일어서느냐에 달려 있다고 생각합니다. 그것이 어떤 길이 되었건 모두 마찬가지 일 것입니다. 우리 인생의 행복도 성공도 그 어떠한 외부환경에서 오는 것이 아니라 그 어떠한 외부환경을 어떻게 받아들이고 오래 어떻게 극복했느냐에 인생의 성공과 행복 그리고 자기가 꿈꾸어 온 세계가 자기 것이 될 수도 있고 남의 것이 될 수도 있다고 생각합니다.

전 가끔 이런 생각들을 하곤 합니다. 태초에 하나님께서 이 땅에 '나' 라는 사람을 지상에 내려 보낸 이유가 분명 있을 거라고 생각했습니다. 그렇다면 자기가 태초에 부름을 받고 나온 자기만의 달란트를 빨리 발견하여 그것을 현실화시키는 작업을 해야 한다고 생각했습니다. 그 일부분중 하나인 시와 글을 쓰고 짓는 길이 꿈꾸어 왔던 세계였고, 제가 가야할 길이다는 것을 늦은 나이지만 느꼈기에 지금 이 길을 걸어가고 있고, 또 다른 꿈을 향해 달려가고자 합니다. '시인은 가난하다'라는 꼬리표를 달고 있는 그 고정관념을 깨는 일입니다. 시인은 몽상만 하는 몽상가여서는 곤란하다고 생각하고 있고, 시인의 이름에 늘 따라다니는 가난하다는 꼬리표가 자랑스러운 것은 아니라고 생각합니다. 시인이라는 이름은 그 어느 누가 보지 못하는 예지력과 통찰력으로 이생의 탐욕으로 어두워져 가고 각박해지는 세상살이 속에서도 세상을 좀 더 티 없이 맑게 만들어 나가면서도 더 넓고 더 높고 깊은 영성세계를 넓혀 나가야하고, 자기 개발을 위해 끊임없이 고뇌해야 하는 것이 시인의 길이고 수필가의 길이다라고 생각합니다. 그 길을 위해 끊임없이 도전하고 고뇌하여 내 신념이 내 꿈이 밝고 맑은 생명을 다는 그 날까지 최선의 노력을 다하는 시인과 수필가가 되도록 해야겠습니다.

저는 지금 그 길을 걷는 첫 걸음마 단계에 서 있습니다. 샘터문학에서 겸손히 하나하나 배우고 익히며 깨달아 가며 모든 샘터문학과 함께한 고운 인연들의 시절인연에 깊이 감사하게 생각하며 소중한 인연들을 가슴속에 오래 간직하며 살아가고 싶습니다. 제 신념에 생명을 걸고 실천하며 연구하고 노력하여 그 신념 속에 꽃의 아름다운 향기를 달아 세상을 맑게 틔우며 아름답게 살다 아름답게 지는 시인과 수필가의 이름으로 남아 세상의 빛과 소금이 되는 작은 밀알이 되도록 겸손히 배우고 노력하겠습니다. 시인 도종환님의 '흔들리며 피는 꽃'은 제가 이 시가 너무 감명 깊어 눈물을 흘리며 늘 노래처럼 불렀던 시였습니다. 그리고 푸쉬킨의 '삶이 그대를 속일지라도'는 어릴 때 이 시를 보며 한참을 눈물지으며 다음에 내가 시인이 된다면 이런 시를 쓰겠노라고 생각을 한 시였습니다. 그리고 많은 생명의 양식 같은 서적들 속에는 우리의 영적세계에 불꽃을 틔워 평안과 온유의 세상이 가득합니다. 시와 수필 그리고 여러 장르의 문학작품들은 이렇듯 어느 누군가에게 깊은 감동으로 전해져서 인생의 변화를 가져오게 하는 크나큰 힘을 가지고 있습니다. 앞으로 많은 세상 사람들에게 모든 것을 포용하고 관용하고 용서하는 넓은 마음과 둥근 물결로 세상을 바라보게 하여 어렵고 힘든 삶속에서도 용기 잃지 말고, 희망의 끈을 놓지 않고 살아야 한다는 강한 메시지를 전해주며 사람의 내면 속에 행복, 사랑, 온유를 전하는 사람이 되도록 겸손히 노력하겠습니다. 그리하여 좀 더 시와 수필의 세계를 깊이 깨닫고 넓은 마음과 둥근 물결로 세상을 품는 향기 나는 맑은 시인과 수필가가 되고 싶습니다.

다시 한 번 저의 부족하고 미흡한 저를 지도해주시고 작품을 추천해주신 이정록회장님과 뽑아주신 심사위원 선생님들께 머리 숙여 감사의 인사를 드리오며 행복하고 아름다운 동행 <샘터문학>과 함께 할 수 있음에 거듭 감사의 인사를 드리옵고, 경기불황과 코로나 19로 힘든 나날들을 보내고 있는 지금이지만 마음만은 늘 평안하시고 강건하시길 기원드립니다. 감사드립니다.

표시은 배상

아내의 유형

칼럼/샘터 이 정 록

남편을 죽이는 아내형이 있다. 더러운 마음을 가지고, 남편을 아끼지 않고, 업신여기며, 불명과 짜증으로 남편을 무시하는 아내. 이런 아내가 주도권을 쥐고 남편 약점을 찾아내 입만 열면 비난하고 헐뜯으면 남편은 후환이 두려워 아무 말도 못하고 벙어리 냉가슴 앓듯 참고 산다. 결국 아내가 휘두르는 칼날 아래 스트레스가 쌓여 남편은 기쁨 없이 살다가 사업이 망하거나 직장을 잃거나 좋은 사람들을 잃기도 하고 이혼을 하여 폐가망신하거나 병들어 말년을 보내다가 돌연사한다.

도둑과 같은 아내형이 있다. 남편이 자존심 버리고 세상 사람들에게 굽실거리며, 고생해서 돈을 벌어다 주면 관리를 잘해서 살림을 늘려야 하는데, 죽어라 벌어다 줘도 쌓이는 재산은 하나도 없고, 살림만 점점 축내는 아내는 남편의 등골을 파먹고 사는 아내다.

주인 같은 아내형이 있다. 자신의 미모만 믿거나 자녀를 볼모 삼아 남편을 종처럼 부려 먹는 아내다. 게을러서 일하기는 싫어하고 말이 거칠어 남편을 머슴 부리듯 부리는 아내는 세상 어떤 폭군보다 무섭다.

어머니 같은 아내형이 있다. 남자들에게 어머니는 그리움의 대상이다. 남자는 무조건적이고 헌신적인 어머니 사랑을 그리워 한다. 남편 대하기를 그저 아이 하나 더 키운다 생각하고 의견이 충돌할 때 자녀에게 져주듯 남편에게 져주는 아내는 남편을 즐겁게 한다.

누이동생 같은 아내형이 있다. 여동생이 오빠한테 애교와 응석을 부리듯 남편에게 생기를 불어넣어 주는 아내. 언제나 귀여움으로 자기를 가꾸고 그 멋을 남편이 한껏 즐길 수 있도록 배려하는 아내다.

친구 같은 아내형이 있다. 친구는 부담이 없는 사이다. 남편이 세상이라는 전쟁터에서 싸움을 마치고 지친 몸과 마음으로 집으로 돌아오면 편안한 친구 맞이하듯 남편을 맞이하는 아내는 남편이 무슨 말을 해도 비난하지 않고 고개를 끄덕여 주는 친구 같은 아내는 100년을 함께해도 좋을 아내다.

종 같은 아내형이 있다. 현시대에는 걸맞지 않은 아내상이지만 부처님은 최고의 아내로 종 같은 아내를 꼽았다. 남편이 필요한 것을 말하기도 전에 미리 알아서 챙겨주고 한걸음 더 나아가 남편 친구를 대할 때도 정성이 묻어나며 늘 깨끗한 마음으로 집안을 정리하는 아내. 남편에게 성난 얼굴을 보이지 않으며, 집안의 명예를 높이기 위해 주위 사람들까지 잘 돌보는 아내, 성공한 사람들 옆에는 항상 종 같은 현모양처가 그림자처럼 내조한다.

이처럼 똑같은 아내라도 남편을 살리는 아내가 있고, 죽이는 아내가 있다. 부부싸움을 해도 여성은 대개는 많은 양에 말을 쏟아내고 5분만 지나면 화가 가라앉는다.

남자는 세상을 정복하지만 그 남자를 정복하는 존재는 여성이다. 세상을 정복한 남자라 할지라도 지혜롭고 현명한 여성 품에서 평안을 얻는다. 이것이 바로 천국이고 피안의 세계이며 이로 인하여 두 사람은 영원한 행복을 얻는다.

이 정 록

<필명 : 샘터>, <아호: 승목, 지율>, <시인, 수필가, 소설가, 문학평론가, 칼럼니스트, 문인화작가>, <시, 시조, 수필, 소설, 평론 (등단)>
서울대 생활과학대학 패션학 전공, 숭실대 중소기업대학원 경영학 전공
고려대학교 평교원 시창작학 수료
(사) 샘터문학평생교육원 원장, (사) 샘문평생교육원 원장, (사) 샘터문학회장, (사) 샘터문인협회 회장, (사) 한국문인협회 회원, (사) 한국현대시인협회 이사, (주) 아르테미스 골프 회장
<언론>
샘터문학신문 발행인, 회장
<수상>
한국문학상 수상, 샘터문학상 수상, 한국스토리문학상 수상, 동양화 국제대전 수상/일본,도쿄미술관/2회>, 대한민국소비자평가 우수대상 수상(대한민국소비자평가원 - 인물, 협단체 부문)
<표창>
국민대표 33인 선정 등
<등재>
국가상훈인물대사전 등재(국가상훈편찬위원회/현대사의 주역)
<시화전>
세종대 광개토대왕홀 등 17회
<낭송회>
시힐링 디너콘서트 등 13회
<전시회>
한국화 국내전/2017~2019 - 예술의 전당, 3회
동양화 국제전/2017~2019 - 일본,도쿄미술관, 3회
<저서/시집>
산책로에서 만난 사랑, 내가 꽃을 사랑하는 이유, 양눈박이 울프, 천국, 소스코드
<공저>
사랑, 그 이름으로 아름다웠다 외 32편

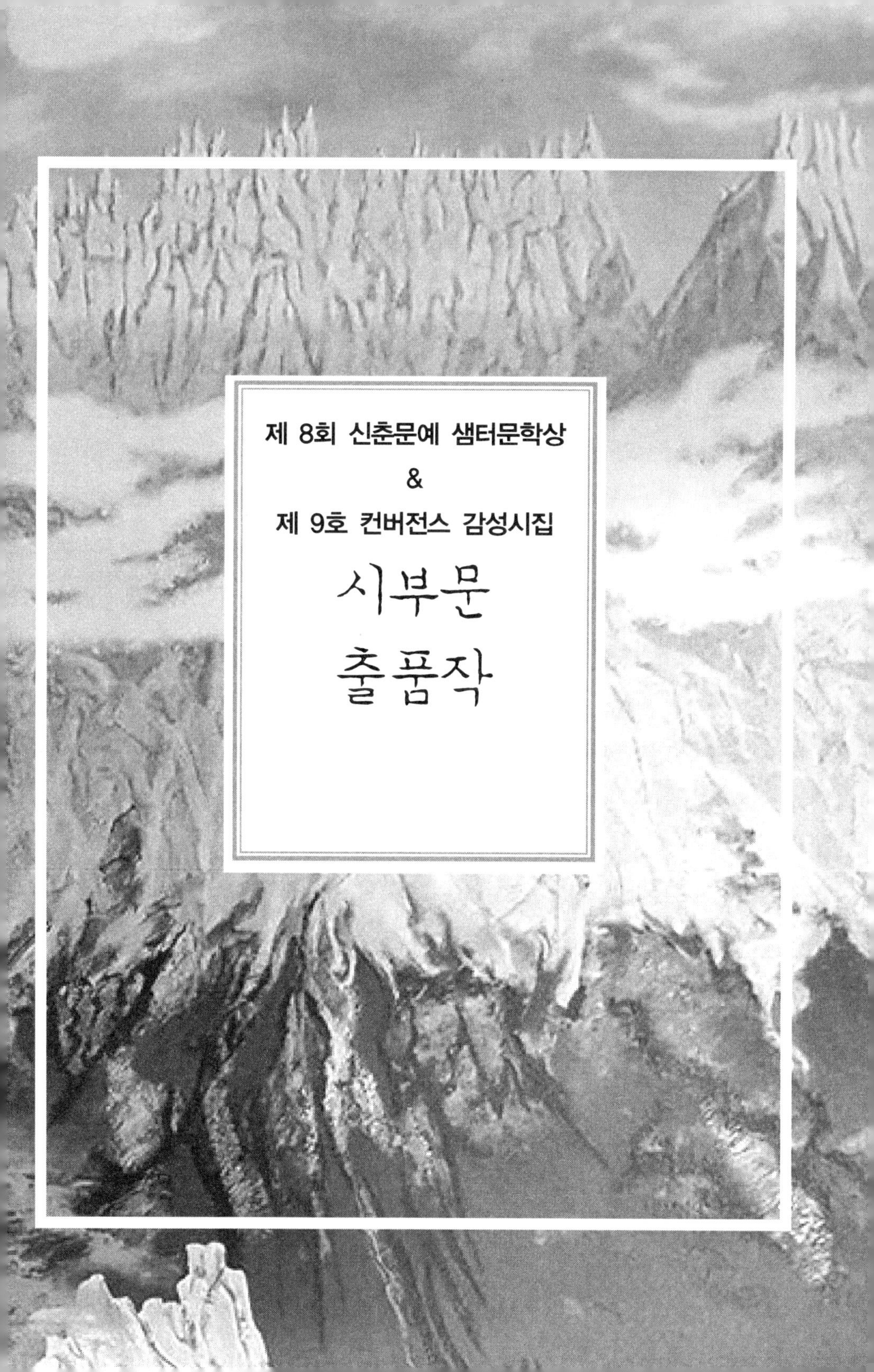

제 8회 신춘문예 샘터문학상

&

제 9호 컨버전스 감성시집

시부문

출품작

단양강 처녀 외 4편

곽 인 옥

소백산 푸른 정기
남한강 젖줄기를 따라
용솟음 치던 붉은 해
단양강을 덮으면

어둠이 내리는 하늘의 강
빛을 퍼담는
달과 처녀는 밤새도록
행복을 심고 희망을 키우네

싱그런 아침 바람불어 좋은 날
강가에 나무 새파란 옷을 입혀
계절을 흩트려 꽃을 수놓으면

저 언덕 강 너머 들려오는
태곳 적 새들과 강물의 합창
"오래 사는 것은 빨리 가는게 아니야
멀리 가는 것이라" 노래하네

하늘의 정원

곽 인 옥

저 푸른 하늘은
제가 돌보는 곳입니다

많은 시간 속에
비바람 속에 웅크린 마음
하얀 눈이 내리는 날에
새하얗게 닦아 놓았습니다

봄볕이 따사로운 오늘은
짧은 시를 쓰려고
시어를 낚는데
바람 꽃, 나무 바람이
손끝에 걸렸습니다.

이름모를 야생열매가
눈 부시게 유혹을 해 옵니다
말쑥한 줄기에 흩어진 나무들이
걸어옵니다

그들이 다가오며
푸른 잎을 입기 시작합니다

오래된 결혼사진을 보며

곽 인 옥

하늘 길 열려
그대에게 다다르니

깊고 오묘한
안해의 향기여라

찰진 옥토 첫발자욱
긴 수레 앞 뒤바퀴 되어
맨처음처럼 다정하게
살며 사랑하며 지나온 길

이 아름다운 고을
아름다운 사람빛에 물드는 시간

초연히 세월의 꽃을 들어
아해들의 오늘 비추어 보다

단양가

곽 인 옥

산골짜기 잠든 흰 구름
떠오는 해 뒤처질라
새벽안개 속 옷을 벗누나

바람이 구름 안고
초록빛 강가 고요한 물 비춰
소백산 담은 단양강을 피운다
면면틈틈사이 팔경을 돌고 돌세라

알록달록 꽃향기
산빛 따라 맑은 물소리
단양을 사랑하는 마음의 노래

겨울나무

곽 인 옥

얼마나 많은 자멸 속에서
가까스로 꿈틀거렸던 걸까

어디에도 가늠 할 수 없는
모음이 없는 마음

황망한 겨울바람 끝자락
꽃샘에 봄을 감추고

곽 인 옥
충북 단양군 거주
해동문학 신인상 수상 (소설,등단)
한강문학 신인상 수상 (시,등단)
한국문학세상 신인상 수상 (시,등단)
한국문학고을 신인상 수상 (시,등단)
시와수필마당 신인상 수상 (시,등단)
한국문인협회 단양지부 회원
(사) 샘터문학 회원
(사) 샘터문인협회 회원

창밖, 하얀 그리움 외 2편

곽 재 훈

지금 창밖엔 하얀 그리움이 나린다
하얀 눈이 매서운 꽃샘추위 속에
계절을 잊어 가야 할 길을 잃은 듯
화폭에 흰 덧칠이라도 하듯 내리고

창밖에 우두커니 선 나목은
세월에 지친 듯 바람을 맞으며
외로이 하얀 눈꽃 맞으니

추억을 가득 간직한 눈꽃은
망부석이 된 옛사랑 나목 앞에
소복소복 쌓여간다

철없는 어리석음은
차가운 바람 앞에 세워진 눈사람인양
소리 없이 내리는 눈은 고독한 과거를
하얗게 덮어 준다

그 옛적 아름다웠던 사랑은
어디선가 눈 내리는 창가에 앉아
하얀 기억 속에서 내리는 눈을 바라보며
소담笑談을 나누고 있겠지

먼 기억부터 지금까지 변함없는 모습으로
하늘엔 하얀 별들이 속살거리며
앞다투어 천지간에 흩어지고 있다

홀연히 떠오르는 보이지 않는 얼굴이
거리에서 흘러나오는 잊혀졌던 노래인양
뜨거운 그리움은 눈꽃으로 순화되어
하얀 별이 되어 나린다

난 사람인 게 참 좋다

곽 재 훈

난 사람인 게 좋다
감정을 표현할 수 있는
내 마음을 상대에게 전할 수 있음이

난 사람인 게 좋다
따뜻한 보금자리가 있는
내가 지낼 수 있는 포근한 집이 있음이

난 사람인 게 좋다
고픔을 해결할 수 있는
내 허기를 채울 수 있는 식탁이 있음이

난 사람인 게 좋다
감성을 표현할 수 있는
내 감각을 담아낼 수 있는 능력이 있음이

난 사람인 게 좋다
진정 멋을 부릴 수 있는
내 기분을 외모로 표현할 수 있음이

난 사람인 게 좋다
문화에 젖어 살 수 있는

내가 인간으로서 문명을 즐길 수 있음이

난 사람인 게 좋다
사색을 즐길 수 있는
내 오감이 자연을 느낄 수 있음이

난 사람인 게 좋다
인생을 이야기할 수 있는
내 추억과 미래를 논할 수 있음이

난 사람인 게 좋다
누군가를 사랑하고 감사하면서
내 삶을 이겨 내고 타자에게 베풀 수 있음이

난 사람인 게 좋다
또 누군가에게 사랑받으면서
내 인생에 있어 모두와 행복할 수 있음에

마음으로 기도 할 수 있는 나는
그래서 사람인 게 참 좋다

천리향千里香은 바람에 실려

곽 재 훈

아련히 잊혀진 그 어떤 누군가를
그렇게 소탈하게 향을 피워
묻혀간 세월 속 그 모습 홀연히 선 채로
짙은 너의 향기로 언제까지 기다리나

꽃 피워 만향 가득 실은 벌나비 꽃받이에
너의 향기가 스민 연록빛 봄바람에
너의 추억이 아른거리고
꽃샘추위 속에도 너를 피우고
너를 아지랑이 너울속에 실어 보내고

여명을 품고 석양에 물든 노을까지 품어
서글픈 바람에 실어 너를 보내고
잊히지 않을 너의 향기와
도저히 숨길 수 조차 없는 너의 흔적을
뇌리 깊은 곳에 전하려 기다리나

저 실려 가는 구름 밑 어딘가에
행여 잊고 사는 그 님의 모습
사모한 그 님께 너의 기억 전하려 피었나

순풍을 타고 전해진 너의 향은

아련한 첫사랑을 깨워 철없던 시절
추억의 교정校庭과 함께 살아나고

진한 연정戀情만 너의 향기에 실려
행여 천 리 밖 그 님께 살포시 전해질까?
그리움에 지쳐 무뎌진 세월과 함께

곽 재 훈

아호 : 도왕到旺
부산 동래 출생
부산시 해운대구 거주
국가장례지도사/사회복지사
영산대학교 사회복지과 3학년 재학중
동부산대학교 장례행정복지학과 졸업
한국방송통신대학 법학과 졸업
샘터문학상 신인상 수상 (詩/등단)
(사) 샘터문학 자문위원
(사) 샘터문인협회 회원
(사) 샘터문학신문 회원
사계속시와사진이야기그룹 회원
백제문단 회원
송설문학 회원
대한시문학협회 회원
꽃과시사랑 회원
<공저>
시詩, 별을 보며 점을 치다
우리집 어처구니는 시인
고장난 수레 바퀴
<컨버전스 시집/샘터문학>

봄이 오면 외 2편

권기일

봄이 꽃이 되어오면
외롭고 힘든 날도
행복으로 다가오겠지

예쁜 나비 날아들면
푸르른 저 하늘도
아름답게 펼쳐지겠지

너와 나의 꿈속에도
사랑이 찾아오면
슬픈 일은 사라지겠지

햇님 달님 예뻐하는
그대가 오시면
내 맘에도 봄이 오겠지

나의 별

권 기 일

당신은 나의 별이요
당신은 나의 하늘이라오
사랑을 바라보듯이
당신을 매일 그렇게 바라보고 있소
당신은 알고 있나요?

내 모든 계절에
당신이 오직 있다는 것을
바다에서는 파도가 있고
산에서는 나무가 있듯이 말이오
이젠 아무 말도 하지 마시오

이젠 어떤 불안한 마음도 가지지 마시오
오직 그대는 내 사랑이라오
당신에 마음은 그 어떤 것도 그 어떤 누구도 따라오지 못할
순수한 것이라오

당신이 나를 애타게 느끼듯이
나 또한 그렇게 당신을 사랑하고 있다오
오랜 시간이 지나서 만난 사랑에
슬퍼하지 마시오

아직 남은 시간이 우리에겐 많이 있다오
영혼이 느끼어 시리도록 사랑해 주겠소
슬픔이 눈치채지 않게 사랑해 주겠소

난 그렇게 당신을 사랑할 테니
그대 봄이 오는 날에
꽃을 바라보듯이 오늘은 웃으시오
당신은 웃음이 봄처럼 아름다운 사람이라오

희망을 찾아보아요

권 기 일

꽃잎도 웃음 짓고
풀잎도 미소 짓고
수풀도 인사하고
희망도 싱싱하게 피어나고
선선한 바람이 불어와서
내 가슴 골짜기에
시원한 계곡물이 흘러요

휴식 없이 달려온
하루의 피로가 있다면
시냇물이 흐르는 골짜기로 가서
푸른 하늘에 하얀 붓으로
행복의 음표를 그려 보아요

고단한 인생을 살며
가시 찔린 꽃잎 같은 당신이여
눈물도 가슴에 담아주는
사랑하는 사람과 마음을 열어
하얀 구름이 노니는 호수로 가서
아름다운 수채화 그려보아요

슬픈 날들이 있었다면

초록의 수풀 사이로
내리쬐는 황금빛 햇살에 온몸을 맡겨
아픈 상처 치유해 보아요

소중하고 아름다운 날
훈훈한 바람이 부는 심장에
붉은 장미의 열정처럼 피어나
아름다운 꿈을 찾아 보아요

권 기 일

필명: 똘시인
대구광역시 출생
대구광역시 남구 거주
지필문학 신인상 수상(시,등단)
서울시인협회 시인상 수상
(사) 샘터문학 회원
(사) 샘터문인협회 회원
(사) 샘터문학신문 회원
서울시인협회작가회 회원
지필문학 작가회 회원
<저서>
시화집 : 다섯 줄이면 길다
<공저>
우리는 세상에 입원하고 있다
사랑, 그 이름으로 아름다웠다
청록빛 사랑 속으로
시詩, 별을 보며 점을 치다
<컨버전스 시집/샘터문학>

봄은 점령군처럼 외 2편

권 나 현

온 천지가 봄에게 점령당했다
더 이상 후퇴는 없다

봄의 포화에 소백의 능선은
이미 불바다로 변했다

사람들은 불길 속으로
겁도 없이 걸어 들어간다
산도, 들도, 사람들도
불길 속에 쌓인다

숲은 위장막을 치기 시작했다
목숨이 남아 있던 것들은
위장막 속에서
푸른 도발을 준비했다

더 이상 마지노선은 무너지고 말았다
둥, 둥, 둥,
승전보를 울리며
봄은 하얀 햇살
승리의 깃발을 날린다

봄

권나현

아무도 관심 갖지 않아도
그대는 모든 살아 있는 것들의
손 잡아주시는 걸 잊지 않으셨네요

지난 겨울 모진 추위 견디며
푸른 꿈을 꿀 수 있었던 건

그대에게 한 뼘씩 발돋움할 수 있는
희망의 꿈이 있었기 때문입니다

세월의 허허벌판을 가로지르며
마디마디 드러난 삶의 아픔까지
온전히 끌어안으려는,
당신의 눈물겨운 사랑

약속은 없었어도
우리는 당신이 돌아올 것을
믿고 있었지요

언제나 자비로운 당신은
세상의 구석진 곳도
함부로 지나치지 않을
어머니 품속 같은 봄입니다

봄이오는 소리

권 나 현

침묵하는 숲이
실어증을 풀면
무슨 기별이라도
들은 걸까

매화 가지 끝
꽃눈이 붉어지고
종달새 한 마리
봄 편지 물고 와서
조잘조잘
읽어 내리면

남쪽에서
실려온 바람이
들길 끝에서
옷고름 푼다

권 나 현

경북 영주시 출생
샘터문학상 우수상 수상 (본상), 한국문학정신 신인상 수상 (시,등단), 들뫼문학상 수상, 펜타임즈 올해에 인물상 수상
돌뫼문학 동인 편집 주간, 한국문학정신여성작가 위원장, (사) 샘터문학 회원, (사) 샘터문인협회 회원, 한국문학정신문인협회 회원
<저서>
입술 (시집 상제)
<공저>
아리아, 자작나무 숲 시가 흐르다
사립문에 걸친 달 그림자
시詩, 별을 보며 점을 치다
<컨버전스 시집/샘터문학>

바느질 외 4편

김동선

여기기워 놓으면 저기가 삐주룩
저기기워 놓으면 여기가 삐주룩
새새끼 같은 몸뚱아리 누덕누덕
누더기가 되었네
이리 뒤치락 저리 뒤치락
밤새 뒤치이고 나면
눈꺼풀은 실개미가 기여가고
된서리 내려 형성한 머리엔
어느새 박꽃이 활짝 피었다

무릎은 어쩌라고
바늘이 따라와 콕콕 찌른다
목이랑 어깨 허리도 한 몫 끼워 달라네
진골이 빠져나간 실타래는
더 빠질 것이 없다고
파란 무늬만 선명하게 부풀어
탱글탱글 거린다
깊이 패인 골은
오래된 서까래 기둥같아
궤메여 본들
예전 임만 하리요

우리네 인생살이
매듭 하나 짓지않고 촘촘이
박음질 하듯 하였을까
한 잎 한 잎 풀어
꽃잎에 띄워 보내야지
깃털 같은 마음으로

이제라도
오색 명주실 한 땀 한 땀 엮어
아름다운 수를 놓아 보리라
소나기 내린 뒤 무지개처럼

다듬이 소리

김동선

별님도 졸다 잠든 밤
싸락싸락 눈이 내리고
토닥토닥 설빔 소리
싸락 눈에 녹아내린다

골무 낀 어머니 손가락에
옹이진 강물이 흐르고
꿈나라 여행중인 색동들
투명한 유리같아 가슴 조이며
때로는 소나기 붓듯
따닥따닥 멍울을 쏟아 낸다

빨래 주름도 펴주고
마음에 주름도 펴준다
유년시절 어머니의 애창곡
다듬이 소리
긴 여운 남겨 놓은 채
싸락싸락 묻혀 간다

연분홍 잠옷

김동선

하늘하늘
잠자리 날개
젊은 시절 남편에게
선물받은 잠옷이다

장롱 정리하다 불쑥 나와
시야를 흐리게 한다
얼마만인가
꼭 껴안고 얼굴을 묻었다

아이들 키우며 바쁘게 사느라
고이 접어두었던 청춘
세월의 강을 훌쩍 넘었어도
연분홍 파란 리본, 레이스까지
그때 그 모습이다

얼굴에 홍조마저 감돌아
가슴이 콩닥콩닥 뛰었다
황혼을 등에 진
고목에도 꽃은 피듯이

이야기가 있는 봄 밥상

김동선

아파트 장터에 나가
남녘에서 온 봄을 캐왔다
냉이 쑥 방풍 자연치
비타민C가 많다는 봄나물
플라스틱 바구니에 얌전히 앉아
나풀나풀 향긋한 향기를 풍긴다

풍을 막아 준다는 쌉싸름한 방풍
겨우내 해풍을 맞고 자라선가
면역성이 강하다네
솔 향과 어우러져 싱그러운
향기를 품어내는 산취 봄철 입맛을
돋우는데 일등 공신이다

연약한 풀잎에서 삶의 향기가 난다
차디찬 눈밭을 헤집고 나와
자기 소임을 다하는 모습 아름답다

노을이 붉게 물든 들녘에
쑥이며 냉이 가득담아
봄 향기 폴폴 날리며 걷던 개울가 그 언덕
유년의 추억이 새록새록 돋아난다
오늘 밥상은 싱그러운 봄을 담아 꾸며야지
마음까지 향긋한
봄 내음에 젖으면서

붕어빵 먹는 아이들

김동선

앙상한 가지에 남은 잎새가
파르르 떨어진다
희미한 가로등 아래
구수한 팥 냄새가 난다
흰 장갑 낀 아주머니 손이 분주하다
이글이글 타는 어장 안에
노란 붕어들이 누워 푸드덕거린다
아주머니가 한 마리 두 마리
재빨리 낚아 올린다

단풍잎 포로롱 붕어빵 머리에
사뿐이 앉는다
닭 벼슬처럼 윤기가
자르르 흐른다

퇴근길 어느 아저씨 한 분이 어장 앞에
발을 멈춘다
하얀 봉투에 붕어 다섯 마리 잡아넣었다
집으로 가는 걸음이
더욱 빨라진다

봉천동 언덕배기에

작은 창문이 달린 집, 마당이 없다
아이들은 창문을 통해
계수나무에 박힌 토끼도 만나고
반짝이는 별님도 만난다

귀를 쫑긋 세우고
아빠를 기다리는 아이들
현관문 소리에
놀란 토끼 마냥 깡충깡충 뛴다
아빠가 붕어를 확 풀어 놓았다
서로 잡으려 뛰어다니다 부딪쳐
깔깔대며 웃는다

언제쯤일까
따뜻한 봄이 오면 어장 안에 붕어들도
졸졸졸 흐르는 강물 따라
미지의 세계로 떠나겠지

김 동 선
경북 경주시 출생
경기도 의왕시 거주
(사) 샘터문학 회원, (사) 샘터문인협회 회원, (사) 샘터문학신문 회원
안양문화원 문예창작반 3년 수료
21문학시대 신인상 수상 (시,등단)
21문학시대문인협회 회원, 한국문인그룹 회원, 사계속시와사진이야기그룹 회원, 송설문학 회원, 백제문단 회원

모래성 외 2편

김봉은

밀물이 모래를 덮은 듯 하나
모래를 이어다 주고
모래알 사이로 빠져 나간다

삶의 한 모퉁이에
한 웅큼의 모래같은 시간일까?

믿을 수 없이 분간 안되는 시간에
우뚝 서 있자니
그 자체가 거짓말 같다

바람이 어디서 불어오나
두 팔 벌려 안을 이
내 안에 있어도

밀물이 모래를 덮음같이
조금씩 조금씩
조바심이 밀려온다

산山

김봉은

산은
살아 있다는
동사이다

삶은
산 같아서
높은 산 일수록
안개로
가리울 때가
많다

보이지 않아도
여전히 제 자리에서
숲과 더불어
항상 새로운 공기를
내 뿜는다

살아 있으니
큰 숨 한 번 쉬고
함성도 질러 보자

내가
곧
산이다

시간이 흘러도

김 봉 은

시간이 흘러도
사랑하고 싶고

나이가 들어도
사랑 받고 싶다

세월이
아무리 지나가도

마음이 녹슬지 않아
닭살 돋는 그리움은

언제나
늘 똑같다

김 봉 은

아호 : 목련
빛된교회 주임목사, 군포YMCA 이사장
경희대학교병원 임상윤리 심사위원, NCCK 언론위원회 실행위원
한국문단 신인상 수상 (시조,등단), 동해문학 신인상 수상 (시,등단)
(사) 샘터문학 회원, (사) 샘터문인협회 회원, (사) 샘터문학신문 회원, 한국문인협회 회원

해의 입술 외 2편

김영희

뒷도랑에 덩그러니
들어앉은 태양

태양을 넉넉히 품는
뒷도랑

도랑은
해를 품어도 여유롭고

태양은 도랑을
작다 않네

태양과 물이 사랑이 되어
쫄쫄쫄 따스한 소리

물살이 살살 빗은 햇살
해의 입술이 닿는 곳마다
복사꽃처럼 피어나네

눈 마스크

김영희

마스크 못 구한 입술에
봄 눈 마스크

코로나19 지나간 자리마다
사람이 눈사람

눈사람 만들어 눈만 그리니
마스크 쓴 눈사람

코로나19 눈처럼 녹으면
저들의 눈물을 알까

꽃눈 불거지는 2월
함박눈 소복소복
겨울은 꽃상여 타고

겨울 영글어 가득찬 봄
봇물처럼 터지는 것봐

하트돌

김 영 희

누구의 뜨거운 심장일까

태곳적 침묵
설렘으로 지새우다

충주 남한강에서
만난 우리

꽁깍지 씌운 듯
두근두근 콩닥콩닥

김 영 희
아호 : 달샘
충주시 출생
(사) 국제펜한국본부 회원
(사) 한국문인협회 독서진흥위원
충주신문 칼럼 15년 현재
<캐나다밴쿠버 중앙일보
봄 가을 정기 詩 게재
조선일보 정기 시 게재 · 코리언뉴스지 2019종료>
(사) 샘터문학 회원
(사) 샘터문인협회 회원
시집
<달의 입술>

비가 좋아 외 4편

김 은 애

자작자작 빗소리
후두두둑 빗방울

가슴을 시원하게 식혀주는 소나기
난
비가 좋아

맑고 투명한 지우개로 지워주니
난
비가 좋아

이불호청 다듬이질 소리같아
난
비가 좋아

토닥토닥
그리운 님 오시어
외로운 맘 어루만져 주는 것 같아
난
비가 좋아

배고픈 설움

김 은 애

벙어리 장갑도 얼었다
콧물도 얼어 고드름이 열렸다

십리 길을 동상 걸린 발로
고무신 신고 학교를 간다

뽀드득뽀드득 뚝방 논둑길
북풍 설풍 회오리 친다

볼우물 퍼렇게 얼어붙은 주근깨 소녀는
하얀 쌀밥 배부르게 먹고싶은 맘
처절히 사무친다

부뚜막 돌솥단지 뚜겅을 열어본다
아랫목 이불을 슬그머니 들춘다

뱃가죽이 천길 낭떠러지로 내려앉고
꼬르륵 소리 허공을 맴돈다

청평호수의 봄

김 은 애

햇살이 두근두근
내 맘도 두근두근

무작정 길을 나서
청평호수 호반에서 기다리네
봄바람 기다리네

물안개 스멀거리는
강가에 서니
호수 저편 저만큼에 보이네
임이 보이네
임이 꽃바람 타고 오시네

이월엔

김 은 애

마른나무 가지결에
햇살 품은 조약돌
켜켜이 쌓으리라
이월엔

행여나
저 산 너머 바다 건너
새하얀 춘설春雪이 오신다면
다정이 대접해 보내리라
이월엔

흰 쌀밥 수북히 담아
소반 한 상 대접해 보내리라
이월엔

봄 소식

김 은 애

버들잎 강아지가
날보러 왔단다

재너머 꽃님들이
널보러 왔단다

볕, 몸 단장 새신 신고
툇마루
내려간다

김 은 애
서울시 출생
서울시 거주
전섭 주부
영등포여고 졸업
(사) 샘터문학 회원
(사) 샘터문인협회 회원
한국문인그룹 회원
사계속시와사진이야기그룹 회원
송설문학 회원
백제문단 회원
샘터문학신문 회원

빛나는 아침!
눈부신 아침!
찬란한 소망! 외 2편

김 현 숙

하얀 눈부신 밤의 안개 걷히고
익어가는 빛나는 아침!

푸른 눈의 이방인 춤을 추듯
매혹적인 눈부신 아침!

먼동 틀 때 붉은 그 입술 열어
청조지신 같은 찬란한 소망!

꽃눈개비 날리며 떨어지는
저 배꽃 같은 어제는 잊고

해맑게 조잘대며 나를 반겨 줄
조영한 내일을 기다려본다

난, 들꽃도 산새도 아니랍니다.

김 현 숙

산이슬 숨결을 먹고 사는
나는 들꽃이 아니랍니다

마음 가는대로
훨훨 날아갈 수 있는
나는 산새도 아니랍니다

아름다운 날개를 가진 나비도,
까닭없이 흔들리는 갈대숲도 아니랍니다

난!
그저 잠시
길을 잃은 사슴같은 여인일 뿐이랍니다

난!
그저 잠시
잊혀진 여인이 아니기를 바랄 뿐입니다

나, 그대 가슴에 빛나는 별이 되리라

김 현 숙

나, 그대
가슴에 빛나는 별이 되어
온 세상 사랑 물 들이는
사랑의 별이 되리라

나, 그대
가슴에 봄볕 같은 별이 되어
어두움 밝혀 주는
작은 용서의 별이 되리라

나, 그대
가슴에 숨결 같은 별이 되어
그대 가슴 뛰게 하는
뜨거운 희망의 별이 되리라

김 현 숙
서울특별시 거주
샘터문학상 신인상 수상 (시.등단)
(사) 샘터문학 자문위원, (사) 샘터문인협회 운영위원, (사) 샘터문학신문 회원, 사계속시와사진이야기그룹 회원, 한국문인그룹 회원, 백제문단 회원, 송설문학 회원
<공저>
사랑, 그 이름으로 아름다웠다
청록빛 사랑 속으로
아리아, 자작나무 숲 시가 흐르다
사립문에 걸친 달 그림자
우리집 어처구니는 시인
고장난 수레바퀴
<컨버전스 시집/샘터문학>

봄이 오네 외 2편

류 창 수

매서운 살을 에이는 추위가
떠난다는
입춘 전야에 들리는 소식

지난 엄동설한은
제 구실을 다 하지 않고
이제서야 한 번 영금 보이려나
매서운 추위를 동반시킨다

입춘 날 부터 온다하던데
눈도 내린다 하고
우수도 몇일 뒤에 줄을 서서
기웃기웃 거리는데

옛말에 그런 말이 있던데
이월 달 추위가 김치 독을 깬다는,
그 추위가 얼마나 머무르려는가
절기도 잃어버리고

그래도 남쪽에서 부는 바람이 훈훈한 가 봐
제 갈 길 잃어버린 입춘도 오고있는데

마중가는 시객의 춘풍 화류 호시절에
벌 나비 친구들도 오겠지

저무는 청춘

류 창 수

소리도 없이 가버린 세월의 흔적을 통해서
저무는 봄날의 햇볕이 청춘의 호시절을
어느 때 강물처럼 흘러 떠나고
먹물 같던 검은 머리에도 무서리가 내리고

맑은 날 볕이 쪼여도 해동되지 못하고
덧내린 하얀 서리 응결된 흔적을 남기고
새파란 청춘을 빼앗아 가버린 세월이여
막차라며 떠밀려서 달리는 기차에 실린
인생이 허무하고 애닯다

함께 놀던 동무들 보이지 않으니
어느 기차를 타고 안개 속을 헤매고 있을지
꽃같은 인생들 미련 없는 메아리 소리만이
운무 낀 산하를 헤매이고

가득 저물러 늙어 가는 길손
푸른 하늘은 지금 어디로 가버리고
노을은 숨차게 재촉 하며 가자네

봄 처녀

류 창 수

봄이 왔네 봄이 와요
살랑살랑 봄바람에
처녀들 가슴이 벌렁벌렁

나물 캐러 간다는 핑계로
오색 저고리 차려입고 봄맞이 간다
산들산들 부는 봄바람 스며들어
앞가슴이 부푼다

순이 옥이 숙자 영자도
모두가 아름답게 빛나는
비단옷에 금박댕기가
초록의 바람 타고 오는데
낭군은 어디에 있는지 묻는다

양지에 앉아서
봄맞이 나물바구니 가득하고
해가 지는 서산 마루에는
붉은 노을이 멋드러지는데

봄 풍경 관조하느라 하루를 보내고

새 봄을 안고 저녁 노을 속으로 들어가는 봄처녀들 성숙한 가슴 속에는
꽃 몽우리가 솟아오른다

류 창 수
아호 : 옥계
충남 예산군 출생
서울시 양천구 거주
동해고량주 회사 근무
샘터문학상 신인상 수상 (시,등단)
(사) 샘터문학 자문위원
(사) 샘터문인협회 회원
(사) 샘터문학신문 회원
사계속시와사진이야기그룹 회원
한국문인그룹 회원
백제문단 회원
송설문학 회원
<공저>
우리집 어처구니는 시인
고장난 수레바퀴
<컨버전스 시집/샘터문학>

도룡의 밤 외 4편

박 래 선

도룡의 밤 화려한 별꽃 춤추고
꿈의 향기인가 속삭이는 그 노래
둥근달 환한 웃음 지으며 두둥실 흘러
서녘 하늘 그리워 희망 찾아 날으네
사랑의 호수 위에 앉아
꿈의 날개 저어
먼 곳 꽃바람 타고
사뿐히 나비처럼 날아
눈망울 속삭임에
가슴에 장미 피우고 찾아가는 곳
사랑의 파도 일렁이네
잔잔한 호수 위에

창문 너머 어렴풋이

박 래 선

불 꺼진 창 밝혀주는 보름달
휘영청 밝아라
창문 너머 서성이는 두 그림자
두란두란 속삭임
행복의 노래를 창문 밖 허공에
두둥실 흘러 보내네
장미의 향기 한 다발
은하수 떨리는 빛으로
까만 밤 흔들어 달무리 흔들리네

갈매기의 꿈

박 래 선

언제나 새처럼 날아와
재잘이는 그대는
진정 사랑인가요 우정인가요
그리워하며 꿈꾸는 꽃바람
아지랑이 피는 꽃
모락모락 피어나는 꿈
꿈을 꾸다 일어나는 새벽
안개 피어나듯 흔들리는 영혼
꿈은 꿈으로 부서져

고요한 이별

박 래 선

서둘러 다가오는 그림자에 싸여
흐느적이는 노을
만남의 반가움과 헤어짐의 설움
떨치지 못해 애달픈 미소
둥근달 떠오르면 어둠 속으로 사그러지는 노을 꽃
검은 바다에 고이 잠들어 고운 꿈 만들어 피우겠지
수많은 별 흐르는 강에
부평초 한 다발 띄워놓고
샛별 마주하고 앉아
흔들리는 보름달 지는 설움에
지친 몸 일으키려 뒤척이는 새벽
멀고 험할지라도 용트림으로 활개치려는 모습
물안개 뭉실대며 피어나듯 밝아오는
여운의 바다에

보름달

박 래 선

휘영청 보름달 떴네
까만 가슴에 달빛 고와 스미는 향기
촉촉한 달빛 내려와 깊어지는 밤
도시의 달도 노래하네
함께 하자 하늘의 별도 쏟아져
불놀이 춤추고 꿈꾸듯 어우러지네
고요한 새벽 바다 아직 멀기만 한데
허우적허우적 느림보 발걸음
언제 가려나 도시의 달과 별
깜박이는 눈웃음

박 래 선
시인, 제과 제빵사
대전문인연합회 신인상 수상 (시,등단)
(사) 샘터문학 자문위원, (사) 샘터문인협회 회원, (사) 샘터문학신문 회원, 사계속시와사진이야기그룹 회원, 한국문인그룹 회원, 백제문단 회원, 송설그룹 회원
<공저>
포에티즌 (시민문학회)
대전문학관 계간지 수록
한국문학시대 계간지 수록

망각 외 4편

박 명 옥

가끔씩 망각에 빠지면 서글퍼진다
흘러간 유행가처럼 자연스레 지워진
미련과 그리움은 흔적조차 향기가 없다

억지로 지우려고
소주잔 부어부어 닦아 내어도
남아 있던 흔적들이 파도치는 시간 속에
빈 술잔만 덩그러니 운다

낙엽 걷어내고 찾아오는 이별의 시간
연분홍빛 청록빛이 잘 어울리던 추억은
하얀 겨울을 만나 이별을 고한다

초록의 훈풍이 불어오면
태동과 생육의 봄에서 하얀 겨울은
또 다시 서글픈 기억이다

감기 같은 이별

박 명 옥

아프지 마라
힘겨운 시간과의 실랑이
너를 보내고 봄을 기다린다

산에 들에 꽃이 피고
가파도 청보리밭 물결치면
이 아픔도 바람결에 흩어지겠지

사랑은 이별을 위하여 맺어지는 것
운명 같은 인연의 만남 뒤에
숙명처럼 찾아오는 이별...

아프지 마라
아파한다고 더디게 가는 시간이
금방 봄을 부르지 않을 테니

어머니의 설날

박명옥

시린 바람이 문풍지를 울리고
사립문 삐걱거리는 반가운 소리에
방문 힘껏 여시며 내다 보시던 어머니

객지 나간 아들 언제 오려나
사립문 여닫는 소리의 기쁨도 잠시
노심초사하시는 모성은
세밑 찬바람이 그저 얄밉기만 하다

해 짧은 시간 동안
온 동네를 휘돌던 찌짐이 굽는 냄새,
생선 찌는 냄새들은
구들방 데우는 굴뚝 하얀 연기 속에서
하늘거리고

밤새 등을 내다 걸고
아들 오기를 학수고대했건만
얄미운 세밑 찬바람만 타박하다가
설날 아침 까치 울음소리에
또 마음이 휑하더라

봄 소식

박 명 옥

석양빛이 바람에 흘러간다
누구의 시름에 이다지도
긴 한숨이 되어
굴곡진 뱃길을 휘돌았느냐

바람 잔잔한 지금
길손은 서툰 시인이 되어
황금빛 윤슬 위에다
시를 적는다

멈춰진 시간과 멀어진 기억
기약 없는 기다림...
단절된 사랑했을 시간들

그리고 또 나는
훈풍 불어오는 바다에서
너를 기다린다

여객선 단상斷想

박 명 옥

네가 떠나간 하늘은
겨울빛 물들어 파랗네

네가 떠나간 바다는
하늘빛 물들어 파랗네

네가 떠나간 빈자리는
바람 빛 물들어 쓸쓸하기만 한데

그날의 그 미소 그 웃음
이제는 세월 속에서 지워지는 낙서

행복한 기억은 슬픈 추억이 되고
슬픈 추억은 술 한 잔의 시詩가 되고

술 한 잔의 시詩는
기억을 망각하게 하는 노래가 된다

네가 떠나간 그날은
구름 한 점 없는 파란빛 하늘

술이 되고 시詩가 되고

방랑자의 노래가 되어 세월을 부른다

지나간 시간은
돌아오지 않는 부서진 바람 같은 것

너울거리는 여객선 허공 위로
너에 대한 연민 날려보낸다

박 명 옥
진주고등학교 졸업
진주전문대학 졸업
통영경찰서 근무
(사) 샘터문학 회원
(사) 샘터문인협회 회원
(사) 샘터문학신문 회원
사계속시와사진이야기그룹 회원
한국문인그룹 회원
백제문단 회원
송설그룹 회원

프로필 외 2편

박 제 명

영글지 않은 눈물 흘려도
내게는 의미로 다가오는
가슴으로 우는 사람이 있습니다

눈짓 감추지 못해
들키고 마는
미소 짓는 사람이 있습니다

눈 부신 당신의 손 잡으면
전신이 희열 되어 전율의 끝에
서 있는 뜨거운 사람이 있습니다

들꽃을 좋아해서
뒷모습이 유난히
예쁜 사람이 있습니다

그런 사람에 대한 기억
바람처럼 사라져도
꽃 말고는 달리 부를 이름이 없습니다

연탄불

박 제 명

붉은 노을 배 떠나가듯
산봉우리에서 사라지면
실비집에는 연탄이 붉게 오른다

타들어가는 고기도 잊은 채
알듯 모를듯한 심정을 고백하는 남자가
여자에게 열변을 토하지만
연탄불보다 뜨겁지 못해
달았던 마음 소주로 식힌다

자칫하면 연탄불도 휘청거릴뻔한
왕년을 휘어잡었던
사내들의 떠들썩한 자리는
계산할 무렵이 되면 조용하다

입속에 들어갔던 밥알이
총알처럼 튀어나오는 일상의 발표는
연습 없는 걸작으로 너무나 완벽하다

그렇게 밤은 지나가고
어느 하나 잘못된 것 없는
그들을 달래면서
연탄불은 조용히 잠이 든다

빗방울 사랑

박 제 명

창문을 두드리는 빗소리에
매화꽃 품은 빗방울의 심장소리가
판타지 로맨스를 꿈꾸는 것처럼
마법에 걸렸다

권태 되지 않은 밀애들은
다시 만나 싹을 틔우고
애섧은 이별의 숨소리
달빛 그림자 찾아 떠나간다

재 너머 사는 그리움
빗물에 씻기어 드러날까
흔들려도 눈을 감는다

비는 바다로 가고
너는 하늘로 가야 하니깐
어차피 아플 수밖에 없는 이별이다

그래도 가끔 찾아와서
허기진 외로움 적셔주고 가면
생채기 부여잡고 살아도 좋다

에스프레소보다는 연하고
아메리카노보다는 진한 커피향이
점점 혼미해져 간다

박 제 명

강원도 평창군 출생
샘터문학상 신인상 수상 (시,등단)
(사) 샘터문학 회원
(사) 샘터문인협회 운영위원
(사) 샘터문학신문 기자
사계속시와사진이야기그룹 회원
한국문인그룹 회원
송설문학 회원
백제문단 회원
시나무 동인
<공저>
사랑, 그 이름으로 아름다웠다
청록빛 사랑 속으로
아리아, 자작나무 숲 시가 흐르다
사립문에 걸친 달 그림자
시, 별을 보며 점을 치다
고장난 수레바퀴
<컨버전스 시집/샘터문학>

포장지 외 2편

박 지 수

동쪽 태양이 손짓한다
빨강, 노랑, 파랑
빨주노초파남보
최상의 포장지를 찾는다

세상의 손짓에
지난밤 아무도 모르게 벗어 놓았던
가면에 두 손을 모은다

지우고 또 지우고
입히고 또 입히다 보면
어느새 거울 앞엔 내가 아닌 세상이
사랑하는 피에로가 앉아 있다

오직 내 것만을 원하는 세상을
빨간 입술로 유혹할까
커다란 엉덩이 흔들며 살며시 눌러볼까
이리 흔들 저리 흔들
이 생각 저 생각으로 스냅스가 바쁘다

이젠 벗어버리고 싶다
이젠 포장지속에 꽁꽁 숨겨두었던 날 찾아야지

길가 한 귀퉁이 목련꽃 만발하기 전에
사랑도 시작해야지

간음한 여인까지도 안아주던 당신처럼
겉 옷을 달라면 속 옷까지도 내어 주며
세상을 사랑했던 당신처럼
기도합니다

아무도 없는 골방에서
당신에게 무릎 꿇어 절규해본다
날 찾아 달라고
내 정체성을 찾아 달라고

나아가리라

박 지 수

일천구백칠십구 년 겨울 서석대
방울방울 피어나던 하얀 눈
꽃잎에 입맞춤 하던 당신

철쭉이 피어나는 날
하얀 웨딩드레스에 턱시도 입고
걷자던 당신

입석대를 지나 규봉암을 지나고
장불재를 지나 서석대를 돌기를
사십 년!!!

그 어디에도 당신은 없습니다
웨딩드레스는 턱시도는
눈물밥에 뿌옇게 바랜 채로
당신을 기다리는데

당신은 어디에 있나요
누가 내 사랑을 데려갔나요

잠결이었던가요
꿈결이었던가요

총알 박힌 당신 머리에서
흘러내리던 붉은 피,
나의 심장에 섞여 버린 밤

당신은 턱시도 곱게 입고
철쭉이 흐드러진 입석대에 서 있습니다

시무지기 폭포소리가 전하는 당신 마음
이젠 내 이름 찾아달라고
이름 없는 땅, 어느 곳에 잠들어 있는 나를
꺼내 달라고

살아있는 자
살아가는 자
살아갈 자들은 들어보라

그날, 그 어느날
철쭉이 흐드러지던 날
총알 박힌 머리에서 흐르던 피의 통곡을

이제는 당신이 내가 되고
내가 당신이 돼 버린 우리는 한 몸

-- 나아가리라
-- 나아가리라
피의 통곡을 상기하면서!!!!!

갈대의 사랑 끝나지 않았으리니

박 지 수

하늘가 가득한 원고지
노오란 노을이 다가오는 시간
너에게 편지를 쓴다

잘 있냐고
내 향기 잊지 않았냐고

그리움에 지쳐 쓰러지고
또 쓰러지기를 수천 번

실바람에 갈대처럼
다시 몸을 일으킨다

바보같은 내 사랑을 향해
하늘가 원고지 한 켠 베어 문다

전하지 못한 나의 못난 사랑을
심장에 화살 되어 들어앉은 내 사랑을

베어 문 원고지 아직은 빈칸,
가슴 가슴만 쥐어뜯을 수 밖에 없는
사랑아 내 사랑아

실바람아 불어라
아직 갈대에 사랑 끝나지 않았으리니

박 지 수
시인, 시낭송가, 방송인
샘터문학상 최우수상 수상 (본상)
(사) 샘터문학 공로상 수상
현대문예 신인상 수상 (시,등단)
한국문인협회 회원
광주시인협회 회원
현대문예 회원
문학메카시낭송협회 회원
광산구청 근무 (현)
(사) 샘터문학 시낭송국장
(사) 샘터문인협회 운영위원
샘터문학신문 기자
샘터문예대학 시창작학과 수료 사계속시와사진이야기그룹 회원
한국문인그룹 회원
백제문단 회원
송설문학 회원
<공저>
아리아, 자작나무 숲 시가 흐르다
사립문에 걸친 달 그림자
시詩, 별을 보며 점을 치다
우리집 어처구니는 시인
고장난 수레바퀴
<컨버전스 시집/샘터문학>

빛고을에 첫눈이 와요 외 2편

배 경 식

산모의 출산 뒤
긴 숨소리 토해내듯
휘이잉 윙하며 보채는 소리

백여우 꼬리치듯
흐렸다 개였다 반복하더니
빛고을 광주에 첫눈 오네요

절기도 잊은 채
입춘 지난 한참 만에
마지막 용을쓰듯 울음보 터트렸네

창살 안에 갇혀
신세 한탄하는 영감님의 고뇌같이
이왕 토할 바엔 펑펑 쏟아부어라

낼모레가 우수라는데
하늘이 분노했어, 너무 방심했어
기왕 토하려거든 삼 년 묵힌 체증까지도
시원하게 내려가도록

고향 가는 가을 길

배 경 식

못 본 채 보이지 않아도
미소 띤 얼굴들의
표정이 떠오르는 고향길

개구쟁이 해맑은 얼굴들
종일 송사리 잡던 개울가
첫사랑 순이와 같이 걷던 길

고향이라는 포근함이 깃든
추억의 오솔길
그네들은 어느 하늘 아래 살고 있을까

가을에 걷는 꽃길
내 마음도 어느 사이
추억과 같이 걷고 있네요

동행이라고 하나요
기왕 걷는 가을 길
추억과 같이 걷고 싶네요

신년을 맞는 미지의 벗에게

배 경 식

사람은 인연을 두고
많은 억측을 합니다
나이를 초월해서 서로가 인연을 맺어
제각기 자신의 인연을 소중하게 여기며
살아가지요

모두가
발가벗은 동물이건데
어느 임은 호화롭게 사치하고
어느 임은 못 먹어서 남루하고

부모 잘 만난 이
밤거리에 황태자 행세하고
어떤 이 사업 실패하고
서울역 대합실 노숙자 신세

주변에 높은 사람 깡패 사기꾼
절도범 등 추한 세상이지만
행동이 바르고 심성이 착한 사람이
너무 많은 세상이지요

어느 누구든 자신을 미화하지 않고

진심으로 대하니 인연이 되었지요

벗이여
천방지축 축구를 한다기에
나이어린 소녀인 줄 알았지만
럭비공같이 평생을 어디로 튈지 모르는
뒤틀린 공 같아 불안한 벗이기에
이 글을 쓰고 있답니다

지금 많이 좋아진 것으로 보이고
의식주 해결을 위해
땀 흘리고 있는 줄 알고 있어
마음이 아프답니다

하느님이 인간에게
각기 다른 재능을 주셨지요
어떤 이는 정치가로 학자로,
스포츠인으로, 화가로, 건축가로
많은 재능들이 땀과 노력이 없이는
성공을 못하게 되어있지요

경자년을 맞이하여 벗에게
이 글을 쓸 수 있도록 배려하신
하느님께서 교감을 주신 거라 생각합니다

이제 내가 무엇을 목표로
살을 살아야 하는 의미를 깨우쳐야 합니다

빈손으로 왔다가 그냥 간다는
무의미한 말은
능사가 아님을 기억해야 합니다

오늘도 그 어느 하늘 밑에서
자신을 미화시키려고
땀 흘리며 뛰는 벗이여
인생을 훈훈하게
용기를 주기 위해 이글을 보냅니다

언제나 용기 잃지 말고
화이팅 하세요!!!

배 경 식

아호 : 준학
전남 광주광역시 거주
서울문학 시인상 수상 (시,등단)
좋은문학창작예술인협회 고문
흙사랑공터 대표이사
CNB국회방송 호남홍국 편집국장
21c환경보호협의회 공동의장
다사랑 봉사협의회 회장
(사) 샘터문학 자문위원
(사) 샘터문인협회 운영위원
사계속시와사진이야기그룹 회원
한국문인그룹 회원
송설문학 회원
백제문단 회원
<공저>
아리아, 자작나무 숲 시가 흐르다
사랍문에 걸친 달 그림자
시, 별을 보며 점을 치다
고장난 수레바퀴
<컨버전스 시집/샘터문학>

위천, 그렇게 흐르고 있다 외 1편

변 화 진

흐르는 위천의 모든 물줄기가
내 가슴으로 흐르고

입대 할 때 손 흔들던 기억보다
간절한 것은

보고 싶다는 말보다
복사꽃 세 번 지면 돌아온다는 약속
위약한 채
저무는 청춘의 뻔한 에필로그를 따라

아직도 아직도
위천은 흐르고 있다

위천에 봄이 오면

변 화 진

우리가 헤어지기로 했던
그 길 그 공원에서
내가 오래도록 너를 그리워했던 세월
다가오고 지나갔던 모든 계절은
내 가슴에서 소리 없이 낙화했다

강우없는 모든 세월 동안
촉촉한 봄비도 다 내게 온다
아닌 시간이 한 번도 없었다
이별해 본 적이 있는 사람은 눈 감는다
세상에서 헤어지는 일보다
가슴 짠하고 힘 쓰이는 일 있을까

너와 이별했던 그 놀이터 그 공원,
내가 세월을 건던 그 길에서
길을 지나가는 모든 행인이
그대였다가
그대 동생이었다가
그대일 것이었다가
다시 행인이 지나간다

그리운 논두렁 자운영 같은 이여

봄비 내리던 모든 순간이
세월의 강물에 떨어지는
추적이는 비처럼
흔적없이 흘러갈 것이다

변 화 진
대구광역시 거주
대구영신고등학교 졸업
계명대학교 신문방송학과 졸업
삼성그룹 근무 (역)
샘터문학상 신인상 수상 (시,등단)
(사) 샘터문예대학 전임조교
(사) 샘터문학 출판국장
(사) 샘터문예대학 시창작학과 수료
(사) 샘터문인협회 회원
(사) 샘터문학신문 기자
사계속시와사진이야기그룹 회원
한국문인그룹 회원
송설문학 회원
백제문단 회원
<공저>
아리아, 자작나무 숲 시가 흐르다
사립문에 걸친 달 그림자
시詩, 별을 보며 점을 치다
우리집 어처구니는 시인
고장난 수레바퀴
<컨버전스 시집/샘터문학>

마누라 외 4편

송 운 용

결혼식 날
하얀 드레스 입고
다소곳하길래

항복할 줄 알았다

그런데
아니다 정말 아니다
지금에 와서 보니

점령군이다

눈물 났다오

송 운 용

첫눈 내리며 찬바람 불던
어제 퇴근길

둘이 손잡고 미끄러질까
조심조심 걷다가
당신 모자 벗어 내게 주지 않았소

예전엔 가을바람 차다고
내 겉옷 벗어
당신에게 걸쳐주었는데

어제는 고마워서 눈물났었고
당신 눈에 내가 늙어 보이는 것 같아
눈물났다오

현명한 기도

송 운 용

수안보 여행 때
언덕위 성당 들려

둘이서 무릎 꿇고
기도를 드렸다

“당신 어떻게 기도했어요?” 라고
물었더니

“당신은요?” 라고
되묻는다

“이 여인이 기도드리는 내용과
저도 동일하옵니다” 라고 했더니

“어쩜 나랑 똑같을까”

큰 소득

송운용

여보오
수술 잘하고 나와요

울먹이며
떨리는 아내의 목소리

그말에
수술실 들어가기 전
눈 질끈 감고 있었지만

눈물 날 것만 같아
참느라 혼났었다

걱정마,
잘하고 나올게요
씩씩하게 대답했지만
내 목소리도 떨렸을 거야
아마

전신마취, 무의식 세계에
침잠하면서도
나는 행복했었다

마누라가
날 사랑하는구나

백 년 해롱해롱

송운용

"잠시 검문이 있겠습니다"

가는 길
바리게이트 쳐놓고
음주단속

측정기 들이밀며
다 불으란다

"더더더..."

"한 잔도 안먹었는뎁쇼"

그래도 못믿겠다고
더 불어 보란다

술 취하면
몇 시간 해롱해롱

"나, 사랑해요?"

마누라가 불으란다

사십여 년 동안

"더더더..."

사랑에 취하면
백 년 해롱해롱

송 운 용
경북 영주출생
충북 청주시 거주
(사) 문학愛 시부문 등단
청주시 직지상 수상
(사) 샘터문학 회원
(사) 샘터문인협회 회원
(사) 샘터문학신문 회원
사계속시와사진이야기그룹 회원
한국문인그룹 회원
송설문학 회원
백제문단 회원
<저서>
직지상 수상 詩集「행복했던 순간」
제 1 시집「그리하면 안될까요」
제 2 시집「행복했던 순간」

그리움 1 외 2편

송태종

님이
보고 싶은 마음이
하늘만큼
땅만큼인데

멀지도
않은 거리
망설여지는 건
왜일까

하루 이틀
날짜만 가네

한 달 두 달
세월만 가네

님이
잘있는지
보고 싶은데

그리움 2

송 태 종

비에 젖은 내 가슴
눈물되어 흘러 내린다

아픔에 젖은 내 가슴
쓰라려 운다

슬픔에 젖은 내 가슴
너무나 아리다

님을 잊지 못하고
잠 못 드는건

아마도
그리움 때문인가요

그대 그리운 밤
오늘도 별만
헤아려야 하나요

외로움

송 태 종

꽃이 지는 것보다
꽃이 피는 것을 보면
외로움이 밀려온다

꽃이 피는 것보다
꽃이 지는 것을 보면 슬퍼진다

꽃이 지는 것보다
꽃이 피는 것을 보면
더 구슬퍼진다

봄이 온다
꽃 피는 봄이 온다
외로움이 온다

송 태 종
농사 경영
샘터문학상 신인상 수상 (시,등단)
(사) 샘터문학 자문위원, (사) 샘터문인협회 회원, (사) 샘터문학신문 회원, 사계속시와사진이야기그룹 회원, 한국문인그룹 회원, 백제문단 회원, 송설문학 회원
<공저>
아리아, 자작나무 숲 시가 흐르다
사립문에 걸친 달 그림자
시詩, 별을 보며 점을 치다
우리집 어처구니는 시인
고장난 수레바퀴
<컨버전스 시집/샘터문학>

가을 연가 외 2편

신 성 자

새싹이 파릇파릇 움트고
만물이 소생하던 봄날이 어제인가 싶더니
소슬한 가을바람 따사로운 햇볕이
산과 들을 붉게 물들이네

천산 만산 고운단풍에 아롱지고
찰랑이는 물결위에 헤엄치는 꽃 그림자
아릿다운 선녀의 자태런가
만인 심금 사로잡고 놓지않네

계곡 가로지른 출렁다리 꽃 물결이고
산허리 감아두른 오솔길 구름다리 놓았네
싱그러운 산내음, 꽃향기 폐부에 스며들고
산새들이 부르는 노래 정답구나

정상에 올라 저멀리 바라보니
형용할 수 없는 아름다운 세계가
신비한 자연이 황홀하기 그지없네

장장장長長長

신 성 자

태산이 높다 한들
하늘보다 높으리오

하늘이 높다 한들
장, 배보다 높으랴

청산의 푸른 소나무 푸르다 한들
장, 얼굴보다 푸르랴

석사 박사 지식이 깊다 한들
장, 학위보다 높으랴

아무리 장이 좋다하여도
뿌리가 썩으면 그만인 것을

교만과 오만과 친구하는 장長이여
교만과 오만이 아무리 좋아도
다 비우고 겸손을 가져보자

학식과 겸손을 겸비하면
뭇사람들에게 칭송 받을 것이요
그렇지 아니하면 위태로운 장이 되리니

코로나19바이러스

신 성 자

맑고 푸른 하늘은 공활하고
햇살 따스한 평화롭고 안락한 동산에
요사한 바람 불어오더니
먹장구름 뒤덮히고 을씨년스런 기운이
만인萬人의 심사 써늘케 하네

코로나19가 온 지구에 횡행하며
무고한 생령들을 쓸어가고
도처에서 비극이 벌어지고
두려워 아우성이고 피눈물 강을 이루네

민심은 황황하고
날마다 불안한 가슴 붙잡고
언제나 끝이날까 불안함과 기대함으로
일희일비一 悲 一喜 하네
온 세계가 방황하니
저절로 나오는 통탄함 금할 수가 없네

만인이 단합하고 합심하여
코로나19와 싸우면
기세 사납게 달려들던 바이러스도
더는 어쩌지 못하고 머리 숙이리라

또 다시 밝은 햇살 따사로이 비추고
웃음소리 넘칠 날, 돌아올 것이네

신 성 자

경기도 남양주시 거주
샘터문학상 신인상 수상 (시,등단)
(사) 샘터문학 회원
(사) 샘터문인협회 회원
(사) 샘터문학신문 회원
사계속시와사진이야기그룹 회원
한국문인그룹 회원
백제문단 회원
송설문학 회원
<공저>
사랑, 그 이름으로 아름다웠다
시詩, 별을 보며 점을 치다
우리집 어처구니는 시인
고장난 수레바퀴
<컨버전스 시집/샘터문학>

인고忍苦 외 2편

심 용 영

살금살금
아기 고양이처럼 봄이 기어온다
겨우내 얼어붙고 그늘진 세월을 용케 견디고
제비꽃이 피었다

미세먼지를 뚫고 꽃망울이 터진다
세월의 무게만큼 쉽지 않은 여정,
잘 견뎠다
장하다
너 참 멋지다

인생은 피고 지는 꽃이다
멋지게 살자
꽃같이 살자

비오는 산골 풍경

심 용 영

장맛비 오는 날
낡은 비닐우산을 쓰고 듬성듬성 비에 젖은 채 비포장 십리 길 학교에 가면 인정 많은 선생님은 외나무다리 떨어진다고 반나절이 채 가기도 전에 얼른 집에 가라신다

삼밭골 진태도, 재넘이 순자도,
원동골 철수도
보리밥 도시락 반틈 까먹고
집으로 냅다 뛰었지만
이미 외나무다리는 불어난 흙탕물 속으로
사라진 뒤

무지개가 걸려있는 잿말랑에서
철수네 배추밭을 삼켜버린
시뻘건 물줄기를 실컷 구경한 뒤
어스름 저녁에 폭삭 젖은 몸으로 집에 오면 어머니는 장작불에
감자전을 노릇노릇 부쳐냈다

누나 옆에 쪼그려 앉아 모락모락 옷을 말리며 바삭한 감자전을 입이 터져라 베어 물고
목이 메어 컥컥대면
누렁이도 덩달아 컹컹컹 울어주던 그날

툇마루에 걸터앉은 아버지
막걸리 마시는 소리가
벌컥벌컥 빗속으로 스며들던
그 산촌의 어린 여름날이
함석지붕을 두드리는 그 정겨운 빗소리가 문득문득 그립다

수채화

심 용 영

산등성을 휘감은 철길에 눈이 내린다
눈 쌓인 기찻길은
산까치 멧새 멧꿩의 놀이터

새벽을 안고 첫차가 지나간다
두 줄기 선명한 바퀴 자국도
한 줄기 눈 폭풍에 잊혀졌다 솟아나고
놀란 멧새떼 흩어졌다 다시 모인다

눈쌓인 새벽을 깨우고 지나가는 첫차같이
인생은 한폭의 수채화다

심 용 영
경기도 고양시 거주
대관령 축산고등학교 졸업
용인대학교 졸업
경찰청 동료사이버 강사
한내문학 신인상 수상 (시,등단)
(사) 샘터문학 회원
(사) 샘터문인협회 회원
(사) 샘터문학신문 회원
사계속시와사진이야기그룹 회원
한국문인그룹 회원
송설문학 회원
백제문단 회원

만월滿月 외 2편

안 성 숙

샛바람이 마을을 훑고 지나가더니
겨울 햇살은 산 언저리에 앉아
세상 짐 내려놓고
쫓아오던 낮달은 무에 그리 급해
화장도 못한 민낯으로
정월대보름 달이라 뻐긴다

오동통 살이 찐 낮달은
이집 저집 기웃기웃 넘나들며
참견하기 바쁘다
전깃줄에 걸려 허우적거리다
바다에 빠질라

현관 틈으로 삐죽이 들여다보고
문단속하란다
창문으로 화장한 예쁜 얼굴 보여준다더니
어둠이 내리자
어느새 화장하고 나타난
정월대보름 달
만삭이다

청국장 여인

안 성 숙

통근차에 오르는 여인에게서
청국장 냄새가 난다

뚝배기에 보글보글 끓인
엄마 청국장 냄새가

다음 날에도
또 다음 날에도
같은 냄새가

남편이 좋아해서 끓였더니 냄새가 나네
겸연쩍게 배시시 웃는 그 여인
미안함을 꿀꺽 삼킨다

서민의 냄새
좁은 공간에서 끓인 청국장 냄새가
옷가지에 스며들었겠지
불쾌한 표정으로
인상 찌푸리며 코를 막는 이들

그 여인는 치열한 삶의 일터로
구수한 향기 풍기며 가고
그 뒤를 킁킁대며 따라가고 있는 나
엄마 청국장을 먹으며

시詩, 심으러 바다로

안 성 숙

밭 삼아 장어가 고랑을 내주고
문어가 먹물로 수묵화 그리며
주꾸미가 꽃을 피워내는
역동하는 바다에서는
햇살은 신들이 주신 영양분
바람은 송골송골한 땀방울 식혀주고

잔잔한 바다를 펴 올리면
아름다운 시어詩漁가 꿈틀꿈틀
좌광우도 신이 나서 팔딱팔딱
게들은 집게발 번쩍 들어 로봇춤으로
장단 맞추니
신나는 갑판 위로
갈매기떼 합창을 하네

간자미 너울너울 춤을 출 테고
오케스트라 불러들인 바다는
풍어豐漁 시詩밭이 옥토가 되네

안 성 숙

충남 천안 출생
전남 여수시 웃꽃섬거주
대한문학세계 신인상 수상 (시,등단)
(사) 샘터문학 회원, (사) 샘터문인협회 회원, (사) 샘터문학신문 회원, 한국문인그룹 회원, 사계속시와사랑이야기그룹 회원, 백제문단 회원, 송설문학 회원

어느 가을 날 외 2편

윤 경 순

단풍나무 씨앗 반쪽이
바람에 흩어져
울면서 떨어진다

헬리곱터 여러대가
하늘을 날으는 듯하다

냇가에 물총새가
물고기를 잡아 돌에다
패대기쳐서 기절시키고

산 모퉁이에서는 참매가
들쥐 한 마리 잡으려고
날쎈 날개를 퍼득인다

강가에서

윤 경 순

저녁 노을 강가에 앉아
고기 비늘처럼
반짝이는 물결 위
네 이름 석 자 함께 반짝인다

낚시로 낚아볼까
두 손 모아 잡아볼까

안타까운 마음
해저문 강가에
흥청망청 눈물 뿌려본다

돌아서는 무거운 느린 걸음
뼈마저 병이든채
허전한 마음 허공에 맴돌때
잠시 쉬어가는 내 인생은
몇 자나 될까...

선물

윤 경 순

달빛으로 옷을 짓고
반짝이는 별을 따서 무늬 놓아

보고 싶은 그리움도
함께 넣어 밤 안개로
포장을 한다

하얀 아침이 열리면
풀잎 우표를 부치고

햇님 닮은 빨간
오토바이에 태워
서쪽으로 보낸다

윤 경 순
강원도 화천 거주
시조 교실 수강
2016년 제1회 화천문협 공모전 차상 수상
2017년 2회 화천문협 문예공모전 차상 수상
2018년 월간문학세계 시세계 등단
2018년 월간문학세계 신인상 수상
화천시조사랑 회원, (사) 샘터문학 회원, (사) 샘터문인협회 회원, (사) 샘터문학신문 회원, 한국문인그룹 회원
<공저>
들꽃처럼 살다

겨울비 외 2편

윤 미 화

차가운 빗방울이 어두운 밤을 가득 채우고
속살거리며 부드럽게 내린다
그 많던 별들 사라지고
달은 숨어 버렸다

어머니의 집
그리운 사람들이 모여 사는 별에서
온 안부
내려놓는 별들의 사연
답할 수 없어 허둥대고

고요한 마음 안에
온순한 눈빛으로 지켜야 할
이승의 꽃들이 눈에 밟혀서
차마 떠날 수 없는데

젖은 갈림길에 서서
시간이 어둠을 갉아먹는 소리
혼자 듣는다

하루살이

윤 미 화

폐지 할배가
고단한 손수레 밀고 오는 새벽녘
모두가 잠든 어둠 속
거리엔 방범등만 조는 시간

머지않아 시든 꽃잎으로
흩어질 하루살이 사랑밖에
가진 것 없어
마른 입술을 깨문다

질척이던 골목골목 따라 다니던
별들의 손자국이 찍힌
폐지들이 저울 위로 오른다

포기한 공무원 시험집
주인 잃은 차 주전자
황막하게 눈금을 바라본다

만행하듯 곡예하듯
처절한 하루가 가면
한 겹 늘어나는 나이테

소주 한 병으로
낡고 해진 생을 촉촉하고 깁는다
고단한 등을 기댄 집에
햇살이 쌓인다

어느 시인의 소풍

윤 미 화

말을 잃은 회색의 도시
표정 없는 얼굴 서로를 외면한 채
외로움 덕지덕지 묻은 손으로
낡은 수첩의 이름을 지우며
몽돌로 눌러 놓은 슬픔, 투욱 터진다

어느 시인
아름다운 소풍이라던 세상은
살랑 부는 바람에도 상처 받는
여린 꽃들과 흐느끼는 잎새

그래도 떨어지는 별 하나
창가에 걸어두고
꽃물 찍어
그래도 그래도
소풍은 아름다울 거라고 적어둔다

윤 미 화

서울시 광진구 거주
아시아문예 신인상 수상 (시,등단), 샘터문예대학 백일장 최우수상 수상
(사) 샘터문학 회원, (사) 샘터문인협회 회원, (사) 샘터문학신문 회원
샘터문예대학 시창작학과 수료 (제 6기)
사계속시와사진이야기그룹 회원, 한국문인그룹 회원, 백제문단 회원, 송설문학 회원, 아송문학 회원

노랑으로 물든 아침 외 4편

이 상 욱

향기가 있는 아침
호수 위에 핀 물안개
여명의 노랑으로 물들다가
이내 사라진다

해바라기 숲 사이로 비친 그 사람
노랑이 무엇인지 알게 해준 그 사람이
오늘은 무척 그립다

달빛이 스며든
노랑 포스트잇에 남긴 한 마디
'쌤 사랑해요'

아침은 어김없이 오지만
노랑으로 물든 아침은 오지 않는다

또 시작이다
내가 가야 하는 길이기에

달리기

이 상 욱

달리고 싶을 때가 있습니다
답답해서 달리고
기뻐서 달립니다

숨이 꽉 들어 찬지도 모릅니다
아픈지도 달릴 때는 잘 모릅니다

그럴 것입니다
내딛는 발걸음이 무거운 것은
아픔이 아직 가시지 않았기에

그럴 것입니다
내딛는 발걸음이 가벼운 것은
사랑이 온전히 스며들었기에

그대의 아름다움은 달릴 때
그토록 눈부신 발목일 것입니다

발목이 예쁘다는 것은
당신을 사랑한다는 것입니다
사랑합니다

달린다는 것은
우리가 달린다는 것은
아픔도 잘 모른다는 것입니다

파도의 울음소리

이 상 욱

아직도 귓가를 타고 넘는 파도소리
지금도 내 가슴에 밀려오는데

그 겨울 어느 날
중력 임계선을 타고 넘는 하얀 포말이
소리만큼이나 끝없이 이어지면서
수많은 사연을 감싸 안고 되돌아갔었다

이제는 도심에서 그리워할 뿐
어디로 가는지도 알 수 없는
갯내음 묻은 삭풍만이 지나간다

우리가 함께 들었던
그 겨울 바다 파도소리
흔적 없이 떠난 그 자리에
긴 여운만이 남았다

아직 내 귓가에는
모래톱에 아픈 흔적들 쓸어가는
파도의 울음소리 들리는데

영랑호

이 상 욱

산과 호수, 바다가 만난 곳
높이 올라 내려다보니
달빛에 비친 호반,
호수를 노니는 달빛에 취하여
밤은 깊어만 가고

하얀 마수를 들이대는 파도도
첩첩이 겹친 짙고 엷은 산 능선도
떡하니 길목 지키는 울산바위도
모두 비추어내는 거울이다

신라 화랑, 영랑의 설화가 깃든
이 아름다운 풍광이
세파에 찌들어 기운 소진되는 심장에
힘을 더해준다

달빛, 호수, 그리고 사랑,
절절했던 호반의 옛 추억들을
일렁이는 캔버스에
한 폭 가득히 그려낸다

달맞이 고개

이 상 욱

삶의 고단함도 잊게 해주는
그 사랑에 대한 중독
그리고 행복

스카이라운지
나뭇가지 옷걸이에 걸린 달빛의 기억이
오래토록 남을 달맞이 고개

고개 위에서 맞이했던 달과
고속도로에서 맞이했던 달은
너무도 달라보였다

이 상 욱

한양대학교 대학원 체육학과 졸업(이학박사)
대림대학교 스포츠지도과 교수(현)
대림대학교 평생교육원장(현)
국제우드볼연맹(IWbF) 부회장(현)
국제대학스포츠연맹 우드볼 종목 기술위원(현)
(사)샘터문인협회 회원
한국문인그룹 회원
백제문단 회원
송설문학 회원
사계속시와사진이야기그룹 회원
<수상>
2019 샘터문학 신인문학상 수상(시 부문 등단)
<저서>
운동생리학/운동처방론/운동과 건강 외 다수
<공저>
고장난 수레바퀴(컨버전스 시집/샘터문학)

인생, 광대짓이다 외 4편

이 순 기

흐르는 구름처럼
지나버린 흔적과 세월
어쩌지

흐르는 물처럼
중탕이 된 사고와 관념
어쩌지

흐르는 바람처럼
스쳐버린 사랑과 유희
어쩌지

어쩌긴 뭐 어쩌노
삶이란 삶이란
만났으면 흩어지고 또 흩어졌다가 만나는
물 같은 구름 같은 바람 같은
찰나의 구성이고 연출이고
영원한 광대인 것을

봄맞이

이 순 기

봄이네요 봄

산수유 처자
노랑 젖가슴 드러내고
이사람 저사람
유혹할 준비가 다 되었네요

누구 품에 바들바들 안기려는지
노랑 노랑한 미소가
앙큼한 자태가 좋아보이네요

살끝에 스치는 바람끝이 감미롭네요
따스한 햇살 온화함 안겨주구요
설레이는 계절인가 싶네요

숨 죽였던 생명들이 깨어나고
가슴속 잠들었던 욕망도 꿈틀거리는
봄이 왔네요

꽃은 계절이 바뀌어도 피겠지만
우리들 가슴에 피는 꽃은
언제 시들어 버릴지 모르지요

향기도 없고 열매도 맺을 수 없는
고목이 언제가는 되겠지요
너무 쉽게 세월이 흐르니까요

올 봄에도 목련꽃 활짝 피어
오가는 벌 나비에게도
꿀과 향기를 흠뻑 적셔주고
마음껏 폼내야 되지 않을까요

우리들 가슴은 그대로인데
세월은 가고 계절이 바뀌어 가네요
버팀목으로 그늘이 됐던 나무도
세월 앞에는 어쩔 수 없나 봅니다

그래도 이 봄에는 이쁜 사연
가슴에 안고 활짝 피어나
자신의 향기에 취해 봐요

설레이던 내 얼굴이
꽃들에게 들켜 버렸네요
봄이네요 봄

설날

이 순 기

서산에 해 넘어갈 때
굴뚝에서 흐르는 연기

어머님의 정성으로 차린 음식
오손도손 모여앉았네

음식 자랑, 자식 자랑
화기애애 웃음꽃 피었네

어머님의 가족 사랑이
가득 한 설명절이였네

어릴적 떡국이 생각난다
어머님이 그립네

그 때 그 시절

이 순 기

앞마당 수선화 웃고 뒷산에 진달래 필 때
아버님 씨 뿌릴 준비 어머님 긴 한숨소리
생각나네 생각나 부모님의 걱정소리

올 한 해 풍년될까 하늘에 소원 빌고
장독대 간장 된장 봄 햇살 안겨주던
아련한 그 시절이 떠오르네 떠올라

어릴적 멋 모르고 부모님 속 썩이고
어머님 주름살이 창피하게 느껴졌던
그 시절 어리석은 생각들이 떠 오르네

모두가 지난 추억 바람 따라 계절 따라
지나가버린 옛시절 그립네 그리워지네
그 때 그 시절들이 지금의 우리들 모습

아련한 추억 되어 세월도 인생도
바람 따라 계절 따라 흘러 흘러가네
오 세월이여 나의 인생이여

내 마음의 봄

이 순 기

봄비 지난 앞산자락
푸르름 속 새싹들이

싱그러운 바람 따라
봄꽃들이 미소짓고

너와 나의 가슴에도
수줍은 양 활짝 피어

산들거린 인품의 향
봄바람에 실어보세

이 순 기
아호 : 진강
전남 해남 출생
덕인고등학교 졸업
호남대학교 졸업
샘터문학상 신인상 수상 (시,등단)
(사) 샘터문학 회원, (사) 샘터문인협회 회원, 사계속시와사진이야기그룹 회원, 한국문인그룹 회원, 송설문학 회원, 백제문단 회원
<공저>
고장난 수레바퀴
<컨버전스 시집/샘터문학>

십이월 외 4편

이용일

붉은 석양은
미처 태우지 못한 아쉬움

아름다운 노을은
붙잡을 수 없는 그리움

연인을 보내며
가슴 한 편 더 시린

삶의 한 조각
떨어져 나가는 아픔

아아
이맘때, 언제나 그리움마저 시려

만년설에서 꺼낸 얼음 한 조각
두 손 꼭 쥐고 녹여야 하리

루치아의 뜰

이 용 일

시선이 머무는 곳
영근 마음

녹슨 철문을 열면
반겨주는 옛집 주춧돌

바람에 흔들리는 풀잎에서
홍두깨가 놀고
다듬이질 소리 들린다

누워도, 앉아도
소년의 마음도 소품이 되는

그리운 고향 집

※ 루치아의 뜰은 공주에 있는 낡은 한옥을 개량해 만든 전통찻집이다.

꽃의 운명

이 용 일

지나간 것은
다 아름다우리니

짚불에 삼겹살 익어
우주에 정담 남기듯

다시 올 수 없는 것은
다 아름다우리니

밤을 지새운 젊은 날 고뇌
기억의 대리석에 딸꾹질하며

다시 볼 수 없는 것은
다 아름다우리니

저 멀리 수억광 년 지나
블랙홀 지나야 갈 수 있는 곳

지고 나면
다시 피지 않을 줄 알았는데

무무명진無無明盡

이용일

술이
술 마시는 날

별 하나
슬피 울며 잔다

술이
술 마시는 날

별 둘
슬피 울며 잔다

술이
술 마시는 날

별 셋
슬피 울며 잔다

술이
술 마시는 날

별도 취하고
나도 취하고

술도 취해
술이 술을 마신다

석양夕陽

이 용 일

못다한 말
무에 그리 많은지

아쉬움 또한
무에 그리 많은지

답답한 가슴 다독이기 위해
타올라야 할 때가 있다

뜨겁게 뜨겁게
최후 승부를 위해 타올라야 할 때가 있다
종말이 오더라도

이 용 일
아호 : 효운曉雲
충남 금산 출생
대전광역시 거주
대덕대학교 교수 (현), SK이노베이션 수석연구원 (역), 공학박사 (한국과학기술원), 대기관리기술사 (한국산업인력공단), 바람체 서체 특허출원 (특허청) (사) 샘터문학 회원, (사) 샘터문인협회 회원, (사) 샘터문학신문 회원, 사계속시와사진이야기그룹 회원, 한국문인그룹 회원, 백제문단 회원, 송설문학 회원

도봉산은 가을을 안고 외 4편

이 재 희

추억을 안은 산기슭에 오르면
긴긴 시간 앓아온 열병 온몸 다해 널브러져 있다
그림자는 생략된 허기진 오후
미처 꺼지지 못한 불씨 잎새 마다 대롱거림에
휘잉 바람마저 불어오면
모닥불 지피듯 다시금 활활 타오를 듯한데

검붉은 눈물로 농염함 풀어내기엔
하늘을 닮고픈 청록빛 양심일까
은하수 산모롱이 돌아와 자운봉 걸터앉은 바람이
인고의 세월로 기다리라 한다

기다린다는 건
억겁의 시간이 흐른대도 그 자리에 주저앉은
낙엽의 시신 같은 것

되풀이 되는 바람이 발톱을 세우고
무심한 나그네의 묵은 정적을 깨우는데
불현듯 산새와 함께 울던 시간 속 그리움 따라
무릎을 구부리며 내려오는 비탈길 모서리엔
설익은 겨울로의 비밀 통로 오롯이 숨어 있다

구석에서의 여유

이 재 희

입출구가 필요치 않는 공간
눈 여겨 보는 이도 없으리란 생각이
자유로이 꿈꾸는 수직의 꿈

하늘에서 내려다보면
벽도 없는 그 곳엔 손 뻗을 여유만 있어도
모든 게 충족되는 완전한 내 소유이다

내 얼굴 보려할 이유도 없다
지치게 하는 피곤한 우울이나
비교의식 없는 절대 해방감
눈 뜨나 감으나 같아 보이는 세상

어쩌다 실수로
더 후미진 구석과 맞닥뜨리면
마음으로 삼키면 그 뿐

구석엔 예민한 정열도 없지만
작은 불씨가 삽시간 타오르듯
모기소리가 벌떼 울음으로 앵앵 댈 뿐이다

무엇보다 구석에 있으면 가장 좋은 건
거울이 없어도
숨김없는 내 본성을 만날 수 있기 때문이다

그 남자의 ocd

이 재 희

언제부터가 시발점인진 그 누구도 모르지
걷던 길로만 걸어야해
먹던 음식만 먹어야 해
한 가지 옷만 이십 년을 입어왔다네

소지품이 흐트러지면 울분을 표출하고
향후 십 년 계획까지 철저히 세워놓았지

수시로 반복되는 똑같은 언어
어쩌면 단세포일지 모를 매너리즘의 상징

검은색이 좋아도 흰빛이 좋다고 해

기준없는 기준을 스스로 세워놓고
구호를 외치듯 타인에게도 강요 해

억압된 자아를 음주로 무마하려
같은 시간대 같은 자세로
세상을 향한 원망주를 마시지

일년에 한 번씩 결혼식을 올리고
평균 석 달을 못넘긴 채

이별을 반복한지 십오 년 세월

가장 갖고픈건 아들 쌍둥이
헛발질만 반복하며 청춘이 다갔네

먼 훗날 그의 무덤을 지킬자 그 누구랴?

※ ocd : obssessive compulsive disorder의 약자로, 제어가 어려운 강박신경증의 약자

섬진강

이 재 희

외로움 하나로 사랑을 꿈꾸는 섬진강
비릿하게 흐려진 그리움이
물새 한 마리와 눈을 마주칠 때면
나지막 부는 바람도 가쁜 숨을 몰아쉰다

아직도 떠나지 못한 걸음 그 눈동자가 삼삼이 떠오르면
눈물일 듯 지는 노을에 출렁이는 섬진강

먼 훗날
세월에 갈라진 논바닥 같은 육신
검붉게 오그라든 낡은 심장 하나
그래도 맥박으로 뛰면

그리운 것들은 말없는 의미로 남고
인연을 거스르지 않았던 기억들은
끝 간 데 없는 흐름 되어
당신께로 달려가겠지

박하향 열린 숲

이 재 희

솔솔 부는 바람 등에 업은 길 들어서면
잊을 수 없는 얼굴 하나 매운 바람 타고 오지
푸른 멍자욱 가슴팍에 휘감고
언제나 같은 길로 휘파람 불던 그 사람은
햇살에 그을린 뒷모습을 가졌어

가는 길마다 덤불 헤친 손
피멍든 검지손가락으로 내 가슴을 어루만지지
나머지는 땅을 향했는지
까딱이는 흔적마다 흙 내음이 몰아쳤어

그때는 몰랐지
내게로 오는 걸음마다 그림자 지우던 몸짓을
희뿌연 강물에 던져버린 망각의 비늘들
해수면으로 떠오를 때면 헤매이던 눈망울을
끝에서 다른 끝을 향한다는 건
혼탁한 저수지 위에 목을 멘 유서같은 것
타오르는 시간들을 허공중 빈 낙서로 띄워보내고
어쩌면 영겁의 시공을 텅 빈 침묵으로 유배 보내는
급소에 불화살이 꽂힌 채
예약된 음부로 하강하는 일

이제는 느끼지
그 사람의 입에선 더운 바람이 불어도
달착지근한 당분 섞인 풀내음이 감도는 걸
발 닿는 곳마다 물구나무 선 하늘이 다가와
연두빛 덧칠을 했어

그렇게 그는 걸려있는 거야
그 자리에 멈춰진 꿈속의 너덜거리는
회한의 끝자락으로

이 재 희
서울시 동대문구 거주
국어 및 논술 강사
덕성여대 국어국문학과 졸업
서정문학 신인상 수상 (시,등단)
계간서시 윤동주문학상 신인상 수상
(사) 샘터문학 회원
(사) 샘터문인협회 회원
(사) 샘터문학신문 회원
사계속시와사진이야기그룹 회원
한국문인그룹 회원
송설문학 회원
백제문단 회원

봄의 초대 외 2편

이 태 복

훈풍은 겨울을 잠재우고
앙상한 마른가지
잠들고 있는 풀 한 포기
마른 잎새에도 온기를 뿌려주네

만물이 생을 멀리하고 긴 잠 청하는
엄동설한이 있었던가
보금자리 찾아든 철새들도
진종일 쉴 틈이 없어지고
고향 찾을 생각에 밤잠을 설치네

훈풍 속삭임에 잠을 깨우던
뜰 앞 매실나무 가지 가지마다
앵두빛 고운 입술 여미고
봄나물 캐는 여인네들
봉그러한 뒷태가 아름답네

첫사랑처럼 두근대는 너의 초대가
암울한 겨울잠을 깨워 버렸으니
마음속 깊은 정을 나누어 보자
고난의 험난한 길일지라도
이 세상을 향해 태동하는 너의 소리는
희망의 빛이 되리니

욕망의 끝

이 태 복

울타리 탱자나무 친구 삼은 계요등 넝쿨
긴 몸 감고 돌아돌아 갈 길 멀다 않고
급 꼬부랑길 올랐건만 끝없는 허공이네

보잘 것 없는 한 포기 작은 들풀이
가을 이슬 품고 하얀 좁살 낟알 달았지만
여름내내 부채질한 푸른 잎의 공이었네

긴 수로마다 눕고 서며
푸른 치마 차려입은 부레옥잠은
베짱이와 열애중인가?
자색 입술 열고 있네
세찬 비바람이 우격다짐 한다한들
마이동풍 요지부동 이로세

오각뿔 자랑하는 삐에로 날 세우고
피어난 며느리배꼽 꽃잎이
풀잎 이슬 비우고 제자리로 가라고
가을비 베개삼아 회귀回歸하라 하네

생명의 빛, 태양

이 태 복

하얀 비닐하우스 옆 긴 나무 사이로
내리는 석양은 산허리를 휘감고
추위에 떨고 있는 나목들의 햇순을 탐하고
어둠을 내려줄 준비에 나서고 있네

서산에 걸린 해는 웃음 지으며
계곡사이로 사라져 가네
덧 없는 세월의 아픔일랑 지워버리고
또 다른 시공간에서 태어나기 위함인가
잠시 동안 떼구르 구르면서
편안함을 그려 보네

원대한 꿈을 향한 포근한 빛을 주고
살아가는 생명체들에
생성, 생동의 에너지를 주는 네가 있어
오늘도 꿈과 희망을 누리고 있으니
너의 기운으로 가득 배를 채워가리라

어둠을 걷어낸 너의 빛살로
대지를 쓰다듬을 때
모두의 소망이 하나하나 이루어지고
은하수처럼 바르게 흘러가리니

넌 또 다시 세상의 빛으로 다가와
희망의 씨앗, 마음껏 뿌려다오

이 태 복

아호 : 청산靑山
대구광역시 출생
샘터문학상 신인상 수상 (시,등단)
(사) 샘터문학 자문위원
(사) 샘터문인협회 회원
(사) 샘터문학신문 회원
세계속시와사진이야기그룹 회원
한국문인그룹 회원
백제문단 회원
송설문학 회원
<공저>
고장난 수레바퀴
<컨버전스 시집/샘터문학>

우연히 길을 걷다 외 1편

이 형 준

우연히 길을 걷다
그대를 만나면
아마 나는 그대를
비껴 지나갈 것입니다
그대의 천사처럼
에로스 여신처럼
너무 아름다운 모습에
가까이 못 할 것입니다
내가 그대를
죽도록 사랑한다 할지라도
그대의 아름다움에
넋이 나가 먼 발치에서
그리움으로만 떠 올리며
서럽게 울 것입니다.
미치도록 좋아 하지만
내 속의 초라함에 고개숙여
비껴가고 말 것입니다
꿈속에서 그대 만나면
비껴가지는 않을 것입니다
그대 죽도록 사랑합니다

봄은 올련지

이 형 준

캄캄한 새벽녘에 길을 나서니
하늘엔 별들이 초롱초롱 빛나고
내 마음 속 별들이 반짝반짝

참새는 나뭇가지 위에서
희망을 노래하고
다람쥐 한 쌍은 산기슭에 내려와
유희를 하는데 여명은 밝아오고

겨울 아침은 휘뿌옇게 입김으로 서린다
추위가 엄습하니 걸음을 재촉한다
봄을 향하여 잰걸음으로 달린다

봄이 언제 올려나
봄을 기다리는 여인의 가슴속에는
벌써 봄이 꽃을 피운다
하얀 목련꽃이 되어 봄을 피운다

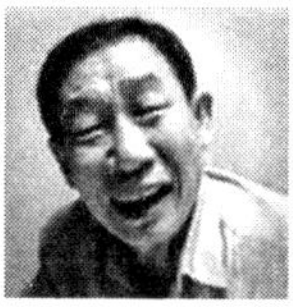

이 형 준
아호: 효석
(사) 샘터문학 고문, (사) 샘터문인협회 회원, 경향신문 근무(역), 동국대학교 근무(역), 포토갤러리 운영(대표), 코리아꿀단지 운영(대표), 사계속시와 사진이야기그룹 회원, 한국문인그룹 회원, 송설문학 회원, 백제문단 회원
<공저>
사랑, 그 이름으로 아름다웠다, 청록빛 사랑 속으로
아리아, 자작나무 숲 시가 흐르다, 사립문에 걸친 달 그림자
고장난 수레바퀴, <컨버전스 시집/샘터문학>

까치밥 외 4편

인 정 희

뭇새들이 탐하는 먹감
된서리 흰 눈에도 꿈쩍하지 않고
자신을 탐해줄 뭇새를 기다리는 까치밥
얼었다 녹았다를 반복하여
발효된 꿀맛이네

배고파 삭풍 쪼아대며
먹감나무에 앉아 있는 뭇새 한 마리
앙상한 가지에 송알송알 매달려 숙성된 까치밥,
허기진 뭇새는 먹어가며
봄바람 기다리네

뭇새들 뱃속에서 발효된 까치밥
씨앗 산란하여 숲에 뿌리고
대지는 품에 꼭 안아 부화시켜
봄을 틔우네

응급실 요지경

인 정 희

중원 우환에서 큰 새를 타고 날아든 코로나바이러스
세계는 좁고 우리는 넓다
병원에 가려고 택시를 부르고
하얀 마스크 방패막이로 막아선다
몸을 구부려 진찰하고
첨단 의료기기로 촬영해 질병을 판독한다
눈물처럼 떨어지는 수액 방울방울
혈관을 타고 들어 통증을 잠재우고
아픔이 쭉 허리를 편다
옆 침상에서 좀비처럼 울부짖는 환자들
역병 살피지 않고 몰려다니던 확진자
강제로 응급실에 묶여 있다
이윽고 완치된 이들 퇴원하라는 의사 말에
날 살려라 십년감수 걸음걸이로
집을 향해 달려가는 미물들

하늘 잠자리

인 정 희

메타세콰이어 전설속에
화석이 되어버린 나무 끝에
별 바람 이슬을 타고 내려와
날개마다 화인花印을 찍어
태어나는 잠자리

소나기 속을 헤매이다가
거미가 쳐놓은 끝없는 올가미에 걸려
이승을 하직한 가여운 잠자리

이미 박제되어 마른지 오래여서
푸석거리는 흔적만 바람에 하늘거리고

영혼은 눈을 감고 별나라로 향하고
조각난 그리움은 꿈길로 향한다

무지개다리 진주

인 정 희

겨울잠 자러 들어간 개미처럼
찾을 길 없는 너의 흔적
스마트폰 앨범 속에서 만났다

하와이로 여행 간 엄마를 기다리며
시무룩하던 표정

현관문 열리면 엄마 찾아 헤매다
가로등 불빛 아래 희나리로 사라진 넋魂

달빛이 쓰다듬고 별빛이 손짓하는
내 손녀가 되어 돌아와다오

봄

인정희

언제왔지

살금살금 고양이 걸음

흰 생쥐 머리 들고

흰 쌀 물고

겨울을 잡아먹을 거야

인 정 희
경기도 부천시 거주
(사) 샘터문인협회 회원
(사) 샘터문학 관리부장
(사) 샘터문학신문 회원
샘터문학상 신인상 수상 (시,등단)
사계속시와사진이야기그룹 회원
한국문인그룹 회원
백제문단 회원
송설문학 회원
<수상>
샘터문학상 신인상 수상(시,등단)
원혜영국회의원상 수상
<공저>
고장난 수레바퀴
(컨버전스 시집/샘터문학)

봄꽃 눈망울 소리 외 2편

전경호

조금만 더 마음을 열면
그대를 볼 수 있을까?

꽃물 배인 온 산천은
서로 봐달라 손짓하는데
얼어붙었던 차가운 마음에
따스한 바람이 녹아드니
눈빛에 촉촉함이 묻어난다

사랑은 기쁨으로
마음을 배려함으로
봄 생기의 수액
길 위로 흐르는 인내의 씨앗에
화사한 봄볕 날린다

서둘지 마라
우후죽순 피어나는 꿈들
마알간 햇살과 초록빛 숨결
수줍게 고개 내민 속살에
귀엽게 피어나는 봄 꿈도
점점 여물어 갈 테니

차 한 잔의 향을 마시며

전 경 호

닫혀 있던 가슴을 열고
감춰온 말을 터놓고 하고 싶은 사람이
꼭 한 사람 있었으면 좋겠습니다

외로웠던 기억을 말하면
내가 곁에 있을게 하는 사람
이별을 말하면 이슬 고인 눈으로 보아주는 사람
희망을 말하면 꿈에 젖어 행복해 하는 사람

험한 세상 구비마다 지쳐 가는 삶이지만
차 한 잔의 여유 속에
서러움을 나누어 마실 수 있는
마음을 알아주는 단 한 사람

굳이 인연의 줄을 당겨 묶지 않아도
관계의 틀을 짜 넣지 않아도
찻잔이 식어 갈 무렵
따스한 인생을 말 해주는 사람이면
참 행복하겠습니다

인생은 한 그루 꽃나무

전경호

미친 듯 사랑하며 살다가
그 사랑이 시들면 우정으로 살고
그것마저도 시들해지면
연민으로 살라는 말이 있지요

세상에 사랑처럼 좋은 것도 없지만
한떨기 꽃과 같아서
피었다가 이내 시들어 떨어지고 말아요
사랑보다는 우정이 힘이 강하다고는 해도
우정의 잎새, 무성하여 오래 갈 듯해도
시간이 지나면 시들해지기는 마찬가지구요

꽃피고 잎새 무성할 땐 보이지 않던
나뭇가지들이 그제야 삐죽 고개 내미는데
그 가지들 이름이 바로 연민이 아닌가 싶어요
꽃처럼 화려하지 않고
잎새처럼 무성하지 않아도
나뭇가지는 변하지 않고 자라는 거지요

인생이 한 그루 꽃나무라면
그래서 무수히 꽃이 피고 잎이 지며
사계절을 견디는거라면

가장 말이 없고 가장 오래 가는 것이
연민이 아닌가 싶어요

사랑이 가고 나면 적막해지고
우정마저 사라지면 삭막해지겠지만
그래도 연민이란 가지 사이로
달도 뜨고 별들도 반짝이므로
우리 인생이 살만한 것 아닌가 싶어요

들꽃처럼 향기로운 이야기가
때묻지 않는 순수가 세상을 바라보며
혹은 남들이 바보 같다고 놀려도
그냥 아무렇지도 않은 듯 미소지으며
삶의 여유를 가지고 살 수 있다면
참, 행복할 것 같아요

전 경 호

건축업 대표(현)
군무원 3급 (역)
샘터문학상 신인상 수상 (시,등단)
(사) 샘터문예대학 시창작학과 수료
(사) 샘터문학 자문위원, (사) 샘터문인협회 회원, (사) 샘터문학신문 회원, 사계속시와사진이야기그룹 회원, 한국문인그룹 회원, 송설문학 회원, 백제문단 회원
국회의원 표창, 서울시의회 의장 표창, 강동경찰서장 표창
<공저>
사랑, 그 이름으로 아름다웠다
청록빛 사랑 속으로
사립문에 걸친 달 그림자
아리아, 자작나무 숲 시가 흐르다
시詩, 별을 보며 점을 치다
우리집 어처구니는 시인
<컨버전스 시집/샘터문학>

역마살 낀 바람 외 2편

정 정 기

밤새도록 바람은 가만히 있지 않았다
한창 꽃망울 붉어지는 매화를 희롱하고
꾸벅꾸벅 졸고 있는 물오리를 건들고
새벽길 나서는 여인
볼살을 때리더니
급기야 번지수 알 수 없는 들판에서
깊은 잠에 빠져
해가 중천인데 깨어날 줄 모른다

한적한 호수, 햇살 따사로운 오전
늦잠에서 깨어난 바람은
아무런 인사도 없이
어제 돌지 못한 둘레길을 돈다
시간을 앞세우고
햇살을 등지고 쉼 없이 날아간다

노을이 물들어 가는 언덕
별들의 마중을 받으며
허름한 초가 밑 고단한 긴 여행 끝에
자리를 잡고 허리를 편다

밤새 가만히 있지 않는 바람
달 그림자와 속삭이다
슬며시 눈을 감으면
구름사이 숨어있던 시간도 잠든다

매화꽃 연정

정 정 기

사랑이 매화꽃 연정으로 피었다
하얀 색동저고리에 분홍 치마 입고
살랑살랑 봄처녀로 온다

부끄러움에 살며시 고개 숙이고
어루만지는 손길에 꽃잎 떨고
일년을 지켜온 순결 백매화로 피고

잔설에 속살 감추었던 홍매화
파르르 떨던 입술에
솜사탕처럼 달콤한 입맞춤
뜨거운 가슴으로 그녀를 꼬옥 안아주고

사랑이 그리운 매화처녀에게
슬그머니 사랑을 고백하고
누가 볼까 슬금슬금 입맞춤으로
속살 어루만진다

사랑은
그렇게 내게로 왔다

비밀

정 정 기

삶은 비밀 몇 개쯤은 감추고 산다
당신은 몇 개인가요?
그대도 헤아릴 수 없을 만큼
그러나 비밀 많은 자가 하나도 없는 듯
누군가의 비밀을 캔다

인생은 누구나 티끌을 품고 있을 듯
털면 먼지가 풀풀하고
깨끗하다는 양심에도 뿌옇게 털어질 듯
당신의 비밀 먼지에 덮어두고

그럼에도 불구하고
자신만 세상에서 가장 깨끗한 척
타인의 먼지털기에 개거품을 문다
정도를 넘어서 수치를 준다
저의는 아마도 그것같다

내가 당신의 입장에 서고
당신이 내 처지라고 역지사지하면 좋을텐데
세상의 정직하지 못한 비밀은 없어야겠지만
피치못할 비밀마저 들추는 것은
도리가 아닌 악의적인 것이다

당신의 비밀도 영원하란 법 없다
자신이 먼저 깨끗하게 마음을 씻고
정의로워져야 한다

정 정 기

샘터문학상 우수상 수상 (본상)
샘터문학상 신인상 (시,등단)
샘터문학상 신인상 (수필,등단)
여울문학상 우수상 수상
(사) 샘터문학 행정이사
(사) 샘터문인협회 운영위원
(사) 샘터문학신문 기자
신세계문학 회원
<공저>
고장난 수레바퀴 외 5편 (샘터문학)
운율마실 (신세계문학)
하늘꽃 (여울문학) 외 다수

북극곰의 눈물 외 4편

조 숙 환

동토를 지배한 포식자의 위용도
영겁을 버텨온 은밀함마저
꺼져가는 얼음 속에 던져버린
북극곰의 서러운 눈망울을
그대는 보았는가

휘황찬란한 도심 거리 한 켠
빛을 찾아 덤벼드는 불나방처럼
안개 젖은 거리를 헤매는
사내의 초점 없는 눈망울을
그대는 보았는가

인간의 탐욕이 만들어낸
항거할 수 없는 운명을 받아들이며
마지막 빙토를 찾아 헤매는
서러운 북극곰 마냥

녹아내린 희망, 무너져버린 상실
포기조차 포기한 사내의 넋두리는
북극곰의 비명으로 들려온다

나는 언제부터 설 땅 없는
북극곰이 되었는가!

낙엽처럼 보낼 사랑

조 숙 환

지친 몸을 거두기 위한 몸부림
낙엽의 처절한 절규처럼
사랑을 보내려는 나도 지쳐있다

장난처럼 와버린 사랑이지만
지워버리기엔 힘에 부친 그리움을
왜 그렇게 쉽게 생각했을까

내 가슴에 뭉친 응어리는
홀로이 앓은 사랑의 맺힘
다시는 홀로 맺지 않으리라
다짐하며 털어버린다

물들어간 낙엽 체취처럼
언제부턴가 사랑은 물들어 갔고
가슴도 그렇게 익어 있었지만

이제는 떠나보내야 할 너는
사랑스러운 낙엽이었더라

낙수落水

조 숙 환

소리 없이 와버린 봄은 누굴 위한 계절인가요
아픔 주고 가버린 겨울이 싫었던 것처럼
약속 없이 일찍 와버린 봄이 미웠습니다

처마끝 낙수는 떠나버린 당신의 눈물이었고
아름아름 무너져 버린 내 사랑의 증표였고
쉽게 오고, 어설프게 가버린 애달픔이었습니다

녹아버린 시간을 돌려 다시 얼릴 수 있다면
나는 절대 무너지지 않을 겁니다
나는 다시 울지도 않을 겁니다
나는 죽도록 당신을 사랑할 겁니다

당신을 보낸 시간부터
애달픈 건 결국,
나뿐인 걸 알았기 때문입니다

망심忘心

조 숙 환

짓누르는 현실의 무게는
감당할 수 없는 슬픔의 결로

소금에 절여진 낙지처럼
허늘어진 사념의 결절

떠나려는 자의 허망과
두려움만 가득한 눈망울

무너진 걸 들켜 사라진 자존심
기를 쓰며 잡으려는 애달픈 눈짓

그렇지만
붙잡기엔 두렵고
대책없이 버리기엔 너무 버겁다

기억 깨물기

조 숙 환

달항아리 물차 오르듯
그리움 가득 찬 기억의 단상
한 입 베문 사과의 흠집난 모양처럼
남아 있는 기억 속 모난 아픔

색깔이 지워진 기억은
다시 덮을 수 없는 두려움
이제는 소환되지 않는 슬픔으로 남아
오늘도 기를 쓰고 오열한다

설령 내 것이 아니라 하더라도
기억의 몰입에서 고조되는 삶의 인식이
드리워진 커튼 너머의 환상을 들춰낸들
혐오의 상을 지울 수 없을 것이다

조 숙 환
아호 : 청초
충남 청양군 청양읍 거주, 청양군의회 근무 (현)
서정문학 신인상 수상 (시,등단), 샘터문학상 우수상 수상
(사) 샘터문학 정무국장, (사) 샘터문인협회 회원, (사) 한국문인협회 청양 지부 회원, (사) 샘터문예대학 4학기 수료 (시창작), 사계속시와사진이야기 그룹 회원, 한국문인그룹 회원, 송설문학 회원,한국서정작가협회 회원
<공저>
사랑, 그 이름으로 아름다웠다
아리아, 자작나무 숲 시가 흐르다
사립문에 걸친 달 그림자
시詩, 별을 보며 점을 치다
고장난 수레바퀴
<컨버전스 시집/샘터문학>

생명의 계절 외 2편

조 영 자

생명의 계절은 봄이다
예쁘게 올라오는 새싹의 생명
생기있게 지저귀는 작은 새들,
텅 비어있던 도시공원에서
노인들이 모여 지난 이야기하고
푸른 하늘의 저 구름은
바람 잡으러 다니기 바쁘다

우리집 빈약한 화단에도
봄맞이 한다고 노란 꽃을 피웠다
죽은듯이 숨 죽이던 내 마음도
싱숭생숭하여 들락날락하니
자기몸 버려 새싹 보호하는
죽은 풀잎 속에서 봄은 자라난다

나는 봄맞이하러 가련다
나물바구니 허리 옆에 끼고 버스 타고,
달래, 냉이, 쑥, 돗나물 캐다가
된장찌개 보글보글 끓여야겠네
멋진 새 생명의 계절이다

봄봄봄

조 영 자

찬 바람 뒤에 숨어서 온 봄
자고있는 꽃잎에 입맞추고

따스한 햇볕은 따라와
사랑스레 포근히 안아주니

화들짝 놀란 꽃망울이 터졌네
노랑 빨강 파랑이가 웃고있네

산들바람은 산들산들 간지르고
벌은 벌써 찾아와 봄 인사하네

돌고 도니 영원한 것 같으나
이 세상의 영원한 건 아무것도 없다
영원한 세상은 하나님의 나라다

우리 장남

조 영 자

우리 장남은 쩔뚝이는 소아마비이다
어릴 때는 소외되고 외로웠다
고등학교 때부터는 반바지를 입었다
한 다리는 가늘어 팔뚝만 하고
한 다리는 정상적이다
부끄러움 없이 누구의 눈길도 의식하지 않고
잘 다닌다

대로를 행보하고 수영장에서
수영도 하고 합창단 지휘도 했다
육체적인 장애보다는 열등감에 시달리는
장애가 더 무섭다고 한다
대학 2학년 때 결혼했고 삼 년 반만에
졸업을 했다

방 한 칸의 전세금을 빼서 용감하게
미국 유학을 갔다
하나하나 알아가는 공부가 재미있단다
가부장적인 한국인에게
주인집에서 쓰레기가 넘치니 버리라고 했다고
화가나서 이사를 했다고 한다
미국의 문화를 몰라서라며 어슬펐던

첫 생활을 말하며 통쾌히 웃는다

자폐증학교에 취직을 했다
하루는 얼굴을 할퀴어오고
하루는 팔을 물리여 병원에 가고
다른 유학생들은 놀래고 힘들어서
자기 고향이나 고국으로 다 돌아간단다
아들은 아이가 셋이고 아내가 있으니
죽기살기로 이십 년을 버티였다
눈물의 험한 세월 다 지나고
이제는 연구팀에서 일을 한다고 한다
세미나를 하면 천 명이나 모이는
스타강사가 되였다
이렇게 많은 사람들이 자폐증에 관심이 있다니 놀랍다고 한다
여기까지 오게된 것이 하나님의 은혜라고
겸허히 고개숙인다

조 영 자
아호 : 백아
황해도 출생
수도여자사범대학 2년 졸업
교회유치원 10년 운영
2011년교회 은퇴 사모
2017년 2월 신문고 문학상
2017년 9월 시부문 신인작품상
(사) 샘터문학 회원
(사) 샘터문인협회 회원
(사) 샘터문학신문 회원
한국다선문인협회 운영이사

그대를 만나서 외 4편

한 기 량

그대를 만나서

겨울을 이겨낸
진달래꽃의 향기를 맡았고
활짝 피어내지 못한 가냘픈
목련을 담았습니다

그대를 만나서

겨울을 이겨낸
개나리의 노란 줄기를 보았고
얼음속에 핀
강한 꽃들을 보았습니다

그대를 만나서

난 그 얼음속에 핀 꽃이 아니라
꽃을 품에 안은 얼음이고 싶습니다
꽃에 녹아들어 사라져가는 겨울처럼
그대를 사랑하고 있습니다

마음의 방

한 기 량

고독이 어둠처럼 찾아온 시간
비는 하늘에서 내리는 친구였다
미숙한 외로움이 그림자로 찾아와
많은 내 마음의 방을 만들었다

나무 한 그루하고 친해서 항상
이야기를 나누었고
산길에 풀벌레의 노래는
내 귀를 쫑긋 세웠으며
발에 채이는 이슬은
내 마음에 목마름을 적셔주었고

오래전에 살다가 한 평의 땅속에서
자연으로 돌아가려는 무덤은 내 친구였다
길을 잃어도 두려워 하지 않고 살았으나
힘겨웠다

영혼을 바라보는 자에게 주어지는
특혜와 선물?
아니다 갈등과 현실을 바라보라는 의미
누군가는 그것을 꿈이라 말했고
거짓이라고 하지만

난 나다 그래 난 나인거야
모든 존재들도 자신은 자신인 것처럼
우리는 특별한 우주인거다

왜, 태양이 뜨고 밤이 오는지
사색을 오래한 사람들한테는
꽃이 피고 지는 것을
죽음을 어떻게 받아들여야 하는 것인지
알 것이라고 믿지만

주어진 내 삶이 무엇이며
두려운 가시밭길을 지나면
꽃길이 나온다는 것을 믿게 되는 것이
너무도 벅차다

지금의 내 삶은 갈등과 선택의 연속이지만
다르다 그래 다르다
그대의 삶과 내 삶이 다른 것처럼
그래서 하나였던 내 마음의 방이
칸이 많아지고 넓어져서
외로움과 고독을
그대 좋아하는 마음까지도
가두어 둘 수 있다

기나긴 하루

한 기 량

바람이 스치며
절 지옥으로 보냅니다

햇살이 떠오르며
절 천국으로 보내지요

꽃비가 내립니다
우수수 지 갈길 어디라고

음악이 절 천국과 지옥으로 보내지만
잠시의 감정일 뿐

어제 잃어버린 것을 오늘 찾아 기쁘고
오늘 잃어버릴 것을 알기에 지옥으로 갑니다

항상 믿어오던 삶의 빛과 어둠이
저를 가을 갈대 마냥 흔들고 있지만
그건 이겨낼 수 있는 계절의 숨막힘일 뿐

지금 어제와 미래를 생각합니다
별거 없더군요
지지않는 계절이 항시 온다는

잠결에, 영원을 꿈꾸며

한 기 량

고운 수면을 치는 물방울 소리에
밤새워 잠을 지칩니다

지금 흐르는 저 강물은
세상의 부패를 쓸어담아 정화하려
짙푸른 바다로 찾아갑니다

물도 장벽이 있어 흐르지 못해 고이면
모든 흔적이 썩어 문드러져
생명을 죽이기도 하지만
흐르고 흘러 어미 품같은 바다로 가서
생명을 살리기도 합니다

그대가 원하시는 곳에서
그대의 품에서 생명으로 살아 숨쉬는 자가
누구이리까?

신께서 바다 소금을 만드신 것처럼
그 어떤 생명도 취하지 않으면 못사는
소금을 만드신 것처럼

그대는 사랑을 만드셨습니다
사랑이 없으면 살지 못하는 존재가
이제 그대의 빛을 갈구합니다
영원한 사랑을 꿈꾸며

그대가 그리우면 발길을 돌리렵니다

한 기 량

곁에 머물지 못하는
싸늘한 바람이 싫어서

함께 손잡고
거닐 수 없는 시간이 싫어서

이제 가는 가을의 단풍을
함께하지 못해서

창밖에 들어오는 햇살을
함께할 수 없어서

그대가 그리우면
발길을 돌리렵니다

차가운 이별의 입김처럼

한 기 량
아호: 해룡
필명: 겨울향기
(사) 샘터문학 회원, (사) 샘터문인협회 회원, (사) 샘터문학신문 회원, 사계속시와사진이야기그룹 회원, 한국문인그룹 회원, 백제문단 회원, 송설문학 회원
<공저>
시詩, 별을 보며 점을 치다
<컨버전스 시집/샘터문학>

그리움은 샛별이 되어 외 2편

허 기 원

먼 하늘 하얀 구름이고 싶을 때마다
심심산천에 보랏빛 도라지꽃이고 싶어라
산들바람 이제 귀뚜라미 또르르 울면
너 닮은 꽃 나리 몰래 내 생각 하겠지

서녘 소쩍새 슬픈 곡조 나 찾는 통곡소리
별빛도 흐리더니
그렇게 하얀 박꽃이고 싶을 때마다
은하수 메밀꽃밭 너머 서러움 보고픔
먼 샛별 하늘 하얀 미소이고 싶을 때마다

그래도
어쩜 ! –
이리도 애가 타는지 몰라
금방이라도 닭똥 같은 눈물이 뚝 떨어지겠지

우수에 젖은 저 에메랄드 빛 눈동자
가엾은 수채화
호수에 별빛 감기고
달 그림자 윤슬 위에서 외로워 우네

성황당 엄나무 홀로 눈 섧음 어이할꼬

모란꽃 예쁘게 필 때
생각나는 그 사람이 나 였으면
많은 생각속에 피어난 살구꽃이 나였으면
그 연민 속에 아롱진 그리움이
정말 나였으면 좋겠어

샛별은 여명을 부른단다
샛별이 등대란다
길을 찾아라
별이 되어 흐르는 눈물
내 별!
그리움은 별이였나봐

청도 홍시

허 기 원

감꽃 연심戀心

물안개 짙은 새벽
이슬에 여명麗明 빛나고

눈처럼 하얀 별꽃
바람에 휘날리던 날

하늘을 쥐어 잡을 듯
작은 고사리손

감꽃 들려
쉼없이 사라진다

주린배 떨어진 꽃잎이 채울 때
새벽을 여는 아이의 소망

어서 열려라
얼른 익어라
청도야 홍시야 연시야 단시야

어린 누이 입에 넣어 주고픈 마음
예쁜 심성心性에
햇님이 반짝 웃으며 손을 흔든다

보고픔

허 기 원

화곡길 산딸기
물안개 멱을 감고
누가 볼까 수줍어 잎에 숨었네

가신 님 그리워라
행여나
잊지 않으셨으련만

사모하는 마음
곱게 담아
가슴 속 깊이 간직하오

풋쟁이 솔바람 새물재 넘을 때
그리움에 통곡하는 내 눈물도
함께 데려가 주오

허 기 원

아호: 우암, 설봉

(사) 샘터문학 관리이사, (사) 샘터문인협회 운영위원, (사) 샘터문학신문 기자, (사) 한국문인협회 회원, (사) 우리시진흥회 회원, 한국신춘문예회 관리이사, 사계속시와사진이야기그룹 회원, 한국문인그룹 회원, 송설문학 회원, 백제문단 회원

<수상>

샘터문학상 최우수상 수상 (본상), 한국신춘문예 신인상 수상 (시조,등단), 대한민국통일예술제 시조대상 수상, 동백문학회 백일장 대상 수상

<저서>

월하관매 (시조시집)

<공저>

사랑, 그 이름으로 아름다웠다, 청록빛 사랑 속으로, 사립문억 걸친 달 그림자, 아리아, 자작나무 숲 시가 흐르다, 시詩, 별을 보면 점을 치다, 우리집 어처구니는 시인, 고장난 수레바퀴, <컨버전스 시집/샘터문학>

정월 대보름 외 4편

홍 선 종

그 분이 오셨다
삼십 년 전 낙엽 따라 가신 울 엄니
오곡밥 싸가지고 오셨다

아버지는 정월 초하루
어머니는 정월 대보름
이 세상에 오신 첫날이시다

삼십 년 세월 흘러 당신을 잊으실까
동그라미 치고 또 그렸으니
내 어찌 잊으리까

참나무 장작불로 아랫목
따끈따끈 데우고
화롯불 불인두로 꾹꾹 눌러 담았으니
천천히 놀다가세요
엄니!

독백獨白

홍 선 종

세상 돌아가는 꼬라지보면
한심하다 한심해
큰일이다 어떡하면 좋을까

허공에 내뱉는 중얼거림
늙어가는 늙다리의 하소연인가
노망老妄의 시작인가
두렵다

혼술에 피식피식
스마트폰 끌어안고
긴 밤의 터널을 넘는다

누구에게 말을 섞는다는 건
탱자나무 사이를 지나는 참새처럼
조심스러우니
텔레비전 끌어안고 애걸한다

넝마주이

홍 선 종

살을 에(刈)는 찬바람에
눈길 잃은 폐지 조각
궁색(窮塞)한 손길들이
네 귀퉁이 잡아끈다

붉은 새벽 밝을새라
절룩이는 손수레 앞세우고
마른기침 뒤따른다

누구에겐 발에 차이고
밟히는 쓰레기지만
어떤 이에겐
한 끼의 밥이며 목숨이다

리어커 고봉(高峰)으로 채우니
이그러진 달 기울어 아침을 불러오니
이보다 더 큰 기쁨 어디 있으리요

차로車路

홍선종

가는 길마다
빵빵 빵빵 뚫리길
바라지 마라
혼자 가는 길 아니다

추월하지 마라
과속하지 마라
정체된다 화내지 마라
소중히 늘어선 길이다

하하호호
즐거운 삶의 여행길이다
어울려 함께하는 동행길
사랑하는 님과 함께하는
사랑길이다

양보하고 배려하면
웃음짓는 장미빛 길이다

반환점

홍 선 종

마라톤 뛰어본 사람은 안다
반환점 깃발의 의미를

좀 살아본 사람은 안다
나이 앞에 기죽었던 시절도 잠깐이다
반 꺾어진 나이 되면
청춘이 부럽다는걸 안다

하루 땅거미 내리고
일 년도 반쯤 지나가면
뒤돌아 보게 되듯
내 삶도 절반이 접혔다

모든 경기에서 전반전보다
후반전이다
인생도 마찬가지니 물 한 잔에
한숨 돌리고 다시 뛰자

홍 선 종

강원도 영월 출생
대한민국 육군 정년퇴직, 가평 아이유펜션 대표
샘터문학상 신인상 수상 (시,등단), (사) 샘터문학 총무국장, (사) 샘터문인협회 회원, (사) 샘터문예대학 수료 (시창작), (사) 샘터문학신문 회원, 사계속시와사진이야기그룹 회원, 한국문인그룹 회원, 백제문단 회원, 송설문학 회원
<공저>
사랑, 그 이름으로 아름다웠다, 창록빛 사랑 속으로
아리아, 자작나무 숲 시가 흐르다, 사립문에 걸친 달 그림자
시詩, 별을 보며 점을 치다, 우리집 어처구니는 시인
고장난 수레바퀴, <컨버전스 시집/샘터문학>

사랑가 외 2편

황 세 종

반짝이는 은하수가 수놓은
광한루 오작교 건너
견우가 직녀 너를 향해 가고 있나니

텁텁한 탁배기 한 잔에
구수한 입담의 월매가 있는
그곳은 춘향골 남원

지난날 허리춤에 매달리던
직녀 춘향이 사랑을 절대했던 나는
비련의 주인공

오늘밤 꿈속에서
만월이 두둥실 떠오르면
별들이 꿈꾸는 오작교에서
너를 품으리

양아치의 낭만 시대

황세종

쓰리쿠션 치는 선배들 꼬봉으로
오봉커피 얻어먹던 당구장의 겜보이 시절
나
겜블러 황입니다

동교동과 연남동 가는
입체 지하 교차로에서
말보르 레드를 물고
잎새주로 병나발 불어대는
나
터프가이 황입니다

나이테가 오십 줄인 중년이지만
영웅본색 주윤발에 롱코트만 보면
심장이 꽁닥꽁닥 뛰는
나
고삐리 보스랍니다

지리산에 스키드마크
사방팔방 찍고 살아도
향단이 사랑 듬뿍 받는
나
꿈은 인텔리 양아치랍니다

아들이라 부르지 마세요

황 세 종

아들이라
불편함이 없었지
아들이라
늘 마음대로 살아왔지
아들이라
늘 가시만 보고 꽃은 버렸지
아들이라
늘 당신과 가깝고도 멀었지

아버지 당신을 더 늦기 전에
안고 싶었고
당신을 보내기 전에
사랑해주고 싶었답니다
이미 할 수 없는 것이 많았고
그렇게 아들은 괴롭고 후회함으로
무덤가에 섰는데
넋魂으로 사위어 피안의 모천으로
회귀하신 아버지

연민 남아 가시는 길,
얼마나 마음이 아프셨길래
각막에는 피눈물이 넘실넘실

심장에는 쪼그라든 핏덩이가 덕지덕지
소진하여 미이라가 되신 아버지

아버지, 나의 아버지
사랑합니다
그리고 미안합니다

황 세 종

서울 마포구 출생
대한민국이벤트사 대표
웃음치료 강사
펀,경영친절써비스교육 강사
조선대학교 평생교육원 강사
호남대학교 평생교육원 강사
개인택시사업자 인가 (15년)
샘터문학상 신인상 수상 (시,등단)
(사) 샘터문학 기획부장, (사) 샘터문인협회 회원, (사) 샘터문학신문 회원, 사계속시와사진이야기그룹 회원, 한국문인그룹 회원, 백제문단 회원, 송설문학 회원
<공저>
아리아, 자작나무 숲 시가 흐르다
사립문에 걸친 달 그림자
시詩, 별을 보며 점을 치다
우리집 어처구니는 시인
고장난 수레바퀴
<컨버전스 시집/샘터문학>

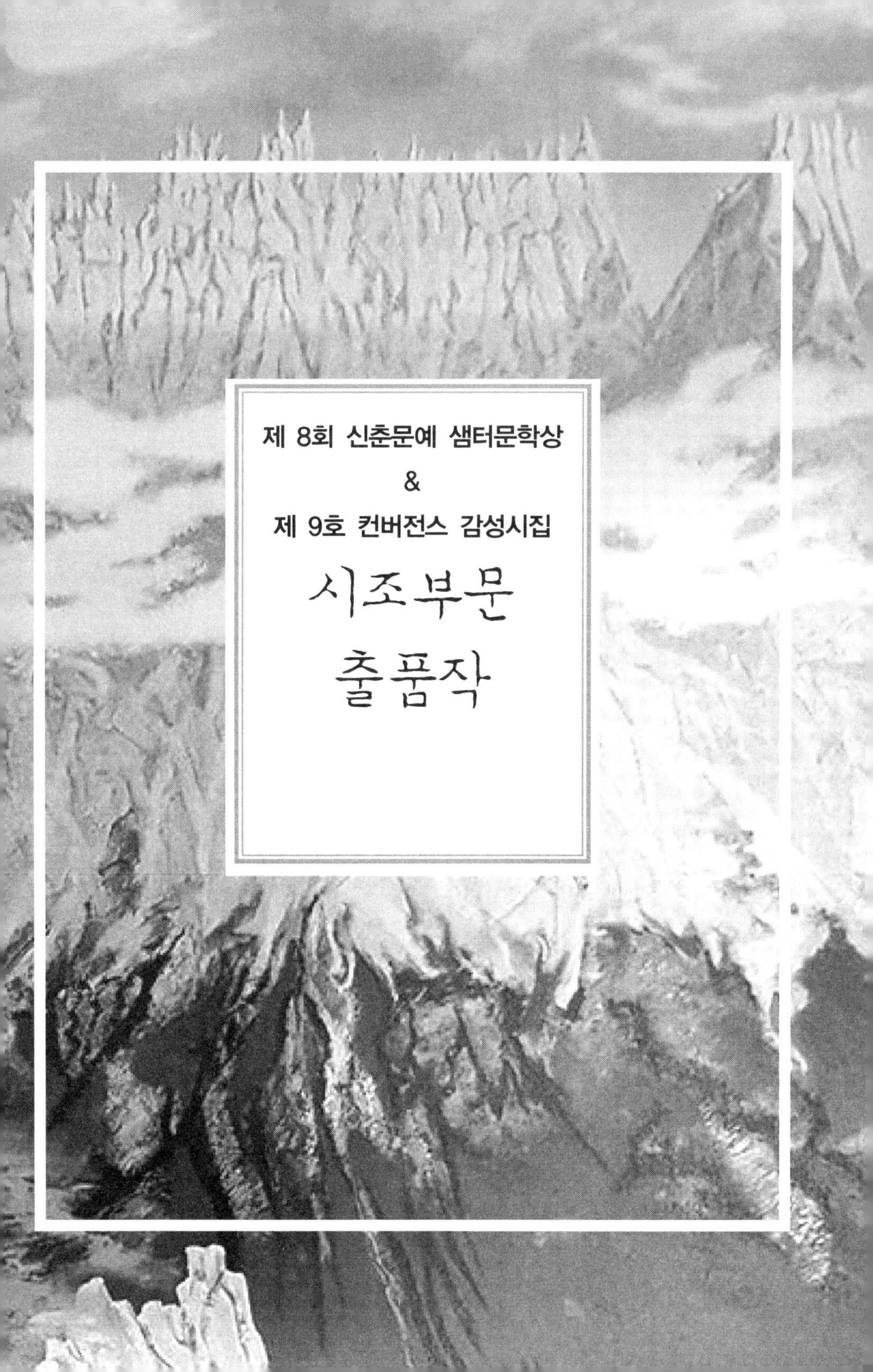

제 8회 신춘문예 샘터문학상

&

제 9호 컨버전스 감성시집

시조부문

출품작

홀로 지새는 밤 외 4편

황상정

홀로이
지새는 밤
외롭기 그지없어

한줄기
밝은 달빛
빨래터 벗을 삼아

도랑가
빨래터에
외로움 멍들도록

눈감고
빨래방망이
내리치고 있었네

이별 뒤의 그리움

황 상 정

찢어진
이 가슴은
어떻게 기우라고

말 없이
말도 없이
무심히 가십니까

얼굴엔
수심 가득
가슴은 허허벌판

가슴을
쥐어뜯어도
밀려오는 그리움

새옹지마

황상정

백 년도
못살고서
떠나는 인생살이

숨죽여
돌아보는
인생사 새옹지마

슬퍼도
웃어가면서
기쁜 모습 살리라

머느리의 한숨

황상정

아무리 차가워도 말없는 방바닥아
세차게 부는 바람 문풍지 울고불고
숨죽여 눈치보며 남몰래 흘린 눈물
자꾸만 가라하시네 눈 꼭 감고 가라네

멀리서 부는 바람 어깨를 떠다밀며
떨리는 문풍지에 등잔불 잠 못 들고
문지방 붙잡누나 턱 높아 못가겠소
시애미 홀로 두고서 어느 곳을 갑니까

하늘 강

황 상 정

가노라
가노란다
이 슬픔 뒤로하고

또 다른
생을 찾아
하늘 강 건너가네

옛 향기
그 추억을
가슴속 간직하고

이승에
남은 이들아
눈물짓지 말게나

황 상 정

강원도 평창군 봉평면 출생
장애인복지신문 제1회 장애수기공모 당선, 제 10.11회 임윤지당 문예작품 공모 당선, 제 6회 샘터문학상 시조부문 대상 당선, 제 10회 지필문학상 시부문 최우수상 당선
시사문단 신인상 수상 (시, 등단), 지필문학 신인상 수상 (시조, 등단), 지필문학 신인상 수상 (수필, 등단)
한국시사문단작가협회 회원, 지필문학.지필문인협회 회원, (사) 샘터문인협회 회원, (사) 샘터문학 자문위원, 한국장애예술인협회 회원, 한국예술인복지재단 예술인 작가, 제 8.9회 북한강문학제 추진위원 (시화전)
<공저>
시사문단.빈여백동인(제14.15회 봄의 손짓)
샘터문학.컨버전스 시집(제4.5.6.7집)

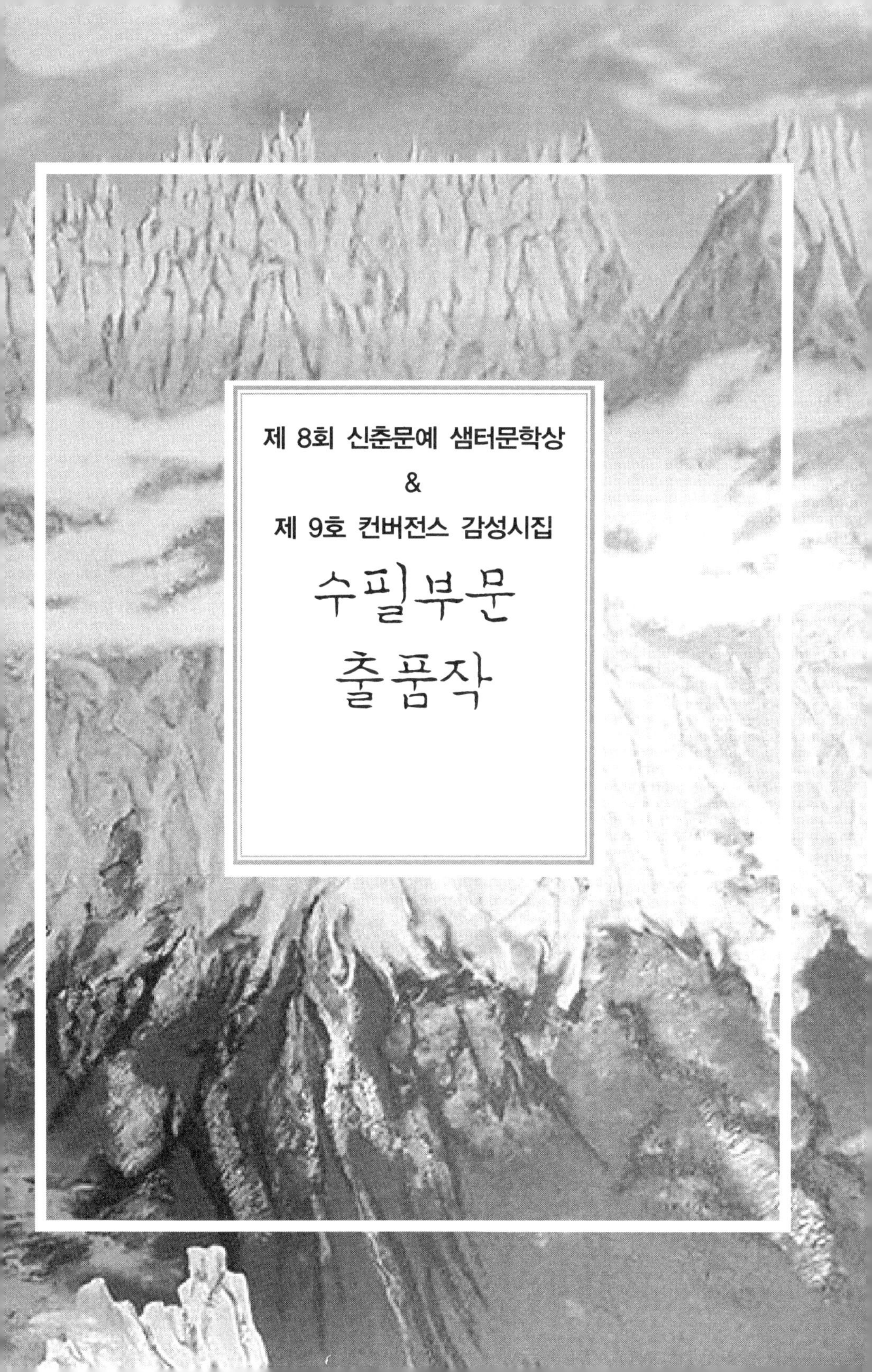

제 8회 신춘문예 샘터문학상

&

제 9호 컨버전스 감성시집

수필부문

출품작

약속

박 승 문

바람이 빗방울을 흩치며 말없이 날아갔다. 바람의 야속함이 마음에 상처를 주었다. 설한에 불어온 삭풍이었는지 차가운 내색에 마음이 울어버렸다. 눈물방울이 마음에 노크하지 않고 기웃거렸다. 마음은 눈물 바닥이 되어 갈라진 틈으로 깊게 스며들었다. 얼어붙은 마디마디가 기운을 차렸다. 기다림의 설움들이 살얼음을 깨고 온기를 품은 땅 위로 손을 내밀었다. 땅 위에는 봄나들이하는 냉이가, 달래가, 쑥이 초록색으로 봄옷을 입었다. 봄바람을 듣고, 봄비를 맞고 있었다. 봄의 새순들이 빠른 속도로 성장을 하였다. 숲길에서 진달래가 홍조 띤 얼굴로 일 년 만의 재회를 기다리고 있었다. 냇가에, 언덕에, 울타리에는 개나리도 간밤에 홀연히 떠난 사랑을 기다리고 있었다.

시계 초침이 돌아가는 소리가 기차를 태웠다. 목적지는 없었다. 상행선에서 봄바람을 맞고, 봄의 향기를 맡았다. 산이 초록을 입고 자랑하였다. 들에는 여린 풀꽃들이 앙증스럽게 기지개를 켰다. 냇가에는 물소리가 바위틈을 벗어나 하행선으로 가는 철길을 따랐다. 봄의 향연으로 둥지를 벗어난 산새들의 지저귀는 소리에 장단을 맞추었다. 초침의 소리가 간이역에서 멈추었다. 간지럼을 태우는 바람에 이끌려 발길을 묶어놓았다. 간이역 너머로 보이는 들판에는 하얀 토끼들이 뛰어다녔다. 토끼풀의 세상이었다. 바람에 꼬랑지를 흔드는 귀여움은 할 말이 없을 만큼 넋을 잃고 말았다. 수백 수천 개의 토끼풀이 향기를 쏟아냈다. 바람이 혓바닥을 내밀고 쏟아지는 향기들을 날름 삼켰다. 바람이 배부른 흉내를 내며 뒷짐을 지고 어슬렁거렸다. 괜스레 미워하는 마음이 앞장을 섰다. 동여맨 붉은 햇살이 곳곳에서 아우성을 쳤다. 바람에 시위하였다. 토끼풀이 속살을 보였다. 마음이 부끄러움을 알아차린 듯 손의 스침에 떨었다. 토끼풀의 하얀 속살에서 달콤한 향기가 오감을 자극했다.

들판에서 피어난 토끼풀이 오늘에서야 나의 관심과 나의 오감에서 놀아나고 있었다. 토끼풀은 항상 그 자리에서 피어났고, 그 자리에서 죽었다. 다시 그 자리에서 피어나 기다리고 있었는데, 나의 삶이 그랬듯이, 나의 인생이 그랬듯이, 무관심이 빚은 테두리에서 벗어나 있었기에 망각했는지 모르겠다. 산다고 생각할 여력이 없었다. 토끼풀은 멀리 가야만 볼 수 있는 것이 아닌데, 시간이 그랬듯이, 마음이 그랬듯이 나의 관심에서 멀어져 있을 뿐이었다. 현실의 작금에서 바람이 인도한 덕분에 만날 수 있었다. 인연이 된 이유가 어쩌면 너를 그리워했는지 모르겠다. <약속>이라는 꽃말을 지닌 토끼풀이 무언의 가르침을 주었다. 삶에서 만나고 헤어지는 수만 가지의 인연의 끈에서 만들어진 약속, 약속이 때로는 아무렇지 않게 내치고, 강압에 눌려 해약하고, 몰인정한 상식에서 시궁창에 박히고, 핸드폰에서 문자의 전송에 까무러치고, 신뢰는 온데간데 없고, 믿음은 밥 말아 먹어버린 작태로 얼룩진 약속에 대해 잠시나마 고독을 씹었다. 부정의 사고에 얽매인 고독에서 벗어나 봄날의 향연에 마음을 들추었다.

나는 하얀 눈동자가 떨어질까 봐 조심스럽게 풀밭에 앉았다. 어린 시절의 소소한 기억이 떠올랐다. 네 잎 클로버 찾기, 토끼풀 팔찌, 토끼풀 목걸이, 토끼풀 반지를 만들었던 추억이 떠올랐다. 잠재된 기억에서 아련한 영상이 확연히 떠오르는 것은 행복한 일이었다. 기억이 머리에서 사색하고 가슴에서 부둥켜안은 것으로 어린 시절의 토끼풀과의 추억은 행복한 미소가 되었다. 마음껏 뒹굴어서 좋았고, 벗들과 함께라서 좋았고, 나무라지 않아서 좋았던 그때의 기억들이 생생했다. 네 잎 클로버의 행운을 찾아보았다. 항상 그랬듯이 보물찾기는 쉽지 않았다. 클로버에서 눈동자의 시선을 뗄 수가 없었다. 가시광선을 내놓듯 집중을 하였다. 네 잎 클로버를 못 찾아도 좋았다. 동심에 젖어 무언가에 열중하고 있다는 것이 나의 관심이었다. 무심코 지나쳐버렸던 생각에서 벗어나 작은 변화에도 <그때는 그랬지>하며 깊숙이 내몰았던 무관심들을 관심으로 꺼내고 있는 지금에서 엷은 미소를 띤 자신의 얼굴을 볼 수가 있었다. 행복한 시간 안에서 동심을 채우고 있었다. 무관심을 버리고 귀중한 삶의 일부를 채우고 있었다. 시계 초침 소리로 기차를 탄 사실이 고마웠고 간지럼을 태운 바람이 고마웠다. 들판에 피어난 토끼풀의 마중이 고마웠다.

나는 풀밭에 누워서 하늘을 보았다. 하늘이 구름을 몰고 온 듯 회색이 짙었다. 빗방울을 뿌릴 것 같았다. 빗방울이 떨어져도 좋을 것 같았다. 토끼풀들이 촉촉하게 젖어 뛰어다니는 모습을 보고 싶었다. 들판의 운치에도 매력이 있을 것 같았다. 봄날에 순응하는 무언가를 해도 받아들이는 마음은 행복이라고 단정을 짓고 싶었다. 하루의 기억에서 나의 관심이 돈으로 보상이 되지 않는 것, 돈으로 살 수가 없는 것을 들판에서 행복의 의미를 알아버렸다. 하늘에서 빗방울이 떨어졌다. 봄비가 얼굴로 떨어졌다. 빗방울로 세안하며 기지개를 켰다. 빗방울에 젖는 토끼풀이 귀엽게 보였다. 토끼풀은 울지를 않고 빗방울의 떨어짐을 고스란히 안은 채로 보조개가 들어간 하얀 미소를 지었다. 빗방울이 하얀 꽃잎 안에 들어가 하루의 지친 피곤함을 달래주듯 포근한 안식을 찾아주었다. 토끼풀의 미소에서 나의 관심이 불러 세운 소중한 만남과 기억들의 우정이 세상에서 빛이 되어 살아가는 이유에 답을 하였다. 봄날의 들판에서 아름다운 동행을 했다는 자부심이 바람을 타고 마음속에 똬리를 틀었다. 행복이 기억의 잠재에 갇혀 추억을 만들어 버린 봄날의 여정이 아름다울 뿐이었다.

나에게 빗방울이 소낙비든, 이슬비든, 가랑비든, 안개비든, 중요하지 않았다. 빗방울의 자체가 나의 관심과 나의 오감에 깊은 인상을 심어주었으면 다행스러웠다. 형언할 수 없는 작은 만남의 약속이 뿌연 먼지에 사로잡혔던 현실의 거미줄에서 벗어나 새로운 사실을 알았고, 머리에서, 마음에서 기억하였다면 이보다 더 행복한 것은 없을 것이라 믿었다. 일상의 괴로운 것, 슬픈 것, 아픈 것, 시린 것, 눈물 나는 것은 벗어버리고 행복한 것, 즐거운 것, 기쁜 것, 그리운 것, 아름다운 것으로 세상을 바라보는 눈동자에서 <참>을 기억하고 싶었다. 나의 관심에서 잊고 살았던 토끼풀과의 인연을 오래도록 기억하고 싶었다. 빗방울이 봄바람에 흩치는 소리를 들었다. 들판에서 떠나려는 발길은 움직일 수가 없었다. 간이역 너머의 들판에서 보낸 하루가 기억을 상기시켰다. 들판으로 떨어지는 빗방울의 흔적을 따라가다 네 잎 클로버를 찾았다. 어린 시절에도 찾지를 못한 네 잎 클로버의 실체를 보았다. 가느다란 줄기에 돋아난 네 개의

잎이 언젠가 행운을 안겨줄 보물이 되었다. 나의 지갑에 네 잎 클로버를 간직하였다. 누구에게나 찾아올 수가 있었던 행운일지라도 지금의 나에게 찾아온 행운에 토끼풀의 <약속>이라는 꽃말의 의미를 기억하고 싶었다.

나는 모닝커피의 여유를 깨달은 것처럼 대문을 열고 나가면 언제라도 볼 수 있는 토끼풀을 만져보고 싶었다. 오솔길을 걸어가는 발길에서 먼지가 낀 삶들을 떠나보내고 싶었다. 봄날에 만난 토끼풀의 하얀 미소에서 나의 관심과 나의 오감이 반하고 싶었다. 삶의 무게감이 아닌 솜털 같은 하얀 마음을 기억하고 싶었다. 돌아오는 발길에 토끼풀의 옆자리에 나의 발자국을 새겨두었다. 내년에는 나의 발자국에도 씨앗이 떨어져 하얀 미소를 보았으면 한다. 그것은 나와 클로버만의 <약속>이었다.

박 승 문

아호: 다원
경남 거제시 거주
(사) 샘터문학 신인상 수상 (시,등단)
(사) 샘터문학 신인상 수상 (수필,등단)
(사) 샘터문학 기획과장
(사) 샘터문학신문(샘터뉴스) 기자
(사) 샘터문인협회 회원
사계속시와사진이야기그룹 회원
한국문인그룹 회원
송설문학 회원
백제문단 회원
<공저>
시詩, 별을 보며 점을 치다
우리 집 어처구니는 시인
고장 난 수레바퀴
<컨버전스 시집/샘터문학>

꿈꾸지 못하는 사람들

이 동 신

"요즘은 뭘 해도 재미가 없어, 누굴 만나도 마찬가지이고", "어 맞아 정말 그래, 재미가 없어" 엊그제 세브란스병원 앞 횡단보도를 건너던 도중에 40대 여성 두 분이 나누는 이야기를 우연히 들었다. 어디서나 들을 수 있고, 우리도 가끔씩 투덜거리는 말인데 어제는 내 귀가 솔깃해졌다. 세상에서 기쁨과 행복이 마구 넘치는 유토피아가 따로 있는가? 그런 곳은 아직 본적이 없는 것 같다. 모 교수님은 '인간 세계는 서로 인정하면 천국이고, 서로 미워하면 지옥이다,' 라고 했다.

큰 부자나 유명인들은 일반인들보다 더 행복할까? 사람들은 부나 명예에 금방 적응이 되어 일정시간이 경과하면, 물질이 많거나 특별대우를 받는 것을 당연하게 생각하게 되어 더 이상 행복감을 느끼지 못하고 또 다른 권태와 지루함과 익숙함이 찾아온다. 그럼 사람은 언제 진정한 기쁨을 느끼고, 행복감을 느끼는가? 우선 우리는 좋은 사람들과 만날 때 최고의 행복감을 느낀다. 그럼 어떤 사람들이 좋은 사람인가? 마르코폴로의 말을 빌리자면, 지옥을 천국이라고 생각하고 사는 사람들이 진정 좋은 사람들이다.

이탈로 칼비노의 "보이지 않는 도시들"에서 "어느 도시가 유토피아인가?"라고 묻는 몽고 칸의 질문에 평생을 여행으로 살아온 마르코폴로는 아래와 같이 답변한다.

"저는 유토피아에 가본 적이 없고, 이제껏 그런 곳을 본 적이 없습니다. 세상은 어차피 지옥입니다. 그러나 지옥에서 사는 방법은 두 가지가 있습니다. 지옥 같은 세상에서 우리도 지옥처럼 사는 것입니다. 이것은 쉬운 방법입니다. 지옥 같은 세상에서 마치 지옥에 살지 않는 것처럼 살고 있는 사람들에게 자리를 넓혀 주는 것, 이것은 어려운 방법입니다"

(세바시 – 보이지 않는 도시들, 인용)

파리를 따라 다니면 똥간이 나오고 꿀벌을 따라 다니면 꽃밭이 나온다는 이야기가 있다. 주변에 부정적인 사람들이 많다면 삶이 암담하고 우울하겠지만, 설사 지옥 같은 세상이라도 주변에 유토피아처럼 생각하는 사람이 많다면 우리의 삶은 꽃밭이 되고, 노래가 된다.

다음으로 인간은 외물(外物)과 접(接)하고 소통할 때 행복감을 느끼지 않나 싶다. 이른 아침 맑은 공기나 햇살과 접하고, 좋은 이웃과 접하고, 맘에 드는 이성과 접하고, 감촉 좋은 이불이나 옷감에 접할 때 행복하다. 더 나아가면 먹고 마시고 배설하는 것에서도 인간은 외물(外物)에 접하는 쾌감을 느낄 수 있다. 그 중 가장 큰 외물(外物)은 우리가 매일 하는 일이나 직업이라는 생각이 든다. 일을 통해 고통을 느끼는 사람들이 다수이지만 지혜로운 소수는 일에서 쾌감을 느낀다. 그런데 왜 아주머니들은 '세상에서 뭘 해도 재미가 없다'고 푸념하는 걸까? 뭘 해도 재미가 없다는 생각이 들 때 나만의 쾌락에 스스로 고립되어 있지는 않은지, 외기(外氣)와 통하는 문을 닫고서 나 혼자만의 행복을 위해 애쓰고 있지는 않은지, 자신도 모르게 자존심을 세우고, 남들에게 우쭐대고 싶은 마음이 있지는 않은지? 인간이란 본능적으로 질투심이 넘쳐서 그런 이웃을 그리 달갑게 여기지 않는다. 우월감으로 자신을 뽐내는 대신 상대를 배려하는 삶, 하루 중 바로 옆에 있는 사람의 눈을 깊이 들여다보기, 내가 그를 위해 눈빛과 마음을 주는 만큼 그도 속내를 깊이 내보인다. 누군가를 돕는다고 생각할 때 내 기분도 덩달아 풀려 달콤해지고, 때로는 그의 기쁨이 나의 기쁨이 된다.

세상은 예정대로, 생각대로 흘러가는 것이 아니라 강줄기처럼 꾸불꾸불하고 격류가 되어 요동치다가, 예기치 못한 곳에서 폭포수처럼 떨어지기도 한다. 우리 삶이 이미 결정 난 것도 아니고, 운명이 정해져 있는 것도 아니다. 고집으로 꽉 막힌 삶이 아니라 격변하는 외물(外物)에 내가 올라타고, 사통팔달(四通八達)로 열린 길로 무쏘처럼 달려 나간다면 내가 그 변화를 주도할 수도 있다.

틀에 묶이지 않은 삶, 상대를 배려하는 삶, 외기(外器)와 소통되는 개방적인 삶, 이러한 사람들이 좋은 사람들이고 지옥 같은 세상을 재미있게 하는 것이 아닐까? 우주 삼라만상(森羅萬象)은 매순간 부침(浮沈)하고 있고, 수천 가지 희노애락(喜怒哀樂)이 생멸(生滅)하고 있다. 이들 물상(物像)과 긴밀히 접해있고 내가 사는 이웃과 가까이 접해 있다면 "요즘 뭘 해도 재미가 없을 리"가 만무하다. 귀 막고 눈 막고 마음까지 닫는다면, 세상이 아무리 화려하고 재미있어도 높고 외로운 성처럼 고립되어 지루하고 권태롭다.

"두 분 아주머님! 단언컨대 세상은 고통의 숫자만큼 재미투성이 인데, 어째서 뭘 해도 재미가 없다는 것인지요?"

이 동 신

<시인, 수필가>
<손해사정사>
<도로교통사고감정사>
<보험조사분석사>
(주) 삼성화재 에니카손사 근무
샘터문학상 신인상 수상 (수필,등단)
샘터문학상 신인상 수상 (시,등단)
(사) 샘터문학 재무이사
(사) 샘터문인협회 운영위원
샘터문예대학 행정처장
샘터문학신문 칼럼니스트
사계속시와사진이야기그룹 회원
한국문인그룹 회원
송설문학 회원
백제문단 회원
<공저>
시詩, 별을 보며 점을 치다
고장난 수레바퀴
<컨버전스 시집/샘터문학>
<저서>
하마터면 이런 것도 모르고 살뻔했다

내가 꽃을 사랑하는 이유

—작시 이정록
—작곡 이정록
—작사 이정록

그대가 만개하기까지 망울이 처연하긴 했어도
서러움이 배어 있을 줄은 몰랐고
이슬 젖은 햇살이 그려낸 풍경이 고와
눈이 시리긴 했어도
내 심상心想이 흔들릴 줄은 몰랐다

바람이 싹을 키운 나래울
그대 꿈이 한 송이씩 날아 오를 때마다
내 생령生靈이 숨을 쉬고
그대 향 배인 솔향에 긴 여운이 날 감싸안아
지친 몸과 마음에 응어리 청산낙수되어
그대 향한 물보라가 친다

당산나무가 늘 그 자리에 있는 것은
바람의 신을 마중하는 것이고
내가 이 화원에 늘 서성이는 것은
서럽게 오는 그대 간절히 기다리기 위함이니
그대여 그대여
아련나래 피어나소서

내가 꽃을 사랑하는 이유

Soprano

이정록 작시/작곡
최현석 편곡

12
mf
풍 경 이 고 와 눈 이 시 리 긴 — 했 어
mf
14
mp
도 내 심 상 이 흔 들 릴 줄 은 몰 랐 다 바 람
17
mf
이 싹 을 키 운 나 래 울 그 대 꿈 이 — 한 송 이 씩 날 아 오 를
mp
mf

20
mp
mf
때 ㅡ마ㅡ다 내생령이 숨 을쉬고 그대향배인 솔 향에
mp
mf

24
mp
긴여운이 날감 싸안 아 지친몸과 마음에응어 리
mp

28
mf
mp
청 산낙 수되 어 그대향한물보라가친 다
mf
mp

당 산 나뭇가지 가 늘그 자리에있 는것 은 바람에 신 을
마중하는것ㅡ이고 내 가이화원에 늘서성이는것은 서럽 게 오는그대간절
히 기다리기위 함이 니 그 대여 그 대

45
mp
여
아 련 나 래 피 어 나 소 서
mp
mf

48
rit.
p
Meno mosso
아 련 나 래 피 어 나 소 서
mp

이 정 록

<필명 : 샘터>, <아호: 승목, 지율>, <시인, 수필가, 소설가, 문학평론가, 칼럼니스트, 문인화작가>, <시, 시조, 수필, 소설, 평론 (등단)>
서울대 생활과학대학 패션학 전공, 숭실대 중소기업대학원 경영학 전공
고려대학교 평교원 시창작학 수료
(사) 샘터문학평생교육원 원장, (사) 샘문평생교육원 원장, (사) 샘터문학 회장, (사) 샘터문인협회 회장, (사) 한국문인협회 회원, (사) 한국현대시인협회 이사, (주) 아르테미스 골프 회장
<언론>
샘터문학신문 발행인, 회장
<수상>
한국문학상 수상, 샘터문학상 수상, 한국스토리문학상 수상, 동양화 국제대전 수상/일본,도쿄미술관/2회>, 대한민국소비자평가 우수대상 수상(대한민국소비자평가원 - 인물, 협단체 부문)
<표창>
국민대표 33인 선정 등
<등재>
국가상훈인물대사전 등재(국가상훈편찬위원회/현대사의 주역)
<시화전>
세종대 광개토대왕홀 등 17회
<낭송회>
시힐링 디너콘서트 등 13회
<전시회>
한국화 국내전/2017~2019 - 예술의 전당, 3회
동양화 국제전/2017~2019 - 일본,도쿄미술관, 3회
<저서/시집>
산책로에서 만난 사랑, 내가 꽃을 사랑하는 이유, 양눈박이 울프, 천국, 소스코드
<공저>
사랑, 그 이름으로 아름다웠다 외 32편

편집후기

춘래불사춘春來不似春이라 하죠. 요즈음에 문학을 논할 수 없으니 봄이 와도 봄 같지가 않습니다. 올해는 코로나 바이러스의 영향으로 모임도 행사도 연기되고 서로 만나는 것 조차 힘든 시간의 연속입니다. 우리나라 뿐만 아니라 세계적으로 전염병의 대유행인 팬데믹 현상으로 환자가 확산이 되고 있고 사망자가 속출하고 있으며 치료약이나 백신의 개발은 요원하고 전염력은 상상을 초월합니다. 그나마 우리나라가 사회적 거리두기 등으로 세계적으로 모범적 확산을 막고 있으나 안심할 수도 없고 또 다시 겨울에 극성을 부릴 수도 있습니다. 계절이 바뀐 것도 모른 채 가슴을 쓸어 내리는 날들을 보내다 보니 벌써 더위를 걱정하고 시원한 바다를 바라보고 초간장 속에서 꿈틀이는 회를 맛보며 파도소리에 심취하는 계절이 다가오고 있습니다.

이번 샘터문학상 신춘문예 공모에서 코로나19사태 때문에 더욱 어려워진 경제상황에도 이를 극복하고 혼돈과 절망이 많은 이 시기인 이번에도 115명이 넘는 분들이 응모하시고 30여분의 저명한 초대시인님들께서 옥고를 제출해 주셔서 총 145분이 참여하셨는데 문학을 이렇게 사랑해 주시고 샘터문학을 사랑해주시니 감사하는 마음에 가슴이 뭉클합니다. 생生과 사死가 오가는 우한역병도 이제 서서히 안정을 찾아가는 듯 합니다. 샘터문학은 기존의 사명대로 한국문단과 샘터문학 회원들의 문학적 자질을 높이기 위해서 한국문학의 한류화와 노벨꽃을 피우기 위해서 미래 동량들을 키우고 후학을 양성하며 미디어 콘텐츠 표준화를 위해서 양질의 컨버전스 시집 출간하고 샘터문학상 시상식과 신인들의 품격 높은 등단 무대로서 최고의 브랜드력으로 선각자적인 지혜를 펼치겠습니다.

또한 서울시 인가, 샘터문학신문의 운용, 교육부 공식교육기관인 샘터문학평생교육원(온라인 원격), 샘문평생교육원(오프라인)에서의 새로운 문인 배출, 시창작학과, 시낭송학과, 멀티스피치학과, 시조학과, 가곡학과 등 분야별 특성에 맞는 특화, 심화, 차별화 전략으로 완성도 높은 교육체계화 시도와 명사초청 학술세미나, 문학기행, 시화전, 시힐링디너콘서트, 더 나아가서 교육부심의 및 문화체육부 민간자격증 발급기관(교육, 검정시험, 발급)으로서 등을 지속적인 공기사업을 펼쳐 나갈 것입니다. 아직 미완성된 부분과 미흡한 점은 더욱 알차게 보완하고 새로운 언택트 사업도 추가 연구하여 문학발전과 회원들의 질적 향상을 도모하고자 노력을 경주할 것입니다. 그동안 샘터문학을 반석 위에 올려놓는데 공을 드리신 이정록 회장님과 임원진, 교수진 여러분에게 이 지면을 통해 진심으로 감사의 말씀을 전합니다. 이번에 발간된 컨버전스 감성시집이 또 다른 센세이션으로 문단의 대표적 문예지 발간물로 샘터문학이 한 단계 도약하는 계기가 되기를 기대합니다. 대단히 감사합니다. 편집위원 일동 拜上

◇ 편집위원 : 신재미, 조기홍, 오호현, 강성범, 고이순,
변화진, 신순옥, 이원희, 김홍중, 권숙희,
모상철, 허기원, 박지수, 안승기, 김동철,
이동신, 장주우, 강은주, 표시은, 문소진

도서출판 샘문 에서는

시인님, 작가님들의 개인 〈시집〉 및 〈수필집〉, 〈소설집〉 등을 만들어 드립니다.
시집(시, 동시, 시조), 수필집, 소설집(단편, 장편), 콩트집, 평론집, 희곡집(시나리오), 동요 동화집, 칼럼집 등 다양한 장르의 출판을 원하시는 분은 언제든지 당 문학사 출판부에 문의해 주시기 바랍니다.
좋은 책을 만들어 드리기 위해 최선의 노력을 다하겠습니다.

샘문특전

교보문고, 영풍문고, 인터파크, 알라딘, 예스24, 11번가, Gs Shop, 쿠팡, 위메프, G마켓, 옥션, 하프클럽, 샘터쇼핑몰 등 주요 오프라인, 온라인, 오픈마켓 서점 및 쇼핑몰에 공급하고 있습니다.

기획, 교정, 편집, 디자인에 최고의 시인(문학박사) 및 작가 등 전문가들이 참여하여 감성이 살아 있는 시집, 수필집, 소설집을 만들어 드립니다.

인쇄, 제본, 용지를 품질 좋고, 우수한 것만 사용합니다.

당 문학사 컨버전스 감성시집과 샘터문학신문(샘터뉴스 기사), 홈페이지, 샘터쇼핑몰, 페이스북, 밴드, 카페, 블로그 합쳐 6만명의 회원들이 활동하는 SNS를 통해 홍보해 드립니다.

당 출판사를 통해 국립중앙도서관에 납본하여 영구보존합니다.

당 문학사 정회원은 출판비 〈10% 할인〉이 적용됩니다.
출판비 할부도 가능합니다.

문의처

TEL : 02-491-0060 / 02-491-0096
FAX : 02-491-0040
휴대폰 : 010-4409-9539 / 010-9938-9539
E-mail : rok9539@daum.net
홈페이지 : http://www.saemteo.co.kr
http://www.saemteonews.co.kr
주소 : 서울시 중랑구 101길 56, 3층 (면목동, 삼포빌딩)
계좌번호 : 농협 / 도서출판 샘문 351-1093-1936-63

정성껏 만들겠습니다.